نگاهی با چشم جان

انتخابات ۸۸ و پی‌آمدهای آن

گزیده‌ی مقالات

ایرج مصداقی

شرکت کتاب

نگاهی با چشم جان
انتخابات ۸۸ و پی‌آمدهای آن
گزیده‌ی مقالات
ایرج مصداقی
چاپ نخست: زمستان ۱۳۸۸ خورشیدی ـ ۲۰۱۰ میلادی‌ـ ۲۵۶۸ خورشیدی ایرانی
ناشر: شرکت کتاب

Through the Eyes of the Soul
Collected Papers of: ***Iraj Mesdaghi***

First Edition- 2010
Published by: Ketab Corp. USA

I S B N: 978 -1-59584-251-0

Ketab Corp.
1419 Westwood Blvd.
Los Angeles, CA 90024 U.S.A.
Tel: (310) 477-7477
Fax: (310) 444-7176

Website: www.Ketab.com
e-mail: Ketab1@Ketab.com

در پرواز پرنده تردید نیست
همه‌ی ترسم از آسمان ساده‌ای‌ست
که با لکه‌ای ابر پیچیده می‌شود
با این همه می‌دانم
پرنده‌ای که هزار آینه روبروی پلنگان نهاده است
این آسمان مه‌گرفته را
ساده می‌کند.

برگرفته از:
«بر ساقه‌ی تابیده‌ی کنف»
(سروده‌های زندان)

همی در هر چه خواهی، هر چه خواهی
به چشم جان توانی بی گمان دید
فریدالدین عطار

پیش‌گفتار

نزدیک به شـــانزده سال است که از خاک وطنم دورم، از تیرماه ۱۳۷۳ که همراه با همســـر و فرزند نوزادم ایران را پشت سر نهادم، تاکنون دمی بی‌دغدغه‌ی آن نزیستم. من ایران را با دستانی خالی ترک نکردم، توشه‌ای گران با خود داشتم از آن‌چه در آخرین ده ســـاله‌ی اقامت در نیاخاکم گرد آورده بودم، کوله‌باری از یاد و خاطره‌ی صدها و هزارها یار، که سرهای پرشورشان بر دارها رفت و قلب‌های عاشق‌شان آماج تیرهای ستم و بی‌داد متولیان دین و داد شد.

آن‌چه در این ســـال‌ها توان زیســـتن به من داد، زنده نگاه داشتن این یادها بود و آن‌چه سنگینی این بار را کاهش می‌داد، بازتاب فریاد درگلومانده‌ی بی‌گناهانی که سرهاشان «بریده دیدم بی‌جرم و بی‌جنایت».

این توشه‌ی گران، تعهدی گران‌تر بر جان من نهاد، تا در حد توانم اجازه ندهم این فریادها خاموش شـــود و آن خون پرشور، از جوشش باز ماند. هم از این‌روست که از نخســـتین روزهای اقامتم در خارج ازکشور، با همه‌ی نیرویم در بازتاباندن این واقعیت کوشیدم. از تمام تریبون‌هایی که توانستم در اختیارگیرم، این فریاد را به‌گوش‌ها رساندم؛ تاگسترده‌گی دایره‌ی امکانم، شخصیت‌های جهانی و ایرانی آگاه به حقوق بشـــر را در جریان آن‌چه در زندان‌های جمهوری‌اسلامی گذشته

بود، قرار دادم؛ با همهی کسانی که که می‌توانستند در انعکاس این دهشت بزرگ یاری‌ام دهند، گفتگو و همکاری کردم؛ خاطرات زندانم ـ نه زیستن نه مرگ ـ را در چهار جلد و متجاوز از یک هزار و هشتصد در دسترس همه قرار دادم؛ تصویر هولناک و غیرقابل باور قبرها و قیامت‌های قزل‌حصار را به قلم آوردم؛ و سروده‌های یارانم راکه در زندان به‌حافظه سپرده بودم، به چاپ رساندم. در کنار همه‌ی این فعالیت‌ها، در رابطه با رویدادها و جریان‌های روز در ایران و محروم ماندن هم‌میهنانم از ابتدایی‌ترین حقوق یک انسان آزاد، آنچه راکه اندیشیدم و دریافتم، نوشتم.

کتابی که در دست دارید، نخستین جلد از گزیده‌ی نوشتارهای پراکنده‌ی من در بازتاباندن وقایع ایران در طول این سال‌هاست، و در ادامه‌ی تلاشم برای شناساندن جریان‌ها و چهره‌هایی که در داخل و خارج از ایران، مقابل مردم ایستادند و در تحکیم این نظام و تداوم سیاست‌های ضدبشری آن و نقض آشکار حقوق انسانی در آن کشور با متولیان ولایت فقیه هم‌دل و هم‌دست شدند.
امید دارم با این کار بتوانم فراموش شدن بی‌دادی راکه بر نسل من گذشت، مانع شوم و کسانی راکه در برافروختن هیمه‌های این شرر، از هیچ فرومایگی و رذالتی دست برنکشیدند، بشناسانم.

از آقای بیژن خلیلی که امکانات شرکت کتاب را برای چاپ و نشر این مقالات در اختیارم قرار داد، صمیمانه سپاسگزارم.

ایرج مصداقی
فوریه ۲۰۱۰ میلادی

فهرست مقالات

اظهارات مصطفی تاج‌زاده
در توجیه کشتار ۶۷

روز گذشته مصطفی تاج‌زاده یکی از نزدیکان خاتمی و رهبران جبهه‌ی مشارکت (مجمع امنیتی اطلاعاتی‌های سابق) و سازمان مجاهدین انقلاب اسلامی (تشکیل‌دهنده‌ی سپاه پاسداران و دستگاه‌های اطلاعاتی امنیتی رژیم) به‌پرسش‌های کاربران سایت یاری که از میرحسین موسوی در جریان انتخابات ریاست‌جمهوری حمایت می‌کند، پاسخ داد. یکی از این پرسش‌ها مربوط به کشتار ۶۷ و عکس‌العمل موسوی نسبت به‌آن بود. با هم پاسخ تاج‌زاده را مرور می‌کنیم:

❊ ... آقای تاج‌زاده، در زمان مهندس موسوی شاهد اعدام بسیاری از جوانان ایران در تابستان ۶۷ بودیم. چرا ایشان هیچ عکس‌العملی نشون ندادند؟
❊ آقای مهندس موسوی درباره‌ی اعدام‌های مذکور توضیحات خوبی در سفر به شیراز داد که می‌توانید در سایت‌ها مطالعه کنید. به‌نظر من بازخوانی حوادث دهه‌ی اول انقلاب نه تنها مفید، بلکه لازم است؛ زیرا نقد همه‌جانبه‌ی وقایع سال‌های ۵۷ تا ۶۷، موجب

۱

می‌شود بسیاری از خطاها چه توسط حکومتیان و چه اپوزیسیون تکرار نشود؛ یا دست کم درصد عظیمی از شهروندان از این خطاها حمایت نکنند و کشور و مردم هزینه‌ی کم‌تری بپردازد و از فرصت‌ها استفاده‌ی بیش‌تری برای توسعه‌ی دموکراتیک بشود. در آن‌صورت معلوم می‌شود کدام افراد یا گروه‌ها با دیدگاه و روش خود، خشونت را در جمهوری‌اسلامی آغاز کرد یا رواج داد. در این صورت بدون آن‌که منکر نقش افراد خاصی در حکومت برای خشونت‌ورزی بشوم، معتقدم آنان نقش حاشیه‌ای در آغاز خشونت داشته‌اند، ولی نقـش رهبری گروه‌هایی مانند «مجاهدین خلـق» را در چرخه‌ی خشونت بسیار مهم می‌دانم. به‌ویژه در سال ۶۰ که آن سازمان در مقابل اطلاعیه‌ی ده ماده‌ای دادستانی مبنی بر این که از «اسلحه» یا «فعالیت قانونی» یکی را انتخاب کنند، اولی را برگزیدند و تروریسم کوری به کشور تحمیل کردند و ملت ما تاوان آن تصمیم نابخردانه را پرداخته است.

جالب آن که در سال ۶۷ دو فاجعه رخ داد که در مورد یکی سکوت می‌شود و آن عملیات موسوم به «فروغ جاودان» یا «مرصاد» است. مسـعود رجوی با فرافکنی و برای فرار از جواب گویی به‌تحلیل و تصمیم غلط خود ـ که چرا سرنوشت سازمان را به‌رژیم فاشیست صدام پیونـد زد و به عراق رفت و با ایـران جنگید و هرگز گمان نمی کرد که بین دو کشـور صلح شود زیرا نتیجه‌ی آن را سرنگونی جمهوری‌اسلامی می‌دانسـت ـ، دائم مسئله‌ی اعدام‌های سال ۶۷ را مطرح می کنـد. در هر حال امام در پذیرش آتش‌بس و قطع‌نامه‌ی ۵۹۸، کشور را نجات داد و رجوی با راه انداختن عملیات مرصاد بیش از سـه هزار عضو سازمان تابع خود را به کشتن داد، تبلیغات وسـیعی درباره‌ی آن‌چه در زندان‌ها در ایران رخ داد به‌راه انداخته است، تا کسی درباره‌ی تصمیم غلط و غیرانسانی خود او که مقدمه‌ی تصمیم غلط عده‌ای در تهران بود، از وی سوال نکند.[1]

1-http://www.yaarinews.com/default.aspx/n/1879/

* * *

نیـــازی نمی‌بینم در ارتباط با آن‌چه که تـــاج‌زاده در مورد نقش نیروها در ایجاد چرخه‌ی خشـــونت در کشـــور بر زبان رانده توضیح دوباره‌ای دهم، در مقالات قبلی‌ام به صورت مشروح به این موضوع پرداخته‌ام.
جناح مثـــلاً «اصلاح‌طلب» رژیم که بیش‌ترین نقش را در ســـرکوب خونین و جنایت‌های دهشت‌بار دهه‌ی اول انقلاب داشته امروز برای توجیه گذشته سعی می‌کند با مطرح کردن اشـــتباه «دو طرف» و تأکید روی نقش اپوزیســـیون و قربانیان جنایت، نقش خود را کتمان کند. در این تبلیغات بی‌شـــرمانه، رژیم از همراهی افرادی چون مسعود بهنود، محسن سازگارا و برندگان جوایز «حقوق بشری» چون عمادالدین باقی، سیدابراهیم نبوی و اکبر گنجی در خارج از کشور بهره می‌برد.
منظـــور تاج‌زاده از «نقش افراد خاصی در حکومت» اشـــاره به لاجوردی و جناح مخالف اســـت و تازه همان را هم تخفیف داده و روی نقش مجاهدین وگروه‌هـــای مخالـــف در ایجاد چرخه‌ی خشـــونت تأکید می‌کنـــد. این در حالی‌ست که در مقطع ســـی خرداد بیش از پنجاه هوادار مجاهدین در کوچه و خیابان توســـط مأموران رژیم و عناصـــر چماق‌دار و جنایت‌کار حزب‌اللهی کشته شده بودند و مجاهدین، جز دادخواهی از مسئولان سیاسی و قضایی کار دیگری انجام نداده بودند. یک هفته بعد از فرمان خمینی مبنی بر به‌رگبار بستن تظاهرات مردم تهران و کودتا علیه رییس‌جمهور قانونی کشور بود که مجاهدین دست به‌سلاح بردند.

بیســـت و یک ســـال از کشـــتار زندانیان سیاسی در ســـال ۶۷ می‌گذرد. هنوز خانواده‌های اکثر قربانیان از محل دفن عزیزان‌شـــان خـــبر ندارند. در این بین، هشت سال قوه‌ی مجریه و چهار سال قوه‌ی مقننه در دست «اصلاح‌طلب»‌های حکومتی بوده اســـت. توجیهات تاج‌زاده در مورد این جنایت بزرگ، ســـقف جدیدی‌ست از وقاحت و بی‌شرمی گرگ‌هایی که به‌لباس میش درآمده‌اند.

کافی‌ست اندکی در پاسخ تاج‌زاده دقت کنیم. استدلال‌های او در توجیه کشتار

۶۷ بر پایه‌های زیر قرارگرفته است:

۱. «مسعود رجوی با فرافکنی و برای فرار از جواب گویی به‌تحلیل تصمیم غلط خود که چرا سرنوشت سازمان را به‌رژیم فاشیست صدام پیوند زد و به عراق رفت و با ایران جنگید»... « دائم مسئله‌ی اعدام‌های سال ۶۷» را مطرح می کند».

گیرم مسعود رجوی برای فرار از جواب گویی چنین کاری می کند، تکلیف گروه‌ها و شخصیت‌های سیاسی دیگری که «تصمیم غلط» نگرفته بودند و سرنوشت سازمان خود را به «رژیم فاشیست» صدام پیوند نزده بودند چه می‌شود؟ چرا آن‌ها نیز «دائم مسئله‌ی اعدام‌های سال ۶۷» را مطرح می کنند؟
آیا آن‌ها هم می‌خواهند فرافکنی کنند؟ آیا تنها مسعود رجوی «دائم مسئله‌ی اعدام‌های سال ۶۷» را مطرح می کند؟ چرا در هر محفلی موسوی وکروبی و حامیان‌شان حاضر می‌شوند دانشجویان مسئله‌ی کشتار ۶۷ را مطرح می کنند؟ آیا آن‌ها نیز می‌خواهند «فرافکنی» کنند؟ آیا دانشجویان نیز می‌خواهند «تصمیم غلط» خود را بپوشانند؟
در ضمن، بی‌جا نیست بپرسیم رژیم صدام حسین دست به‌چه اعمالی زده بود که لایق عنوان «رژیم فاشیست»است که جمهوری‌اسلامی صدبدترش را نکرده است.

۲. «امام در پذیرش آتش‌بس و قطع‌نامه‌ی ۵۹۸ کشور را نجات داد و رجوی با راه انداختن عملیات مرصاد بیش از سه هزار عضو سازمان تابع خود را به کشتن داد.»

می‌پذیرم که «امام در پذیرش آتش‌بس و قطع‌نامه‌ی ۵۹۸ کشور را نجات داد» ارتباط آن باکشتار زندانیان سیاسی در زندان‌های سراسر کشور چیست؟[۱]

۱-اتفاقاً به‌نظر من کشتار زندانیان سیاسی نیز به‌خاطر پذیرش قطع‌نامه‌ی ۵۹۸ صورت گرفت و نه عملیات فروغ جاویدان. چرا که رژیم پیش از آن‌هم ضربات سنگینی را از این ارتش متحمل شده بود. به‌ویژه در خرداد ماه ۶۷ و در جریان عملیات چلچراغ ضربه‌ی کمرشکنی از سوی مجاهدین دریافت کرد اماکشتاری از زندانیان صورت نگرفت. وجود آن‌همه زندانی سیاسی بعد از پذیرش آتش‌بس برای رژیم غرق در بحران خطرناک بود. رژیم بایستی چنگال خونی‌اش را به‌مردم نشان

مجاهدین در مناطق و شهرهای مرزی کشور با نیروهای رژیم می‌جنگیدند، این چه ربطی به کشتار زندانیان بی‌دفاع در سراسر کشور دارد؟
باز هم منطق تاج‌زاده را می‌پذیرم که مسعود رجوی «با راه انداختن عملیات مرصاد، بیش از سه هزار عضو سازمان تابع خود را به کشتن داد.»

آیا کیانوری هم در مقطع پذیرش قطع‌نامه، با راه‌انداختن عملیات نظامی، نود درصد اعضای دفتر سیاسی وکمیته‌ی مرکزی حزب توده که دوران پیری خود را می‌گذراندند، به کشتن داد؟

آیا فرخ نگهدار هم با راه انداختن لشکریان خود از سمت افغانستان و آذربایجان و تاجیکستان به‌سوی کشور باعث به کشتن دادن اعضای سازمان «تابع خود» شد؟

آیا رهبران سازمان اقلیت پس از پذیرش قطع‌نامه‌ی ۵۹۸ و «نجات کشور» توسط امام و مقتدای تاج‌زاده، عملیاتی را سازمان‌دهی کرده بودند که اعضای سازمان تابع‌شان را در زندان‌ها قتل‌عام کردند؟

آیا رهبران سازمان پیکار، از زیر خاک‌های سرد و سنگین بهشت‌زهرا و خاوران، فرمان حمله‌ای را صادر کرده بودند که اعضای سازمان‌شان به کشتن داده شدند؟

آیا علی کشتگر از پاریس عملیاتی را به‌راه انداخته بود که اعضای «سازمان تابع» او را سلاخی کردند؟

آیا رهبران سازمان راه کارگر نیروهای‌شان را در شهرهای مرزی به‌صف کرده بودند که اعضای‌شان در زندان را به دار کشیدند؟
آیا سازمان‌های رزمندگان، رنجبران، اتحادیه کمونیست‌ها، وحدت کمونیستی و... که وابستگان‌شان را بر دار کشیدند، وجود خارجی هم داشتند که بتوانند عملیاتی را سازمان‌دهی کنند؟

۳. رجوی «تبلیغات وسیعی درباره‌ی آن‌چه در زندان‌ها در ایران رخ داد، به‌راه انداخته است تا کسی در باره‌ی تصمیم غلط و غیرانسانی خود او که

می‌داد برای همین با مدیریت وزارت اطلاعات برنامه‌ی کشتاری را که از سال پیش در دستور داشت، اجرا کرد.

مقدمه‌ی تصمیم غلط عده‌ای درتهران بود، از وی سوال نکند.»

آیا در ارتباط با کشـــتار ۶۷، بدین منظور دادخواهی می‌شود که کسی از مسعود رجوی در مورد عملیات فروغ جاویدان سؤال نکند؟ تاج‌زاده مسئولیت یک دهه کشـــتار و شکنجه و قتل‌عام را به‌دوش مخالفان و به‌ویژه مجاهدین می‌اندازد تا دست‌های خونین خود و اطرافیانش را پنهان کند.

تاج‌زاده یک نفر نیســـت، او جناح «اصلاح‌طلب» رژیم را نمایندگی می‌کند. او سخنگوی کسانی‌ســـت که به‌دروغ سنگ حقوق شهروندی و حقوق مدنی را به‌ســـینه می‌زنند. او تلاش می‌کند مسئولیت کشتار ۶۷ را نه متوجه‌ی نظام و رهبر و مقتدای‌شان، که تصمیم غلط عده‌ای در تهران جلوه دهد. البته اگر فرمان مستقیم خمینی در دست نبود، حتماً آن را نیز مانند قتل‌های زنجیره‌ای به عده‌ای «خودسر» ربط می‌دادند.

تاج‌زاده نیز مانند همه‌ی خط‌امامی‌های «هفت خط» از موسوی گرفته تا کروبی، از خاتمی گرفته تا عبدالله نوری، از موسوی‌خوئینی‌ها گرفته تا...، به‌خاطر دفاع آیت‌الله منتظری از حقوق شهروندی و حقوق بشر و به‌ویژه مخالفتش با کشتار ۶۷، او را شایســـته‌ی رهبری نظام نمی‌دانستند. تاج‌زاده امروز نیز این مسئله را به‌صراحت عنوان می‌کند. وی در گفت‌وگو با سایت آینده اظهار داشت:

«این که آیا آیت‌الله منتظری توان اداره‌ی کشور را دارد یا خیر، تا آن‌جا که مطلعم خود ایشان در این زمینه ادعایی ندارد و من هم جوابم به‌این سوال مثبت نیست.»[۱]

به‌گفته‌ی دوســـتی امثال تاج‌زاده وقتی به‌راحتی می‌توانندگذشته‌ی خودشان را که خیلی هم دور نیست و همه آن را دیده‌اند و به‌یاد می‌آورند و اسناد و شواهد بســـیاری از آن روزها هم موجود است، تحریف کنند، چرا نتوانند آینده‌ای را که نیامده، قلب کنند و با دادن وعده‌های دروغ و صد من یک غاز، سر ملت را شیره بمالند و در قالب‌های غیر واقعی، فرو نروند؟

۲ خرداد ۱۳۸۸

1-http://www.khabaronline.ir/news.aspx?id=3847

میرحسین موسوی
و «برکات سازنده‌ی اسلام»

میرحسین موسوی در مهر ماه ۱۳۶۰ در مقام وزیر امور خارجه‌ی دولت جمهوری اسلامی در مجمع عمومی سازمان ملل در نیویورک شرکت کرد و در همان جا با روزنامه‌ی نیویورک تایمز به گفتگو پرداخت. وی در پاسخ به اتهامی در مورد «اعدام‌های چند ده‌هزار نفری در ایران» به نیویورک تایمز گفت:

> «اصولاً اگر می خواستیم چنین کشتارهایی انجام دهیم، انقلاب صد درصد شکست می خورد. در ایران هرکس اعدام می شود، بلافاصله مشخصات وی، جرایم و تمام ویژگی هایش اعلام می شود.»

وی ادامه می‌دهد:

> «چنین کشتارهایی مردم را از صحنه خارج می کند.»[1]

هزاران نفر در جریان کشتار سال ۶۷ اعدام شدند، امیدوارم سینه‌چاکان مهندس موسوی به‌ویژه وابستگان حزب توده و اکثریت و سخنگویان او در خارج از

1-http://www.etemaad.ir/Released/88296/05-03-.htm

کشور، بعد از خواندن این نوشته از وی بخواهند هم‌اکنون یا بعد از تصدی پست ریاست‌جمهوری «بلافاصله مشخصات، جرایم و تمام ویژگی‌های» کسانی را که در جریان کشتار ۶۷ در زندان‌های کشور اعدام شدند، اعلام دارند تا به وعده‌ای که بیست و هشت سال پیش داده بود وفا شود. پی‌گیری و مجازات عاملان این جنایت بزرگ پیش‌کش (چاقوکه دسته خودش را نمی‌برد)، بعد ازگذشت بیست سال لطف کرده محل دفن این افراد را قبل از آن‌که پدران و مادران‌شان دار فانی را وداع کنند اعلام نمایند تا آن‌ها بتواند برگور فرزندان‌شان شاخه‌ی گلی بگذارند، یا قطره‌ی اشکی بریزند.
افتخار موسوی در مهرماه ۶۰ این بود که نام کودکان چهارده پانزده ساله‌ای را که مقابل جوخه‌های اعدام قرار می‌دادند، سرفرازانه در روزنامه‌های‌شان با شرح و تفصیل منتشر می‌کردند. او اشاعه‌ی جو رعب و وحشت و اعمال شعار ضدبشری «النصربالرعب» را جزو افتخارات خود و دولتش می‌دانست.

میرحسین موسوی مدعی بود چنان‌چه کشتار چند ده‌هزار نفری انجام دهیم «انقلاب صد در صد شکست می‌خورد»، سازمان مجاهدین خلق ایران، اسامی و مشخصات بیست‌هزار نفر از اعضا و هواداران این سازمان راکه توسط جمهوری‌اسلامی کشته شده‌اند، منتشرکرده است. آیا به‌نظر مهندس موسوی «انقلاب» هم‌چنان پیروز است یا «صد در صد شکست خورده» است؟ آیا «چنین کشتارهایی» بدان منظور صورت نگرفت که «مردم را از صحنه خارج کنند»؟

هم‌چنین در مهرماه ۶۰ موسوی به‌عنوان وزیر امور خارجه در پی درخواست سازمان عفو بین‌الملل برای بازدید از زندان‌های ایران، شرایط مضحکی قائل شد. یکی از این شرط‌های مضحک این بود که سازمان عفو بین‌الملل

«اصول حقوق اسلامی در قوانین جاری ایران را به‌رسمیت بشناسد
تا ثابت کند این سازمان بازیچه‌ی دست آمریکا و متحدانش نیست».

یعنی سازمان عفو بین‌الملل برای آن‌که اجازه‌ی حضور در ایران و تحقیق در زندان‌ها را پیدا کند، اول بایستی شکنجه، تعزیر، حدود، قصاص، قطع دست

و پا، سنگسار، اعدام (به‌ویژه اعدام کودکان و خردسالان)، زجرکش کردن، شلاق‌زنی در ملاء عام و زندان، پرتاب کردن متهم از بالای کوه و بلندی، گردن‌زدن، بی‌حقوقی زنان و دیگر مجازات‌های وحشیانه و قرون وسطایی را تحت عنوان «اصول حقوق اسلامی» به‌رسمیت بشناسد تا اجازه‌ی حضور در کشور را بیابد!

از کسانی که زیر علم مهندس موسوی سینه می‌زنند می‌خواهم از وی بپرسند، حالا که متحول و «اصلاح» شده، آیا در دوره‌ی ریاست‌جمهوری احتمالی ایشان، عفو بین‌الملل برای حضور در ایران و تحقیق در موردکشتارهای وحشیانه‌ی رژیم، لازم است پیشاپیش «اصول حقوق اسلامی» را به‌رسمیت بشناسد یا خیر؟

آیا ایشان قرار است در مقام ریاست‌جمهوری «اصول حقوق اسلامی» راکه بر شمردم اجرا کند؟

طرفداران میرحسین موسوی اتخاذ چنین مواضعی در سال ۶۰ را نشانه‌ی درایت و کاردانی او می‌دانند، بلندگوهای موسوی در خارج از کشور (وابستگان حزب توده و اکثریت و پیوستگان‌شان) آیا باکارگزاران موسوی هم عقیده هستند؟

موسوی در جایگاه نماینده‌ی دولت جمهوری‌اسلامی در سی و ششمین مجمع عمومی سازمان ملل متحد شرکت داشت. این در حالی بودکه دولت متبوع وی، وحشیانه‌ترین سرکوب تاریخ معاصر را در تابستان و مهر ۶۰ سازمان داده بود. اعمال این دولت افکار عمومی بین‌المللی را تکان داده بود و نقض حقوق بشر و اعدام‌های لجام گسیخته در ایران در صدر اخبار بین‌المللی قرار داشت.

موسوی در سخنرانی خود در این مجمع در پاسخ به‌ادعای نقض حقوق بشر در ایران می‌گوید:

«مردم به‌مدعیان حقوق بشرکه دست‌های خود را به‌خون انسان‌های مستضعف فرو کرده‌اند، به‌دیده‌ی تمسخر می‌نگرند... هم اکنون در کشورهای مستضعف چهره‌ی تازه‌ی بشریت در حال تولد است

و این چهره بسیار متفاوت از آن سیمایی‌ست که امریکا تصویر می‌کند.»[1]

وی سپس اعلام می‌کند:

«ما مصمم هستیم که در روش خود کوچک‌ترین لغزشی به‌شرق یا غرب نداشته باشیم. به‌عنوان نماینده‌ی دولت انقلابی جمهوری‌اسلامی به همه‌ی مستضعفان زمین نوید می‌دهم که یک میلیارد مسلمان زیر سلطه‌ی جهان در حال قیام‌اند و اسلام برکات سازنده‌ی خود را دوباره به‌صحنه آورده است.»[2]

چنان‌چه ملاحظه می‌کنید موسوی در سال ۶۰ وعده می‌دادکه «هم‌اکنون در کشورهای مستضعف چهره‌ی تازه‌ی بشریت در حال تولد است».
او هم‌چنین به‌«همه‌ی مستضعفان زمین نوید» می‌داد که «اسلام برکات سازنده‌ی خود را دوباره به‌صحنه آورده است». «چهره‌ی تازه‌ی بشریتی» را که او وعده داده بود دیدیم؛ «برکات سازنده‌ی اسلام» را هم با پوست و گوشت‌مان لمس کردیم؛ آیا تصور نمی‌کنید وعده‌های امروز میرحسین موسوی نیز مانند «چهره‌ی تازه بشریت» و «برکات سازنده‌ی اسلام» او باشد؟

۵ خرداد ۱۳۸۸

1-http://www.etemaad.ir/Released/88-03-05/296.htm

۱- پیشین

کند و کاوی در ارتباط با دهمین دوره‌ی انتخابات ریاست‌جمهوری

پیش از برگزاری انتخابات و اعلام نتایج آن

٭ آیـا به‌نظر شمـا انتخابـات دهمـین دوره‌ی ریاسـت‌جمهوری با تحریم گسترده‌ی مردم روبرو خواهد شد؟

٭ خـــیر، من چنین اعتقادی ندارم. از نظر من نه این انتخابات، بلکه هیچ‌یک انتخابات مختلفی که در جمهوری‌اسلامی برگزار می‌شوند با تحریم گسترده‌ی مردم روبرو نمی‌شوند. اشتباه نشود این عدم تحریم انتخابات به‌منزله‌ی حمایت مردم و یا دلخوشی‌شان از رژیم نیست.

نفرت مردم از رژیم، قابل کتمان، یا تردید نیست؛ بلکه شرکت آن‌ها در انتخابات دلایــل گوناگون و خـاص خودش را دارد. این دلایــل در انتخابات مجلس شورای‌اسلامی، شورای شهر، خبرگان و ریاست‌جمهوری متفاوت است. البته این را هم اضافه کنم از نظر من شرکت حدود پنجاه درصد از واجدین شرایط در انتخابات که در کشورهای غربی یک میزان معقول است در جمهوری‌اسلامی تحریم گسترده است. چون معیار شرکت مردم ایران در انتخابات با غرب متفاوت است. بنابراین نباید از آن نتیجه‌گیری غلط کرد.

*** بـا توجه به‌مخالفت عمومی با نظام و حاکمان، چرا مردم در انتخابات ریاست‌جمهوری شرکت می‌کنند؟**

* دلیل عمده‌ی شـــرکت مردم در انتخابات این است که فکر می‌کنند چاره‌ای ندارند. دلخوشـــی هم ندارند. وقتی مردم را از انجام کاری نهی می‌کنید باید جایگزینی برای آن قرار دهیـــد. جایگزینی که قابل حصول و یا بدون هزینه‌ی آن‌چنانی باشد. مثلاً نمی‌توان از مردم خواست: پای صندوق‌های رأی حاضر نشـــوید، به‌جایش از جان بگذرید و انقلاب کنید تا مایی را که نمی‌شناسید و نتوانسته‌ایم اعتمادتان را جلب کنیم به‌قدرت برسانید. آن‌ها امیدی به‌آینده ندارند. آلترناتیوی در ذهن و دل‌شـــان جانیفتاده است. یا آن‌را در دسترس و چشم‌انداز نمی‌بینند

گذشته از این‌ها مردم با تبلیغات گسترده‌ی دستگاه‌های تبلیغاتی و امنیتی رژیم نیز مواجه هستند. توجیهاتی که آن‌ها می‌سازند نیز در شرکت مردم مؤثر است؛ مردم استدلال کسانی را که مخالف شرکت در انتخابات هستند نمی‌شنوند.

از این‌ها که بگذریم، مردم در مشکلات روزمره‌ی خود دست و پا می‌زنند؛ گرانی و فقر بیداد می‌کند؛ مردم به‌ریال پول می‌گیرند و به‌دلار خرج می‌کنند؛ وعده‌های سرخرمن مثل آوردن پول نفت سر سفره‌ها، یا وعده‌ی پرداخت مبالغی به‌هر نفر در پایان هر ماه برای عده‌ای انگیزه می‌شـــود که پای صندوق رأی بروند. مردم عادی، آرمان‌گرا نیستند، آن‌ها به‌دنبال بهبود وضعیت عمومی خود هستند حتا اگر اندکی باشد و به‌چشم نیاید. در اثر تبلیغات، فکر می‌کنند اگر در انتخابات شرکت نکنند وضع‌شان از این‌که هست بدتر می‌شِود.

جوانان، به‌خاطر این‌که مثلاً برای مدتی از شـــرِگشتِ ارشاد خلاص شوند در انتخابات شرکت می‌کنند؛ زنان، برای این‌که امکان طرح مطالبات‌شان فراهم شود در انتخابات شرکت می‌کنند؛ دانشجویان برای این‌که امکان نفس کشیدن در دانشگاه را داشته باشـــند در انتخابات شرکت می‌کنند؛ نویسنده برای این که احتمال چاپ کتابش بیش‌تر شـــود و بتواند از پس هزینه‌های زندگی برآید در انتخابات شرکت می‌کند؛ روزنامه‌نگار برای این که از نان خوردن نیفتد در انتخابات شـــرکت می‌کند؛ هنرمند و فیلم‌ساز و... برای این که امکان عرضه‌ی

هنرش اندکی بیش‌تر شود در انتخابات شرکت می‌کند؛ طبقه‌ی متوسط جامعه برای این‌که حداقل‌هایش را نیز از دست ندهد در انتخابات شرکت می‌کند. ملت را به‌مرگ گرفته‌اند که به‌تب و لرز و رعشه با‌کمال میل و رغبت راضی شوند. به‌استدلال مردم وگروه‌هایی که در انتخابات شرکت می‌کنند توجه کنید؛ قیافه‌ی افرادی را‌که در تبلیغات انتخاباتی شـرکت می‌کنند در نظر بگیرید؛ شعارهای انتخاباتی کاندیداها را مرورکنید؛ همه‌ی این‌ها نشان‌گر آن چیزی است که گفتم. در یک کلام، مردم برای این‌که به‌قول خودشان زنده بمانند در انتخابات شرکت می‌کننـد. آن‌ها حالت فـردی را دارند که در حال غرق شـدن، در آب غوطه می‌خورد، هر دسـتی راکه احساس کند به او‌کمک می‌کند می‌گیرد؛ حتا اگر خس و خاشاکی باشد. حتا اگر کسی به‌او بگوید اجازه داری یک لحظه روی آب بیایی و نفس تازه‌کنی، می‌پذیرد. در این مواقع غریق نمی‌گوید خیلی ممنون منتظر می‌شوم تا نجات غریق بیاید. این تصور و انتظار از فردی‌که در حال جان دادن است اشتباه است.

نگاه کنید خاتمی در مقابل ناطق‌نوری پیروز شد، چراکه نقش اپوزیسیون نظام را بازی می‌کرد. جوری جا انداخته بودند گویا رأی به خاتمی، یعنی مخالفت با وضع موجود. احمدی‌نژاد با اختلافی فاحش رفسنجانی راکه یکی از ستون‌های نظام بود شکست داد. چراکه نسبت به‌رفسنجانی ناشناخته بود. رفسنجانی در واقع نمادی از رژیم بود و احمدی‌نژاد نه. برای همین پیروز شد.

٭ امـا آمارهایی که از سـوی نیروهای اپوزیسیون داده می‌شـود حاکی از تحریم گسترده‌ی انتخابات است.

٭ آمار و نظرخواهی علمی در جامعه‌ی ما معنا ندارد. آمارهای ارائه‌شده سیاسی هستند و نه علمی و واقعی. کلاً آمار در جامعه‌ی ما با توجه به‌منافع سیاسی بالا و پایین می‌شود. بی‌اعتنایی به‌آمار و یا ارائه‌ی آمار دل‌خواه و غیرواقعی، مختص رژیم و جناح‌های آن نیسـت بلکه نیروهای اپوزیسیون نیز احترامی برای آمار و نظرخواهی قائل نیستند. همیشه ارائه‌ی آمارها با توجیهات سیاسی همراه است. در دوره‌های گذشته نیز شاهد بودیم که آمار ارائه شده‌ی قبل و بعد از انتخابات

توسط نیروهای اپوزیسیون واقعی نبود.
آمار و نظرخواهی مربوط به‌یک جامعه‌ی پیشرفته است؛ ما تا رسیدن به‌آن راه زیادی در پیش داریم. بایستی درد را شناخت تا امکان مداوای بیماری را یافت. آمار نادرست مانع از شناخت صحیح درد می‌شود.

در هفته‌های گذشته نزدیک به شش میلیون نفر به‌تماشای فیلم مبتذل «اخراجی‌های ۲» ساخته‌ی مسعود ده‌نمکی ـ یکی از بدنام‌ترین عناصر رژیم که نامش با سرکوب خونین «۱۸ تیر» عجین شده ـ رفته‌اند؛ دو میلیون نفر فقط در تهران به‌دیدن این فیلم رفته‌اند. دی‌وی‌دی «اخراجی‌های۲» با قیمتی بین ده تا پانزده‌هزار تومان و نسخه‌ی سی‌دی آن به‌قیمتی تا سقف پنج‌هزار تومان در بازار سیاه فروخته می‌شود. خدا می‌داند چه تعداد از این طریق فیلم را تماشا کرده و خواهندکرد.
این دیگر آمارکذب انتخاباتی و یا نوشتن اسم این و آن روی برگه‌های انتخاباتی نیست. عدد و رَقم مشخص است. مضمون فیلم هم ضدمجاهدین و به‌شدت غیرواقعی است. مثلاً اسرا، در پایان فیلم در اردوگاه‌های عراقی‌ها یک صدا سرود «ای ایران» می‌خوانند! ده‌نمکی از رهبران انصار حزب‌الله است که سینما آتش زدند، کتاب‌فروشی سوزاندند و... توجه داشته باشید. این شش‌میلیون نفر پول داده و فیلم را دیده‌اند.
تازه قشرِ به‌خصوصی سینما می‌روند و فیلم تماشا می‌کنند. در روستاهای دورافتاده و حاشیه‌ی شهرها که اتفاقاً رأی رژیم در آن‌جا بیش‌تر است، یا بهتر می‌توان رأی‌سازی کرد، یا رأی خرید و... کم‌ترکسی به‌سینما می‌رود. بیش‌تر مناطق کشور حتا دارای سینما نیست. این فیلم فقط در ۶۰ شهر نشان داده می‌شود. در جامعه‌ای که نزدیک به شش‌میلیون نفر به‌دیدن فیلم ده‌نمکی می‌روند انتظار دارید انتخاباتش با تحریم گسترده روبرو شود؟ اگر آمار تماشاگران این فیلم را از منظر روان‌شناسی و یا جامعه‌شناسی و... تجزیه و تحلیل کنید به‌خیلی ازواقعیت‌های جامعه‌ی ایران پی خواهید برد. کاری‌ست که به‌نظرم ضروری است که انجام شود و می‌توان آن‌را به‌عنوان یک کار تحقیقاتی جدی در نظرگرفت.

*** شما چرا تحریم انتخابات را تبلیغ می‌کنید؟ آیا از این‌که مردم برخلاف میل شما عمل کنند ناراحت نمی‌شوید؟**

* اصولاً دارای موقعیتی نیستم که بر اساس رهنمود و یا خواسته‌ام کسی تصمیم‌گیری کند، یعنی تأثیرگذاری زیادی ندارم. این توضیحات را می‌دهم که مبادا تصور شود دچار خودبزرگ‌بینی هستم و یا در اوهام زندگی می‌کنم.

من برای تحریم انتخابات پیام نمی‌دهم بلکه واقعیاتی را که وجود دارد از منظر فردی بیان می‌کنم؛ نقاب از چهره‌ی دروغین مدعیان برمی‌دارم و تلاش می‌کنم اجازه ندهم کسانی که دست در خون عزیزانم دارند، دستان خونین‌شان را پنهان کنند.

به‌عنوان کسی که برای سرنوشت کشور و مردمش اهمیت قائل است، نظرم را شفاف و روشن بیان می‌کنم. در آینده افراد می‌توانند دوباره به‌آن رجوع کنند. مردم خیلی مواقع اشتباه می‌کنند، اما بالاخره راه درست را پیدا خواهندکند و در مقاطعی که کسی انتظاری از آن‌ها ندارد واکنش لازم را نشان می‌دهند.

می‌دانم نظر من و یا آن‌چه که من درست تشخیص می‌دهم، در این مرحله با آن‌چه بسیاری از مردم زیر فشار در ایران تشخیص می‌دهند، متفاوت است؛ چرا که شرایط من با کسانی که در زیر فشارهای مختلف، زندگی و در انتخابات رژیم شرکت می‌کنند، متفاوت است. من زیر چنان فشاری زندگی نمی‌کنم. از آن مهم‌تر فارغ از فشارهای گوناگون، ارزیابی منطقی‌تری می‌توانم داشته باشم. اسیر تبلیغات نیستم و در معرض بمباران خبری هم قرار ندارم؛ در نتیجه چشم‌انداز دیگری را هم می‌بینم و در تصمیم‌گیری‌هایم فشارهای جانبی راهی ندارد، بلکه درستی، یا نادرستی عمل را ارزیابی می‌کنم و افق بلندتری را در پیش چشم دارم.

من شکنجه و فشار را تجربه کرده‌ام و می‌دانم در زیر فشار، چگونه منطق انسان فلج می‌شود و او را از تصمیم‌گیری درست و اصولی باز می‌دارد.

ملتی اکنون در زیر انواع و اقسام فشارهای خردکننده و طاقت‌فرسا قرار دارد. از آن‌ها نمی‌توان انتظار داشت درست و منطقی تحلیل کنند و از آن مهم‌تر رفتارشان سنجیده باشد. من به‌مردم احترام می‌گذارم. معلوم است که از تصمیم آن‌ها ناراحت نمی‌شوم؛ چراکه موقعیت خطیرشان را درک می‌کنم. من اهل سر

دادن شعارهای تو خالی نیستم، اما سعی می‌کنم سره از ناسره را جدا کنم. من ناراحتی‌ام را سر مردمی که تحت فشار هستند خالی نمی‌کنم، کینه و دشمنی‌ام نسبت به‌رژیمی که مردم را به‌این مرحله رسانده بیش‌تر می‌شود. مهم این است که شما دچار خطای محاسباتی نشوید. البته این‌را عرض کنم که در نظر من حساب توده‌های مردم از روشنفکرانی که در مراحل مختلف به‌حمایت از رژیم برمی‌خیزند و چوبِ زیرِ بغلِ آن می‌شوند جداست. من هیچ‌گاه اقدامات آن‌ها را توجیه نمی‌کنم.

این‌روزها وقتی به‌تاریخ گذشته‌ی میهن‌مان فکر می‌کنم، مردم ایران و کسانی که در انتخابات شرکت می‌کنند را به‌صورت فردی می‌بینم که در حمله‌ی اعراب، مغول‌ها، یونانی‌ها، ازبکان، افاغنه و... در کوچه پس کوچه‌های شهر، در کنجی گرفتار شده و با چشمانی اشکبار، هراسناک و از حدقه درآمده در آخرین لحظه با صدایی خفه و حزن‌انگیز از مهاجمان خون‌ریز با استغاثه «امان» می‌خواهد که خنجر در سینه‌اش فرو نکنند. و چه بار دردناک و تراژیکی در مفهوم این ترکیب «امان‌نامه» نهفته است. یک تاریخ جنایت و خون‌ریزی را این کلمه با خود حمل می‌کند.
مردم ایران، امروز از رژیم خون‌ریز حاکم برکشور «امان» می‌خواهند. این به‌معنای تأیید رژیم نیست. من آن را غلط ارزیابی نمی‌کنم، متأسف می‌شوم، اما دلخور نه.

*** دلیل شما برای عدم شرکت در این انتخابات چیست؟**
* از نظر من منافع رژیم و منافع مردم نه تنها هم‌سو نیست بلکه متضاد هم هست. کتمان نمی‌کنم که دوران هشت‌ساله‌ی خاتمی، شرایط را برای نفس کشیدن مردم بهتر کرد. اما بایستی پذیرفت که احمدی‌نژاد و شرایط وخامت‌بار کنونی هم محصول دولت خاتمی بود. اگر چه ظاهراً مردم با انتخاب خاتمی دست‌آوردهایی داشتند، اما به‌طور کلی این نظام ولایت‌فقیه بود که پیروز شد و پایه‌هایش را مستحکم کرد. مردم، اگر چه به‌ظاهر موفقیت‌هایی هم نصیب‌شان شد و چند صباحی هم نفس کشیدند، ولی بازنده‌ی اصلی در این بازی بودند و

مجموع ضرر کردند. در مقابل، خاتمی زمان خرید و پایه‌های سیاست هسته‌ای را محکم کرد.
جناح خاتمی و خط امام تبلیغ می کند که کشور در سال ۷۶ در معرض خطر جدی قرار داشت و بنیادش متزلزل بود و خاتمی و دوم خرداد این خطرات را رفع کردند. توجه داشته باشید که کلماتی هم‌چون «اسلام»، «ایران»، «کشور»، «منافع ملی» و... اسامی مستعار نظام ولایت مطلقه‌ی فقیه است. بنابراین منطقی نیست که به‌یاری سران نظام برخیزیم تا خطراتی که وجودشان و کیان نظام‌شان را تهدید می کند برطرف کنیم.

در این دوره هم وضع به‌منوال گذشته است. کافی‌ست به‌دلایلی که کاندیداها برای حضور در انتخابات مطرح می کنند توجه کنیم:
سایت‌های اینترنتی سلام و جمهوریت و... گزارش کردند:

> میرحسین موسوی در اجتماع دانشجویان شیراز: ما نیاز به‌تغییر داریم وگرنه نظامی باقی نمی‌ماند.[1]

جمهوریت از شرکت موسوی در جمع دانشجویان دانشگاه آزاد تهران خبر می‌دهد و می گوید:

> در ادامه‌ی مراسم مهندس موسوی دوباره پشت تریبون آمد و در پاسخ به‌سئوالی که روی یکی از پلاکاردها نوشته شده بود: «در این بیست‌سال کجا بودی؟» گفت: در آن بیست‌سال خطراتی را که طی این چهار سال دیده‌ام مشاهده نکردم. اگر خطرات جدی نبودند، به‌صحنه نمی‌آمدم. الان آن‌ها را جدی دیده‌ام و وارد صحنه‌ی انتخابات شدم.[2]

آیا توقع دارید من‌هم به‌آقای موسوی کمک کنم تا «نظام»شان باقی بماند؟
با توجه به‌دلایل موسوی، برای شرکت در انتخابات اگر شک و شبهه‌ای هم

1-http://www.salaamnews.com/ShowNews.php?7175
http://www.jomhoriyat.com/tag/module/viewtops/news/1943
2-http://www.jomhoriyat.com/news:1941

داشتم، آن را کنارگذاشته و قاطعانه تصمیم به‌تحریم انتخابات و عدم مشارکت در این خیمه‌شب بازی می گیرم که قرار است نظام را ابقا کند و خطرات تهدید کننده‌ی آن را از میان بردارد. این احساس خطر مختص موسوی نیست. محسن رضایی دیگرکاندیدای نظام هم همین‌را می گوید. بی‌بی‌سی و بسیاری از مراکز خبررسانی از قول او نوشتند:

اگر مسیر فعلی ادامه پیدا کند ما به‌سمت پرتگاه می‌رویم[1].

چرا من به محسن رضایی کمک کنم که رژیم را از رفتن به‌سمت پرتگاه نجات دهد؟ بهزاد نبوی سال گذشته به‌منظور متقاعدکردن خاتمی برای شرکت در انتخابات ریاست‌جمهوری گفت:

امروز ما برای نجات کشور، انقلاب و اصل نظام، به‌حضور خاتمی در انتخابات آینده اصرار داریم و معتقدیم که وی می‌تواندکشور و نظام را از مخاطرات پیشِ رو نجات دهد.[2]

به‌چه دلیل برای « نجات کشور، انقلاب و اصل نظام» در انتخابات شرکت کنم؟

*** عده‌ای را اعتقاد بر این است که با شرکت در انتخابات بایستی در فرآیندِ تصمیم گیری برای آینده‌ی کشور شرکت کرد، آیا شما با این رویکرد مخالفید؟**

* من‌هم با این نظر موافقم که باید در فرآیندِ تصمیم گیری در مورد آینده‌ی کشور شرکت کرد. این حرف غلط نیست. نتیجه‌گیری از آن غلط است. برخلاف تبلیغات رایج، عدم شرکت در این انتخابات، تصمیم گیری درست برای آینده‌ی کشور است. من عدم شرکت در انتخابات را به‌نفع مردم و به‌زیان نظام ولایت مطلقه فقیه می‌دانم. بهترین و مؤثرترین مشارکت، عدم شرکت در انتخابات رژیم است. این در نهایت به‌سود آزادی و دمکراسی است.

*** اما تبلیغ می‌شود که تفاوت میان کاندیداها و شعارهایی که می‌دهند می‌تواند به‌سود مردم و حرکت اصلاح‌طلبی تمام شود و از هزینه‌ها بکاهد.**

1-www.bbc.co.uk/persian/iran/2009090503/05/_ka_ir88_mohsen_rezai.shtml
2-http:// www.teribon.com/1387/09/08

* در ابتدا گفتم که انتخاب این یا آن کاندیدا می‌تواند مضار و یا منافع اندکی برای مردم داشته باشد. اما منفعت کلی و بزرگ را نظام ولایت مطلقه‌ی فقیه می‌برد و نه مردم. من سودی را که احتمالاً مردم می‌برند نفی نکردم. اما قبول کنید که سران رژیم «مصلحت»شان را بهتر از من و شما تشخیص می‌دهند. موسوی متجاوز از بیست و دو سال در شورای تشخیص مصلحت نظام بوده است. یعنی از ابتدای تشکیل آن تاکنون.

کروبی تا چهار سال پیش عضو مجمع تشخیص مصلحت نظام بود؛ اما به‌خاطر آن که احمدی‌نژاد را به‌جای او به‌دور دوم انتخابات ریاست‌جمهوری فرستادند، به‌حالت قهر استعفا داد. سال‌ها ریاست و نیابت ریاست مجلس را برعهده داشته و در جلسه‌ی سران رژیم شرکت می‌کرده است.

محسن رضایی، نه‌تنها عضوکه دبیر مجمع تشخیص مصلحت نظام هم هست. شانزده سال بحرانی فرمانده سپاه بوده و مسئولیت اداره‌ی جنگ به عهده‌ی او بوده است.

احمدی‌نژاد هم عضو مجمع تشخیص مصلحت نظام است. هر چهار نفر عضو این مجمع بوده و هستند تا «مصلحت» نظام را تشخیص دهند. خاتمی، رفسنجانی و ناطق‌نوری که پشتیبانان آن‌ها هستند نیز جزو اعضای مجمع تشخیص مصلحت نظام‌اند. آن‌ها در مجمع تشخیص ننشسته‌اندکه مصلحت من و شما را تشخیص دهند و یا بر خلاف منافع‌شان عمل کنند.

* گفته می‌شود خامنه‌ای تمایلی به‌انتخاب شدن موسوی و کروبی ندارد و کاندیدای مورد علاقه‌ی او احمدی‌نژاد است. به‌همین دلیل عده‌ای مردم را ترغیب می‌کنند تا برخلاف میل خامنه‌ای و ولایت‌فقیه عمل کنند.

* این دیگر از آن حرف‌هاست. نه‌تنها چهار نفر یاد شده، بلکه خاتمی نیز پیش از آن که کاندیداتوری خود را اعلام کند، به‌دیدار خامنه‌ای شتافت و از وی اجازه‌ی شرکت در انتخابات را گرفت. انتقاد هفته‌ی گذشته‌ی خاتمی به‌شورای نگهبان این بود که از نظرات و دستورات خامنه‌ای تخطی کرده و اعتقاد آن‌ها به‌ولایت مطلقه فقیه را زیر سؤال برده است. بنابراین همه‌ی این کاندیداها عروسک‌هایی هستند در دست ولایت‌فقیه. ملاحظه کردید اعلمی که «جان‌باز» رژیم است و

مسئولیت‌های مختلفی در مجلس و کشور داشته، رد صلاحیت می‌شود؛ چون از قبل با خامنه‌ای تنظیم نکرده است. شعله سعدی هم به‌همین سرنوشت دچار می‌شود. او هم با خامنه‌ای هم‌آهنگ نیست و از او اجازه‌ی شرکت در انتخابات را کسب نکرده؛ وگرنه دو دوره نماینده‌ی مجلس بوده است.
خامنه‌ای تجربه‌ی اداره‌ی کشـــور با رفسنجانی و خاتمی را دارد. کنار آمدن با موســـوی وکروبی سخت‌تر از آن دو نیست. به نظر من هرکس که انتخاب شود سودش به‌جیب خامنه‌ای می‌رود، اما شکل این سودرسانی فرق می‌کند. برای خامنه‌ای مهم این‌ست که افسار کار از دستش در نرود. این که لاریجانی یا حداد عادل رییس مجلس شوند، برای او فرق چندانی ندارد، هرچند ممکن است یکی را بر دیگری ترجیح دهد؛ اما می‌داند ســـود این رقابت و دست به‌دست شدنِ ریاست، به‌جیب او می‌رود؛ چون هر دو سعی می‌کنند رضایت او را جلب کنند. هیچ‌یـــک از این دو برخلاف منویات او حرکت نمی‌کنند. بزرگ‌ترین پیروزی خامنه‌ای این اســـت که کاندیداها از او اجازه‌ی ورود به‌انتخابات را می‌گیرند. این دست‌آورد کمی نیست. یعنی عملی برخلاف میل او انجام نخواهدگرفت. آن‌چه برخلاف میل خامنه‌ای است، تحریم گسترده‌ی انتخابات است. «میل» اصلی خامنه‌ای کشاندن مردم است به‌پای صندوق‌های رأی و انتخاب یکی از کاندیداهایی که با صلاح‌دید و اجازه‌ی او به صحنه آمده‌اند.

*** قبول دارید شـــعارهایی که کروبی مطرح کرده اگر اجرا شـــود، پیشرفتی محسوب می‌شود؟**

* قبول دارید اگرکویرهای دنیا به‌دشـــت و جنگل و مرغزار و سبزه زار تبدیل شوند، یک پیشرفت است؟ قبول دارید اگر تمامی شوره‌زارها تبدیل به‌چشمه‌های آب شیرین وگوارا شوند یک پیشرفت اساسی در زندگی بشر است؟ سؤال این اســـت که این تحول چگونه و با چه ابزاری قرار است انجام بگیرد؟ حتا برای جلوگیری از پیشرفت کویر هم برنامه لازم است چه رسد بخواهید کویر را جنگل کنید. با شعار که چیزی درست نمی‌شود.
به‌نظر شـــما کروبی تازه از مادر متولد شده اســـت؟ آیا تازه به‌کشور وارد شده است؟ آیا محصول جدیدی است؟ مگر خمینی وقتی در پاریس بودکم شعار

داد؟ حـرف از آزادی بیان و اجتماعات و هنر و... نمی‌زد؟ وعده‌ی آب و برق و اتوبـوس مجانی نمی‌داد؟ از حقوق و آزادی زنان دم نمی‌زد؟ از عزت مردم حرف نمی‌زد؟ وعده نمی‌داد دنیا و آخرت مردم را توأمان درست خواهدکرد؟ نمی‌گفت کمونیست‌ها هم در بیان نظرات‌شان آزادند؟ نمی‌گفت مثل یک طلبه می‌روم در قم می‌نشینم؟

خمینی قدرت اجرایی هم داشت، اگر می‌خواست می‌توانست وعده‌هایش را عملی کند. چه شـد؟ کدام وعده‌ها را عملی کردند؟ مردم و نیروهای سیاسی هم در آن دوره توجهی نمی‌کردندکه این آدم در سن هفتاد و هشت سالگی از مادر زاده نشده است؛ بالاخره او یک گذشته‌ای داشت. کسی توجهی نمی‌کرد که خمینی در سـال ۴۲ بخاطر حق رأی زنان و اصلاحات ارضی و اقدامات ترقی‌خواهانه‌ی رژیم پهلوی، بر علیه رژیم شـاه شـورید. کسی توجهی نمی‌کرد که خمینی در شصت و سه سالگی سیاسی شد و به‌میدان سیاست آمد. حتا در سـال ۳۲ و دوران کودتا علیه دولت ملی دکتر مصدق با آن که پنجاه وسه ساله بود زندگی سیاسی نداشت، هرچند علایق ارتجاعی سیاسی داشت و از دربار وکاشـانی و کودتاچیان حمایت می‌کرد. کسی توجهی به کتاب ولایت‌فقیه و تحریرالوسیله و رساله‌ی عملیه‌ی خمینی که موجود بود نمی‌کرد.

آن موقع می‌گفتیم تجربه نداشتیم، این‌ها را در قدرت ندیده بودیم، باور نمی‌کردیم و... حالا دیگر چه بهانه‌ای هست که بیش از سی سال این حضرات را در قدرت دیده‌ایم و با پوست وگوشت‌مان فجایعی که به‌بار آورده‌اند را لمس کرده‌ایم. کروبی هفتاد و دو ساله است. یعنی یک گذشته‌ای دارد. بازجویان ۲۰۹ اوین در بازجویی از دانشجویان و دستگیرشدگان، کروبی را «ال جی» ـ با عرض پوزش ـ که مخفف «لرگیج» است معرفی می‌کنند. این ارزیابی عناصر امنیتی رژیم از وی است. کافی‌ست سابقه‌ی او را در سی سال گذشته ببینید. اوکسی بود که در سال ۶۸ پس از استعفای عبدالمجید شرع‌پسند از نمایندگی مجلس، خواستار اخراج او از مجلس و دستگیری‌اش شد. مگر شرع‌پسند که برادر سه «شهید» نظام بود چه گفته بود؟ در زیر آن را مطالعه کنید:

سـلامٌ علیکم. بسـم‌الله الرّحمن الرّحیم، با عرض تسلیت رحلت حضرت امام این جانب عبدالمجید شرع‌پسند نماینده‌ی مردم کرج

بدین وسیله استعفای خود را از نمایندگی به‌دلایل زیر اعلام می‌کنم:

۱ـ نبود زمینه و عدم امنیــت و امکان برای انجام وظایف قانونی نمایندگی که در سوگندنامه‌ی اصل ۶۷ قانون‌اساسی آن‌ها را تعهد نموده‌ام از جمله مهم‌ترین آن‌ها دفاع از قانون‌اساسی.

۲ـ نگرانی شـــدید از آینده‌ی سیاسی کشور به‌علت برخی تغییرات قانون‌اساسی و تحولات سیاسی واقع شده و درحال وقوع و تکاثر و تداول قدرت در دست عده‌ای معدود و حضور تشریفاتی و سطحی مردم به‌جای مشارکت عمیق و مؤثر آنان.

۳ـ نداشتن پاسخ مناسب و منطقی برای گرانی و تورم و تبعیض‌های ناروا و پرهیز و تعلل مسئولین از جهت‌گیری قاطع و جدی در برابر تکاثر و انباشت ســرمایه‌های کلان بادآورده و نهایتاً نگرانی برای استقلال مملکت.

۴ـ وجود ابهامات و ســؤالات اساسی نسبت به‌حاکمیت آینده و بلاتکلیفی مردم در حق سرنوشــت خود و نگرانی از این که روند موجود منتهی به‌حاکمیت لیبرالیسم وابسته خواهد شد.

۵ـ نداشتن انگیزه و رغبــت برای ادامه‌ی فعالیــت به‌دلیل عدم مشاهده‌ی کم‌ترین مشابهت اصولی بین وضعیت فعلی و حکومت عـــدل علوی در حدی که حتی آهنگ و جهت حرکت را به‌ســوی آرمان‌های بلند تشیع نمی‌بینم.

شرع‌پسند که هم‌سو با جریان کروبی و «خط امام» بود با توجه به‌حقوق اولیه‌ی هر فرد از نمایندگی مجلس اســتعفا داد. اما همین گناه، نابخشودنی بود که با اشاره‌ی کروبی به‌زندانی شدنش انجامید. کروبی در همان مجلس معرکه‌دار شد و فریاد زد که کسی شفاعت شرع‌پسند را نکند و تا دستگیری او توسط وزارت اطلاعات، پی‌گیر ماجرا شد و پس از شنیدن متن استعفانامه‌ی شرع‌پسند، بدون داشتن وقت و در هم‌آهنگی با رفسنجانی، بیست‌دقیقه سخنرانی کرد و خواستار آن شد که برخلاف قوانین موجود خود رژیم، شرع‌پسند را از مجلس اخراج کنند. اجازه ندادند که نمایندگان طبق قانون به‌استعفای او رأی دهند. سخنرانی کروبی

با شعار مرگ بر منافق نمایندگان همراه شد. سپس نامه‌ای را هم به امضای صد وپنجاه و چهار نفر رساندند که در پایان آن آمده بود:

ما نمایندگان مجلس شورای اسلامی ، سخنان سراسرکذب و افترا و بهتان نامبرده را محکوم نموده و اظهارات وی را در راستای اهداف دشمنان داخلی و خارجی انقلاب اسلامی دانسته و تأکید می کنیم که همواره در پشت سر رهبر و زعیم امت حضرت آیةالله خامنه‌ای (حضار صلوات فرستادند) «مدّ ظلّه‌العالی» و درکنار یاران همیشگی امام و امت قهرمان و وفادار ایران، پاسدار خون شهیدان خواهیم بود. و ضمن تشکر از هشیاری مردم شریف کرج، شرع‌پسند را از سمت نمایندگی معزول دانسته و اظهارات نامبرده را در راستای اظهارات مفسدین و محاربین می‌دانیم و برائت و انزجار خود را از بیانات وی اعلام و از هیأت رییسه‌ی محترم مجلس شورای اسلامی، تقاضامندیم...[1]

ابطحی مشاور کروبی، همین چند ماه پیش در «وب‌نوشت» خود در ارتباط با نقش کروبی در برکناری آیت‌الله منتظری نوشت:

کروبی همیشه از پرچم‌داران و پیش‌تازان مخالفان سیاسی و جناحی خود بود و آنان را به‌دلیل اعتقاد این که با امام خمینی یا مخالف بودند و یا کم‌اطاعت، طرد و عرصه را بر آن‌ها تنگ می کرد. حتی وقتی در درون جبهه‌ی چپ و همراهان و یاران امام نیز قرار بود حذف و طردی صورت گیرد، باز هم کروبی جلوتر از دیگران قرار داشت. اوج این پیش‌تازی را در نگارش نامه‌ی تاریخی کروبی، امام‌جمارانی و سیدحمید روحانی به‌آیت‌الله منتظری که آن روزها نفر دوم نظام بود می‌توان ردیابی کرد. آن نامه، اولین اعتراض علنی به‌آقای منتظری بود که سلسله رفتارهای بعدی تا عزل آیت‌الله منتظری از قائم‌مقام رهبری ادامه داشت. ...وی(کروبی) در آن دوران از نظر حقوقی و رسمی تنها نماینده‌ی مجلس بود و رییس

1-http://www.manazel.blogfa.com/post-268.aspx

> بنیاد شـــهید؛ اما به‌دلیل ارتباط شـــخصی او با امام و به‌خصوص ارتباط صمیمی وی با حاج احمدآقا، فرزند قدرتمند امام، جایگاه واقعی و تأثیرگذار او درگردونه‌ی قدرت آن روزها به‌مراتب بیش از جایگاه حقوقی او شده بود.»[1]

یکی ازگناهان آیت‌الله منتظری که کروبی روی آن دســـت گذاشـــته و با انتشار نامه‌ی سرگشاده‌اش در ۲۹ بهمن ۶۷ زمینه‌ی برکناری او را فراهم کرد، به شرح زیر است:

> شـــما همیشـــه در برخورد با مســـئولان و مقامات قضایی از عفو زندانیان گروهکی ســـخن می گویید و آزادی آنان را می خواهید. با وجود آن که بارها برای شما ثابت شده است که بسیاری از آنان به‌سبب اصرار و پافشاری شما مورد عفو قرارگرفتند و آزاد شدند و با شناسایی بیش‌تر از پاسداران و بسیجیان دست به آدم کشی و ترور زده و خون عزیزان ما را ریختند. لیکن هرگز این گونه رویدادها در موضع شما در پشتیبانی از زندانیان گروهکی تغییری پدید نیاورده است.[2]

کروبی پس از برکناری آیت‌الله منتظری و درست پس از انتشار رنج‌نامه‌ی احمد خمینی علیه آیت‌الله منتظری، با نوشـــتن نامه‌ای به خمینی خواستار آن شد که به حســـین‌علی نیری رییس هیأت کشتار ۶۷ که مورد مخالفت آیت‌الله منتظری قرارگرفته بود، اختیار بیش‌تری داده شـــود. کروبی و حسن صانعی گردانندگان وقت مجمع روحانیون مبارزکه از نقش بدون گفتگوی حسین‌علی نیری درکشتار زندانیان سیاسی آگاه بودند، ضمن تأکید بر «وارستگی» و «قاطعیت» نیری از خمینی می‌خواهندکه وی را این بار مأمور صدور احکام غلاظ و شداد بر علیه «غارتگران بیت‌المال» کند.

1-www.webneveshteha.com/media.asp?id=2146309744"

۲-پیوست شماره ۱۶۷ کتاب خاطرات آیت‌الله منتظری صفحات ۵۳۱ تا ۵۳۴

«...با سلام و تحیات خالصانه و اظهار تشکر از اعتمادی که نسبت به‌اینجانبـــان ابراز فرموده‌اید معروض مـــی‌دارد، در اجرای فرمان مبـــارک مورخ ۶۸/۲/۶ آن حضرت نسـبت به‌اموالی که در اختیار ولی‌فقیه اســت حســب اظهارنظر مطلعین، پرونده‌های زیادی در رابطه با موضوع حکم حضرتعالی مربوط به‌غارتگران بیت‌المال و وابستگان به‌رژیم طاغوت در محاکم وجود دارد که صرف‌نظر از مشکلات دست و پاگیر رسیدگی عادی به‌آن‌ها چندین سال به‌طول می‌انجامد و این امر موجب اضرار بیت‌المال وحقوق محرومین و مستضعفین جامعه می‌شود. علیهذا از محضرتان استدعا می‌شود در صورت صواب‌دید جهت پیشرفت امور و ضایع نشدن حق فقرا و مستمندان به‌مسئولین قضایی مربوطه دستورفرمایید تا بدین پرونده‌ها خارج از ضوابط دست و پاگیر حاکم بر دادگاه‌ها طبق موازین شرع انور رسیدگی شـــود و فردی را برای این کار انتخاب نمایند. و از آن‌جاکه جناب حجت‌الاسلام والمسلمین آقای نیری فردی وارسته، قاطـع و مورد توجه حضرت‌عالی اســـت و نیز مورد توجه قضای کشور است برای مسئولیت این امر پیشنهاد می‌شود. والسلام علیکم و رحمه‌الله و برکاته.

مهدی کروبی ـ حسن صانعی[1]

کروبی ده سال پس از قتل‌عام زندانیان سیاسی در جدال با احمد منتظری فرزند آیت‌الله منتظری که به‌مخالفت پدرش باکشتار ۶۷ و «خون‌های به ناحق ریخته شده» اشاره کرده بود، می گوید:

احمد عزیز! شما در مصاحبه‌ی خود در مورد منافقان زندانی که بر سر موضع خود ماندند و به‌سزای اعمال‌شان رسیدند، جمله‌ای به کار بردید که شگفت‌انگیز است. منافقان محاربی که در آن دوران هـــر روز در کوی و برزن، نمـــاز جمعه‌ها و یا اماکن مهم دولتی آن ترورها، بمب گذاری‌ها و جنایت‌ها را انجام دادند و بسیاری از مردم

۱-صحیفه‌ی نور مجموعه‌ی پیام‌ها و اطلاعیه‌های خمینی

انقلابی و در صحنه و یا مسئولان مملکتی را به‌شهادت رساندند تا آن‌جا که هنوز داغ ایشان و فقدان وجودشان کاملاً محسوس است و با این که به‌ایشان این امکان داده شد که توبه کنند و به‌آغوش ملت و نظام اسلامی بازگردند تا در جرائم آن‌ها تخفیف نیز داده شود، می‌بینیم که عده‌ای از ایشان بر مواضع باطل خود پافشاری می‌کنند و قبل از پیروزی سپاهیان اسلام در عملیات مرصاد در درون زندان آشوب به‌راه می‌اندازند و آن دسته از زندانیان که به‌نظام اسلامی اظهار وفاداری کرده‌اند را کتک می‌زنند. وقتی با این افراد برخورد می‌شود شما از آن به‌عنوان «خون به‌ناحق ریخته شده» یاد می‌کنید!

کاندیدای کروبی برای مجلس شورای اسلامی از تبریز، سال گذشته هادی غفاری بود. هادی غفاری همانی‌ست که در اقدامی جنایت‌کارانه، بیرون از جلسه‌ی دادگاه انقلاب، تیر به‌گلوی هویدا زد؛ اوکسی‌ست که سازمان‌دهنده‌ی حملات جنایت‌کارانه در انقلاب فرهنگی به‌دانشگاه‌ها در سال ۵۹ بود؛ او یکی از سردمداران چماق‌داری در سال‌های ۵۸ ـ ۶۰ بود. وی یکی از شقی‌ترین و جنایت‌کارترین بازجویان اوین در سیاه‌ترین سال‌های دهه‌ی ۶۰ بود. توجه کنید من از انتخاب کروبی در سال گذشته صحبت می‌کنم.
کروبی با چنین پرونده‌ای شده است پرچم‌دار حقوق بشر و آزادی‌های مدنی! عجیب نیست؟ از آن مضحک‌تر این که عده‌ای در خارج از کشور شده‌اند نماینده‌ی ستاد انتخاباتی او!

*** آیا موسوی هم نمی‌تواند عامل پیشرفتی در کشور شود؟**

* سابقه‌ی موسوی به‌مراتب بدتر از کروبی است. او عضو شورای انقلاب و از برنامه‌ریزان حمله به دانشگاه‌ها وگرداننده‌ی ننگین‌نامه‌ی جمهوری‌اسلامی و رییس دفتر سیاسی حزب جمهوری‌اسلامی بود که به‌درستی به «حزب چماق‌به‌دستان» شهرت داشت؛ نخست‌وزیر «امام» در سیاه‌ترین دوران حیات جمهوری اسلامی‌ست؛ بزرگ‌ترین کشتارها و نقض حقوق بشر در دوران او اتفاق افتاده است. از این‌ها بگذریم. همین الان حتا مدعی نیست که

اصلاح‌طلب است. شال و دست‌بند و روسری سبز، نماد و مسیر حرکت موسوی را نشان می‌دهد. او به‌سمت هرچه دینی‌ترکردن سیاست و جامعه حرکت می‌کند. او نماد شیعه‌ی دوازده‌امامی را برگزیده است. جالب آن‌که توده‌ای‌ها برای او سینه‌زنی می‌کنند. اولین پیام شال و پرچم سبزی که وی به‌دوش گرفته این‌ست که تبعیض‌ها هم‌چنان پابرجا خواهد ماند. تبعیض مذهبی، سیاسی، قومی، جنسیتی. به‌حامیان موسوی در جامعه‌ی روحانیت مبارز نگاه‌کنید. رفسنجانی، ناطق‌نوری، روحانی، پورمحمدی، دعاگو و... این افراد نگذاشتند احمدی‌نژاد به‌عنوان کاندیدای جامعه‌ی روحانیت معرفی شود. پورمحمدی عضو فعال هیئت‌کشتار ۶۷ بود. دعاگو یکی از دشمنان «اصلاح‌طلب»ها در دوران خاتمی و سربازجو و شکنجه‌گر شقی شعبه‌ی ۱۲ اوین بود که با نام مستعار محمدجواد سلامتی کار می‌کرد. وی از نزدیکان لاجوردی به‌شمار می‌رفت. آن‌قدر وجودش برای دادستانی و لاجوردی مهم بود که به‌اعتراف خودش سه محافظ برایش قرار داده بودند.

این دو، مستقیم دست در خون دارند. قربانیان دعاگو سال‌هاست زیر خروارها خاک سیاه آرمیده‌اند. این چه اصلاح‌طلبی است که حامیانش جنایت‌کارانند. موسوی قرار است چه اصلاحاتی انجام دهد که بی‌رحم‌ترین افراد هم پشت او هستند. بخشی از هواداران و نمایندگان احمدی‌نژاد در دور قبل، این‌بار دور موسوی حلقه زده‌اند. نمی‌خواهم نتیجه‌گیری کنم که احمدی‌نژاد خوب است و یا حامیان او بهترند. خیر، سیاه‌ترین باندهای رژیم از احمدی‌نژاد حمایت می‌کنند، اما به‌این دلیل نمی‌شود که به‌دامان موسوی بیافتیم.

گیرم که معجزه رخ داده باشد و کروبی و موسوی در ادعاهای‌شان صادق باشند، با کدام اختیارات می‌خواهند این شعارها را محقق کنند؟ مگر نه این که موسوی می‌گوید کشتار ۶۷ به‌من مربوط نیست، چون تکفیک قوا در نظام است. این افراد چگونه می‌خواهند حقوق زنان و اقلیت‌ها و قومیت‌ها را که می‌بایستی اول در مجلس شورای‌اسلامی قانونش تصویب و بعد در شورای‌نگهبان تأیید شود تحقق ببخشند؟ چگونه می‌توانند جلوی دستگیری دانشجویان و یا زنان را که توسط قوه قضاییه صورت می‌گیرد، بگیرند؟ اگر می‌توانستند بگیرند چرا جلوی کشتار ۶۷ را نگرفتند؟ چرا هنوز حاضر نیستند محل دفن اعدام‌شدگان را

مشخص کنند؟

به گردانندگان ستاد انتخاباتی موسوی کاندیدای اول «اصلاح‌طلبان» حکومتی نگاه کنید. فاتح، باقریان، بهزادیان‌نژاد، عابدی، برادران بهشتی، رباطی، مومنی و... غالباً سابقه‌ی مدیریت ندارند. موسوی می‌خواهد مثل احمدی‌نژاد با چراغ خاموش بیاید. هیچ‌کدام حتا به اصلاح‌طلبی شهرت ندارند.

کروبی موقعی که قدرت داشت، نگذاشت قانون اصلاح مطبوعات در مجلس مطرح شود. از این‌ها گذشته من معتقدم اگر گاندی هم رییس‌جمهوری این نظام شود با توجه به قوانین موجود و ولایت مطلقه‌ی فقیه، کاری از پیش نخواهد برد و لاجرم به‌یک جنایت‌کار تبدیل خواهد شد. اشکال در فرد نیست، نقض حقوق بشر و حقوق شهروندی و مدنی اشکالی سیستماتیک است. حاکمیت ملی نقض شده است. این‌که با رفتن و آمدن رییس‌جمهوری که خاتمی تدارکات‌چی‌اش نامید، درست نمی‌شود.

باز هم تأکید می‌کنم به‌یاد بیاورید نمایندگان مجلس ششم در تبلیغات انتخاباتی چه وعده‌هایی می‌دادند؟ اکثریت مطلق مجلس را به‌دست آوردند؛ چه کردند؟ تقریباً هیچ. برای همین مردم در انتخابات بعدی شرکت نکرده و به آن‌ها رأی ندادند.

ده‌سال پیش وقتی هاشمی‌شاهرودی، قوه قضاییه را در دست گرفت، از آن به‌عنوان «ویرانه» یاد کرد. آیا پس از ده‌سال توانست این «ویرانه» را آباد کند؟ چه تغییر کیفی‌ای در قوه قضاییه به‌وجود آمد؟ از اعدام و سنگسار و شکنجه و شلاق و قطع عضو کاسته شد؟ اگر می‌خواست کاری کند هم نمی‌توانست؛ تمام قاتلین شدند معاونان او. توجه کنید معاون اول قوه قضاییه ابراهیم رییسی از اعضای هیئت کشتار ۶۷ است؛ دیگر معاون او شوشتری، یکی دیگر از اعضای هیئت کشتار است؛ یونسی یکی از با سابقه‌ترین و جنایت‌کارترین حکام شرع و وزیر اطلاعات و... دیگر معاون وی است. پورمحمدی، دیگر عضو هیئت کشتار ۶۷ رییس سازمان بازرسی کل کشور است؛ نیری رییس هیئت کشتار ۶۷ هم معاون حقوقی دیوان‌عالی کشور است. این‌ها قرار است ویرانه را آباد کنند!

دو سال پیش تبلیغ انتخابات شورای شهر بود، «اصلاح‌طلب»ها تلاش می‌کردند وارد شورای شهر شوند. تعدادی‌شان به‌شورای شهر راه یافتند. طی این دو سال چه‌کردند؟ حتا رییس این شورا را نیز تغییر ندادند. سمت و سوی این شورا چه فرقی با گذشته کرده است؟

*** شما چرا به‌سیاست انتخاب بین بد و بدتر اعتقاد ندارید؟ بعضی‌ها می‌گویند در سیاست شرط عقل این است که واقع‌گرا بود و از چپ‌روی کودکانه پرهیزکرد. آن‌ها می‌گویند سیاستِ همه یا هیچ، جواب ندارد.**

* واقع‌گرایی با وادادگی فرق می‌کند. کنار آمدن با یک رژیم فاشیستی مذهبی را نباید واقع‌گرایی نامید. کنار نیامدن با دشمنان مردم را نبایستی لجاجت نامید. تاریخ از آن‌هایی که در گذشته و در دیگر کشورها این مسیر را رفتند به‌نیکی یاد نکرده است. مرزبندی با دشمنان و قاتلین و جنایت‌کاران، چپ‌روی نیست. ایستادگی روی اصول، یک‌دندگی نیست. در این‌جا بد و بدتری وجود ندارد. لنین که کتاب «بیماری چپ‌روی کودکانه» را نوشت، محکم‌ترین مواضع را در مقابل دشمنان مردم داشت. پیروزی او نیز در گرو مرزبندی اصولی‌اش با نیروهای مذبذب و ناتوان بود، وگرنه در رژیم تزاری حل شده بود. دستگاه تبلیغاتی و به‌ویژه امنیتی رژیم روی این پروژه کار می‌کند. آن‌ها می‌خواهند تغییر این رژیم و سرنگونی آن را در ذهن و ضمیر مردم جا بیندازند و تثبیت کنند. داستان انتخاب بین بد و بدتر عمیق‌تر از آن‌ست که ظاهراً نشان داده می‌شود.

من اساساً به‌سیاست «همه یا هیچ» اعتقاد ندارم. اصلاً سیاست را بده ـ بستان می‌دانم. سیاستمدار عاقل وکاردان آن است که کم بدهد و زیاد بگیرد. این‌ها که از بدیهیات کار سیاسی است. اما در این انتخابات قرار نیست چیزی نصیب مردم شود، حرف اصلی این است. مشتی هیاهو تحویل مردم می‌دهند. اگر چیزی گیر مردم می‌آمد که حرفی نبود. اگر ازکیسه‌ی ولی‌فقیه می‌رفت که خوب بود. از این جیب به‌آن جیب می‌کنند. تمام منافع هم به‌جیب خامنه‌ای می‌رود. ما در موقعیتی قرارگرفته‌ایم که قرار است به‌حقوق‌مان تجاوز کنند. از ما می‌خواهند انتخاب کنیم که چه کسی به‌ما و حقوق‌مان تجاوزکند. ولایت‌فقیه

و سیستم مبتنی بر آن یعنی تجاوز به‌حقوق مردم و حق حاکمیت ملی. سوراخ کردن این سیستم از طریق مشارکت در انتخابات امکان‌پذیر نیست. تجربه نشان داده است که شدنی نیست. این که کروبی، یا موسوی، یا احمدی‌نژاد، یا رضایی کدام‌یک کم‌تر به‌حقوق ما تجاوز می‌کنند، دلیل عقلانی و اخلاقی برای شرکت در این نمایش انتخاباتی نیست. اگر در موقعیتی قرار گیریم که مهاجمان بخواهند به‌ما تجاوز کنند، آیا درست است ملتمسانه بخواهیم آن‌که زیباتر و بلندبالاتر و خوش‌زبان‌تر است به ما تجاوز کند؟ آیا منطقی است عاجزانه از آن کس که فکر می‌کنیم هنگام تجاوز، مراعات حال ما را هم می‌کند درخواست کنیم که او پیش‌قدم شود؛ آیا درست است تقاضا کنیم که این کار با حداکثر «مهرورزی» انجام گیرد؟

دیدگاه درست و منطقی و واقع‌گرایانه در این موقعیت را این می‌دانم که از این که با خشونت کم‌تری مورد تجاوز قرار گرفته‌ایم اظهار خوشحالی نکنیم.

دیدگاه درست و اصولی و واقع‌گرایانه این است که تلاش کنیم اصولاً مورد تجاوز قرار نگیریم. این که چقدر در جلوگیری از تجاوز آن‌ها موفق شویم مد نظرم نیست. در بسیاری از حالات چه‌بسا موفقیتی هم در کار نباشد، اما لزوماً همراهی کردن با متجاوزین به‌هنگام تجاوز و انتخاب این که چه کسی به ما تجاوز کند درست نیست. بدترین و یا بهترین متجاوز فرقی نمی‌کنند.

در این جا ذکر یک خاطره را بی‌مناسبت نمی‌بینم.

وقتی در دی‌ماه ۶۰ با تنی رنجور به شکنجه‌گاه اوین رسیدم، «پیشوا» بازجوی شعبه‌ی ۱ اوین به‌منظور تحقیر من عنوان کرد که در آن شکنجه‌گاه دمکراسی حاکم است و افراد برای شکنجه شدن می‌توانند کابل مورد نظر را خودشان انتخاب کنند! او کابل‌های مختلفی را یکی‌یکی به‌دست من می‌داد تا کلفتی و نازکی‌شان را لمس کنم و با حالت تحقیرآمیزی می‌گفت: «کدام‌یک را ترجیح می‌دهید؟».

در آن وانفسا از من می‌خواستند انتخاب کنم که با کدام کابل مرا شکنجه کنند. تمایلی نداشتم در بازی زشتی که «پیشوا» آغازکرده بود شرکت کنم. هنوز هم پس ازگذشت بیست و هشت سال از آن‌روز، تمایلی به‌ادامه‌ی این نوع بازی‌ها ندارم.

*** آیا شما با حرکت اصلاح‌گرایانه مخالف‌اید؟**

* نه. هیچ آدم عاقلی با حرکت اصلاح‌گرایانه مخالف نیست. معلوم است اگر امکان‌پذیر باشد مطلوب همه است. بحث در این جاست که این نوع حرکات در سیستم ولایت مطلقه فقیه امکان‌پذیر نیست.

آیا شعارهایی که امروز کاندیدای اصلی «اصلاح‌طلبان» حکومتی می‌دهد، نسبت به‌شعارهایی که خاتمی می‌داد عقب‌تر نیست؟ او حتا از این ابا دارد که خودش را اصلاح‌طلب معرفی کند. یعنی حتا شعارش را هم نمی‌دهد. بخش زیادی از جناح «اصول‌گرای» رژیم که میانه‌ی خوشی با خاتمی نداشتند، امروز پشتیبان موسوی هستند. موسوی حتا مطرح شدن شعار علیه بسیج را توهین به‌خود می‌داند و بر علیه آن موضع گیری می‌کند. برای ارزیابی یک سیاست بایستی نگاه کرد آیا حرکت رو به‌جلویی داشته یا نه. اگر شرکت و یا تجارتی مدت کوتاهی سود ندهد، اگر حرکت رو به‌رشد نداشته باشد اعلام ورشکستگی می‌کند. چون اقتصاد، سود و زیانش به‌سرعت مشخص می‌شود و قابل اندازه‌گیری است. اما سیاست این‌گونه نیست، در سیاست می‌شود به‌طور مستمر وعده‌ی سرخرمن داد. کروبی، مجاهدین انقلاب‌اسلامی و جبهه‌ی مشارکت را برانداز معرفی می‌کند. وقتی این دو نیرو، «برانداز» معرفی شده و از سوی او طرد می‌شوند، تکلیف بقیه و «اصلاحاتی» که از آن دم زده می‌شود، مشخص است. یادتان باشد بیست سال پیش وقتی موسوی کنار رفت و رفسنجانی آمد، خیلی‌ها خوشحالی می‌کردند که «اکبرشاه» آمده و مشکلات را حل خواهدکرد. حالا بازگشت موسوی را موفقیت جلوه می‌دهند. این چه پیشرفت اصلاحاتی است؟

نوع حجاب زهرا رهنورد (زهره کاظمی) را در نظر بگیرید. یادم می‌آید زهرا رهنورد در سال ۵۸ یعنی سی سال قبل، در میزگرد تلویزیونی به‌عنوان یک زن محجبه با کت دامن روشن و روسری حاضر می‌شد. آیا این اصلاحات است که پس از آن، سال‌ها با حجاب کامل و تیره در مجامع ظاهر می‌شد، و امروز در موسم تبلیغات، روسری و مقنعه‌ی یک‌دست سیاهش را تبدیل به‌روسری سیاه گل‌دار کرده و چادر سیاهش را رویش سر می‌کند؟

یادم هست معصومه ابتکار تا پیش از دوم خرداد با روسری و لباس بلند روشن

در مجامع بین‌المللی و از جمله کمیسیون حقوق بشر در ژنو شرکت می‌کرد. بارها وی را از نزدیک دیده بودم. توجه کنید اول انقلاب را نمی‌گویم که با روسری و مانتو بود و عکس‌هایش موجود است، پس از دوم خرداد بود که ابتکار مقنعه و چادر مشکی سرکرد. این‌ها در ظاهر هم سقوط کرده و رو به‌عقب رفته‌اند. کدام اصلاحات و حرکت رو به‌جلو. این‌ها می‌خواهند اصلاحات را در جامعه‌ی ایران تعمیم دهند؟

توجه داشته باشید موسوی امروز حتا نقش خود در انقلاب فرهنگی را نفی می‌کند! این‌ها راجع به‌گذشته‌شان که مثل روز روشن است و به‌خوبی به‌یاد داریم دروغ می‌گویند، چگونه می‌توان به وعده وعیدهایی که برای آینده می‌دهند دل بست و آن‌ها را باور کرد؟

بیست‌سال از مرگ خمینی می‌گذرد. وعده داده می‌شد که با مرگ او دوران جدیدی در جمهوری‌اسلامی آغاز می‌گردد؛ چنین نشد. مسیر حرکت را در بیست‌سال گذشته دنبال کنید، آیا اصلاحات پیشرفت کرده؟ آیا ما درجا نمی‌زنیم؟ بیست‌سال قبل تبلیغ می‌شد به رفسنجانی رأی دهید تا «اکبرشاه» رونق اقتصادی را به‌کشور بازآورده و سازندگی را از سر بگیرد. به‌او لقب «امیرکبیر» و «سردار سازندگی» دادند. به‌تبلیغاتی که همین احمدی‌نژاد برای رفسنجانی می‌کرد مراجعه کنید. بعدگفته شد برای جلوگیری از آن‌که ناطق‌نوری به‌قدرت برسد و کشور به‌قهقرا رود، در انتخابات شرکت کنید و به خاتمی رأی دهید. ملت فریب تبلیغات‌چی‌های نظام را خورد و با شرکت در انتخابات، خاتمی را به‌ریاست‌جمهوری رساندند. کشوری که در دوران رفسنجانی «ساخته» شده و «آباد» شده بود؛ در دوران خاتمی قرار شد به «آزادی‌های سیاسی و اجتماعی» و... هم برسد! بعد از هشت سال که کشور «ساخته» شد و «آباد» گردید و مردم از نعمت «آزادی و حقوق برابر اجتماعی» و... برخوردار شدند، یک دفعه احمدی‌نژاد ازکره مریخ با کمک یاجوج و مأجوج نازل شده و برگرده‌ی ملت سوار شد. حالا گفته می‌شود برای آن‌که به‌دوران او خاتمه دهیم به موسوی که بیست سال پیش، از برکناری او خوشحالی می‌کردیم رأی دهید تا او باقی‌مانده‌ی کارهای رفسنجانی و خاتمی را توأمان انجام دهد. تبلیغ

می‌شود که ناطق‌نوری و آن بخش از رژیم که دوازده سال پیش سعی می‌شد از به‌قدرت رسیدن‌شان جلوگیری شود هم پشت موسوی هستند. یعنی موسوی و ناطق‌نوری حالا در یک صف قرار دارند. آیا این مسیر اصلاح‌طلبی است که مد نظر شماست؟

البته یک چیزی در دوازده سال گذشته فرق نکرده، موسوی مانند سلف خود خاتمی هم‌چنان با مطرح شدن طرح تغییر قانون اساسی هم مخالف است.

دوازده سال پیش خاتمی با شعار «ایران برای ایرانیان» مبارزه‌ی انتخاباتی خود را شروع کرد و امروز در اثر پیشرفت «اصلاحات» موسوی با شعار «یا زهرا» و دست‌بند و شال و روسری و موج سبز و در حالی که احساس می‌کند پرچم «اهل بیت» را به‌دوش می‌کشد، پس از دیدار با خامنه‌ای وکسب اجازه از او به‌میدان آمده و قبل از شروع سفرهای انتخاباتی‌اش به‌دیدار مراجع تقلید می‌رود و حمایت آن‌ها راکسب می‌کند.

دوازده سال پیش حرف از آزادی‌های سیاسی و اجتماعی و پیشرفت و رسیدن به قافله‌ی تمدن و... بود. امروز حرف از این‌ست که در صورت پیروزی، هرکاندیدا آخر ماه چقدر «دستمزد» به هر خانوار برای شرکت در انتخابات می‌دهد.

در سال ۷۹ «اصلاح‌طلب»های حکومتی، کروبی را برای اداره‌ی مجلس شورای اسلامی به‌قدر کافی «اصلاح‌طلب» ندانسته و از روی اضطرار به‌وی که در پایین لیست انتخاباتی مجلس شورای‌اسلامی جای داشت برای اداره‌ی مجلس رأی دادند. این مجلس به‌ریاست کروبی و با «حکم حکومتی» خامنه‌ای جلوی مطرح شدن قانون مطبوعات در مجلس را گرفت. این مجلس حتا نتوانست از حق خود دفاع کند و ده‌ها تن از نمایندگان آن در حالی که هنوز دوره‌ی نمایندگی‌شان به‌اتمام نرسیده بود از سوی شوران نگهبان صلاحیت‌شان رد شد.

امروز همان کروبی مدافع حقوق بشر و حقوق اقلیت‌ها و زنان و مطبوعات آزاد و... معرفی می‌شود و قرار است از وضعیت فلاکت‌بار فعلی نجات‌شان دهد!

این طنز نیست، حقیقت تلخی‌ست. در تبلیغ برای موسوی و توانایی او در

اداره‌ی کشور به‌وضعیت خوب اقتصادی مردم در دوران جنگ خانمان‌برانداز و خاطره‌های خوب مردم از دوران موسوی اشاره می‌شود! وضع اقتصادی امروز مردم در حالی که طی چهار سال گذشته بیش از سیصد میلیارد دلار درآمد نفتی داشته‌ایم، به گونه‌ای است که وضعیت فلاکت بار مردم در دوران جنگ را «روزگار خوش» مردم تبلیغ می‌کنند. فراموش نکرده‌ایم که رژیم یکی از دلایل تسلیم در جنگ و پذیرش قطع‌نامه‌ی ۵۹۸ را وضعیت بد اقتصادی معرفی کرده بود.

آیا تصور نمی‌کنید دوازده سال بعد ما به جایی برسیم که در تبلیغات انتخاباتی به روزگار خوش اقتصادی دوران احمدی‌نژاد اشاره و از «مهرورزی»‌های او با مردم یاد شود؟

* گفته می‌شود «اصطلاح‌طلب‌ها» در هر صورت‌گفتمان جدیدی را که در آن از حقوق بشر، حقوق اقلیت‌ها، حقوق زنان، حق حاکمیت ملی و ... صحبت می‌شود، همگانی کرده و در ادبیات سیاسی کشور وارد کرده‌اند و این یک قدم به‌جلوست. نظر شما در این‌باره چیست؟

* ما در عصر ارتباطات زندگی می‌کنیم، مفاهیمی که نام بردید ارزش‌های جهان‌شمولی هستندکه از طریق وسایل ارتباط‌جمعی در ذهن و ضمیر نسل جوان می‌نشیند. بیش از پنجاه میلیون نفر از جمعیت کشور پس از انقلاب به‌دنیا آمده‌اند. این گفتمان، سال‌هاست در جامعه مطرح است. ربطی به «اصلاح‌طلب»‌ها ندارد. مثل این‌ست که کسی بیاید و مبارزات مشروطه‌خواهان را به مظفرالدین شاه ربط دهد چراکه فرمان مشروطیت را او صادر کرد و صدایش هم موجود است یا تشکیل احزاب را به‌پادشاهان بی‌کفایت قاجار نسبت دهد.

باید توجه داشت جامعه پتانسیل زیادی برای تغییر دارد. پشت‌مرزها و در درون کشور نیروهای سرنگونی‌طلب وجود دارند؛ اپوزیسیون سرنگونی‌طلب و یا خواهان تغییرات رادیکال وجود دارد و موضع‌گیری می‌کند؛ بخش‌های آگاه و روشنفکر جامعه در مجموع به‌لحاظ نظری به‌آن‌ها نزدیک هستند، اگر چه به‌لحاظ تشکیلاتی نزدیکی وجود ندارد اما به‌لحاظ مطالبات به‌هم نزدیک هستند. نیروهای سرنگونی‌طلب اگرچه بالفعل نیروی چندانی ندارند، بالقوه

نیروی عظیمی را در اختیار دارند. از جانب دیگر اگر خواسته‌های نسل جوان مهار نشود، سر به‌طغیان خواهدگذاشت. همه‌ی تلاش این است که جلوی این نیروی عظیم گرفته شـود. اگر «اصلاح‌طلب»ها از چنین مفاهیمی اسـتفاده می‌کنند، اگر دارای چنین گفتمانی هسـتند، در واقع برای گرفتن این شـعار از دست نیروهای مترقی‌سـت. این رژیم برای آن که حربه را از دست اپوزیسیون واقعی خود بگیرد، تن به اپوزیسیون‌های قلابی و دست‌ساز هم می‌دهد. مفهومی که این‌بخش از رژیم اشاعه می‌دهد، خالی کردن کلمات از محتواست.

بر کاکل حقوقی بشـری که این‌ها دم از آن می‌زنند «قانون مجازات اسلامی و حدود دیات و...» که ضد حقوق اولیه‌ی انسانی‌ست، نشسته است. حقوق اقلیتی که این‌ها تبلیغ می‌کنند تنها خودشان و نزدیکان‌شان را در بر می‌گیرد، دایره‌ی آن تا نهضت آزادی هم کشـیده نمی‌شود؛ حقوق زنانی که این افراد مدعی‌اش هسـتند، فاصله‌ی زیادی با دست‌آوردهای زنان ایران در چهل سال پیش دارد؛ ولایت‌فقیه در تعارض شـدید با حق حاکمیت ملی اسـت. ولایت‌فقیه حق حاکمیت بر صغار و مجانین است؛ ملت را به‌رسمیت نمی‌شناسد. منظور آن‌ها از حق و حقوق و آزادی‌های اجتماعی و مدنی، متفاوت از برداشت من و شما از این واژه‌ها است. می‌گویند خاتمی شعار «زنده‌باد مخالف من» را درکشور باب کرد، اما توضیح نمی‌دهند این «مخالف من» کیست که قرار است «زنده باشد».

چند روز پیش خاتمی در نشست «مؤتلفه‌ی اسلامی» ـ باند سیاهی که اداره‌ی بـازار و اختیار بخش مهمـی از واردات و صادرات کشـور را به‌عهده دارد و بزرگ‌ترین جنایت‌های رژیم به‌دسـت رهبران وگردانندگان این باند صورت گرفتهـ، شـرکت، و با رهبران آن دیدار کرد. باند خاتمی این دیدار را نشانه‌ی وفاداری خاتمی به‌شعار «زنده‌باد مخالف من» تعبیر می‌کنند. «اصلاح‌طلب»ها به‌ناموس کلمات تجاوز می‌کنند. تاج‌زاده تبلیغ می‌کرد که خاتمی وقتی به‌قدرت رسید به‌خاطر وفاداری به‌شعار «زنده‌باد مخالف من» صدها میلیون تومان پول بی‌زبان را بلاعوض در اختیار احمد توکلی که رقیبش بود گذاشت تا چاپخانه و روزنامه راه‌اندازی کند. پس از مدتی هم همه‌ی پول‌ها را بالا کشیدند.

اشتباه نکنید در «زنده‌باد مخالف منِ» خاتمی حتا نهضت‌آزادی هم نگنجیده که طی این سال‌ها هر خفت و خواری را تحمل کرده است؛ در آن حتا پاسخ به‌نامه‌ی تبریک آیت‌الله منتظری هم نگنجیده است؛ امکانات و سرمایه‌های کشور هم در اختیار جناح رقیب قرار می‌گیرد تا اجازه دهد این بخش از رژیم به‌کار خود ادامه دهد.

*** آیا تصور نمی‌کنید سیاست تحریمی که شما و دیگرکسانی که با شرکت در انتخابات مخالف هستند تبلیغ می‌کنید، منجر به روی کار آمدن دوباره‌ی احمدی‌نژاد شود؟ چرا شما در نوشته‌های‌تان کم‌تر به احمدی‌نژاد می‌پردازید؟**

* مگر ما از چهار سال پیش به‌این طرف دچار نکبت شده‌ایم؟ مگر از سی پیش تا به‌حال احمدی‌نژاد رییس جمهوری بوده است؟ این رژیم از روزی که به‌قدرت رسیده کشور را به‌سمت قهقرا و نابودی سوق داده است. مگر چهار سال پیش و یا بیست سال پیش که احمدی‌نژاد نبود وضع مملکت خوب بود؟ هر بار این دور تسلسل به‌نوعی تکرار می‌شود. دوازده سال پیش گفتند بیایید رأی دهید تا ناطق‌نوری انتخاب نشود و با این حربه مردم را پای صندوق‌های رأی کشاندند. از شما وکسانی که این مطلب را می‌خوانند و معتقد به‌شرکت در انتخابات هستند سؤال می‌کنم و می‌خواهم فکرکرده و به این سؤال صادقانه پاسخ دهید؛ اگر موسوی وکروبی کاندید نبودند و ناطق‌نوری در مقابل احمدی‌نژاد کاندید می‌شد، آیا نمی‌گفتید برای جلوگیری از انتخاب احمدی‌نژاد و نابودی کشور در انتخابات شرکت کرده و به ناطق‌نوری رأی دهید؟ حتماً می‌گفتید. آن موقع هم همین استدلال‌ها به‌کار می‌افتاد. اگرکسی با ناطق‌نوری مخالفت می‌کرد، می‌گفتید شما با این کارتان احمدی‌نژاد را ابقا می‌کنید و... این سفسطه است؛ این توجیه، تن دادن به‌خواست رژیم است؛ این تبلیغاتِ دستگاه اطلاعاتی و امنیتی رژیم است که تلاش می‌کند هربار با بهانه‌های مختلف مردم را به‌سر صندوق‌ها بکشاند تا در چانه‌زنی با کشورهای اروپایی و آمریکایی روی عنصر حمایت مردمی از خود، مانور دهد.

رژیم، ما را گروگان گرفته اســت. رژیم برایش تعامل با خارج مهم است. مگر ندیدید سر ملوانان انگلیسی، یا رکسانا صابری چه کرد؟ به‌وضعیت مشابه امروز و سال ۷۶ در ارتباط با غرب توجه کنید.
در سال ۷۶ پس از حکم دادگاه میکونوس و رو شدن نقش رژیم در انفجار خبار عربستان وقتی رابطه با غرب به‌حالت بحرانی رسیده بود برای حل این معضل، پدیده‌ی خاتمی به‌میدان آمد. این‌بار که دوباره روابط با غرب به‌حالت بحرانی رسیده، موسوی را به‌میدان فرستاده‌اند تا نفسی تازه کنند برای دور بعد مقابله.
حربه‌ی رژیم این است که ما را مخیر به‌انتخاب بین بد و بدتر کند. می گوید اگر به موســوی و یا کروبی رأی ندهید احمدی‌نژاد می‌آید. احمدی‌نژاد را کرده‌اند لولــو خورخوره. بچه کــه بودیم پدران و مادران‌مان مــا را با همین حربه‌ها که دیگ به‌سر میاد، می‌ترساندند و سیاست‌شان را پیش می بردند. حالا حکومت همــان کار را با مردم می کند. چه معنی دارد برای پرهیز از جنایت‌کاری چون احمدی‌نژاد به‌جنایت‌کاری چون موسوی و کروبی رأی دهیم. این‌ها دست‌شان به‌خون بهترین فرزندان این مهین آغشته است. فریب تبلیغات رژیم را نباید خورد. کارنامه‌ی احمدی‌نژاد پیش روی مردم است. چهار سال با پوست وگوشت‌شان آن را لمس کرده‌اند. کروبی و موســوی خود را تافته‌ی جدابافته از نظام معرفی می‌کنند. البته من چهار سال پیش درست چند روز بعد از انتخاب احمدی‌نژاد، راجع به او و این که چه کســانی پشت او هستند مطلب نوشتم. پیش‌بینی‌ام نیز درست از آب در آمد[1].

*** چنان‌چه ملاحظه می کنید بخشی از هنرمندان و روشنفکران داخل کشور هم اعلام کرده‌اند که در انتخابات شرکت می کنند.**

* همان‌طور که گفتید بخشی از این هنرمندان و روشنفکران که البته تعدادشان کم نیست در انتخابات شرکت می کنند و رژیم نیز زمینه را برای تبلیغ این عده فراهم می کند، وگرنه افرادی مثل دکتر ملکی، ناصر زرافشان و خیلی‌های دیگر علیرغم این که زیر فشــار هستند، با قاطعیت انتخابات را نفی کرده و از لزوم تحریم آن

1-http://www.irajmesdaghi.com/page1.php?id=32

سخن‌گفته‌اند.

متأسـفانه به‌خاطر سـی سـال حاکمیت ننگین این رژیم بخشی از هنرمندان و روشنفکران تن به‌زشتی این حکومت داده‌اند. اتفاقاً یکی از دلایلی که بسیاری جلای وطن کردند این بود که حاضر نبودند و یا نمی‌خواستند به‌زشتی و حقارت تن دهند. هرچند می‌دانسـتند که در تبعید و خارج از کشور مخاطبین‌شان را از دست می‌دهند، نماندند و استعدادهای‌شان در غربت پرپر شد. شما اگر دقت کنید منطقی در فراخوان آن‌ها برای شرکت در انتخابات نمی‌بینید. غیر از این که سابقه‌ی نادرست و غیرواقعی برای کاندیداها جور می‌کنند تا به‌زشتی کارشان لباس عافیت بپوشانند.

خود این افراد هم زشـتی کارشان را می‌دانند. برای همین محمود دولت‌آبادی برای پوشاندن زشتی کارش در حالی که در ستاد میرحسین موسوی حاضر شده، برای سـروش خط و نشان می‌کشـد که متجاوز از دو دهه است که در قدرت نیست. دولت‌آبادی زیرکانه آدرس عوضی می‌دهد. معلوم است وی به‌آن‌چه در ارتباط با سروش می‌گوید باور قلبی ندارد. اگر داشت که حاضر نمی‌شد روی موسوی را هم ببیند؛ چه برسد به‌این که از او حمایت هم بکند و برایش رأی جمع کند. سروش چه به‌لحاظ سابقه و چه به‌لحاظ دیدگاهی از موسوی به‌مراتب جلوتر است.

درسـت اسـت که سروش با حضور در سـتاد انقلاب‌فرهنگی، در خیانت به کشور مشارکت مستقیم داشته است؛ درست است که غیرمستقیم دست در خون دانشجویانی دارد که به‌جوخه‌های اعدام سپرده شدند یا به‌تخت شکنجه بسته شدند؛ درسـت است که او در حاکم شدن نکبت به‌جای فرهنگ برکشور مسئول اسـت؛ درست است که او در خانه‌نشین کردن و دق‌مرگ کردن بهترین استادان کشـور سهیم اسـت؛ اما فراموش نکنید که او بیش از دو دهه است که سرکار نیست و هیچ پسـت دولتی نداشته است. موسوی هم اتفاقاً عضو همان ستاد جنایت کار بود و کنار دست سروش می‌نشست؛ عضو شورای انقلابی که نقشه‌ی انقلاب‌فرهنگی را طرح کرد بود؛ او سردبیر روزنامه‌ای بود که هدایت تبلیغاتی

انقلاب‌فرهنگی و جنایاتی که توسط اوباشان انجام می‌گرفت را بر عهده داشت؛ هنوز هم موسوی عضو شورای عالی انقلاب‌فرهنگی است و اگر رییس‌جمهور شود، ریاست آن را هم به‌عهده می‌گیرد. امضای موسوی پای تصویب‌نامه‌های ضد فرهنگی این ستاد و شورای عالی انقلاب فرهنگی وجود دارد.

دولت‌آبادی فرصت‌های زیادی داشت تا سروش را نقدکند اما تریبونی که برای انجام این کار از آن استفاده کرد، مشروع نیست. دولت‌آبادی می‌داند چه کار می‌کند؛ با این حرف‌ها ملت را به‌دنبال نخود سیاه می‌فرستد. استفاده از تریبونِ موسوی برای حمله به سروش کار زشتی است؛ او می‌خواهد در انتخابات شرکت کند و یا برای موسوی رأی جمع کند این به‌خودش مربوط است؛ اما گرد و خاک کردن به‌منظور پوشاندن این عمل زشت، زشتی و قبح آن را دو چندان می‌کند.
البته پاسخ سروش به دولت‌آبادی نیز نشان‌دهنده‌ی ماهیت اوست. سروشی که از تساهل و تسامح دم می‌زند، اگر قدرت داشت آیا سر از بدن دولت‌آبادی که به‌درستی روی نقش او در انقلاب‌فرهنگی دست گذاشته جدا نمی‌کرد؟ آیا زندگی را بر او حرام نمی‌کرد؟
دولت‌آبادی هر نقطه ضعفی که داشته باشد دارای «نثر سست» نیست؛ سروش، روز روشن را شب تار جلوه می‌دهد. او نقطه‌ی قوت دولت‌آبادی را زیر سؤال می‌برد. نثر فاخر و دلنشین دولت‌آبادی را نفی می‌کند. در یک متن کوتاه، یک‌جا می‌گوید اصلاً او را نمی‌شناسد و در همان‌جا می‌گوید که وی دارای نثری سست است! این هم استدلال و منطق «فیلسوف» و خط‌دهنده‌ی فکری اصلاح‌طلبان حکومتی. با این تفاسیر وقتی به‌سادگی نقطه‌ی قوت دولت‌آبادی را ضعف نشان می‌دهد، چگونه انتظار دارید ویژگی‌هایی که در رابطه با کروبی برمی‌شمارد راست باشد؟

*** عده‌ای در داخل ایران از مردم دعوت کرده‌اند که برای مقابله با کودتای بدون خونریزی در انتخابات شرکت کنند؛ در این مورد چه نظری دارید؟**
* تعدادی قلیلی از افرادی که چنین دعوتی کرده‌اند خودشان در کودتای همراه

با خونریزی علیه بنی‌صدر ریاست‌جمهوری قانونی کشور، و جنایاتِ انجام گرفته پس از آن شرکت داشته‌اند. از این بخش که بگذریم روی سخنم با بخش دیگر این مجموعه است.

این رژیم، رژیم کودتاست. میرحسـین موسوی در سـال ۶۰ از طریق یکی از خونین‌تریـن کودتاهـای تاریخ معاصر جهان به‌قدرت رسـید. او با کودتای طراحی‌شده توسط «حزب چماق به‌دستان» یعنی جمهوری‌اسلامی و با گذشتن از روی خون هزاران تن از بهترین فرزندان این میهن، به‌ساختمان نخست‌وزیری راه یافت. این افراد تاریخ را وارونه جلوه می‌دهند.

راستش اگر این افراد خواهان «مقابله با کودتای بدون خونریزی» بودندکه خوب بود من هم همراهی‌شان می‌کردم. این‌ها از مردم دعوت می‌کنندکه به‌حمایت از کودتاگرانی برخیزند که با توطئه و خدعه، بنی‌صدر را از قدرت پایین کشیدند و سیاه‌ترین روزهای میهن را رقم زدند. این بازی کردن با احساسات مردم است؛ این مقابله با کودتا نیست. این به‌استقبال جنایت‌کاران رفتن است؛ جنایت‌کارانی که دستشـان تا مرفق به‌خون کودکان و جوانان میهن آغشـته است. مادران و پدران و همسران و فرزندانی که هنوز دا‌غدار عزیزان‌شان هستند و همچنان مویه می‌کنند. چگونه می‌توان آن کودتای سـیاه و بی‌شرمانه را فراموش کرد و برای کودتاگران قبلی هورا کشید؟

* در خارج از کشـور هم عده‌ای برای شـرکت مردم وگروه‌های سیاسی در انتخابات تبلیغ می‌کنند، آن را از چه موضعی می‌بینید؟

* این پدیده‌ی جدیدی نیسـت. در سی سال گذشـته ما با این معضل روبرو بودیم. تفکر تـوده‌ای موجود اسـت. هم در داخـل و هم در خارج. از عبدالله شهبازی گرفته تا هوشنگ اسدی و علی خدایی، از فرخ نگهدار گرفته تا علی کشتگر؛ این‌ها یک تفکر راکه بارها نتایج فاجعه‌بار خود را نشان داده، نمایندگی می‌کنند. در بین حامیان موسـوی به‌روشنی عناصر ریز و درشت حزب توده و اکثریت را می‌بینید. البته مدتی‌ست که از سلطنت‌طلبان طیف داریوش همایون هم یارگیری کرده‌اند. دو سال پیش هم وقتی داریوش همایون درکنار فرخ نگهدار و مسعود بهنود اعلام آمادگی کرده بود که می‌خواهد در دفاع از نظام، به‌جهاد

علیه سربازان آمریکایی بپیوندد، این نکته را خاطرنشان کردم. وقتی بخشی از اکثریتی‌ها در جشن تولدش شرکت کردند این پیوند میمون دیده می‌شد. حالا هم همایون از سلطنت‌طلب‌ها خواسته که در انتخابات ریاست‌جمهوری رژیم شرکت کنند!

جبهه‌ی متحد ارتجاع در سال ۵۹ مرکب از خط امام، حزب توده، سازمان اکثریت و جنبش مسلمانان مبارز که در واقع بخشی از ملی‌مذهبی‌ها بودند تشکیل شد. آن موقع دم از مبارزه‌ی ضدامپریالیستی و ضدلیبرالی می‌زدند و هرکس صحبتی از آزادی و دمکراسی می‌کرد عامل امپریالیسم معرفی می‌شد و «دمکراتیک و ملی» را شعاری در جهت فریب «خلق» می‌دانستند. امروز همان جبهه با همان ترکیب باز هم وجود دارد. اما دیگر شعار ضدامپریالیستی و ضدلیبرالی خریدار ندارد. حضرات شده‌اند دمکرات، لیبرال، اصلاح‌طلب و اهل تسامح و تساهل. به‌همین خاطر نهضت آزادی وکسانی که پیش‌تر مارک لیبرال و دشمن می‌خوردند هم به‌ایشان اضافه شده‌اند.

آن روزها هرکس حرف از دمکراسی و حقوق بشر و آزادی و حقوق زحمت‌کشان می‌زد، از طرف این افراد که دست در دست جنایت‌کاران و دشمنان مردم داشتند مارک لیبرال و ملی‌گرا و ضد انقلاب و مارکسیست آمریکایی و سی.آی.ای می‌خورد؛ امروز این افراد دست در دست همان جنایت‌کاران به‌مقتضای روز، هر کس که حرف از مطالبات اصلی مردم بزند و شرکت در بازی انتخاباتی رژیم را نفی کند، عامل بدبختی و سیه‌روزی مردم معرفی می‌کنند. گویا به‌قدرت رسیدن احمدی‌نژاد و راست ارتجاعی در اثر کنار نیامدن این عده با جنایت‌کاران هفت‌خط «خط امامی» است.

این جریان هرچقدر هم که خفت و خواری تحمل کند، بازهم از رو نخواهد رفت. در سال ۶۱ وقتی موسوی نخست‌وزیر، سپاه پاسداران، هاشمی‌رفسنجانی و خامنه‌ای (که از سوی حزب توده، جریان ترقی‌خواه نظام معرفی می‌شدند) نقشه‌ی سرکوب حزب توده را می‌کشیدند، این‌ها صحبت از توطئه‌های انجمن حجتیه و باندهای موهوم می‌کردند. در حالی‌که نقشه‌ی نابودی‌شان

را خامنه‌ای- ریاست‌جمهوری - که خودشان به او رأی داده بودند، می‌کشید. وقتی ضربه‌ی اول را در بهمن ۶۱ خوردند باز هم از رو نرفتند؛ گفتند حزب اسیر توطئه‌های انجمن حجتیه و باندهای سیاه شده است. آن‌قدر کاسه‌لیسی کردند، آن‌قدر آدرس اشتباهی دادند تا ضربه‌ی نهایی دوم را هم خوردند. به‌پیام‌های میرحسین موسوی و سران سه قوه بعد از دستگیری سران حزب توده رجوع کنید. به‌خاطرات منتشر شده‌ی سران رژیم مراجعه کنید تا به‌حقیقت دست یابید. حالا بقایای حزب توده و اکثریت شده‌اند بلندگوهای انتخاباتی میرحسین موسوی. از روی یاران‌شان که سال‌هاست زیر خاک سرد و سیاه آرمیده‌اند و خانواده‌های‌شان که از محل گور عزیزان‌شان بی‌خبر هستند هم خجالت نمی‌کشند. باور کنید این‌روزها خیلی به‌یاد دوستان خوب توده‌ای و اکثریتی‌ام بودم که در کشتار ۶۷ مظلومانه بر دار شدند. هنوز محل دفن این افراد مشخص نیست. اصلاً در دستگاه فکری و نظری بقایای حزب توده و اکثریت شرم و حیا جایی ندارد.

شما می‌بینید توده‌ای‌ها و اکثریتی‌ها در خارج ازکشور با کمک عده‌ای از مائوئیست‌های سابق، جبهه‌ی شرکت در انتخابات را تشکیل داده‌اند. البته عناصر منفرد دیگری هم در این جبهه نام‌نویسی کرده‌اند، مبارک‌شان باشد. دعوای سابق‌شان را هم دارند. برای آن‌ها هیچ چیز عوض نشده است؛ قبلاً دعوا سر منافع شوروی و چین بود. حالا، سرکاندیداهای نظام ولایت‌فقیه. توده‌ای‌ها و اکثریتی‌ها زیر علم میرحسین موسوی سینه می‌زنند و مائوییست‌های سابق زیر علم کروبی. توده‌ای‌ها زیر پای کروبی و سروش را خالی می‌کنند و برعکس مائوییست‌های سابق زیر پای موسوی را. از این عده اگر غیر از این انتظار داشته باشیم غلط است.

امروز این افراد از «جشن پیروزی انتخابات» دم می‌زنند. مثل علی‌رضا افشار پاسدار رژیم که عزاداری را باعث «نشاط جامعه» معرفی کرده، این‌ها هم درآمدن کروبی و موسوی از جعبه‌ی مارگیری رژیم را پیروزی جا زده و وعده‌ی «جشن» و «سرور» می‌دهند. البته جشنی که قرار است با شعار «ای مؤمنین! یک یا حسین تا میرحسین» عملی گردد.

اصولاً در هرکجای دنیا که یک مبارزه‌ی جدی وجود دارد، دغدغه‌های

اپوزیسیون و رژیم حاکم متفاوت هستند. منافع این دو هم در تضاد با هم قرار دارند. وقتی اکثریت و حزب توده و بخشی از رژیم دم از خطراتی که کشور را تهدید می‌کند می‌زنند، یعنی جنس دغدغه‌های‌شان یک‌سان است. یعنی چنین افرادی نمی‌توانند دم از اپوزیسیون بودن بزنند. یعنی بین این افراد و نیروها و رژیم، پیوندهای مشترکی وجود دارد.

*** گفته می‌شود احمدی‌نژاد کاندیدای مورد حمایت نظام و خامنه‌ای است؛ به‌همین علت انتخاب هم خواهد شد، شما چه فکر می‌کنید، آیا او از صندوق بیرون خواهد آمد؟**

* همان‌طور که قبلاً هم گفتم البته خامنه‌ای احمدی‌نژاد را ترجیح می‌دهد؛ اما احمدی‌نژاد کاندیدای نظام نیست. اگر ملاحظه کنید اکثریت مجلس، جامعه‌ی روحانیت مبارز و جامعه‌ی مدرسین حوزه‌ی علمیه قم از او حمایت نمی‌کنند. رهبران مجلس حتا به‌دیدار او هم نرفتند. تازه اگر همه‌ی این‌ها حمایت هم می‌کردند، لزوماً به این معنا نبود که چون کاندیدای نظام است پس انتخاب هم خواهد شد. چون کلیت نظام در کشور، حامیان چندانی ندارد. اگر یادتان باشد خاتمی کاندیدای جناح غالب رژیم نبود، اما با فاصله سه به یک، انتخابات را برد و در دوره‌ی دوم هم به‌راحتی انتخاب شد. با وجود محسن رضایی در صحنه، حتا بخشی از سپاه هم از وی حمایت می‌کند. این گونه نیست که سپاه و بسیج یک‌دست پشت سر احمدی‌نژاد باشند. بخشی از بسیج از موسوی حمایت کرده است.

افراد قدرت‌مندی مثل ناطق‌نوری و رفسنجانی و مراجع تقلید از احمدی‌نژاد حمایت نمی‌کنند. این که چه‌کسی انتخاب خواهد شد برمی‌گردد به‌تعداد شرکت‌کنندگان، اگر به‌هر دلیل تعداد شرکت‌کنندگان کم، یا متوسط باشد، احمدی‌نژاد انتخاب خواهد شد. اما اگر تعداد شرکت‌کنندگان به‌طور نسبی زیاد باشد، آن‌وقت حتماً احمدی‌نژاد انتخاب نخواهد شد و حتا این احتمال هست که در دور اول انتخابات، تعیین تکلیف شود. در دورگذشته هم یکی، دو ماه مانده به‌انتخابات گفته می‌شد رفسنجانی کاندیدای نظام و برنده‌ی انتخابات در همان دور اول است! همان موقع در مصاحبه‌هایی که داشتم به‌صراحت گفتم که

هنوز کاندیدای نظام مشخص نیست.
در ثانی رفتارهای انتخاباتی مردم ایران نیز گاه غیرقابل پیش‌بینی است. هر دو موردی که روی آن دست گذاشته بودم درست از آب در آمد. در آخرین روزهای انتخابات بود که مشخص شد کاندیدای اصلی کانون‌های قدرت رژیم، احمدی‌نژاد است و در انتخابات دور دوم احمدی‌نژاد با فاصله‌ی زیاد رفسنجانی را پشت سر گذاشت.

*** شما که رأی مردم را در انتخابات مؤثر می‌دانید، چرا از آن به‌عنوان خیمه‌شب بازی نام می‌برید؟**

* این دو با هم تضادی ندارند. ما در ایران، انتخابات به‌آن مفهوم که می‌شناسیم نداریم، این به‌انتصابات بیش‌تر شبیه است تا انتخابات. درست مثل خود نظام که اسمش جمهوری است ولی فراتر از سلطنت مطلقه است.
در این نظام، شورای نگهبان چهار نفر را که از خامنه‌ای برای کاندیداتوری اجازه گرفته و با او هم‌آهنگ کرده‌اند، به‌مردم معرفی می‌کند. مردم مجازاند از بین این چهار نفر یکی را انتخاب کنند. هرکدام که انتخاب شود سرسپرده رهبری نظام است. درکشوری که فعالیت سیاسی احزاب وگروه‌ها و سندیکاها و انجمن‌های زنان و دانشجویی آزاد نیست، چگونه می‌توان دم از انتخابات آزاد زد. هرکدام که انتخاب شود عروسکی است در دست خامنه‌ای. یکی خوش‌بر و روتر است، یکی خوش‌زبان‌تر. یکی کودن‌تر و هم‌آهنگ‌تر با رهبر است، اما در نهایت همه را رهبر هدایت می‌کند. بی‌خود نبود که خاتمی پس از هشت سال تجربه گفت که ریاست‌جمهوری «تدارکات‌چی» نظام است.

*** آینده را چگونه می‌بینید؟**

* پیش‌بینی آینده، آن‌هم در منطقه‌ی حساس خاورمیانه و ایران که به چهارراه حوادث در تاریخ معروف است به‌سختی امکان‌پذیر است. من هم قصد پیش‌گویی در مورد آینده را ندارم اما به‌نظر می‌رسد این آخرین باری‌ست که روی ظرفیت تغییر رژیم از درون سرمایه‌گذاری می‌شود. در دوران دوم خرداد ۷۶ حزب توده و اکثریت، مائوییست‌های سابق و سلطنت‌طلب‌های از نوع داریوش

همایون و نیروهای مذبذب داخلی و خارج کشوری این چنین بی‌محابا و به‌طور علنی به‌میدان نیامده بودند. ظاهراً این آخرین تیر ترکش کسانی‌ست که به‌نوعی به‌اصلاحات از درون رژیم دل بسته‌اند. ریاست‌جمهوری برآمده از انتخابات ۲۲ خرداد نمی‌تواند مشکلات لاینحل رژیم در سطح ملی و بین‌المللی را حل کند. آینده این را به‌اثبات خواهد رساند.

بعید می‌دانم باز هم بتوان در آینده مردم را فریب داد.

مطمئناً بعد از این انتخابات، جامعه به‌خاطر عملی نشدن شعارها و وعده و وعیدها، به‌خاطر عدم ظرفیت رژیم برای اصلاح و تغییر، برای مدتی دچار یأس و سـرخوردگی شدیدی خواهد شد. در سطح بین‌المللی هم این وضعیت پیش خواهد آمد.

نیروهایی که خواهان نابودی و انحلال نظام ولایت مطلقه‌فقیه هستند، آن‌هایی کـه دل در گرو آزادی، دمکراسـی و حاکمیت ملی دارند، از فردای انتخابات دوره‌ی دهم ریاست‌جمهوری می‌بایستی به‌دنبال ارائه‌ی راه‌کار جدیدی باشند. سیاسـت‌هایی که تاکنون از سوی نیروهای اپوزیسیون به‌کار بسته شده جواب نداده و در سـطح ملی و بین‌المللی کارساز نبوده است. بایستی طرحی نو در انداخت و از شرایط جدیدی که حاصل می‌شود به‌نفع خود استفاده کرد. بایستی خودخواهی‌ها را کنار گذاشـت و لااقل به‌اندازه‌ی باندهای مختلف رژیم که وقتی پای اساس نظام به‌میان می‌آید و خطر فروپاشی را احساس می‌کنند همه‌ی اختلافات‌شان را کنار می‌گذارند و یا سکوت اختیار می‌کنند، احساس مسئولیت کرد.

وظیفه‌ی نیروهای ملی و مترقی‌سـت که ظرفی جدیـد پدید آورند و در جهت وفاق ملی حرکت کنند؛ وگرنه چه بخواهیم و چه نخواهیم در، باز هم بر پاشنه‌ی جمهوری‌اسلامی و ولایت مطلقه فقیه خواهد گردید.

۸ خرداد ۱۳۸۸

سیدابراهیم‌نبوی
و پرده‌پوشی یک دهه جنایت و سرکوب

برای جلوگیری از اطاله‌ی بیش از حدکلام، از غالب حرف‌هایی که ابراهیم نبوی در مورد موسوی به‌هم بافته می گذرم و تنها به‌ذکر چند نکته‌ی مهم از نظر تاریخی بسنده می کنم. وگرنه در رد سطرسطر نوشته‌ی ابراهیم نبوی که در واقع مانیفست «اصلاح‌طلب»های حکومتی برای وارونه نشان دادن اوضاع دهه‌ی ۶۰ است، می‌توان کتاب‌ها نوشت و نادرستی ادعاها را اثبات کرد.[۱]

نکاتی که در این نوشته روی آن تأکید می کنم عبارتند از نقش موسوی و حامیان او درکشتار و سرکوب دهه‌ی ۶۰ و هم‌چنین مشخصه‌های دولتی که قرار است میرحسین موسوی پس از پیروزی در انتخابات بر سرکار بیاورد.

نبوی می‌نویسد:

> «میرحسین موسوی در دهه‌ی ۶۰ نخست‌وزیر بود. هم‌زمانی حضور او با دهه‌ی خشونت در کشورمان این سؤال را در برخی دوستان ایجاد می کند که لابد دولت موسوی عامل همه‌ی خشونت‌های آن

1-www.peiknet.com/1388/10khordad/11/PAGE/32NABAVI.htm

دهه بوده است.

...خشـونت اعمال شده در دهه‌ی ۶۰، اعم از برخورد با هر نوع از مخالفان و خشونت اعمال شده در تابستان ۶۷ هیچ ربطی به‌دولت موسـوی نداشت، اداره‌ی سیستم قضایی و دادگاه انقلاب تا آمدن آیت‌الله شـاهرودی در انحصار هیأت‌های مؤتلفه بود و آنان بودند که سیسـتم قضایی را اداره می کردند. نکتـه این که در این میان، جریان‌هایی مانند آقای کروبی بسـیار تندروتر از موسوی بودند، که طبیعتاً آن‌ها هم نقشی در این خشونت نداشتند. البته یادمان نرفته و نمی‌رود که خشونت دهه‌ی ۶۰، خشونت یک دولت یا حکومت ظالم با یک گروه مظلوم قربانی نبود، بلکه خشـونت دو گروه علیه هم‌دیگر بود که نیروی غالب نیروی مغلوب را بیش‌تر کشت و آزار داد و راند. طبیعتاً آن که قدرت غالب یافت ظلم بیش‌تری کرد. ...»

نبوی مانند همه‌ی جنایت‌کاران تاریخ و حامیان‌شان، نه تنها مسئولیت جنایت‌شان را به‌عهده نمی‌گیرند بلکه سعی می کنند جای ظالم و مظلوم را نیز تغییر دهند. در تاریخ معاصر، از استالین گرفته تا پول پت، از هیتلر گرفته تا فرانکو، از عیدی امین گرفته تا پینوشه، از سوهارتو گرفته تا محمدرضا شاه و از صدام‌حسین گرفته تا خمینی، هیچ یک مسئولیت جنایات‌شان را بر عهده نگرفتند. اگر از هرکدام در مورد جنایات‌شان سؤال می کردی پاسخ‌های یک‌سانی راکه نبوی در آستین دارد رو می کردند. او تنها به‌رونویسـی ادعاهای دیگران روی آورده اسـت و نبوغی بیش از جنایت‌کارانی که نام بردم ندارد.

نبوی می‌نویسد:

«اداره‌ی سیستم قضایی و دادگاه انقلاب تا آمدن آیت‌الله شاهرودی در انحصار هیات‌های مؤتلفه بود و آنان بودند که سیستم قضایی را اداره می کردند.»

تأکید نبوی روی دهه‌ی ۶۰ و به‌ویژه سـال‌های بین ۶۰ تا ۶۷ است. به‌منظور آن که نقاب از چهره‌ی دروغ‌پرداز او بردارم کافی‌سـت اشاره‌ای کنم به کسانی که

اهرم‌های قدرت را در قوه‌ی قضاییه در دهه‌ی ۶۰ به‌دست داشتند.
در سال ۶۰ پس ازکشته شدن بهشتی و قدوسی، عبدالکریم موسوی‌اردبیلی،
ریاست دیوان‌عالی کشور و شورای‌عالی قضایی را به‌عهده داشت. در همین
دوره سیدحسین موسوی‌تبریزی یکی از شقاوت پیشه‌ترین چهره‌های رژیم، پست
دادستانی کل انقلاب را یدک می‌کشید. وی خود شخصاً در شکنجه و اعدام
زندانیان سیاسی شرکت، و به‌سمت متهمان شلیک می‌کرد. او جدا از جنایاتی که
در سیاه‌ترین روزهای دهه‌ی ۶۰ مرتکب شد، کسی‌ست که نقش اصلی و اساسی
را در پرونده‌ی سینما رکس آبادان و سرکوب جریان «خلق مسلمان» و طرفداران
آیت‌الله شریعتمداری در تبریز داشت. جملات زیر تنها یکی از رهنمودهای او
به نیروهای رژیم است:

یکی از احکام جمهوری‌اسلامی این است که هرکس در برابر این
نظام امام عادل بایستد کشتن او واجب است. و زخمی‌اش را باید
زخمی‌تر کرد که کشته شود... این حکم اسلام است. چیزی نیست که
تازه آورده باشیم.[1]

چنان‌چه ملاحظه می‌کنید فرمان تمام‌کُش کردن بیمار و مجروح را موسوی‌تبریزی،
حامی میرحسین موسوی می‌داد. وی در همان روزها در تلویزیون رژیم حاضر
شده و به‌صراحت عنوان می‌کرد نیازی نیست کسانی که در خیابان‌ها و در
جریان تظاهرات ضد رژیم دستگیر می‌شوند را به محکمه بیاورند، اگر دو پاسدار
شهادت دهند، همان‌جا می‌توانند حکم اعدام او را اجرا کنند.
دادستانی کل کشور در این دوره به‌عهده‌ی ربانی‌املشی بود که چهره‌ای نسبتاً
مستقل در رژیم بود. هیچ‌یک از سه چهره‌ی اصلی قوه‌ی قضاییه وابسته به مؤتلفه
نبودند. دو نفر اول جزو اصلاح‌طلب‌های رژیم هستند و موسوی‌تبریزی همراه و
هم‌دل میرحسین موسوی است و در سفر اخیر به تبریز نیز وی را همراهی می‌کرد.
موسوی‌اردبیلی مرجع تقلید اصلاح‌طلب‌های حکومتی است؛ وی نیز امروز در
زمره‌ی حامیان میرحسین موسوی است.
در سال ۶۱ پست دادستانی کل کشور به شیخ‌یوسف صانعی رسیدکه هم اکنون

۱-سیدحسین موسوی‌تبریزی کیهان، ۲۹، شهریور ۱۳۶۰

از مراجع تقلید اصلاح‌طلب‌های رژیم و از حامیان موسوی است. در سال ۶۴ پست دادستانی کل کشور به پدر معنوی «اصلاح‌طلب»های حکومتی یعنی سیدمحمد خوئینی‌ها رسید که باز هم از حامیان موسوی است. سیدمحمد خوئینی‌ها در دی‌ماه ۶۷ صراحتاً اظهار داشت که ما از بالا رفتن اعدام‌ها نگران نمی‌شویم. در دوران کشتار ۶۷ هم‌چنین سیدمحمد موسوی‌بجنوردی یکی دیگر از حامیان میرحسین موسوی، عضو شورای عالی قضایی بود.

سازمان بازرسی کل کشور در همان دوران سیاه ۶۰ در اختیار محقق‌داماد بود که ربطی به مؤتلفه نداشت.

اولین رییس شــورای سرپرستی زندان‌ها ابوالقاسم سرحدی‌زاده بود که میانه‌ی خوشــی با مؤتلفه نداشت و امروز از حامیان موســوی است. پس از او مجید انصاری رییس ســازمان تازه تأسیس زندان‌ها شــد. مجید انصاری یکی از نزدیکان موسوی و مشــاوران وی در انتخابات اخیر اســت. در دوران کشتار ۶۷ نیز اسماعیل شوشتری رییس سازمان زندان‌ها بود که در کابینه‌ی خاتمی و رفسنجانی وزیر دادگستری بود و ربطی به مؤتلفه نداشت.

دادگاه‌های انقلاب اســلامی مرکز توســط محمد محمدی گیلانی و ســپس حسین‌علی نیری اداره می‌شد که ارتباطی با مؤتلفه ندارند.

البته در دوران ابتدایی دهه‌ی ۶۰ و تا دی‌ماه ۶۳ دادستانی انقلاب اسلامی مرکز در دست مؤتلفه بود و این جناح از رژیم، نقش مهمی در کشتار و سرکوب داشت. اما دادستانی و مؤتلفه تنها نبودند؛ اوین و دستگاه سرکوب را هر دو جناح رژیم اداره می‌کردند. بخش ۲۰۹ اوین و یا اطلاعات ســپاه پاسداران یک‌دست در اختیار جناح مقابل مؤتلفه یعنی سازمان مجاهدین انقلاب‌اسلامی قرار داشت. در ایــن بخش، فریدون وردی‌نــژاد (در خاطرات رفسـنجانی از او به عنوان مهدی‌نژاد نام برده می‌شود)، محسن آرمین، سعید حجاریان، محسن میردامادی، محمد عطریانفر، مرتضی الویری، فیض‌الله عرب‌سرخی و ... شرکت داشتند. بخش ۲۰۹ اوین اگر بیش از دادستانی انقلاب اسلامی و مؤتلفه در جنایت و خون‌ریزی دست نداشته باشد، کم‌تر نداشته است. تمامی افراد وابسته به مجاهدین انقلاب‌اسلامی در سرکوب و جنایت دهه‌ی ۶۰ فعال بودند و در ایجاد ارگان‌های ســرکوب رژیم نقش مهم و اساسی داشــته‌اند. مصاحبه‌ی حسین فدایی یکی

از اعضای بنیان‌گذار این سازمان را بخوانید؛ به‌صراحت در پاسخ به سؤال پرسشگر که می‌پرسد: «آغاجری، صادق نوروزی، سلامتی بازجو بودند؟» می‌گوید: «از همه‌ی گروه‌های سازمان به‌طور غیرمستقیم یا مستقیم با این کار درگیر بودند.» همه‌ی افراد سازمان مجاهدین انقلاب اسلامی دست در خون داشتند. از مخملباف بگیرید تا بهزاد نبوی. محسن آرمین، نایب‌رییس مجلس ششم برادرش محمود را شکنجه کرده بود. فریب دروغ‌هایی را که نبوی و امثال او تولید می‌کنند نباید خورد.

در دوران کشتار ۶۷ مؤتلفه دست بالایی در قوه‌ی قضاییه نداشت. آن‌ها در سال ۶۸ پس از برکناری آیت‌الله منتظری و به‌قدرت رسیدن یزدی در قوه‌ی قضاییه، به این قوه بازگشتند. در این دوران بود که رهبران مؤتلفه از جمله لاجوردی، بادامچیان و زواره‌ای دوباره به‌قدرت رسیدند.

وزارت اطلاعات و امنیتی که آیت‌الله منتظری به‌صراحت می‌گوید روی ساواک شاه را سفید کرده، توسط موسوی و دولتش سازمان‌دهی و راه‌اندازی شد. مرتضی الویری، پی‌گیری آن را در مجلس دنبال می‌کرد و سعید حجاریان نماینده‌ی دولت برای دفاع از لایحه در مجلس بود. معاونت‌های این وزارتخانه از امین‌زاده گرفته، تا عباس عبدی؛ از نعیمی‌پور گرفته تا علی ربیعی؛ از تاجیک گرفته تا ... همگی از جناح اصلاح‌طلب‌های بعدی بودند.

یکی از مراکز سرکوب در سال‌های اولیه‌ی دهه‌ی شصت، اطلاعات و امنیت نخست‌وزیری بود که توسط خسرو تهرانی اداره می‌شد و عناصری چون تقی محمدی و... آن را هدایت می‌کردند.

سرکوب و ایجاد جو خفقان در دانشگاه به‌ابتکار موسوی و جناح همراه او بود. مؤتلفه و قوه قضایی نقش ثانویه داشتند. این‌ها بودند که افراد را به‌دَم تیغ لاجوردی و مؤتلفه می‌دادند.

مگر خاتمی نبود که لاجوردی را[1] شهید و «سرباز سخت‌کوش انقلاب و خدمتگزار مردم» معرفی کرد؟ جنایت کارکجا و «سرباز سخت‌کوش انقلاب و خدمتگزار مردم» کجا؟ مگر موسوی‌لاری وزیرکشور خاتمی که عنقریب در

1-www.hamshahrionline.ir/HAMNEWS/1377770602//siasi.htm" \"siasi3"

دولت موسوی هم پست خواهدگرفت، لاجوردی را «شهید» و «فرزند صدیق، وارسته و آزاده‌ی ملت» معرفی نکرد؟

بازهم تأکید می‌کنم، نبوی در مورد نقش صرف مؤتلفه در جنایات رژیم دروغ می‌گوید. او دستان خونین خاتمی و همکارانش را پاک می‌کند. به‌یاد خوانندگان این نوشته می‌آورم که مهندس بازرگان در تاریخ ۱۵ مهرماه ۱۳۶۰ در مجلس شورای اسلامی، نطق نیمه‌تمامی را ایرادکرد و به‌اعدام‌های بی‌رویه وکشتارهای بی‌حساب وکتاب اعتراض کرد. سخنرانی او با شعارهای دیوانه‌وار «مرگ بر بازرگان» نمایندگان مجلس که «اصلاح‌طلب»‌های حکومتی اکثریت‌شان را تشکیل می‌دادند، مکرراً قطع شد. عاقبت وقتی بازرگان به این جمله رسید که: «مصیبت‌بارتر از همه و حاصل خشونت‌ها و بی‌رحمی‌ها افزوده شدن ناراضی‌ها و انتقام‌خواهان و برگشت کنندگان از انقلاب و دین است و حیثیت و حقانیت اسلام که در دنیا لکه‌دار می کند...»، مورد هجوم خلخالی و چند نماینده‌ی هفت‌خط «خط امامی» که بعداً اصلاح‌طلب ها را تشکیل دادند قرار گرفت و با کتک او را از پشت تریبون پایین آوردند. خاتمی از فرصت استفاده کرد و سه مقاله در روزنامه‌ی کیهان بر علیه بازرگان و در دفاع ازکشتارهای بی‌رحمانه سال ۶۰ نوشت. خاتمی خطاب به بازرگان که خیرخواهانه خواهان توقف اعدام‌ها شده بود نوشت:

> «آقای بازرگان!
>
> بسیاری ازکسانی که امروز در همین دادگاه‌های انقلاب (که مورد اعتراض شمایند) تنها به‌خاطر دفاع از اسلام و پاسداری از دست‌آوردهای انقلاب اسلامی، شب و روز زحمت می کشند. انسان‌هایی سرشار از عاطفه و رحمت‌اند، اما مسئولیت اسلامی و تعهد انسانی‌شان و نیز فرمان خدا، آنان را وا می‌دارد که قاطعانه در برابر آدم کشانی که موجودیت انقلاب و جمهوری‌اسلامی را به‌خطر انداخته‌اند بایستند و فساد را از ریشه برکنند.»[1]

خاتمی نه اجازه داد متن سخنرانی بازرگان درکیهان چاپ شود که لااقل مردم

1-www.box.net/shared/rg6uo2p0kg

بدانند او به‌چه چیزی پاسخ می‌دهد و نه پاسخ مهندس بازرگان به سه مقاله‌اش را انتشار داد.

سیدمحمد خاتمی در مقاله‌های سه‌گانه‌اش مدعی‌ست که چرا دادگاه‌های انقلاب قاطعیت لازم را در برابر مخالفان به خرج نداده‌اند و از این که ریشه‌ی فساد را از بیخ و بُن نخشکانده‌اند اعتراض می‌کند. وی از مهندس امیرانتظام با عنوان «جاسوس و مزدور آمریکا» نام می‌برد. ترور انور سادات ریاست‌جمهوری مصر را اقدامی انقلابی و اسلامی و غیرتمندانه معرفی می‌کند. مهندس بازرگان را به‌داشتن «نگرش آمریکایی» متهم می‌کند و از بنی‌صدر به‌عنوان دیکتاتوری نام می‌برد که «آمریکا همه‌ی امیدش را به‌وی بسته بود» مقاله‌ی خاتمی مملو از انواع و اقسام طعنه، توهین و تحقیر نسبت به‌زنده‌یاد مهندس بازرگان است. بعید می‌دانم احمدی‌نژاد امروز این گونه قضاوت کند.

مقالات خاتمی و پاسخ مهندس بازرگان را بخوانید و قضاوت کنید.[1]

کافی‌ست به‌صحبت‌های خامنه‌ای در حضور خاتمی و سران رژیم که فیلم آن روی یوتیوب هست توجه کنید، آش آن‌قدر شور بوده که خامنه‌ای به‌دفاع از دانشگاهیان و بازکردن فضا پرداخته بود.

در جریان کشتار سال ۶۷ برنامه‌ریزی این جنایت بزرگ به‌عهده‌ی وزارت اطلاعات دولت میرحسین موسوی بود. پورمحمدی یکی از اعضای اصلی هیأت کشتار زندانیان، نماینده‌ی وزارت اطلاعات کابینه‌ی او بود. محتشمی رییس کمیته‌ی صیانت آرا، که نمایندگی موسوی را هم یدک می‌کشد یکی از مدافعان این کشتار بزرگ بود.

محسن دعاگو و هادی خامنه‌ای که امروز از سینه‌چاکان موسوی هستند در زمره‌ی بازجویان اوین بودند. دعاگو با اسم مستعار محمدجواد سلامتی دست در خون و شکنجه‌ی بسیاری داشت. هادی غفاری که در زمره‌ی اصلاح‌طلب‌های حکومتی‌ست، از اصلی‌ترین مهره‌های رژیم در سرکوب و شکنجه و جنایت‌های دهه‌ی شصت است.

نکته‌ی قابل تأمل آن که نبوی از یک طرف برای مبراکردن خود و جناح خط

1-www.box.net/shared/rg6uo2p0kg

امام و موسوی، جریان مؤتلفه را مسئول جنایات انجام‌گرفته در دهه‌ی شصت معرفی می‌کند اما در همان حال برای نشان دادن سعه‌ی صدر موسوی، از شرکت رهبران مؤتلفه و جنایت‌کارانش در دولت او یاد می‌کند. اگر موسوی با انجام این جنایت‌ها مخالف بود چرا دست‌اندرکاران آن را در دولت جای می‌داد؟ آیا نمی‌توانست لااقل از مؤتلفه در دولت خود صرف‌نظرکند؟

نبوی در فراز دیگری از نوشته‌اش مدعی می‌شود:

> «نکته این که در این میان جریان‌هایی مانند آقای کروبی بسیار تندروتر از موسوی بودند، که طبیعتاً آن‌ها هم نقشی در این خشونت نداشتند»

سیدابراهیم نبوی نه تنها نقش موسوی و دولتش در یک دهه کشتار را انکار می‌کند، بلکه نقش جناح‌های دیگر را نیز منکر شده و یک دهه جنایت و کشتار و سرکوب و نقض حقوق بشر را که در سرتاسر کشور جریان داشت، تنها به یک گروه از رژیم (مؤتلفه)که اداره‌ی دادستانی مرکز تهران را به‌عهده داشت تقلیل می‌دهد. رذالت اگر در همین حد بود، باز هم قابل‌فهم و پذیرش بود، اما افرادی چون وی به‌همراهی عیسی سحرخیز، رجب‌علی مزروعی، علی‌رضا علوی‌تبار، محسن سازگارا و قلم به‌مزدهایی چون مسعود بهنود و علیرضا نوری‌زاده سعی می‌کنند پای کشته‌شدگان و قربانیان یک دهه جنایت را نیز به‌میان آورده و آن‌ها را در وقوع جنایت علیه خودشان سهیم کنند؛ درست مثل این که در جلسه‌ی دادگاه، قاتل و مقتول به‌طور مشترک محکوم شوند.

اشکال از سیدابراهیم نبوی نیست، اشکال ازکسانی‌ست که زیر علم او سینه می‌زدند؛ ازکسانی که تحت نام اپوزیسیون و مخالف رژیم، جلسات او را پر می‌کردند؛ از افرادی مثل ناصر زرافشان که می‌گفتند او را دوست دارند و در خارج ازکشور با او به‌مصاحبه می‌نشستند، تطهیرش می‌کردند و به‌روی «خارجه‌نشین»ها چنگ می‌کشیدند.
ازگرگ، جز دریدن انتظاری نمی‌رود، حرف با گوسفندی‌ست که با گرگ هم‌نشین می‌شود.

باید از نبوی پرسید آیا ابوالحسن بنی‌صدر، اولین ریاست‌جمهوری رژیم هم خشونتی کرده بود که به‌عقوبت دچار شــد و تعدادی از اطرافیانش را مقابل جوخه‌ی اعدام قرار دادند؟

آیـا رهبران جبهـه‌ی ملی به‌غیر از مخالفـت با قانون ضدانسانی قصاص، «خشـونتی» مرتکب شده بودند که از ســوی خمینی مرتد شناخته شدند؟ آیا رهبران نهضت آزادی خشـونتی مرتکب شده بود که به‌سمت «حیات خفیف خائنانه» رانده شدند؟

آیا مصدق «خشونتی» مرتکب شده بود که خمینی از «سیلی‌خوردنش» اظهار خوشــحالی کرد؟ آیا اگر دسـتش به مصدق می‌رسید تلاش نمی‌کرد ثواب سیلی زدن به مصدق را خودش ببرد؟ آیا آیت‌الله منتظری به‌جز دعوت به‌عدم «خشـونت» و دست برداشتن ازکشتار و جنایت و شکنجه و تجاوز به دختران و... حرفی زده بود که به‌آن سرنوشـت دچار شـد؟ آیا رهبران کهن‌سال حزب توده مرتکب خشونتی شده بودند که همین میرحسین موسوی برای دستگیری‌شان اطلاعیه داد و به‌خمینی و نیروهای سپاه پاسداران تبریک گفت؟

اگر این خشونت را مؤتلفه و جریان مخالف موسوی دامن می‌زدند، چرا وی در مقام وزیر امور خارجه و سپس در مقام نخست‌وزیر با دیدار سازمان عفوبین‌الملل ازکشور مخالفت می‌کرد؟

نبوی در مورد دهه‌ی ۶۰ بی‌وقفه دروغ می‌گوید. وی مدعی می‌شود:

«اما مهم این است که اصولاً خشونت دهه‌ی ۶۰ ربطی به شخص و گروه خاصی ندارد، حتی به ایران هم ربط ندارد. آن دوران، عصر خشونت بود و قضاوت بدون تصور به این مهم، قضاوتی بی‌پشتوانه است.»

کافی‌ســت توجه کنیــم که نیکاراگوئه در همــان دهه‌ی ۶۰خورشـیدی با ســازمان‌یافته‌ترین نوع خشونت از سوی سازمان سیا و ضدانقلابیون دست به‌گریبان بود. اما هیچ‌گاه مقابله به‌مثل نکرد و جوخه‌های اعدام را برنیافراشت، بلکـه به انتخابـات و نتیجه‌ی آن گردن گذاشت، از حاکمیت کناره‌گرفت و نقش اپوزیسـیون را بازی کرد. چیزی که بعد ازگذشت سی سال از حاکمیت

جمهوری اســلامی حتا در ارتباط با خودی‌هایشــان نیز رعایت نمی‌شود و برگــزاری انتخابات آزاد حتا در درون حاکمیت خودشــان هم امری محال و غیرممکن است.

دهه‌ی ۶۰ خورشــیدی دورانی‌ست که نسیم پروســتریکا وگلاسنوست اروپای شــرقی را درنوردید و حکومت‌های استبدادی در شرق اروپا بدون مقاومت و دست زدن به‌جنایت، به رأی و نظر مردم گردن گذاشتند.

به کسانی که گذشته را فراموش کرده‌اند یادآوری می‌کنم: این میرحسین موسوی بود که به وزارتخانه‌ها، ادارات و سازمان‌های دولتی و شرکت‌های تحت پوشش دولت بخش‌نامه کرد که عکس، پلاکارد و هرگونه آثار آیت‌الله منتظری را از بین ببرند.

نبوی هم مانند دیگر اصلاح‌طلب‌های حکومتی هر روز عقب می‌روند، به‌ویژه حالا که احســاس می‌کنند دوباره می‌توان به قدرت بازگشــت، کفش و کلاه می‌کنند که به نزد دوســتان بازگردند. نبوی که امروز جنایت یک دهه و به‌ویژه کشــتار ۶۷ را به‌دروغ، به مؤتلفه نسبت می‌دهد دو سال پیش در مطلبی که در سایت شخص‌اش انتشار یافت ـ لااقل ـ در مورد کشتار ۶۷ نوشته بود:

«این جنایت با برنامه و توسط گروهی خاص صورت گرفت و برای مدتی طولانی، که هنوز هم تمام نشده است، از مردم پنهان نگه داشته شد. این موضوع حالا جزو تاریخ است. اکثرکسانی که این جنایت را انجام دادند از بین رفتند و گروهی دیگر از آن‌ها جزو اقتدارگرایان حاکم هستند برخی از آن‌ها نیز فهمیدند چه غلطی کردند و خود را برای همیشه پنهان کردند.»[1]

البته همان موقع هم دروغ می‌گفت. اکثرکسانی که این جنایت را انجام دادند از بــین نرفتند. تنها خمینی و احمد خمینی از بین رفتند که اتفاقاً موسوی و اصلاح‌طلب‌های حکومتی خودشان را پیروان راستین آن‌ها می‌دانند و از این که دیگران خود را به این دو منتسب می‌کنند ناراحت‌اند. بقیه نیز به‌ویژه در دولت

1-http://seiedebrahimnabavi.blogfa.com/postaspx181

رفسنجانی و خاتمی و دستگاه هاشمی‌شاهرودی که نبوی مدعی است دست و پای مؤتلفه را از این قوه جمع کرده، ارتقای مقام یافتند.
شوشتری وزیر دادگستری دولت‌های رفسنجانی و خاتمی شد و عنقریب در دولت موسوی هم پست خواهدگرفت؛ ابراهیم رییسی، معاون اول قوه‌ی قضاییه به‌ریاست شاهرودی شد؛ حسین‌علی نیری معاون قضایی دیوان عالی کشور شد؛ پورمحمدی برای آن که بی کار نباشد به‌ریاست سازمان بازرسی کل کشور رسید و از شاهرودی حکم گرفت که نظارت کند مبادا احمدی‌نژاد و دولتش در انتخابات پیش‌رو تقلب کنند وگرنه دست آن جناح که از شورای نگهبان و وزارت کشور و... کوتاه است؛ علی مبشری رییس دادگاه انقلاب مرکز؛ و ناصریان قاضی شعبه‌ی ۲۸ دادگاه انقلاب شد. معلوم نیست منظور نبوی از برخی که فهمیدند چه غلطی کردند و خود را برای همیشه پنهان کردند کیست؟
او همان موقع در یک متن کوتاه، در مورد آگاهی‌اش ازکشتار۶۷ هم ضد و نقیض حرف می‌زد:

> در سال۱۳۶۸ دو نفر از دوستانم را گرفتند و مدتی در بازداشت نگه داشتند، خبر پیدا کردم که تعداد زیادی از زندانیان اوین را اعدام کردند. از آن دو دوست شنیدم که علت دستگیری این افراد، انتشار خبر اعدام زندانیان بود، با وجود این که من نویسنده‌ای سیاسی بودم، اصلاً هیچ اطلاع دقیقی ازکم وکیف اعدام‌های ۶۷ نداشتم. ... در تمام دهه‌ی هفتاد و تا قبل از دوم خرداد، تقریباً هیچ چیزی از اعدام‌های سال ۱۳۶۷ نشنیده بودم. آن‌چه شنیده بودم این بود که پس از عملیات فروغ جاودان (مرصاد) در زندان اوین شورشی رخ داده و در پی آن دادستانی، زندانیان سرموضع را اعدام کرده است. ... دوستان زیادی داشتم که از اعدام‌های سال ۶۷ جان سالم به‌در بردند. در تمام سال‌هایی که در ایران کار می کردیم و با حکومت برخورد می کردیم، اکثر این افراد، به‌ما می گفتند مبارزه بی‌فایده است. تلخی واقعه چنان بود که آن‌ها را به‌ایست مغزی سیاسی دچار کرده بود. اکثر آن‌ها دیگر هرگز وارد سیاست نشدند.[1]

۱- پیشین

دوستان نبوی در سال ۶۸ به‌خاطر انتشار خبر اعدام زندانیان دستگیر شده بودند، ولی او که «نویسنده‌ای سیاسی بود اصلاً هیچ اطلاع دقیقی از کم و کیف اعدام‌های ۶۷ نداشت»!

در فروردین ۶۸ رادیو بی‌بی‌سی، متن فرمان کشتار ۶۷ خمینی را انتشار داد که باعث برکناری آیت‌الله منتظری از جانشینی خمینی شد. در اردیبهشت ۶۸ احمد خمینی در «رنج‌نامه» که به‌طور کامل در روزنامه‌ی اطلاعات چاپ شد به موضوع کشتار ۶۷ و اعتراضات آیت‌الله منتظری پرداخت. تمامی رادیوهای خارجی در آن دوران از کشتار عظیم زندانیان سیاسی سخن می‌گفتند. چگونه می‌توان پذیرفت کسی که سیاسی باشد «در تمام دهه‌ی ۷۰ و تا قبل از دوم خرداد تقریبا هیچ چیزی از اعدام‌های سال ۱۳۶۷ نشنیده» باشد. توجه کنید چند خط بعد نبوی می‌نویسد: «دوستان زیادی داشتم که از اعدام‌های سال ۶۷ جان سالم به‌در بردند.» چطور ممکن است دوستان زیاد نبوی که از اعدام‌های سال ۶۷ جان سالم به‌در بردند، چیزی به او نگفته باشند؟

آتش‌بار گوبلزی نبوی تمامی ندارد؛ وی در ارتباط با نقش میرحسین موسوی در زمینه‌ی پیشرفت سینما و تلویزیون در دهه‌ی اول انقلاب می‌نویسد:

«از نظر فرهنگی به‌نظر من دولت میرحسین موسوی با حضور خاتمی در وزارت ارشاد و کارمندانش... و حضور محمد هاشمی در صدا و سیما توانست شکوفایی فرهنگی را به‌خصوص در عرصه‌هایی مانند سینما و گاه تلویزیون حمایت کند. آن‌چه موسوی و دوستانش کردند سیاست رسمی دولت نبود. میرحسین موسوی کسی بود که قبل از انقلاب، گروهش فیلم ساختند. در دوران انقلاب سینما مورد هجوم قرار گرفت و هفت سال پس از انقلاب، سینمای ایران با حمایت او جهانی شده بود و یکی از برترین سینماهای دنیا به‌حساب می‌آمد و این درست هم بود. ... موسوی قبل از انقلاب هم مدرن بود و همه‌ی هم کلاسی‌های دانشگاهش می‌دانند که او بیش از هرچیز یک تولید کننده‌ی فرهنگی بود. آثارش نگاه مدرن و امروزی به هنر و سینما داشت. از همین‌رو وقتی هم‌فکرش سیدمحمد بهشتی مسئول

سینمای ایران شد. سینمای ایران به‌سوی ایدئولوژیک شدن پیش
نرفت، بلکه به‌سوی مدرن شدن پیش رفت.»

ادعای سیدابراهیم نبوی آن‌قدر وقیحانه است که صدای هوشنگ اسدی همکار
و همراهش در روزآنلاین و «گزارش فیلم» هم درآمده، می‌نویسد:
«ما هم باید رای بدهیم و محمد بهشـتی زمام امور سـینمایی را
به‌دست بگیرد. روزی سیروس الوند به‌من گفت:
ـ خودی و غیر خودی از بساط فارابی بیرون آمد...
همان زمان که بهشـتی در خانه‌ی زیبای قوام در خیابان سی‌ام تیر
بسـاط فرمانروائی «هدایت و نظارت» داشت تا فیلم‌سازی را به
کیارسـتمی و مهرجوئـی و حاتمی و بیضائی یـاد بدهد؛ و مدیر
نظارت و ارزشیابی مهندس حیدریان بود. یک بار فقط دیدمش،
با آسـتین‌های خیس وارد اتاق شـد. هفت‌تیرش را از کمر درآورد
و روی میزگذاشـت. قرار بود بحثی فرهنگی در میان باشـد و من
همراه کارگردانی بودم که می‌خواسـت فیلم‌نامه‌ام را بسازد... حالا
این هر دو یاران و مسئولان مهندس هستند و مجیدی فیلم‌سازشان.
مجیدی که به‌دورانی سپری شده برگشته است. این مجیدی «توجیه»
و «استعاذه» و «دو چشم بی‌سو» و «بایکوت» است...»[1]
آیـا عنصر معلوم‌الحـال و در عین حال مرتجعی ماننـد بهشـتی و حیدریان که
هوشنگ اسدی توصیف‌شان کرد، مدرنیته را یاد فرخ غفاری، ابراهیم گلستان،
سهراب شـهیدثالث، نصرت کریمی، کیارسـتمی، بیضایی، مهرجویی، ناصر
تقوایی، علی حاتمی، مسعود کیمیایی، کیانوش عیاری، خسرو سینایی، ابراهیم
فروزش، سیروس الوند، نادر ابراهیمی، کامبوزیا پرتوی و... دادند؟ آیا بهشتی و
امثال او افراد یاد شـده را از سینمای ایدئولوژیک ـ آن‌هم نوع اسلامی‌اش به
سینمای مدرن هدایت کردند؟
مگر نه این‌که مخملباف، عزیزکرده‌ی بهشـتی و حیدریان، به‌خاطر سـاخت
فیلم اجاره‌نشـین‌ها در سال ۶۶ در نامه‌ای اعلام آمادگی کرده بود که با عملیات

1-www.news.gooya.com/politics/archives/2009/06/088409.php

انتحاری مهرجویی را با نارنجک به‌قتل برساند؟ اگر مهرجویی نمک‌گیر دفتر رهبری شده دلیلی نمی‌شود که ماگذشته را فراموش کنیم. عین نامه‌ی مخملباف و پاسخ بهشتی را می‌توانید بخوانید.[1]

مگر بودجه و امکانات گسترده‌ی کشور را در اختیار کُندذهن‌هایی چون رسول ملاقلی‌پور، جمال شورجه، جواد شمقدری، سیف‌الله داد، فرج‌الله سلحشور، احمدرضا درویش، مهرزاد مینویی، بهروز افخمی و حاتمی‌کیا و ... نگذاشتند؟ مگر خودی و غیرخودی را این‌ها علم نکردند؟

آیا توبه نصوح، دوچشم بی‌سو، توجیه، استغاذه، بایکوت، سفیر، تیرباران، کانی‌مانگا و ... دست‌آوردهای سینمای جمهوری‌اسلامی نبود که یخ‌شان نگرفت، و داعیه‌دارانش ـ بهشتی و حیدریان و مخملباف و... ـ به غلط کردن افتادند؟ چشم‌بندی نبوی در این‌جاست که شکست سینمای مکتبی و اسلامی راگذشته است پای سعه‌ی صدر آقایان و تلاش‌شان برای هدایت سینمای ایدئولوژیک به سینمای مدرن!

مگر با تشکیل حوزه‌ی اندیشه و هنر اسلامی فاتحه‌ی هرچه هنر و اندیشه بود، نخواندند؟

ابراهیم نبوی از روزهایی حرف می‌زند که خودش اسلحه به کمر می‌بست و چماق در دست می‌گرفت و به دانشجویان و زنان حمله می‌کرد و محسن مخملباف با کُلت در خیابان‌ها رژه می‌رفت و در کمیته‌ی انقلاب‌اسلامی به‌بازجویی از جوانان و دستگیرشدگان می‌پرداخت.

برای پی بردن به‌نیرنگ و دروغ نبوی کافی‌ست فیلم تبلیغاتی انتخاباتی امروز موسوی را ببینید که با تشویق عماد افروغ نماینده‌ی احمدی‌نژاد در مصاحبه‌های تلویزیونی انتخابات دور هشتم ریاست‌جمهوری همراه شده است. در این فیلم هم شما هیچ جلوه‌ای از مدرن بودن نمی‌بینید؛ زنان هیچ حضوری در این فیلم ندارند؛ اثری از دختران زیباروی نیست. هرچه هست کدورت است و سیاهی و دل‌مردگی. زهرا رهنورد همسر موسوی تنها چند ثانیه در این فیلم حضور دارد.

1- http://www.persiafilm.ca/?mod=view&id=716

ظاهراً قبل از پیروزی موسوی و برگزاری جشن ریاست‌جمهوری، نقش زنان را حذف کرده‌اند تا کسی فکر نکند قرار است در دولت او تغییر جدی در وضعیت آن‌ها صورت گیرد.

در این فیلم هرچه هست تبلیغ همان ایدئولوژی منحطی‌ست که احمدی‌نژاد به‌صورت عریان آن را بیان می‌کند و موسوی در لفافه.

مجید مجیدی که فیلم انتخاباتی موسوی را ساخته، همان کسی‌ست که سال گذشته پس از تکفیر عبدالکریم سروش جایزه‌اش را از دست گردانندگان انجمن روزنامه‌نگاران مسلمان که توسط حسین شریعتمداری و شرکا اداره می‌شود، گرفت. وی بلافاصله از سوی احمدی‌نژاد، فاطمه رجبی و... مورد تقدیر و تکریم قرار گرفت. مجیدی، سروش و امثال او را به‌خاطر بیان نظرات‌شان تهدید به مرگ کرده بود:

«اگر آن‌روز که روشنفکران مذهبی عصمت و علم غیب ائمه را زیر سئوال بردند و نفی کردند یا مسلّمات تاریخی چون غدیر و شهادت حضرت زهرا (س) را افسانه خواندند یا مانند همین قلم منحرف زیارت جامعه‌ی کبیره را «مرام‌نامه‌ی شیعه غالی» برشمردند سکوت نمی‌کردیم، امروز جسارت را به‌مرحله‌ی پیامبر و قرآن نمی‌رساندند تا علناً پیامبر را فردی عامی و ناآگاه و هم‌سنگ افراد جاهلی بدانند و قرآن، کلام الهی را، محصول بشری بخوانند».[1]

مجیدی در پایان یادداشت خود می‌آورد:
«کسی که ادعای مولوی‌شناسی می‌کند و برای او بیش از معصومان ارج و اعتبار قائل است، بداندکه به‌حکم مرادش مولوی کافر است».

نبوی در ادامه‌ی دروغ‌پردازی‌هایش می‌گوید:
«میرحسین موسوی از نظر من یک مدیر موفق است؛ حتی اگر هیچ صبغه‌ای از دین نیز بر او نباشد باز هم یک مدیر موفق است و هر جای دنیا که برود مدیر موفق است. کارنامه‌ی اقتصادی او درخشان

1-http://asmanemehr.blogfa.com/post-1285.aspx

> است و تقریباً هیچ اقتصاددانی نیست که معترف نباشد سیاست‌های اقتصـادی او در دوران جنـگ، مـردم ایـران را از خطر قحطی و گرسنگی نجات داد. او بزرگ‌ترین جنگ پنجاه سال گذشته را با کم‌ترین بحران اقتصادی اداره کرد.»

راستش متوجه‌ی رابطه‌ی مدیر موفق و صبغه‌ی دینی نشـدم. ظاهراً یکی از ویژگی‌های مدیران موفق این‌ست که صبغه‌ی دینی داشته باشند. جمله آن‌قدر بی‌سروته است که نخواستم پیش خود تفسیری از آن کنم. اگر شما چیزی فهمیدید مرا نیز روشن کنید. نبوی توضیح نمی‌دهد چرا اصلاً جنگ می‌کردند که «خطر قحطی و گرسنگی» مردم ایران را تهدیدکند. چه‌کسی به‌آن‌ها اجازه داده بود «بزرگ‌ترین جنگ پنجاه سال گذشته» را به‌مردم ایران تحمیل کنند؟
امروز موسـوی حتا در تبلیغات انتخاباتی‌اش نیز از ادامه‌ی جنگ ضدمیهنی به‌ویژه پس از عقب‌نشینی عراق از خرمشهر و اعلام پذیرش شرایط آتش‌بس از سـوی این کشور و آمادگی دولت‌های عربی برای پرداخت غرامت به ایران، دفاع می‌کند. به این ترتیب او مسئول بیش از شش سال جنگ اضافی‌ست که به‌اعتراف سران رژیم، هزار میلیارد دلار خسارت به‌کشور وارد کرد.
از این‌ها گذشته انگار در عصر حجر زندگی می‌کنیم. کدام خطر قحطی و گرسنگی؟ گویا ایران مانند کشورهایی مثل افغانستان، چاد، اتیوپی، سومالی، مالی، بورکینافاسو، ارتیره، سودان و امثالهم است که در فقر و فلاکت و تیره‌روزی دست و پا می‌زنند و جنگ‌های داخلی و خارجی نیز مزید علت شده، مردم فقیر و بی‌پناه را با قحطی وگرسنگی روبرو می‌کنند. کیست که نداند دولت موسوی منابع زیرزمینی اعم از نفت وگاز و دیگر سـرمایه‌های ملی را چوب حراج زده بود و با واردکردن اجناس مورد نیاز از بازارهای شـرق و غرب وکوپنی کردن کالای موردنیاز مردم، قوت بخور و نمیری را به جامعه‌ای که پیش از آن در رفاه نسبی به‌سر می‌برد می‌داد.
آیا از این که در ایران دچار قحطی وگرسـنگی نشدیم باید افتخارکرد؟ آیا اگر کشـوری که دارای منابع غنی زمینی و زیرزمینی است، روی دریای نفت وگاز قرار دارد و از آب و هوای متنوعی برخوردار اسـت دچار قطحی وگرسـنگی نشده، هنر دولتمردان آن کشور است؟ باید به آن‌ها مدال لیاقت داد؟

ابراهیم نبوی از دورانی به‌عنوان موفقیت و شاهکار موسوی و امثال خودش صحبت می‌کندکه بیابان‌های لم‌یزرع دبی، قطر و بحرین تبدیل به‌مناطق پیش‌رفته‌ی اقتصادی شد؛ ترکیه از طریق توریسم و صادرات به‌درآمدهای نجومی دست یافت و شهرهای آن یکی پس از دیگری آباد شدند؛ مالزی وکره جنوبی به‌جرگه‌ی کشورهای پیش‌رفته پیوستند؛ رفاه مردم سنگاپور زبانزد شد.

آنانی که دل به‌اصلاح‌طلب‌های حکومتی بسته‌اند توجه داشته باشندکه چگونه تحقیر می‌شـوند و پله‌پله خواسته‌های‌شـان تنزل می‌یابند. کار به‌جایی رسیده که باید خدا را شـکرکنندکه در سال‌های گذشته لقمه نانی گیرشان آمده و از گرسنگی نمرده‌اند.

نبوی در بخش دیگری از نوشته‌اش به‌ویژگی‌های شخص موسوی و دولتی که بر سرکار خواهد آورد پرداخته و می‌نویسد:

«موسوی به‌اعضای ستادش وعده‌ی وزارت نمی‌دهد، چون می‌داند که فلان وزیر اصلاً در مجلس هشتم رای اعتماد نمی‌تواند بگیرد.»

ابراهیـم نبوی با تردسـتی و حقه‌بازی آخوندی از همین حالا در لفافه، آب پاکی روی دست سـینه‌چاکان موسوی ریخته و تأکید می‌کندکه در ذهن‌شان اسـامی وزرای ویـژه را بالا و پایین نکنند. او با زبان بی‌زبانی می‌گوید قرار نیسـت معجزه‌ای رخ دهد، بلکه در همین آغاز راه مجلس شورای‌اسلامی سد راهش خواهد شد. و او نیامده دست‌هایش را بالا خواهدکرد و یا اصولاً نبردی نخواهد بودکه کسی دست‌هایش را در این میان بالاکند.

معنای این حرف آنسـت که در دیدار با خامنـه‌ای، قرار تعامل و همکاری با جناح مقابل گذاشته شده است. سه سال از دوران چهارساله‌ی ریاست‌جمهوری موسوی هم‌زمان با مجلس نهم خواهد بود. بنابر این سیاست‌گذار اصلی کشور مجلسی خواهد بود که ریاستش با لاریجانی است که با رأی قاطع نمایندگان، دوباره به‌صندلی ریاست رسید. قاطعیت رأی مزبور هم برای سهم‌خواهی و چانه زنی در آینده است.

بنابر این انتظار نداشـته باشیدکه وزرایی، حتا در حد وزرای دولت خاتمی، در دور دوم روی‌کار بیایند. بلکه از همین حالا آخوندهای جنایت‌کاری مثل رازینی،

شوشتری، مسیح مهاجری، محسن دعاگو و... برای شرکت در کابینه به‌صف شده‌اند. احتمالاً چند تن از نزدیکان بی‌بو و خاصیت خاتمی هم به‌لیست کابینه اضافه خواهند شد. از پیش توجیه آن را نیز تراشیده‌اند که بقیه، در مجلس رأی نخواهند آورد.

از طرف دیگر برای همراه کردن دیگر اضلاع قدرت، نزدیکان رفسنجانی و ناطق‌نوری هم بی‌نصیب از کابینه نخواهند بود.

با کابینه‌ای که مجلس شورای‌اسلامی با اکثریت قاطع راست می‌چیند، انتظار چه معجزه‌ای هست، خدا می‌داند. برای همین نبوی می‌گوید، موسوی همین که ما را چهار سال از مرداب احمدی‌نژادی بیرون بیاورد، کاری کرده است کارستان. یعنی روی‌تان را زیاد نکنید، سقف خواسته‌ها برکناری احمدی‌نژاد است؛ بعداً دبه در نیاورید.

نبوی یکی از نقطه ضعف‌های ستاد کروبی را وجود کسانی می‌داند که به«اصلاح‌طلبی» مشهوراند؛ و بر عکس نقطه‌ی قوت موسوی در این‌ست که در ستادش چنین کسانی حضور ندارند.

«من شخصا به کروبی با ستاد موجودش احترام می گذارم اما این ستاد نمی‌تواند رأی اعتماد مجلس هشتم را به‌راحتی بگیرد و از سوی دیگر بخش وسیعی از این ستاد فقط دکوراسیون انتخاباتی است.»

نبوی در این بند از نوشته‌اش نیز تأکید می‌کند کسانی که از پیش به«اصلاح‌طلبی» مشهور شده‌اند و یا دارای رنگ و بوی آن هستند، در دولت موسوی جایی نخواهند یافت. یعنی کسی در حد دولت دور دوم خاتمی هم که باعث روگرداندن مردم از انتخابات قبلی شد، نبایستی انتظار داشته باشد.

این در حالی‌ست که آیت‌الله منتظری پنج سال پیش در رابطه با خاتمی نوشت: «اشتباه بزرگ ایشان این بود که از همان روزهای اول ریاست‌جمهوری و تعیین اعضای کابینه ــ که جناح اقتدارگرا در ضعف کامل و حتی شوک غیرمنتظره بود ــ به‌جای اتخاذ سیاست متکی به‌خود و انتخاب افرادی که خود تشخیص می‌داد با داشتن سرمایه‌ی عظیم رأی مردم، افراد و سیاست‌های تحمیل شده

را قبول نمود و کسانی را که به‌کم‌تر از نابودی او راضی نبودند، حیات سیاسی دوباره بخشید و به‌آنان مشروعیت داد، و در این رابطه بسیاری از علاقه‌مندان و هم‌فکران خود را از دست داد. همین اشتباه کلیدی ایشان، سرآغاز انحراف در مسیر اصلاحات بود، و همه دیدیم که متعاقب آن، آقای خاتمی مجبور شد در هر مورد رضایت آنان را جلب کند؛ و بدون گرفتن امتیازی، پیوسته به‌آنان امتیاز داد، تا رسید به‌وضعیت کنونی که متأسفانه دولت او تقریباً در مسائل اساسی کشور در حاشیه قرارگرفته و تصمیم گیری‌های اصولی کشور در جای دیگر توسط همان جناحی انجام می‌شود که ایشان مرتباً به‌آنان امتیاز می‌داد، و با این حال نمی‌دانم چرا ایشان همین حقیقت را صریحاً به مردم نمی‌گوید؟»[1]

نبوی خطاب به کروبی می‌گوید:

> «پیروزی موجی می‌خواهد و اوجی. ما سبزها با زحمتی دو ساله، با تلاش هر روزه‌ی یک سال گذشته و با برنامه‌ریزی هر روزه موجی را ایجاد کردیم که دولت را نیز وادار به عقب‌نشینی کرد. این مشخصات موسوی بود که باعث شد که جز یزدی (شیخ‌محمد) و مصباح (مصباح‌یزدی) و جنتی (احمد جنتی) و نزدیکان احمدی‌نژاد هیچ‌یک از طرفداران سنتی دولت نهم و رهبری حاضر نشوند از احمدی‌نژاد حمایت کنند.»

نبوی تأکید می‌کند:

> «اما موسوی و خاتمی رییس‌جمهور اصلاح‌طلبان نبودند، آنان رییس‌جمهور ایران بودند، آنان رییس‌جمهور بسیجی‌ها و چادری‌ها و نمازخوان‌ها هم بودند و بسیجی‌ها، چادری‌ها و نمازخوان‌ها هم‌وطنان عزیز ما هستند.»

نبوی در این بند از نوشته‌اش نیز دوباره روی حامیان موسوی تأکید کرده و وی را وام‌دار «بسیجی‌ها، چادری‌ها و نمازخوان‌ها» می‌کند. گویا هیچ چادری و نمازخوانی از «اصلاحات» دفاع نمی‌کند.

1-http://enghelab-57.blogfa.com/post-37.aspx

خیلی واضح است که موسوی مطابق با معیارهای رژیم هم «اصلاح‌طلب» نیست و این از ترکیب پشتیبانان او در قدرت مشخص است. نبوی برای توجیه نقطه ضعف موسوی، استدلال‌های سخیفی را مطرح کرده می‌نویسد:

> «میرحسین موسوی تنها نامزد اصلاح‌طلبان نیست که انتظار داشته باشیم از صبح تا شب از حقوق بشر و نویسنده و حقوق زنان و آزادی فردی و آزادی اجتماعی حرف بزند... مخاطب میرحسین، مردم عادی این کشورند، همان‌ها که وقتی فیلم‌شان را می‌بینیم ممکن است از خود سئوال کنیم که این‌ها دیگر کجا زندگی می کنند؟»

یعنی مردم عادی این کشور به حقوق بشر و حقوق زنان و حقوق فردی و آزادی اجتماعی احتیاجی ندارند و خواستارش هم نیستند.

نبوی در خاتمه می گوید:

> «ما، من و بسیاری از دوستداران آزادی و ایران و عدالت، و ما مردم ساده، ما مرد نقاش را از خانه در آوردیم و از او خواستیم بیاید و شهرمان را رنگ بزند که از این همه سیاهی خسته‌ایم؛ ما از اهانت و تیرگی، از این بافت آزاردهنده‌ی زندگی خسته‌ایم؛ سبز می‌خواهیم تا نفس بکشیم، سرخ می‌خواهیم تا گرم شویم، زرد می‌خواهیم تا به‌آفتاب سلامی دوباره کنیم و آبی آسمان را می‌خواهیم؛ ما نمی‌خواهیم پیروز بشویم، ما پیروز شده‌ایم، شهرها در دست ماست؛ شهرها همین حالا هم زیر لایه‌ی خوش‌رنگی از سبز، انتظار سرآمدن زمستان احمدی‌نژاد را می کشد. حالا می‌خواهیم هر ایرانی که کشورش را دوست دارد، دستانش را سبزِ سبز کند و دیوارهای شهر را رنگ کند، ما شهری پر از شور زندگی و رنگ می‌خواهیم، ما این روزها نیازمند شعر و شور و زندگی و فریاد هستیم...»

از آن‌هایی که دهه‌ی سیاه ۶۰ را به‌خاطر دارند سؤال کنید، از آن‌هایی که دوران «سیاه» حاکمیت موسوی و امثال نبوی را به‌یاد دارند سؤال کنید، آیا سیاه‌تر از آن دوران را هم به‌خاطر دارند؟ به بخش‌نامه‌های دولت موسوی توجه کنید، چه کسی رنگ‌های شاد را از مردم دریغ کرد؟ غیر از دولت موسوی؟ چه کسی

رنگ‌های تیره و کدر را باب کرد؟ غیر از دولت موسوی؟ چه کسی رنگ‌های سیاه، قهوه‌ای، سرمه‌ای و طوسی را برای زنان پسندید و آن‌را اجباری کرد؟ غیر از دولت موسوی؟ به دستور چه کسی بدترین برخوردها را با زنانی که به ادارات مراجعه می‌کردند صورت دادند؟

هیچ یک از رنگ‌هایی که نبوی از آن دم می‌زند در فیلم تبلیغاتی موسوی نبود. تردیدی نیست که موسوی قصد ندارد مراجع تقلید و روحانیت سنتی را گول بزند، او و اطرافیانش نسل جوان و خواهان تغییر را فریب می‌دهند.

موسوی و اطرافیانش در دهه‌ی شصت بر فرش خون به‌قدرت رسیدند و با اسلحه و دار و شکنجه و شلاق و تعزیر حکومت کردند. آنان سینه‌ی بهترین فرزندان این کشور را در حالی که «سر اومد زمستون» را زمزمه می‌کردند به‌رگبار بستند

آیا پس ازگذشت سه دهه، «زمستان» با دزدیدن سرود «سراومد زمستون» از کسانی که نقاب بر چهره‌ی خاک کشیده‌اند خواهد رفت؟

نبوی هیچ حرمت و احترامی برای خواننده قائل نیست. فقط در سودای آن است که هر چه زودتر موسوی به‌قدرت برسد تا او با خیال راحت به ام‌القرای اسلام برگردد و دوباره هم از توبره بخورد هم از آخور. این بار پاسپورت در جیب به ییلاق و قشلاق برود و نیاز به دوندگی برای گرفتن ویزا و ...هم نداشته باشد. فریب او و امثال او را نباید خورد، برای آن‌ها تنها چیزی که مهم نیست سرنوشت کشور و مردم است، آن‌ها هر لحظه می‌توانند به‌رنگی درآیند.

البته زمستان نظام جمهوری‌اسلامی سر خواهد آمد و مطمئناً روسیاهی به زغال‌هایی چون نبوی خواهد ماند.

۱۱ خرداد ۱۳۸۸

کودتای جدید در رژیم کودتا

کودتای اول:

حاکمـــان جمهوری اسـلامی در خرداد ۶۰ با کودتا علیه ابوالحســن بنی صدر رییس جمهوری قانونی کشور به قدرت فائقه دست یافتند.

از نقش بهشــتی، محمدعلی رجایی و محمدجواد باهنر که بگذریم، علی اکبر هاشمی رفســـنجانی، ســیدعلی خامنه ای و محســن رضایی به عنوان فرمانده اطلاعات و امنیت سپاه پاسداران از گردانندگان اصلی این کودتا بودند. میرحسین موسوی و مهدی کروبی به عنوان رهبران حزب جمهوری اسلامی نقش مهمی در این کودتای خونین بر عهده داشتند و به همین خاطر پس از کودتا به نخست وزیری و نایب رییســـی مجلس دست یافتند. میرحسین موسوی و سیدمحمد خاتمی با هدایت روزنامه های جمهوری اسلامی و کیهان، نقش ستاد تبلیغاتی این کودتا را به عهده داشــتند. نقش این دو روزنامه در روزهای سیاه سال ۶۰، درست مانند روزنامه های دولتی ایران، کیهان، رسالت و... و خبرگزاری های فارس، ایرنا، رجا نیوز، انصار نیوز و ... در روزهای گذشته بود.

آن موقع هدایت رادیو تلویزیون رژیم در دست علی لاریجانی بود و در شورای سرپرستی رادیو تلویزیون، حسن روحانی و احمد توکلی نشسته بودند. سیاستی که پیش می‌بردند مانند سیاستی است که این روزها رادیو تلویزیون تحت هدایت ضرغامی پیش می‌برد.

حاصل این کودتا بسط و توسعه‌ی سرکوب خونین در سراسرکشور بود. ده‌ها هزار اعدامی، صدها هزار شکنجه شده و زندانی سیاسی تنها یکی از ثمرات این کودتای ننگین بود.

بهشتی و رجایی از جمله رهبران این کودتای خونین، اولین کسانی بودندکه جان خود را بر سر آن گذاشتند و در آتش قهر مردم سوختند.

کودتای دوم:

در فروردین ماه سال ۱۳۶۸، این بار خمینی رهبر جمهوری‌اسلامی با کارگزاری مجمع روحانیون مبارز و باندهای سیاه حکومتی، کودتا علیه آیت‌الله منتظری را سامان داد.

فردای کودتا، میرحسین موسوی و عبدالله نوری کارگزاران این کودتا بودند. موسوی با صدور بخش‌نامه‌ای به وزارتخانه‌ها، ادارات و شرکت‌های دولتی و نیمه دولتی دستور جمع‌آوری کلیه‌ی عکس‌ها، پلاکاردها و هرگونه آثار مربوط به آیت‌الله منتظری را داد.

عبدالله نوری در سمت نماینده‌ی خمینی در سپاه پاسداران، فرماندهی یورش به‌محل استقرار آیت‌الله منتظری در قم را شخصاً به‌عهده گرفت.

به‌فرمان خمینی او مأمور شده بود هرآن‌چه راکه مربوط به قائم‌مقامی ایشان است از بین ببرد.

رهبران مجمع روحانیون مبارز از مجید انصاری گرفته تا هادی خامنه‌ای‌که کبک‌شان خروس می‌خواند و عنقریب همه چیز را در اختیار خود می‌دیدند

پشــت ســر هم مصاحبه‌ی مطبوعاتی برگزار می‌کردند و در دانشگاه‌ها حضور می‌یافتند و بر آیت‌الله منتظری که تنها مانده بود، تیغ می‌کشــیدند. تمام تلاش آن‌هــا بر این پایه قرارگرفته بودکه آیت‌الله منتظری را به‌مصاحبه‌ی تلویزیونی از نوع شریعتمداری بکشانند و او را مجبور به‌توبه و درخواست عفو و بخشودگی از خمینی کنند. این سیاســت را عبدالله نــوری و دری‌نجف‌آبادی ابتدا تلاش می‌کردند به‌طور خصوصی پیش ببرندکه موفقیتی حاصل نکردند.

کرباسچی در روزهای خوش پس ازکودتا علیه آیت‌الله منتظری، به‌دنبال آن بود که قبای رهبری را به‌تن احمد خمینی بدوزد.
رادیو تلویزیون تحت حاکمیت محمد هاشمی‌رفسنجانی و روزنامه‌های باندهای مختلف رژیم از رسالت‌گرفته تاکیهان و اطلاعات عرصه‌ی تاخت و تازکودتاچیان بودند.
کودتــای ناتمام فروردین‌ماه ۶۸، دو ماه بعد باکارگردانی رفسنجانی و احمد خمینی و انتخاب خامنه‌ای به‌عنوان رهبر و ولی‌فقیه جمهوری‌اسلامی تکمیل شد. این کودتا برخلاف بعضی پیش‌بینی‌ها باکم‌ترین هزینه با موفقیت به پایان رسید؛ اما جهان به‌کام بخشــی ازکودتاچیان نشــد. خمینی مرد، احمد خمینی بهای جاه‌طلبی‌هایش را با بذل جان داد و بخشــی ازکودتاچیان‌که در دفتر خمینی و مجمع روحانیون مبارز نشسته بودند هریک به‌گوشه‌ای خزیدند.

کودتای‌سوم:

با هزار وعده و وعید، با هزار ترفند و حقه، مردم را متقاعد کردند که در خیمه‌شب بازی انتخابات رژیم شرکت کنند. مردم از روی استیصال و به‌امید اندک تغییری در زندگی خود، به موسوی که یکی ازکودتاچیان قبلی بود رضایت دادند.
نظام جمهوری‌اسلامی با هدایت خامنه‌ای و فرماندهی سپاه پاسداران و نیروهای سرکوب‌گر رژیم، این بار به‌انتخاب درون حکومتی هم‌گردن نگذاشت و با توسری تحقیرآمیزی جناح رفسـنجانی ـ موسوی را از همان لحظه‌ی اول شمارش آرا شکست خورده‌ی انتخابات معرفی کرد.

درکودتاهای قبلی لااقل برکنار شدگان از رهبرکودتاچیان تظلم‌خواهی نکردند؛ در حقارت دسته‌ی اخیر همین بس که موسوی، رفسنجانی، ناطق نوری، کروبی و... از فرمانده کودتاچیان و آن‌کس که سررشته‌ی امور را به‌دست دارد، تظلم‌خواهی می‌کنند و به‌استفاده از راه‌کارهای مندرج در قانون اساسی رژیم اشاره می‌کنند. معلوم نیست کسانی که نمی‌توانند از آرایی که به‌نفع خودشان به‌صندوق ریخته شـــده صیانت کنند، چگونه می‌خواستند اصلاحات را درکشور پیش ببرند و به وعده‌های‌شان عمل کنند.

خمینی در سال ۶۰ یک بار به‌صراحت اعلام کرد «اگر سی و شش میلیون نفر بگویند آری، من می‌گویم نه»! او دایره‌ی قدرت ولایت مطلقه‌ی فقیه در نظام جمهوری‌اسلامی را بی‌پرده بیان می‌کرد. امروز خامنه‌ای از همان رهنمود خمینی استفاده می‌کند. جناح‌های رژیم و به‌ویژه پیروان «امام راحل» نباید از این مسئله گله‌ای داشته باشند.

چنان‌که از ظواهر امر بر می‌آید کودتای ســوم رژیم نیز با موفقیت به کار خود پایان خواهد داد. آن‌هایی که تا دیروز شیادانه حکومت احمدی‌نژاد را محصول سیاست تحریم انتخابات معرفی می‌کردند، امروز بایستی پاسخ دهند که با وجود مشارکت فوق‌العاده‌ی مردم در نمایش انتخابات، ادامه‌ی حکومت احمدی‌نژاد محصول‌چیست؟
باید دید در این کودتا و حوادث پس از آن چه کسانی قربانی خواهند شد و آرایش جدید نیروها چه خواهد بود.

صبح ۲۳ خرداد ۱۳۸۸

آن کس که باید برود خامنه ای است

اظهار عجز پیش ستم‌پیشه ابلهی‌ست
اشک کباب مایه‌ی طغیان آتش است[1]

تظلم‌خواهی از خامنه‌ای، فرمانده کودتاچیان و انتظار از شورای نگهبان منصوب او برای برگزاری انتخاباتی دوباره، تلاشـــی است در مسیر سرگرم کردن مردم، خاموش کردن شعله‌ی آتش خشم آن‌ها و هدایت سیل خروشان مردم به کویر و برهوت نظام ولایت‌فقیه.

آن کس که مرتکب تقلب شـــده نه احمدی‌نژاد اســـت و نه شـــورای نگهبان. احمدی‌نژاد تنها با دست‌بوســـیِ خامنه‌ای به‌جاه و مقام دســـت یافته است. نه شورای نگهبان و نه احمدی‌نژاد جرأت وارونه‌سازی آرا در این حد را ندارند[2].

۱- صائب تبریزی.

۲- اگر هیچ دسترسی به‌آرا هم که نداشته باشیم با تحلیل و به‌ویژه رتبه‌بندی کاندیداها و اهداف پشت آن می‌توان به‌سادگی پی به‌مهندسی آرا برد.

_ رای کروبی را سیصدهزار نفر اعلام کرده‌اند. او بین چهار نفر، پنجم شده است! آرای او از آرای باطله هم کم‌تر است. به‌این ترتیب مهر باطله را با یک تحقیر و توسری به‌او زده‌اند. هدف از این کار جدا از تحقیرکروبی و «اصلاح‌طلبان» روبرو شـــدن با طرف حساب‌های خارجی و به‌ویژه اوباما اســـت. کروبی بار قبل بیش از پنج میلیون رأی آورده بـــود. این‌بار یک هفدهم بار قبل رأی آورده

این پروژه‌ای است که خامنه‌ای مسئول و هدایت‌گر آن است. مسئولیت آن‌چه که درکشور می‌گذرد با خامنه‌ای است.

تجربه نشـــان داده است هرتلاشـــی که خامنه‌ای را هدف قرار ندهد، محکوم به‌شکست است.
وقتی به‌فرمان خامنه‌ای به‌کوی دانشگاه حمله شد، تلاش باندهای رژیم در این خلاصه گردید که نقش او را کتمان کنند. عاقبت، دانشـــجویانِ زخم‌خورده را برای تظلم‌خواهی نزد رهبر اوباش و اراذلی که به‌کوی دانشگاه حمله‌کرده بودند بردند. علی‌رغم ســـوز وگدازهای عوام‌فریبانه، سرانجام در آن جنایت بزرگ، کسانی که محکوم شدند دانشجویان بودند و سربازی که یک ریش‌تراش دزدیده بود.
چیزی نگذشت مسعود دِه‌نمکی یکی از جانیانی که به‌کوی دانشگاه حمله‌کرده بود، سوگلی رهبر شد و با اختصاص بودجه‌های میلیاردی فیلم‌ساز مورد حمایت دفتر او.

قتل‌های زنجیره‌ای با هدایت دفتر خامنه‌ای صورت گرفتند؛ پرونده به‌دستور او از مســـیر خود خارج شد؛ درگفتگوهای پخش‌شـــده از جلسه‌ی سران رژیم با خامنه‌ای، درارتباط با چاره‌جویی در مورد قتل‌های زنجیره‌ای، اتفاقاً این خاتمی است که تأکید می‌کند خامنه‌ای و ولایت‌فقیه، خط قرمز ماست.
بعد از آن، همه‌ی تلاش اصلاح‌طلب‌های رژیم در این خلاصه شـــد که نقش

اســـت. در صورتی که صرفنظر از ماهیت او و شـــعارهایش در شکل، او منشور حقوق بشر خود را اعلام داشت و خود را ملزم به‌رعایت حقوق زنان، کودکان، اقلیت‌های قومی و مذهبی معرفی کرد. او مخالفت خود را با اعدام کودکان نیز اعلام کرد و دم از آزادی‌های سیاسی و اجتماعی زد. با زبان آمار می‌خواهند بگویند این‌ها مسئله‌ی جامعه‌ی ایران نیست وکسی که شعار آن را می‌داد، با یک تودهنی بزرگ از سوی مردم روبرو شد و آرای دفعه‌ی قبل خود را نیز از دست داد. آرای اعلام شده برای کروبی، کم‌تر از تعداد اعضای ستادهای انتخاباتی اوست. این پیام روشنی است برای محدود کردن همان اندک «حقوقی» که مردم در چهارچوب رژیم از آن برخوردارند.
ـ آرای محسن رضایی را هم بسیارکم اعلام داشته‌اند اما دو برابرکروبی است. در واقع احمدی‌نژاد، موسوی را شکست داده و محسن رضایی کروبی را. یعنی هر دوکاندیدای جناح راست، کاندیداهای اصلاح‌طلب‌هـــای حکومتی را شکســـت داده‌اند. این که چرا آرای رضایـــی راکم اعلام کرده‌اند برمی‌گردد به‌این که می‌خواهند بگویند در جناح راست، شکافی نیست و همه یک‌دست پشت سر احمدی‌نژادایستاده‌اند.

خامنه‌ای در این جنایت را انکار کنند. خاتمی هم چپ و راست به‌خامنه‌ای دسته‌گل می‌داد که به‌دستور خامنه‌ای با این غده‌ی بدخیم مبارزه شد! این یک دروغ محض بود. اتفاقاً همان‌هایی که خودسر معرفی شدند در دفتر خامنه‌ای دوباره سازمان‌دهی شدند و سازمان اطلاعات موازی را تشکیل دادند و به‌جان مردم افتادند و امروز دستگاه اطلاعاتی و امنیتی و نهادهای سرکوب‌گر رژیم را هدایت می‌کنند. حسینیان یکی از رهبران همان خودسرها، شد معاون امنیتی کابینه، سوگلی رهبر و هم‌چنین رییس کمیسیون امنیت مجلس؛ و پورمحمدی شد وزیرکشور و امروز رییس بازرسی کل کشور. فتوای قتل‌ها را آیت‌الله خوشوقت پدر عروس خامنه‌ای داده بود. همان‌که بعداً شد کاندیدای مجلس خبرگان از تهران.

وقتی حجاریان را ترورکردند، برای خاتمی مثل روز روشن بودکه این ترور، به‌دستور سپاه پاسداران و با هدایت واحدهای آن و با رضایت شخص خامنه‌ای، برای زمین‌گیر کردن جناح رقیب صورت گرفته است. فرمان خامنه‌ای که منافع سپاه را نمایندگی می‌کند مشخص بود؛ پای سپاه را به‌میان نکشید. خاتمی به‌فرموده‌ی رهبر عمل کرد. در پناه او بود که جانیان به‌سرعت از زندان آزاد شدند و دستخوش گرفتند.

وقتی خامنه‌ای فرمان دستگیری کرباسچی و نوری را که از نزدیکان رفسنجانی به‌شمار می‌رفتند، داد، انتظار می‌رفت رفسنجانی در حمایت از دوستان و یارانش در مقابل این تصمیم خامنه‌ای بایستد و اراده‌ی او را به‌چالش بگیرد. خامنه‌ای وقتی با سکوت رفسنجانی مواجه شد دست به‌پیش‌رَوی زد. شعار برعلیه رفسنجانی با هدایت و رضایت خامنه‌ای و دفتر او داده می‌شود. رفسنجانی تاوان عدم حمایت از نزدیکانش را امروز می‌پردازد و در آینده بیش‌تر خواهد پرداخت؛ مگر آن‌که متقابلاً دست به‌حمله بزند.

به فرمان خامنه‌ای، سعید مرتضوی باکم‌ترین سوابق حقوقی و قضایی ــ حتی در کادر قوانین رژیم‌ــ، به‌دادستانی انقلاب و عمومی رسید. این خامنه‌ای بودکه

وی را به‌جان مردم انداخت. سعید مرتضوی بدون حمایت خامنه‌ای یک لحظه هم در قوه قضاییه دوام نمی‌آورد.

به‌فرمان خامنه‌ای روزنامه‌های منتقد را بستند و روزنامه‌نگاران را خانه‌نشین کردند. خاتمی و رفسنجانی و شرکای‌شان هر بار تلاش کردند آدرس عوضی بدهند.

حسین شریعتمداری دقیقاً نظرات خامنه‌ای را بیان می‌کند. کیهان بلندگوی اوست.

جنایت‌کاران انصارحزب‌الله و باندهای وحشت و ترور رژیم، تماماً توسط او و دفترش سازمان‌دهی می‌شوند. پول و امکانات این دسته نیروها از طریق او و دفترش تأمین می‌شود.

به‌فرمان خامنه‌ای آرای انتخابات مجلس ششم را جا به‌جا کردند و حداد عادل پدر عروسش را به‌مجلس بردند؛ در حالی که «اصلاح‌طلب»ها در اوج قدرت به‌سادگی می‌توانستند اعتبارنامه‌ی او را تأیید نکنند. به‌خاطر انتسابش به‌بیت رهبری از چنین کاری خودداری کردند. خامنه‌ای وقتی ضعف و زبونی آن‌ها را دید، در انتهای دوره به‌شورای نگهبان دستور داد صلاحیت‌شان را برای دوره‌ی بعد رد کند و برای همیشه از ورود آن‌ها به‌مجلس جلوگیری کند.

خاتمی وکروبی به‌جای ایستادگی در مقابل اراده‌ی خامنه‌ای، برای تظلم‌خواهی نزد او که فرمان عدم‌صلاحیت نمایندگان مجلس را صادر کرده بود رفتند. پیشاپیش معلوم بود کاری از پیش نمی‌برند. نتیجه‌ی رایزنی‌ها چیزی نزدیک به‌صفر بود.

انتخابات فضاحت‌بار مجلس هفتم را خاتمی برگزار کرد در حالی که قول داده بود زیر بار برگزاری چنین انتخابات «ناعادلانه»ای نرود. وقتی به‌آن فضاحت تن دادند، خامنه‌ای مصمم شد که در انتخابات ریاست‌جمهوری دور نهم، احمدی‌نژاد را بالا بکشد و رفسنجانی را تحقیر کند. او به‌ضعفِ مفرطِ جناحِ مقابل پی برده بود.

وقتی یک هفته‌ی پیش رفسنجانی نامه‌ای هشداردهنده به‌خامنه‌ای نوشت، لرزه بر ارکان رژیم افتاد، اما اشتباه بعدی را خود او مرتکب شد و به‌دیدار سه ساعته‌ی خامنه‌ای شتافت. پیام این دیدار، هرچه که در آن رد و بدل شده باشد، ضعف رفسنجانی را می‌رساند. بیست سالِ گذشته نشان داده است هرقدمی که رفسنجانی به‌عقب برداشته، باعث شده که خامنه‌ای یک قدم به‌جلو بردارد. نتیجه‌ی حرکت غلط رفسنجانی و عدم پی‌گیری علنی مفاد نامه‌اش، آن شدکه خامنه‌ای اجازه نداد او از خود، در رادیو تلویزیون دفاع کند.

خامنه‌ای به‌همین هم بسنده نکرد؛ اوکه شاهد ضعف و زبونی جناح مقابل بود دستور داد برای تحقیر رفسنجانی و موسوی و کروبی، به‌احمدی‌نژادی که بیست و چهار ساعته تلویزیون در تیولش بود، فرصت اضافه‌ی بیست دقیقه‌ای هم بدهند تا در آخرین لحظه، هرچه دلش می‌خواهد از سیمای جمهوری‌اسلامی بگوید. بدون تردید ضرغامی در این میان تصمیم گیرنده نبود. او در سلسله مراتب رژیم، جایگاهی ندارد که بتواند چنین دستورهایی صادر کند. خامنه‌ای در روند انتخابات چندین بار مستقیماً به‌نفع احمدی‌نژاد وارد منازعات شد.

این زبونی‌ها باعث شد خامنه‌ای جسارت کرده و احمدی‌نژاد را از صندوق بیرون بیاورد. او حساب همه چیز و از جمله خواری جناح مقابل را کرده بود. نیروهای سرکوبگرش را هم از قبل به‌میدان آورده بود، اما حساب مقاومت مردم را که در عمل تعیین کننده‌اند، نکرده بود.
حالا که مردم در خیابان‌ها هستند بایستی او را هدف گرفت. یادمان باشد دیکتاتورها بزدل‌تر از آن هستند که نشان می‌دهند و خامنه‌ای سرآمد بزدلان است.
در حکومت کردن هرچقدرکه جانی و شقاوت‌پیشه باشید به‌همان اندازه بزدل و ترسو هم هستید. وقتی خامنه‌ای اولین شعارهای دانشجویان مصمم را در۱۸ تیر شنید از موضعی پایین و با چهره‌ای ترس‌خورده در تلویزیون ظاهر شد و خواهان مدارا با دانشجویان گردید. وقتی زیر بغلش را گرفتند، وقتی خاتمی درکنارش قرار گرفت، وقتی سپاه به‌یاری‌اش شتافت، جان یافت و چهره‌ی دیگر گرفت و

فرمان سرکوب داد.

امروز چهار روز پس از اعلام نتایج انتخابات و در آمدن احمدی‌نژاد از صندوق به کمک «امدادهای غیبی»، اوضاع به شکلی باورنکردنی به‌نفع مردم و جنبش آزادی‌خواهانه چرخیده است. درست در جایی که کسی فکرش را نمی‌کرد شکاف دهان بازکرد و جنبش مردمی به‌پا شد. طبیعت انقلاب و خیزش و جنبش همین است. قبلاً هم روی آن تأکید کرده بودم، انقلاب و جنبش و خیزش مانند زلزله و سونامی است، چون سیل و طوفان است. نه می‌شود پیش‌بینی آن را کرد و نه می‌توان مانع‌اش شد. در لحظه‌ای که فکرش را نمی‌کنید به‌راه می‌افتاد. فرصت طلایی نصیب مردم و جنبش سرنگونی‌طلب شده است. چنین فرصت‌هایی به‌سادگی به‌دست نمی‌آیند. معلوم نیست فرصت بعدی کی باشد. ده سال از ۱۸ تیر می‌گذرد. اما این خیزش کجا و آن خیزش کجا. دامنه‌ی این جنبش، سراسر ایران را در ابعادی باورنکردنی گرفته است. از زاهدان تا تبریز، از مشهد تا اهواز، از شیراز و اصفهان، رشت و بابل تا تهران و... ای کاش اپوزیسیون باهوش و موقع‌شناسی وجود داشت که می‌توانست از شرایط موجود به‌نحو احسن استفاده کند و دست خاتمی و موسوی و کروبی را از جنبش مردم کوتاه می‌کرد. ولی متأسفانه بایستی واقعیت را پذیرفت و به‌دنبال راه چاره بود.

دیکتاتورها، مست از قدرت، در یک مرحله به‌جنون می‌رسند و همین‌جاست که گور خود را می‌کنند. خامنه‌ای مانند همه‌ی دیکتاتورها اشتباه بزرگی را مرتکب شد و بالاخره تاوان سنگینی را خواهد پرداخت.
صدام حسین، نشئه از پیروزی در جنگ با ایران، به‌دنبال برآورده کردن جاه‌طلبی‌های احمقانه‌اش به کویت حمله کرد و سرانجامش را همه دیدیم. درست است که چهارده سال دست و پا زد اما عاقبت دودمان خود و حکومتش را به‌باد داد.

سرنوشت شاه را فراموش نکرده‌ایم. وقتی قیمت نفت بالا رفت، وقتی جنبش

مسلحانه با رکود و افول روبرو شد، وقتی نقش ژاندارمی منطقه را به‌عهده‌ی او گذاشتند، وقتی احساس کرد دنیا به‌کام اوست، فعالیت احزاب شاه‌ساخته را هم ممنوع کرد، حزب فراگیر رستاخیز را پایه‌گذاری کرد و با نخوت و تبختر عنوان کرد هرکس خواهان عضویت در حزب رستاخیز نیست، پاسپورت بگیرد و از کشور خارج شود. چهار سال بعد او بود که برای همیشه از کشور خارج شد و تومار سلطنتش را به‌باد داد.

امروز را نگاه کنید. چهار روز است که مردم در خیابان‌ها هستند، فاصله‌ای عمیق بین مردم و حاکمان به‌وجود آمده است. رژیم حتا اگر موفق به‌سرکوب این جنبش هم بشود، آتش زیر خاکستر باقی خواهد ماند. باکشوری روبرو هستیم که نزدیک به‌سه چهارم جمعیت‌اش بعد از انقلاب به‌دنیا آمده‌اند و یا شناختی از تحولات دهه‌ی خونین ۶۰ ندارند؛ اما تحولات این روزها خواه ناخواه آن‌ها را به گذشته پیوند می‌دهد و دریچه‌ای رو به گذشته می‌گشاید. رژیم جنایت می‌کند اما امروز امکان سرکوب دهه‌ی ۶۰ را ندارد. نه دنیا، دنیای دهه‌ی ۶۰ است و نه خامنه‌ای توانایی خمینی را دارد. بخش مهمی از رژیم را نیز در مقابل خود دارد. همه‌ی این‌ها دست او را برای سرکوب در ابعاد دهه‌ی ۶۰ می‌بندد. وسایل ارتباط‌جمعی و انتقال سریع اخبار و اطلاعات، پاشنه‌ی آشیل خامنه‌ای هستند.

شاه از روزی که باکودتای ۲۸ مرداد به‌قدرت بازگشت تا روزی که سرنگون شد با بحران مشروعیت روبرو بود. هیچ نیرویی نمی‌توانست چاره‌ای برای این معضل بیاندیشد.

خامنه‌ای و احمدی‌نژاد با بحران مشروعیت در داخل و خارج ازکشور روبرو هستند. «اصلاح‌طلب»های حکومتی نمی‌توانند فاصله‌ی عمیق بین مردم و رژیم را بپوشانند. همه چیز عریان شده است و این به‌نفع مردم و نیروهای سرنگونی‌طلب است. حتی تا این لحظه مراجع تقلید رژیم هم جرأت نکرده‌اند نتیجه‌ی انتخابات را تأییدکنند. در حالی که این عمل بایستی همان شب اول صورت می‌گرفت. دست خامنه‌ای آن‌چنان خالی‌ست که برای تأیید انتخابات به‌پسر آیت‌الله فاضل لنکرانی که دو سال پیش مرده متوسل شده است. معلوم

است مراجع تقلید تابع تعادل قوا هم هستند.
شرکت گسترده و بی‌نظیر مردم در نمایش انتخابات، بیش از هرچیز رژیم را در خیابان‌ها در تنگنا قـرار داده و می‌دهد. برای همین نمی‌تواند با پس‌لرزه‌های آن کنار بیاید. با ملتی به‌پاخاسـته روبرو است. بهت و تعجب و حیرت، همه‌ی کسـانی راکه در داخل و خارج ازکشـور دل به‌جناح‌های رژیم بسته بودند فرا گرفته است. آن‌ها بیش از پیش ایزوله می‌شوند. برای اولین بار لااقل در بیست و یک سال گذشته، راه برای آن‌هایی که خواهان سرنگونی این رژیم ضدبشری هستند باز می‌شود، اما این به‌شرطی است که عاقلانه رفتارکنند و قبل از هرچیز با واقعیات جامعه‌ی ایران کنار بیایند و یا حداقل با آن سر جنگ نداشته باشند.
حوادث یک هفته‌ی گذشـته، یک بار دیگر نشان دادکه احمدی‌نژاد محصول تحریم انتخابات نیسـت؛ بلکه مردم، چه انتخابات را تحریم کنند و چه نکنند احمدی‌نژاد از صندق بیرون خواهد آمد.
باید ازگذشته درس گرفت. اگر می‌خواهیم اراده‌مان را به‌رژیم تحمیل کنیم چاره‌ی آن شرکت وسیع در انتخابات نیست. در نظام جمهوری‌اسلامی، قدرت مردمی و قدرت اصلاحات از صندوق رأی در نمی‌آید؛ شـرکت مردم در انتخابات را به‌نفع خود مصادره می‌کند. این قدرت در خیابان‌ها تعیین تکلیف می‌شـود. آن کس که امروز خیابان را به‌تسخیر خود در آورد برنده است.

برای پی بردن به‌وخامت اوضا ع به‌گفته‌های گری سیک یکی از مشاوران امنیت ملی سـه رییس‌جمهوری آمریکا و مشاورکاخ سفید در سال ۱۳۵۷ توجه کنید. او یکی از مدافعان رژیم در طول سـی گذشته بوده است. از هیچ تلاشی برای نزدیکی آمریکا به‌رژیم کوتاهی نکرده است. از هیچ کوششی برای بی‌اعتبارکردن اپوزیسیون و تحول‌خواهان ایرانی فروگذار نکرده است؛ اما امروز می‌نویسد:[۱]

> «آن‌چه مقامات رسـمی انجام دادند، اقدام سازمان یافته‌ای برای شگفت‌زده کردن مخالفان خود بود که این تعریف کلاسیک کودتا است. این کودتای یک گروه از خارج، علیه طبقه‌ی حاکم نبود بلکه کودتای طبقه‌ی حاکم علیه مردم خود بود.»

1-http://www.pezhvakeiran.com/page1.php?id=11758

نزدیک شدن به‌حکومت کودتا در دنیای امروز کار سهل و ساده‌ای نیست. برای همین نغمه‌های مخالف در دولت‌های اروپایی و آمریکایی شـروع شده است. گری سـیک به‌تغییر مسیر تاریخی رژیم و ناامیدی‌اش از اوضاع اشاره می‌کند و می‌نویسد:

«تمایل حکومت به‌انکار واقعیت و جعل نتیجه‌ی انتخابات بدون کوچک‌ترین اشاره‌ای به‌تقلب نشان‌دهنده‌ی یک تغییر مسیر تاریخی در انقلاب‌اسـلامی ایران است. تمام رهبران پیشین ایران حداقل در ظاهر امر وانمود کردند که به‌خواسـته‌های مـردم ایران توجه دارند. ...انتخابات اخیر نشـان می‌دهد که رهبران ایران می‌دانند که اعتبار خـود را در بین بیش‌تر مردم ایران از دسـت داده‌اند و دیگـر سـعی نمی‌کنند وانمود کنند که مشروعیت دارند و می‌خواهند‌که با قدرت سرکوب عمل کنند.»

تأکید افرادی چون گری سـیک روی بحران مشروعیت رژیم بیش از هرچیزی حاکمان را در داخل و خارج از کشور در تنگنا قرار خواهد داد.
گری سـیک با آن‌که باندهای رژیم را اپوزیسـیون ایران! معرفی می‌کند، اما نمی‌تواند خطری‌که اساس رژیم را مورد تهدید قرار داده نفی کند:

«اپوزیسـیون ایران که شـامل برخی چهره‌ها و نهادهای قدرتمند داخل حکومت است، با تصمیمی دشوار رو به‌رو هستند. اگر آن‌ها مرعوب شـوند و با نمایش قدرت سـکوت کنند (مانندگذشته)، تمام اعتبار خود را در آینده با طرفداران خود از دست می‌دهند اما اگر بخواهند به‌مواجهه برخیزند این احتمال وجود دارد تا کنترل اوضاع از دسـت برود و به‌طور بالقوه سـاختار حکومت ایران را ساقط کند.»

معلوم نیسـت طبق تحلیل گری سـیک، نیرویی که سـاختار حکومت را تهدید می‌کند چه نام دارد و یا کیسـت. چون هیچ حکومتی به‌خودی خود سـاقط نمی‌شود؟

البته‌گری سیک توصیه‌ای به‌اصلاح‌طلبان درون حکومتی نمی‌کند ولی به‌آن‌ها هشدار می‌دهدکه ممکن است اقداماتشـــان به‌ساقط شدن رژیم منجر شود. چیزی‌که مطلوب نظر گری سیک و اصلاح‌طلبان درون حکومت نیست.

با این حال‌گری سیک هم تأکید می‌کند:
«وضعیــت فعلی به‌هر نحو پایان یابد، این یک نقطه‌ی عطف در تاریخ سی‌ساله‌ی انقلاب اسلامی است.»

۲۶ خرداد ۱۳۸۸

از ۳۰ خرداد ۱۳۶۰ تا ۳۰ خرداد ۱۳۸۸

شــنبه ۳۰ خرداد ۶۰ انگار همین دیروز بود. خیابان انقلاب، طالقانی و میدان فردوســی مملو از جمعیت بود. مرد و زن، پیر و جوان، دانشــجو و دانش‌آموز، کارگر و کارمند به‌خیابان آمده بودند تا اعتراض خود را نســبت به‌بســته شدن آخرین راه‌های تنفس‌شان اعلام کنند.

از روز جمعه ۱۵ خرداد ۶۰ برای بســیاری مشخص شده بود که ارتجاع حاکم عزمش را برای یک‌دست کردن حاکمیت در بالا جزم کرده و می‌رود تا اولین جراحی بزرگ در حکومت را انجام دهد.

دو روز بعــد بود که لاجوردی تحت عنوان دادســتان انقلاب اسلامی مرکز، فرمان بسته شدن آخرین روزنامه‌های مستقل را داد. در این حکم که با تصویب شورای‌عالی قضایی و حمایت مستقیم بهشتی صادر شد روزنامه‌ی میزان، متعلق به‌مهندس بازرگان؛ انقلاب اسلامی، متعلق به‌ابوالحسن بنی‌صدر؛ آرمان ملت،

ارگان حزب ملت ایران (داریوش فروهر) و نشــریه جبهه‌ی ملی، عدالت و نامه مردم، ارگان حزب توده که یکســره در خدمت ارتجاع حاکم بود (برای ردگم کنی) غیرقانونی اعلام شــدند. تمامیت‌خواهان، به‌رهبری بهشــتی که درکار پیشــبرد کودتای برنامه‌ریزی شده‌ی خود بودند عزم جزم کرده بودند که چیزی را باقی نگذارند.

پیش از آن نشــریات گروه‌های سیاســی از جمله مجاهدیــن وگروه‌های چپ و دمکرات، غیرقانونی اعلام شــده بودند. نشریات اخیر، آخرین روزنامه‌های مخالفی بودندکه از سوی حکومت تحمل شده بودند.

چماق‌داران و اراذل و اوباش حزب‌اللهی از طریق حزب جمهوری‌اســلامی و سازمان مجاهدین انقلاب اسلامی در مساجد، کمیته‌ها و پایگاه‌های بسیج تحت عنوان مردم سازمان‌دهی شده بودند و خیابان‌ها می‌رفتند که به‌تسخیر سیاه‌ترین نیروهای جامعــه درآیند. اجازه‌ی برگزاری متینگ و راهپیمایی به‌هیچ حزب و دسته وگروهی داده نمی‌شد. شهر جولانگاه اراذل و اوباش بود.

دسته‌های چماق‌دار مسلح به‌چاقو، قمه، پنجه بوکس و زنجیر، در پناه آتش سلاح سپاه پاســداران وکمیته‌چی‌ها به‌هر اجتماع اعتراضی مردم حمله می‌کردند و به‌بی‌رحمانه‌ترین شکلی آن‌ها را مورد ضرب و شتم قرار می‌دادند.

نسل ما در مقابل دوراهی تسلیم و مقاومت قرارگرفته بود. ما را مخیّر کرده بودند به‌مرگ یا زندگی روی زانوها. نسل برآمده از انقلاب ۵۷ ایستادگی و مقاومت را با همه‌ی سختی‌هایش انتخاب کرد.

از روز سه‌شنبه ۱۹ خرداد تا روز دوشنبه ۲۵ خرداد این نیروهای تشکیلاتی سازمان مجاهدین خلق بودند که با برگزاری تجمعات اعتراضی در نقاط مختلف تهران و با هدف به‌هم پیوستن آن در حلقه‌ی مرکزی شهر، سعی می‌کردند یک تظاهرات بزرگ اعتراضی را سازمان‌دهی کنند اما به‌خاطر بی‌رحمی به‌کارگرفته شده از ســوی نیروهای رژیم و چماق‌داران حزب‌اللهیِ بسیج شده، موفق به‌انجام آن نمی‌شــدند. نزدیک به‌دو هفته بود که مقاومت مردمی در تهران و شهرستان‌ها ادامه داشــت و مجلس شورای‌اسلامی در این مدت درکار برکناری بنی‌صدر اولین رییس جمهور نظام بود.

روز دوشـــنبه ۲۵ خرداد ۱۳۶۰ رهبران جبهه‌ی ملی ایران اعلام تظاهرات کردند، اما به‌خاطر سازمان‌دهی نیروهای چماق‌دار و فالانژ و عدم حضور مجاهدین در این تظاهرات، امکان برگزاری آن را نیافتند و تهران به‌تسخیر چماق‌داران درآمد.

بالاخره روز شنبه ۳۰ خرداد بدون اعلام قبلی، نیروهای هوادار مجاهدین شاهکار تشکیلاتی خود را به‌منصه‌ی ظهور رساندند و جرقه‌ی تظاهرات بزرگ در مرکز تهران را زدند. در کوتاه‌ترین زمان ممکن، صدها هزار نفر از وابستگان گروه‌های سیاسی چپ و مردم، به‌مجاهدین پیوستند. نیروهای حزب‌اللهی و چماق‌دار قادر به‌جلوگیری از شروع تظاهرات نشدند. هدف تظاهرات رفتن به‌مقابل مجلس بود. شعار مردم چیزی نبود جز:

> «حزب چماق‌به‌دستان باید بره گورســـتان»، «ما کشته ندادیم که حزبی بشویم، آلت دست بهشتی بشویم»، «بهشتی، رجایی، خلق آمده کجایی»، «مرگ بر ارتجـــاع»، «مرگ بر اختناق»، «مرگ بر بهشـــتی»، «لحظه به‌لحظه گویم، زیر شکنجه گویم، یا مرگ یا آزادی».

در میدان فردوسی خیل عظیم جمعیت، به‌فرمان خمینی که بطور مداوم از رادیو پخش می‌شد از زمین و بالای ساختمان‌ها توسط پاسداران به‌رگبار بسته شد و به‌این ترتیب تظاهرات مسالمت آمیز مردم تهران به‌خون کشیده شد.
ده‌ها نفر پیش چشـــمانم مورد اصابت گلوله قرارگرفتند. نمی‌دانم چندتای‌شان همان‌روز کشته شدند و چندتای‌شان از بیمارستان‌ها یک‌سر به‌اوین انتقال یافته و تیرباران شـــدند. در روزهای قبل نیز بسیاری از معترضان و از جمله دوستان من یا در حمله‌ی چماق‌داران زخمی شده بودند و یا دستگیر و به‌اوین و زندان دادگستری وکمیته‌ها انتقال یافته بودند.

در غروب ســـنگین و غم‌آلود ۳۰ خرداد وقتی که خســـته وکوفته از جنگ وگریز با پاسداران و نیروهای چماق‌دار باز می گشتم در چهارراه سعدی تهران، زمین پوشـــیده از اعلامیه‌های ســـازمان «فدائیان اکثریت» بود که در آن نوشته شده

بود «مردم آگاه و انقلابی در تظاهرات غیرقانونی شرکت نمی کنند». داغدار عزیزانـــم بودم، چهره‌های خونین جوانان و نوجوانان میهنم را به‌یاد می‌آوردم و حالا این اطلاعیه بیش از هر چیز بر خشم و اندوه و بغض وکینه‌ام می‌افزود.
در آن روزهای سرنوشت‌ساز و ماه‌های بعد از آن که خون از در و دیوار می‌بارید، حــزب توده و اکثریت درکنار کودتاچیان و جنایت کاران قرار داشــتند. از هر شکست مردم و نیروهای انقلابی اظهار خوشحالی و شادمانی می کردند و آن را با آب و تاب به‌خمینی و حزب جمهوری‌اسلامی و سران رژیم کودتا تبریک می گفتند. هر پیروزی رژیم را پیروزی خود و «جبهه‌ی انقلاب» می‌خواندند. هر شکست جنبش آزادی‌خواهی را شکست دشمنان انقلاب معرفی می کردند.

در روز ۳۱ خرداد ۱۳۶۰، رژیم کودتا در دو اطلاعیه‌ی دادستانی انقلاب‌اسلامی مرکز، خبر از اعدام بیست و سه نفر در تهران داد. براساس اطلاعیه‌های دادستانی، این افراد در دو نوبت، ظهر، پانزده نفر؛ و شــب، هشت نفر؛ به‌جوخه‌ی اعدام سپرده شدند. دادستانی انقلاب آن‌ها را به‌خاطر شرکت در تظاهرات ۳۰ خرداد با اتهام مرتد، مفسد، محارب و یاغی اعدام کرده بود. تعدادی از اعدام‌شدگان در ماه‌ها و روزهای قبل دستگیر شده بودند. سعید سلطانپور در ۲۷ فروردین در جشــن عروسی خود، محسن فاضل در بهمن ۵۹ در اداره‌ی گذرنامه، علی‌رضا رحمانی‌شســتان در اسفند ۵۹ در ترمینال جنوب هنگام سوار شدن به‌اتوبوس، طاهره آقاخانی‌مقدم و محمدعلی عالم‌زاده حرجندی در مهرماه ۵۹، در حمله‌ی نیروهای دادســتانی به‌منزل‌شــان، اصغر زهتابچی در ۱۹ خرداد ۱۳۶۰، بهنوش آذریان و منوچهر اویسی در اوایل خرداد ۶۰ دستگیر شده بودند.[۱]

چهارشنبه سوم تیرماه ۶۰ روزنامه‌ها و رادیو تلویزیون با درج اطلاعیه‌ی دادستانی خبر از اعدام ده‌ها نوجوان دادند. همراه با اطلاعیه‌ی دادستانی، عکس دوازده دختر نوجوان نیز انتشــار یافت که بدون احراز هویت به‌جوخه‌ی اعدام سپرده شدند و از خانواده‌های‌شان خواسته می‌شد برای شناسایی اجساد فرزندان‌شان

۱- رجوع کنید به‌مقاله‌ی «وگورســتانی چنان بی‌مرز شیارکردند،» خرداد ۱۳۸۰، مهناز متین، ناصر مهاجر، مجله‌ی آرش، فرانسه، شماره‌ی ۷۸-۷۷، ص‌ص ۹-۳۲
http://www.arashmag.com/content/view/489/47/1/2/

به‌اوین مراجعه کنند.
در اطلاعیه‌ی دادستانی انقلاب اسلامی مرکز آمده بود:

> به‌اطلاع خانواده‌های محترمی که فرزندان‌شان در جریانات ضدانقلابی اخیر تهران دستگیر شده‌اند و حکم دادگاه درباره‌ی آن‌ها صادر و اجرا گردیده می‌رساند لطفاً با در دست داشتن شناسنامه‌ی عکس‌دار خود و فرزندان‌شان که عکس آن‌ها در این جا چاپ شده به‌دفتر مرکزی زندان اوین مراجعه کرده و فرزندان‌شان را تحویل بگیرند.
>
> روابط عمومی دادستانی انقلاب اسلامی مرکز[1]

لازم به‌یادآوری است که اسامی صاحبان عکس‌ها مشخص نشده است.

منظورشان از به‌کار بردن عبارت «فرزندان‌شان را تحویل بگیرند» جنازه‌ی آن‌ها بود. دختران نوجوان را بدون احراز هویت به‌جوخه‌ی اعدام سپرده بودند و حالا از خانواده‌های‌شان با بی‌رحمی می‌خواستند که برای «تحویل» جنازه‌ی آن‌ها به‌اوین مراجعه کنند.
در روزها و ماه‌های سیاه پس از ۳۰ خرداد ۶۰، این نسل برآمده از انقلاب ضدسلطنتی ۵۷ بود که با جان‌فشانی و گذشتن از همه چیز خود در کوچه و خیابان، در کوه و جنگل، در اسارت و شکنجه‌گاه، بر تخت تعزیر و تقتیل، برچوبه‌های دار و میدان‌های تیر، آزادی را طلب می‌کرد. باقی‌مانده‌ی این نسل را در کشتار ۶۷ به‌خون کشیدند به‌این امیدکه حکومت‌شان را جاودانه کنند. زهی خیال باطل.
از خرداد ۶۰ تا خرداد ۸۸، بیست و هشت سال گذشت و دوباره خرداد گُل داد و به‌خون نشست. این بار نسلی تازه به‌میدان آمده، اما شعارهایش و خواسته‌هایش همانی‌ست که در روزهای پرتلاطم خرداد ۶۰ در خیابان‌های شهر فریاد می‌شد. آزادی، خجسته آزادی. آن‌ها چیزی نمی‌خواهند به‌جز حاکمیت مردم و انتخابات آزاد.
کودتاچیان در ۲۴ خرداد ۸۸ به‌دستور خامنه‌ای و با شرکت احمدی‌نژاد جشن

۱- روزنامه‌ی اطلاعات ۳ تیرماه ۱۳۶۰

پیروزی کودتا را در تهران برپا کردند و با بی‌شرمی، مردم به‌پاخاسته را «خس و خاشاک» معرفی کردند.
نیروهای سرکوب‌گر، حزب‌اللهی، لباس‌شخصی و بسیجی اجازه‌ی برگزاری تظاهرات وگردهم‌آیی در همه‌ی شهرها را دارند؛ کودتاچیان از «غیرقانونی» بودن تجمعات مردمی خبر می‌دهند و ارگان‌های سرکوب‌شان وعده‌ی سرکوبی می‌دهند.

یک روز پس از «جشن کودتاچیان»، مردم به‌جان آمده، بی‌اعتنا به‌تهدیدات به‌منظور شکست کودتا به‌خیابان‌های تهرانَ سرازیر شدند. جوش و خروش مردم یادآور صحنه‌های خرداد ۶۰ بود. منابع وابسته به‌رژیم خبر از سه میلیون تظاهرکننده‌می‌دهند.
شعارهای محوری مردم در تظاهرات‌های روزهای پرالتهاب خرداد ۸۸ «مرگ بر دیکتاتور»، «توپ، تانک، بسیجی، دیگر اثر ندارد»، «بسیجی بی‌غیرت دشمن خون ملت»، «مرگ بر استبداد»، «می‌جنگم می‌میرم، رأیم‌رو پس می گیرم»، «احمدی خیانت می کند رهبر حمایت می کند» است.[1]

در تظاهرات ۳۰ خرداد ۶۰ بهشتی و رجایی به‌عنوان عوامل اصلی اجرای کودتای خمینی مورد خشم وکینه مردم قرارگرفتند. شعارهای اصلی تظاهرات روی آن‌ها

۱- اصلی‌ترین شعارهای مردم در تظاهرات میلیونی ۲۵ خرداد عبارتند از:
می‌جنگم می‌میرم، رأیم‌رو پس می گیرم؛ گفته بودیم اگر تقلب بشه، ایران قیامت میشه؛ تجدید انتخابات!، تجدید انتخابات!؛ انتخابات بی‌سر خر!، انتخابات بی‌سر خر!؛ رای ما رو دزدیدن، دارن باهاش پز میدن؛ بسیجی بی‌غیرت، دشمن خون ملت؛ احمدی گوساله، بازم میگی فوتباله؛ هاله‌ی نور رو دیده، رای ما رو ندیده؛ احمدی دروغگو، شصت و سه درصدت کو؟؛ بسیجی حیا کن، مفت‌خوری رو رها کن؛ احمدی پینوشه، ایران شیلی نمیشه؛ شب خوابیده صبح شده، یک‌شبه سید شده؛ بازم تقلب شده، دروغگو سید شده؛ تقلب یه میلیون، دو میلیون، نه پونزده شونزده میلیون؛ دو میلیون، سه میلیون، کی رأی میده به‌میمون؛ موسوی موسوی، سکوت کنی خائنی؛ کروبی کروبی، سکوت کنی خائنی؛ احمدی به‌هوش باش، ما مردمیم نه اوباش؛ تا احمدی‌نژاده، هر روز همین بساطه؛ نصرمن‌الله و فتح قریب، مرگ بر این دولت مردم فریب؛ رفتگر باغیرت، محمود رو بردار ببر؛ نه غزه نه لبنان، فدای خاک ایران؛ این پول نفت چی میشه؟ خرج فلسطین میشه؛ این پول نفت چی میشه؟ خرج بسیجی میشه؛ دولت کودتا، استعفاء استعفاء؛ خس و خاشاک تویی، دشمن این خاک تویی؛ آن خس و خاشاک تویی، پست‌تر از خاک تویی؛ شور منم نور منم، عاشق رنجور منم؛ زور تویی کور تویی، هاله‌ی بی‌نور تویی؛ دلیر بی‌باک منم، مالک این خاک منم؛ احمدی پینوشه، دروغ نگی چی میشه؟؛ ضرغامی ضرغامی، لکه‌ی ننگ مایی؛ ضرغامی حیاکن، مفت‌خوری رو رها کن؛ سکوت هر مسلمان، خیانت است به‌قرآن؛ و...

متمرکز شده بود.
در تظاهرات خرداد ۸۸ شعارهای اصلی تظاهرات روی احمدی‌نژاد عامل اجرایی کودتا متمرکز شده و مردم با سردادن «مرگ بر دیکتاتور» نفرت خود از خامنه‌ای ولی‌فقیه رژیم و رهبرکودتاچیان را به‌نمایش می گذارند.

رفسنجانی در خاطراتش از روز دوشنبه ۲۵ خرداد ۶۰ می‌نویسد:

> «... در دادگستری [به‌ریاست بهشتی] جلسه‌ی مشورتی قوای سه گانه با سپاه و... بود که در کیفیت حرکت سیاسی و تبلیغات و دستگیری سران مخالفان محارب و مسائل روز تصمیم گیری شد.[۱]

در روز دوشنبه ۲۵ خرداد ۸۸ کودتاچیان مشابه سال ۶۰ عمل می کنند. آن‌ها هم به‌دنبال دستگیری مخالفان و کسانی هستند که از در مخالفت با کودتا درآمده‌اند. هدف اولِ دستگیری‌ها دانش‌جویان و نیروهای فعال اجتماعی و سیاسی هستند. حمله و هجوم نیروهای لباس‌شخصی درست مانند خرداد ۶۰، به‌خانه‌های مردم و دانشگاه‌ها و خواب‌گاه‌های دانشجویی است. به‌خاطر نزدیک بودن سالگرد قیام دانشجویی ۱۸ تیر و جلوگیری از شعله‌ورتر شدن آتش قیام در این روز، نیروهای کودتاچی حمله و هجوم به‌خوابگاه‌های دانشجویی و دانشگاه‌ها را در اولویت قرار داده‌اند. خیمه‌شب‌بازی مجلس ارتجاع و محکومیت حمله از سوی فرهاد رهبر، معاون سابق وزارت اطلاعات و رییس دانشگاهِ حکومت کودتا، برای فریب دانشجویان، سلب مسئولیت از دولت و خریدن وقت است. دامنه‌ی دستگیری‌ها به‌حدی است که پاره‌ای از دوستان پیشین را نیز که در کودتای خرداد ۶۰ جولان می‌دادند در بر می گیرد. عبرت تاریخ است. اما کو کسی که درس بگیرد. بخشی ازکودتاچیان دیروز، طعمه‌ی کودتاچیان امروز شده‌اند.

در خرداد ۶۰ بهانه‌ی مردم و آزادی‌خواهان مخالفت با تلاش رژیم و جناح حاکم برای برکناری ابوالحسن بنی‌صدر از ریاست‌جمهوری بود. این بار بهانه‌ی مردم

۱-عبور از بحران، کارنامه و خاطرات هاشمی‌رفسنجانی، ۱۳۶۰ دفتر نشر معارف انقلاب، چاپ سوم ۱۳۷۸، صفحه‌ی ۱۵۷. »

تلاش برای باز پس گیری آرایی اســت که در روز جمعه ۲۲ خرداد در مخالفت با نظام و ولایت‌فقیه و به‌نشــانه‌ی اعتراض، برای موسوی به‌صندوق‌های رأی ریختند. تفاوت اساسی بین بنی‌صدر و موسوی در این بود که بنی‌صدر حاضر نشــد به‌خاطر حفظ قدرت مقابل مردم بایستد و در سرکوب نیروهای مترقی با خمینی همراهی کند. موســوی امروز به‌دنبال رسیدن به‌قدرت و پی‌گیری خط «امام راحل» و نجات جمهوری‌اســلامی در مســیر قهقرا است. بنی‌صدر در خرداد ۶۰ در مقابل خمینی ایستاد؛ باید دید موسوی تا کجا در مقابل خامنه‌ای می‌ایستد. برای همین یکی از شعارهای تظاهرکنندگان موسوی موسوی سکوت کنی خائنی! است.

فقط خواسته‌ها و عملکرد کودتاچیان یک‌سان نیست. در بسیاری زمینه‌ها تقارن عجیبی بین خرداد ۶۰ و خرداد ۸۸ است.

در خــرداد ۶۰، در تاریخ مبارزات یک‌صد ســاله‌ی میهن‌مــان، برای اولین بار روحانیت حضوری نداشــت و این اتفاقی میمون و مبارک بود. در تظاهرات خرداد ۸۸ تهران نیز روحانیت حضوری ندارد؛ هرچندکروبی و خاتمی و مجمع روحانیون مبارز می‌کوشــند آن را به‌نفع خود مصادره‌کنند. اما در عکس‌ها و فیلم‌های انتشار یافته جز یک مورد، اثری از صدها‌هزار آخوندی که بندناف‌شان به‌حکومت مذهبی بســته است، به‌چشــم نمی‌خورد. این پدیده را به‌فال نیک بایســتی گرفت. این همه‌ی ماجرا نیســت. تقویم نیز به‌یاری تاریخ آمده است. روزهای خرداد ۶۰ و ۸۸ هم یک‌سانند.

در خرداد ۶۰ دســت رژیم برای سرکوب خونین باز بود. خمینی در مقام ولایت مطلقه‌ی فقیه نشســته بود وکلیه‌ی ارگان‌های ســرکوب رژیم گوش به‌فرمانش بودند. هیچ شکافی در بالا نبود.

حالا خامنه‌ای در مقام ولایت مطلقه‌ی فقیه نشسته است که حتی نمایندگان و گماشتگانش نیز روی در روی او ایستاده‌اند. او حمایت رییس مجلس تشخیص مصلحت نظام و خبرگان رهبری را نیز با خود ندارد.

به‌جز مهدوی کنی رییس جامعه‌ی روحانیت مبارز و شــیخ‌محمد یزدی رییس

جامعه‌ی مدرسین حوزه‌ی علمیه‌ی قم، غالب آخوندهای دانه درشت این دو جریان، در مناقشه‌ی اخیر از خامنه‌ای حمایت نمی‌کنند. به‌جز نوری‌همدانی هیچ‌یک از مراجع تقلید رژیم از روی‌کرد وی حمایت نکرده‌اند. اعمال او در درون نظام هم «مشروعیت» ندارد.

در خرداد ۶۰ اعمال خمینی در داخل رژیم از «مشروعیت» برخوردار بود و حمایت جناح‌های مختلف رژیم را با خود داشت.
نیروهای سرکوب‌گر رژیم به‌طور یک‌پارچه پشت سر خمینی بودند و اوامر او را به‌جان و دل می‌خریدند. اما امروز بدنه‌ی نهادهای سرکوب رژیم با خامنه‌ای همراه و هم‌گام نیست. بخش بزرگی از نیروهای سپاه پاسداران و نیروی انتظامی پرسنل وظیفه هستندکه انگیزه‌ای برای اجرای فرامین او ندارند.

در خرداد ۶۰ صدای مردم ایران به گوش جهانیان نمی‌رسید. وسایل ارتباط جمعی مانند امروز نبود. آن‌چه که موجود بود نیز به‌طور یک‌پارچه در اختیار خمینی و کودتاچیان بود. مردم زیر بمباران خبری رادیو و تلویزیون و روزنامه‌های رژیم بودند. مساجد و تکایا و منابر را دربَست در اختیار داشتند.

در خرداد ۶۰ و روزهای سیاه بعد از آن، روزنامه‌های دولتی کیهان، جمهوری‌اسلامی و اطلاعات با هدایت سیدمحمد خاتمی، میرحسین موسوی و سیدمحمود دعایی نقش کثیف روزنامه‌های دولتی ایران، رسالت، وطن امروز و سایت‌های اینترنتی رجا نیوز، انصار نیوز، و خبرگزاری‌های فارس و ایرنا و ایسنا در خرداد ۸۸ را بازی می‌کردند. درست مانند روزهای اخیر، آن‌ها نیز چون هواداران احمدی‌نژاد که واقعیات جامعه را قلب می‌کنند، به‌تحریف اخبار و وقایع می‌پرداختند.

در خرداد ۶۰ اوباشی که لباس روزنامه‌نگاری به‌تن کرده بودند، در کیهان و جمهوری‌اسلامی و اطلاعات و صبح‌آزادگان مردم به‌جان آمده و آزادی‌خواه را ضدانقلاب و اراذل و اوباش می‌خواندند، درست مانند امروز که احمدی‌نژاد و

ارگان‌های وابسته به‌او، مردم را «خس و خاشاک» و اراذل و اوباش می‌خوانند.

در خرداد ۶۰ رادیو ـ تلویزیون با هدایت علی لاریجانی، با انعکاس یک‌سویه و وارونه‌ی حقایق و جعل خبر و تفسیرهای گوناگون به‌مدد جنایت‌کاران آمده بود. در شورای سرپرستی رادیو تلویزیون علی جنتی، حسن روحانی و احمد توکلی نشسته بودند.
امروز همان نقش را صدا و سـیـمـا با هدایت ضرغامی و همراهان احمدی‌نژاد به‌عهده دارد.

این‌ها همه شـبـاهت‌هـای ارگان‌های تبلیغاتی کودتاچیان در خـرداد ۶۰ و ۸۸ است. اما امروز برخلاف گذشته کودتاچیان به‌خاطر پیشرفت‌های تکنولوژیک نمی‌توانند همه‌ی راه‌ها را مسدود کنند.
با وجود شـبـکـه‌ی اینترنت و دسترسـی افراد به یوتیوب، فیس‌بوک، تویتر و... شبکه‌های خبری بیست و چهار سـاعته، سایت‌های خبری، تلفن‌های دستی، تلویزیون‌های ماهواره‌ای، رسـانه‌های بین‌المللی، دوربین‌های دیجیتال و ده‌ها ابزار مشابه دیگر تلاش رژیم برای سانسور اخبار و جنایاتی که صورت می‌دهد ناممکن شده است.
از تظاهرات گسترده‌ی مردم در ۳۰ خرداد ۶۰ به‌جز یک عکس چیز دیگری در دست نیست. اما هزاران عکس و تفسیر و فیلم و خبر از تظاهرات فراگیر خرداد ۸۸، میلیون‌ها بار در مقابل چشم وگوش مردم دنیا قرارگرفته است.
در حالی که هیچ عکسی از جنایات رژیم در خرداد ۶۰ نیست، جوانانی که امروز در خیابان‌ها هستند با دیدن جنایاتی که مأموران لباس‌شخصی و یونیفرم‌پوش رژیم انجام می‌دهند، پی می‌برند که در خرداد و تابستان ۶۰ چه بر سر مردم آمده است. به‌این ترتیب خرداد ۶۰ به‌خرداد ۸۸ وصل می‌شود.

رژیم چنان‌چه دست به‌سرکوبی گسترده و خونین هم بزند، از بازآفرینی دوران سیاه دهه‌ی ۶۰ عاجز است. در خرداد ۸۸ کابوس خرداد ۶۰ برای رژیم زنده شده است. به‌همین دلیل رفسنجانی یکی از رهبران کودتای ۶۰، که بیرون راندن وی

از صحنه، یکی از اهداف کودتاچیان است، سکوت اختیارکرده. او به‌خوبی خطراتی که نظام را تهدید می کند درک می‌نماید. برای او حفظ نظام از هرچیزی مهم‌تر است.

آن‌چه در این سال‌ها گذشت را یک‌بار دیگر مرور می کنم. بهشتی یکی از رهبران اصلی کودتای خرداد ۶۰ چیزی نگذشت که همراه با رجایی و باهنر و... به‌هلاکت رسیدند.
با خود می گویم اگر خامنه‌ای رهبرکودتای خرداد ۸۸ هم در تیرماه ۶۰ به‌جای آن‌که حرکت دستش را از دست بدهد کشته شده بود، آیا امروز عده‌ای چون مسعود بهنود، علی‌رضا نوری‌زاده، محسن سازگارا، سیدابراهیم نبوی و... که سنگ بهشتی و میانه‌رَوی او را به‌سینه می‌زنند و به‌خاطر از دست دادن او غبطه می‌خورند، از صفای باطن و پیپ گوشه‌ی لب و تار در بغل و روح لطیف و طبع بلند خامنه‌ای داستان‌ها نمی‌بافتند و به‌روی تاریخ و قربانیان این نظام اهریمنی چنگ نمی کشیدند؟ آیا نمی گفتند اگر خامنه‌ای زنده مانده بود و خشونت‌طلبان او را از ما نمی گرفتند، «انقلاب اسلامی» مسیر دیگری را می‌رفت؟ آیا نمی گفتند خامنه‌ای با آن «روح لطیف» اجازه‌ی خشونت‌طلبی به‌امثال لاجوردی و... نمی‌داد؟ آیا از توسعه‌ی موسیقی و فرهنگ و شعر و ادب که در هر یک دستی داشت نمی گفتند؟

بیست و هشت سال ازکودتای خرداد ۶۰ می گذرد. نسل ما در خرداد ۶۰ وقتی دیو ارتجاع دهان بازکرده بود که همه را ببلعد چه کار می‌توانست بکند و نکرد؟ چه اشتباهی در آن روزهای سرنوشت‌ساز مرتکب شد که نبایستی می‌شد؟

امروز در خرداد ۸۸ در خیابان‌ها جوانان فریاد می‌زنند: «موسوی موسوی سکوت کنی خائنی.»
با شنیدن این شعار، خستگی بیست و هشت سال گذشته از تنم بیرون می‌رود. سرم را بلند می کنم، لبخندی می‌زنم و پیش وجدانم آسوده‌ام که خیانت نکردیم. نسل ما در زیر آتش وگلوله و شکنجه و بی‌داد سکوت نکرد، نسل ما درو شد اما

به‌مسئولیت تاریخی خود عمل کرد. از خاکستر نسلی به‌خون خفته، نسلی جدید در خرداد ۸۸، بر می‌خیزد و هم‌چنان شعارِ به‌خون‌خفتگانِ خرداد ۶۰ و نسلی که به‌خون تپید را فریاد می‌کند. نتیجه‌ی این دور از مقاومت هرچه که باشـــد رژیم جمهوری اسلامی را آسیب‌پذیرتر از همیشه می‌کند.

۲۸ خرداد ۱۳۸۸

ایران، انتخاب دمکراتیک[1]

به‌عنوان کسی که در سیاه‌ترین روزهای تاریخ میهن‌مان یک دهه از عمر خود را در زندان‌های اوین، قزل‌حصار و گوهردشت گذرانده تلاش می‌کنم در فرصت کوتاهی که دارم، تجربه‌ی خود از مبارزه برای دمکراسی در ایران را با شما در میان بگذارم. بدون شک این فرصتی‌ست برای من تا صدایی را که در راهروهای مرگ، جوخه‌های تیرباران و بربالای چوبه‌های دار و بر تخت‌های شکنجه خاموش شد، پژواک دهم.

آن‌چه که امروز در میهن‌مان شاهدش هستیم پدیده‌ای خلق‌الساعه نیست. جنایت‌کاران به‌تازگی متولد نشده‌اند. آن‌ها سیاهه‌ای طولانی از شکنجه و کشتار و شقاوت را در پرونده‌ی سی‌ساله‌ی خود دارند. تفاوت امروز و دیروز در این‌ست که به‌خاطر وجود اینترنت و انقلابی که در عرصه‌ی ارتباطات در دو دهه‌ی گذشته به‌وقوع پیوسته، جهان از آن‌چه در ایران می‌گذرد آگاه شده است.

۱-متن سخنرانی در جلسه‌ی ایران، انتخاب دمکراتیک «Iran, the democratic choice» که به دعوت فصلنامه‌ی فرانسوی Le Meilleur des Mondes و با حمایت نهادهای دانشجویی فرانسوی صورت گرفت. در این جلسه که با حضور ششصد شرکت کننده‌ی ایرانی و فرانسوی برگزار شد علاوه بر نویسنده‌ی کتاب، شهلا شفیق، لادن برومند، پرویز دستمالچی، رضا پهلوی و... سخنرانان فرانسوی و از جمله پرفسور برنارد هانری‌لوی در حمایت از جنبش مردم ایران به‌طرح نظرات‌شان پرداختند.

در دهه‌ی سیاه ۶۰ (هشتاد میلادی) برخلاف امروز، جهان ندانست که بر مردم ما چه گذشت. همه‌ی شما شاید لحظه‌ای که «ندا» دانشجوی فلسفه با چشمانی باز، آزادی را فریادکرد و جان داد دیده باشـید؛ اما آیامی‌دانید در طول سالیان گذشته هزاران «ندا» جان دادند بدون آن که کسی چیزی در مورد آن‌ها بشنود؟ من شـاهدکشته شدن دختران جوان میهنم در خیابان‌ها و زندان‌ها بودم. تقریباً هیچ عکس و فیلمی از وحشی گری‌ها و جنایت‌های عوامل رژیم در دهه‌ی ۶۰ (۸۰ میلادی) در دست نیست.

من خود شاهد آن بودم که ده‌ها نفر از زمین و هوا در جریان تظاهرات مردم، مورد اصابت گلوله قرارگرفتند. پاسداران بنا به‌دستور صریح مقامات قضایی و مذهبی که در مطبوعـات و رادیو تلویزیون دولتی نیز انعکاس یافت، مجروحان را در همان خیابان و یا بر روی تخت بیمارستان تمام کُش می کردند.

در واقع آن‌چه امـروز خامنه‌ای به‌عنوان رهبرکودتاچیان می گوید و بدان عمل می کند، ادامه‌ی همان مسیری‌ست که خمینی گشود.

خمینی شش ماه پس از انقلاب ضدسلطنتی گفت:

> ...اشتباهی که ما کردیم این بود که به‌طور انقلابی عمل نکردیم و مهلت دادیم به‌این قشرهای فاسد... اگر ما از اول که رژیم فاسد را شکستیم ... به‌طور انقلابی عمل کرده بودیم، قلم تمام مطبوعات را شکسته بودیم و تمام مجلات فاسد و مطبوعات فاسد را تعطیل کرده بودیم و رؤسای آن‌ها را به‌محاکمه کشیده بودیم و حزب‌های فاسـد را ممنوع اعلام کرده بودیم و رؤسـای آن‌ها را به‌سـزای خودشان رسانده بودیم و چوبه‌های دار را در میدان‌های بزرگ برپا کرده بودیم و مفسدین و فاسدین را دروکرده بودیم، این زحمت‌ها پیش نمی‌آمد.
>
> من از پیشگاه خدای متعال و از پیشگاه ملت عزیز عذر می خواهم، خطای خودمان را عذر می خواهم... اگر ما انقلابی بودیم، اجازه نمی‌دادیـم این ها اظهار وجود کنند. تمام احزاب را ممنوع اعلام می کردیم. تمام جبهه‌ها را ممنـوع اعلام می کردیم، یک حزب،

و آن «حزب‌الله»، حزب مستضعفین. و من توبه می کنم از این اشتباهی که کردم و من اعلام می کنم به‌این قشرهای فاسد در سرتاسر ایران که اگر سر جای خودشان ننشینند ما به‌طور انقلابی با آن‌ها عمل می کنیم.[۱]

خمینی در خردادماه ۱۳۶۰ در مخالفت با تقاضای گروه‌های سیاسی و ابوالحسن بنی‌صدر رییس‌جمهوری وقت مبنی بر برگزاری رفراندوم و مراجعه به‌آرای عمومی گفت:
«اگر سی و شش میلیون نفر بگویند آری، من می گویم نه». این کارکرد ولایت مطلقه‌ی فقیه در یک نظام قرون‌وسطایی است. فلسفه‌ی وجودی ولایت‌فقیه، نفی حاکمیت مردم و در نقطه‌ی مقابل اراده و نظر آن‌هاست. در راستای رهنمود خمینی است که امروز خامنه‌ای به‌خود اجازه می‌دهد نتیجه‌ی انتخابات درون نظام را نیز وارونه کند. خامنه‌ای مجبور شده است به‌شکل عریان به‌صحنه بیاید و فرمان سرکوبی تظاهرات آرام مردم را بدهد؛ چنان‌چه خمینی در سال ۶۰ (۱۹۸۱ میلادی) مجبور شد خود به‌صحنه بیاید و آشکارا فرمان شلیک به‌سوی مردم را بدهد.

خمینی چنان‌چه وعده داده بود چوبه‌های دار را به‌میدان‌های شهر آورد؛ عکس دختران نوجوانی را که بدون احراز هویت اعدام شده بودند در روزنامه‌ها و تلویزیون خود انتشار داد و از خانواده‌های‌شان خواست برای شناسایی جسد فرزندان‌شان به‌زندان اوین مراجعه کنند؛ تمام مطبوعات مستقل را تعطیل کرد و روزنامه‌نگاران را به‌بند کشید؛ احزاب را از فعالیت باز داشت و نه‌تنها رهبران گروه‌های سیاسی بلکه ساده‌ترین هواداران جریان‌های سیاسی را نیز به‌زندان افکند. او چنان‌که وعده داده بود نسل برآمده از انقلاب ضدسلطنتی را درو کرد. ده‌ها هزار نفر در جریان کودتای خرداد ۱۳۶۰ (ژوئن ۱۹۸۱) و حوادث پس از آن به‌جوخه‌های اعدام سپرده شدند و صدها هزار نفر پای‌شان به زندان‌ها و شکنجه‌گاه‌های جمهوری اسلامی باز شد.

۱-صحیفه‌ی نور، ج ۸، ص ۲۵۱

من در حالی که بیست و یک سال داشتم و تحصیل خود در آمریکا را رها کرده و به ایران بازگشته بودم، به‌خاطر مقاومت در مقابل این کودتا و تلاش برای برقراری آزادی و دمکراسی در میهنم به‌زندان افتادم.

در دورانی به‌زندان افتادم که با اشاعه و بسط شیوه‌های گوناگون ارعاب و وحشت، چهره‌ی ایران دگرگون گشته و آداب و سنن ارتجاعی مذهبی، چونان پرده‌ای سیاه، کشور را در اندوه و ماتمی بزرگ فرو برده بود. اخبار تکان‌دهنده و گاه غیرقابل تصور اعدام‌های دسته‌جمعی جوانان و نوجوانان و عبور گاه و بی‌گاه کارناوال جنازه‌ی قربانیان جنگ در شهرها، شوق زیستن و امید را در آدمی می‌کُشت. گاه جنازه‌ی قربانیان را نیز از خاک بیرون کشیده و در شهرها به‌نمایش می‌گذاشتند و یا در پشت خانه‌های‌شان رها می‌کردند.

ترکیب سنی زندانیانی که به‌بندکشیده شده بودند چنان بود که مجبور بودم نه تنها نقش برادر بزرگ، که گاه نقش پدر را برای نوجوانان خردسالی‌که دستگیر شده بودند به‌عهده بگیرم. بارها هم خودم شکنجه شدم و هم مثله شدن دوستانم را شاهد بودم.

من از نسلی می‌آیم که دوستان‌شان را با چشمانی اشک‌بار تا جوخه‌های اعدام بدرقه می‌کردند و سپس منتظر شنیدن صدای تیرباران و شمردن تیرخلاصی بودند که به‌پیکرشان شلیک می‌شد.

مرا مجبور به‌دیدن پیکر سوراخ شده‌ی عزیزانم در حالی که پاسداران از روی اجساد آن‌ها می‌گذشتند، کردند. برای آن که درس عبرت بگیرم مجبورم کردند جنازه‌ی کسانی را که در زیر شکنجه کشته شده بودند، در سطل آشغال پشت بهداری زندان تماشا کنم.

روزها و شب‌های متوالی یا خودم شکنجه می‌شدم و یا شاهد شکنجه‌ی یارانم بودم. دوستانم را از روی تخت بهداری زندان پشت دوربین تلویزیون بردند. به‌آن‌ها پیشنهاد داده بودند چنان‌چه می‌خواهند از شر شکنجه‌های طاقت‌فرسا خلاص شده و اعدام شوند بایستی به‌این کار تن در دهند.

گاه دادگاه در همان اتاق شکنجه، گاه در روی تخت بهداری زندان و در بهترین حالت در اتاقی بالای اتاق شکنجه برگزار می‌شد.

من آدم خوش‌شانسی بودم که در دادگاه از حاکم شرع کتک نخوردم. بودند

بسیاری از زندانیان که به‌خاطر عدم پذیرش کیفرخواست در همان دادگاه، از حاکم شرع کتک می‌خوردند و یا برای شکنجه‌ی بیش‌تر به شکنجه‌گاه فرستاده می‌شدند.

در حالی که دارای محکومیت بودم، مرا دوباره به‌سلول انفرادی بردند، ماه‌ها آزار و عذاب و شکنجه را تحمل کردم. بعد از آن مجبور شدم همراه با بیست و یک نفر دیگر در سلولی به‌مساحت چهار متر مربع، زندگی کنم. بارها وادارم کردند سرپا بدون خواب، با چشم‌بند بایستم. نه چند ساعت، گاه تا دو روز و سه روز. یک بار به‌خاطر آن که پاسخ سلامی را داده بودم به‌این عقوبت دچار شدم. من فرد خوش‌شانسی بودم، دوستانم تا دو هفته نیز سرپا ایستادند.

بعدها مرا به‌محلی بردند که قبر و قیامت می‌نامیدند. درست مانند یک تابوت بود. ماه‌ها بایستی بدون حرکت با چشم بند می‌نشستی و تمامی حرکاتت تحت کنترل بیست و چهار ساعته بود. بلندگوهای پُر قدرت، صدای کسانی را که زیر فشار، شکسته بودند، پخش می‌کردند. در بقیه‌ی اوقات نیز صدای نوحه و عزاداری و قرآن پخش می‌شد. صدای سرفه و عطسه و صدای جویدن نان خشک با تنبیه وکتک وحشیانه همراه می‌شد. من آدم خوش‌شانسی بودم، دختران جوان را در بخش دیگری به‌بندکشیده بودند. شرایطی که من در آن به‌سر می‌بردم در مقایسه با وضعیت آن‌ها بهشت بود. باور می‌کنید؟ بهشت بود. من یک کتاب تحقیقی تحت عنوان «جهنم روی زمین» راجع به آن نوشتم.

در جریان قتل‌عام زندانیان سیاسی در تابستان ۶۷، روزهای متمادی در راهروی مرگ زندان گوهردشت شاهد بودم که دوستانم را دسته‌دسته به‌قتل‌گاه می‌برند. در عرض چند هفته هزاران زندانی سیاسی به‌جوخه‌های مرگ سپرده شدند. من با اندوهی بزرگ و زخمی عمیق بر جان و جسم زنده ماندم تا امروز بتوانم شرح روزهای سیاهی را که نسل من از سرگذراند، برای شما بیان کنم.

در جریان قتل‌عام زندانیان در تابستان ۶۷ بیش از هفتاد نفر از یارانم را که

بین چند ماه تا هفت ســال از پایان محکومیت‌شان گذشته بود، به‌این جرم که تقاضای عفو نکرده‌اند و شرایط دادستانی انقلاب‌اسلامی برای آزادی از زندان را نپذیرفته‌اند، به‌دارکشیدند. هم چهره‌ی دوستانم را به‌خاطر دارم و هم چهره‌ی قاتلان را.

محســن محمدباقر، مادرزاد فلج بود او با عصــا به‌جوخه‌ی اعدام رفت؛ کاوه نصاری که تازه از حمله‌ی شــدید صرع فارغ شده بود قلم‌دوش دوست دیگرم به‌قتل‌گاه رفت. او دچار فراموشــی بود وگذشــته را به‌خاطــر نمی‌آورد. ناصر منصوری در حالی که فلج قطع‌نخاعی بود و قادر به‌انجام هیچ حرکتی نبود، روی برانکارد برای دار زدن برده شد. و من از زیر چشم‌بند ناظر همه‌ی این صحنه‌ها بودم.

حجت‌الاسلام نیری که آن‌روز رییس هیئت کشتار زندانیان بود، درکنار خامنه‌ای ایســتاد، تا او رأی‌اش را در صندوق انتخابات دهمین دوره‌ی ریاست‌جمهوری بیاندازد. او امروز معاون قضایی دیوان‌عالی کشور است.
ابراهیم رییسی که امروز معاون اول قوه قضاییه است، عضو فعال هیئت قتل‌عام زندانیان سیاسی در تابســتان ۶۷ بود. او در رابطه با دستگیری‌های گسترده‌ی روزهای گذشته و نحوه‌ی برخورد دستگاه قضایی گفته است:

> «با کســانی که در حوادث اخیر بازداشــت شدند طوری برخورد خواهد شدکه درس عبرت بگیرند... یک دادگاه ویژه برای رسیدگی به‌پرونده‌ی این افراد تشکیل شده است... باید با آشوبگران طوری برخوردکرد که سرمشــق دیگران باشد و قوه قضاییه چنین خواهد کرد.»

حداد، معاون دادستان انقلاب و عمومی تهران که امروز به‌نیابت ازکودتاچیان احکام دســتگیری‌ها را صادر می‌کند، در قتل‌عام تابستان ۶۷ یکی از اعضای فعال هیأت کشتار زندانیان در اوین بود.
ناصریان که در مقام ریاســت شــعبه‌ی ۲۸ دادگاه انقلاب وظیفه‌ی محاکمه‌ی

دسـتگیر شـدگان را به‌عهده دارد، از اعضای فعال هیئت مرگ در زندان‌های گوهردشت و اوین بود.

حوادث روزهای گذشـته یک بار دیگر نشان دادکه با وجود ولایت‌فقیه، هیچ گونه امیدی به‌اصلاحات از درون سیسـتم نمـی‌رود. صندوق رأی نمی‌تواند آرزوهای مردم ایران را تحقق بخشد.

آن‌چه امروز در خیابان‌های تهران و شهرسـتان‌ها فریاد می‌شود، همانی‌ست‌که نسـل ما در دهه‌ی ۶۰ برای تحقق آن به‌پا خاست. آزادی، دمکراسی و عدالت اجتماعی؛ و امروز ولایت‌فقیه و حامیانش درسـت با توسل به‌همان شیوه‌های دوران سیاه دهه‌ی ۶۰ به‌مقابله با اعتراضات مردم برخاسته‌اند.

البته امروز جمهوری‌اسلامی به‌خاطر سه دهه مبارزه‌ی مردم ایران ضعیف‌تر از گذشته است. از سویی دیگر شـکافی عمیق در حاکمیت نظام به‌وجود آمده است. به‌سختی می‌توانند دوباره بر سر سرکوبی جنبش به‌توافق برسند. آن‌هایی کـه امروز صفوف رژیم را ترک کرده و در مقابل ولایت‌فقیه و حکومت کودتا می‌ایستند می‌توانند آینده‌ی خود را بیمه کنند.

نسل ما در سکوت مراجع بین‌المللی و پیش چشم دولت‌های اروپایی و آمریکایی قتل‌عام شـد. امروز دولت کودتا به‌منظور حفـظ قدرت عزم خود را جزم کرده است تا حمام خونی دیگر به‌راه بیاندازد.

مردم ایران در یک‌صد سال گذشته برای نیل به‌آزادی و دمکراسی دو انقلاب را پشت سرگذاشته‌اند و سومی را در چشم‌انداز داریم. این جنبش را شاید بتوانند سرکوب کنند اما هم‌چون ققنوس از خاکسترش دوباره متولد خواهد شد.

فراموش نکنید بهای این سرکوبی و جنایت را تنها مردم ما نخواهند پرداخت. بی‌شـک منطقه‌ی حسـاس خاورمیانه نیز متأثر از آن خواهد بود. به‌وضعیت بحرانی عراق و افغانستان و لبنان و غزه نگاه کنید، تشنج در نقاط بحرانی بیش‌تر خواهد شد.

مردم ایران بیش از هر زمان دیگر به‌کمک شـما نیاز دارند. به‌عنوان اولین قدم

از دولت‌های خود بخواهید تا از شناسـایی دولت برآمـده ازکودتا خودداری کنند. رهبران کودتا روی ســکوت غرب حساب کرده‌اند. به‌همین خاطر است که احمدی‌نژاد سرآسیمه از اوباما می‌خواهدکه از رهبران اروپایی پیروی نکند. اگـر خامنه‌ای بتواند این جنبش را با بی‌رحمی و انفعال جهان غرب و دنیای متمدن سرکوب کند، مطمئن باشید شما در اروپا و آمریکا در امان نخواهید بود. بهای آن را شما نیز خواهید پرداخت.

۸ تیر ۱۳۸۸

سعید حجاریان
و شقاوت یک نظام ضدبشری

سه دهه از جنایت ســازمان‌یافته‌ی نظام جمهوری‌اسلامی می‌گذرد. هیچ‌گاه شقاوت این رژیم چون هفته‌های گذشته در پیش چشم‌های نگران افکار عمومی دنیا عریان نشده بود.

نظامی که بر پایه‌ی رعب و وحشت و شقاوت و قساوت شکل گرفته، ادامه‌ی حیاتش بدون استفاده از این حربه‌ها ناممکن است.

در طول سال‌های گذشته به گونه‌ای تبلیغ می‌شد که گویی شقاوت و بی‌رحمی به کار گرفته شده از سوی رژیم، بازتاب طبیعی مبارزه‌ی مسلحانه‌ای بود که از سوی مجاهدین و بخشــی از نیروی چپ در سال‌های اولیه‌ی حاکمیت رژیم سازمان یافت. هرچند جنایات رژیم قبل از آن‌که مجاهدین دست به‌سلاح ببرند شروع شده بود.

در این مدت افرادی چون ســیدابراهیم نبوی، محسن سازگارا و مسعود بهنود تلاش می‌کردند جنایات هولناک دهه‌ی ۶۰ رژیم را که در تاریخ معاصر بی‌بدیل

بود، منحصر کنند به‌دعوای شخصی بین مسعود رجوی و اسدالله لاجوردی.[1]
این افراد با توسل به‌این نظریه می‌کوشیدند مسئولیت یک نظام جنایت‌پیشه و ضدبشری را نفی کنند و دست‌های خونینی که سه دهه جنایت را به‌مردم ایران تحمیل کردند بپوشانند. این عده با اتخاذ زشت‌ترین شیوه‌ها و به‌کارگیری انواع ترفندها و بیان دروغ‌های بسیار، قربانیان را مسئول ایجاد آن شرایط دهشتناک و سزاوار سرزنش و مجازات جلوه می‌دادند. اما تحولات یک ماه گذشته به‌روشنی بطلان این تبلیغات را آشکارکرد و بنیان سست استدلال‌های‌شان را فرو ریخت.

اگر معتقدیم که این رژیم، قرون وسطایی است لاجرم بایستی بپذیریم شیوه‌هایی که اعمال می‌کند از همان دوران باقی مانده باشد. بایستی بپذیریم که خشونت و وحشی گری، قساوت و بی‌رحمی شاخص‌های این رژیم باشد.
از آن‌جایی که یک رژیم قرون وسطایی در یک شرایط آزاد و دمکراتیک قادر به‌رویارویی و رقابت با یک جریان پیش‌رفته‌تر و مدرن نیست بدون تردید با به کارگیری انواع و اقسام شیوه‌های خشونت در بسط رعب و وحشت و سرکوبی نیروهـــای بالنده تردید نخواهدکرد. بدون تردید یک نظام ارتجاعی برای مهار پتانسیل برآمده از یک انقلاب عظیم اجتماعی از انجام هیچ جنایتی فروگذار نخواهدکرد.
اگـــر معتقدیم که نظام ولایت مطلقه‌ی فقیه نافی حق حاکمیت مردم اســـت، بنابراین بایستی بپذیریم که برای اِعمال آن از هیچ خشونتی فروگذار نکند.
این رژیم به‌خاطر ماهیت عقب‌مانده و پوسیده‌ای که دارد هیچ‌گونه پایداری و مقاومتی را به‌رسمیت نمی‌شناسد و برای درهم شکستن آن از انجام هیچ جنایتی فروگذار نمی‌کند. ظرفیت و پتانســـیل جنایت در ایـــن رژیم، قابل اندازه‌گیری و پیش‌بینی نیســـت. این رژیم برای مانـــدگاری و بهره‌مندی از مواهب قدرت، قساوت و بی‌رحمی را سرلوحه‌ی اعمال خود می‌کند. آن‌ها از این منظر است که سیاست «النصر بالرعب» (پیروزی و نصرت در ایجاد وحشت و اضطراب است) را در پیش گرفته‌اند.

۱- در این جا قصد من صحه‌گذاری بر شیوه‌های مبارزاتی نیست بلکه تلاش من روشن‌کردن ماهیت جنایت‌کاران و مسئولیت آن‌هاست.

اگر بپذیریم جنایات بی‌رحمانه و سازمان‌یافته‌ی رژیم در دهه‌ی ۶۰ ناشی از مقاومت مسلحانه‌ی مجاهدین بود، به‌رگبار بستن تظاهرات مردم بی‌دفاع در روزهای گذشته ناشی از چیست؟ نشانه‌گیری سر و سینه‌ی تظاهرکنندگان توسط تک‌تیراندازان سپاه و بسیج ناشی از چیست؟ دریدن سینه‌ی جوانان به‌جان آمده با کارد و قمه پاسداران حاکی از چیست؟ حمله و هجوم گله‌های پاسدار و لباس‌شخصی به‌خانه‌های مردم و خوابگاه‌های دانشجویی بازتاب کدام اقدام قهرآمیز از سوی مردم و نیروهای سیاسی است؟ فرمان سرکوبی خونین تظاهرات مردمی که تنها برای نشان دادن اعتراض‌شان از سکوت استفاده کرده‌اند، چه چیزی را می‌رساند؟ به‌کارگیری تریبون‌های نمازجمعه و وعده‌ی پخش اعترافات تلویزیونی که بدیهی‌ست با زور و تهدید و شکنجه صورت می‌گیرد، نتیجه‌ی کدام اقدام قهرآمیز مردمی است؟

توجه داشته باشید این جنایات در عصر اینترنت و فیس بوک و تویتر و... انجام گرفته است.

همه‌ی ما شاهد بودیم که در روزهای گذشته رژیم با چه شقاوتی پاسخ مردم به‌جان آمده را داد. مردمی که تنها خواهان ابطال انتخاباتی بودندکه یک سرش جناح دیگر همین نظام بود با سیاهه‌ای عریض و طویل از نقض حقوق بشر در موارد متعدد.

مردم با پرهیز از به‌کارگیری قهر و خشونت، تنها با انجام راه‌پیمایی مسالمت‌آمیز، اعتراض‌شان را نشان دادند و پاسخش را با گلوله وکارد و قمه و باتوم و زندان و شکنجه و... گرفتند. به‌گفته‌ی منابع مستقل صدها تن در جریان این اعتراضات جان خود را از دست دادند.

سکوت عوامل این رژیم از مراجع تقلید آن‌گرفته تا پایین‌ترین رده‌های حکومتی در مقابل این ظلم آشکار حاکی از مشارکت آن‌ها در این جنایت و وحشی‌گری است و قبل از هر چیزکوس رسوایی نظامی را به‌صدا در می‌آوردکه حامیان ایدئولوژیکش مدعی بودند امام اول شیعیان‌گفت: «اگر مسلمانی از شنیدن این خبرکه از پای زن یهودی، خلخالی را به‌زور در آورده‌اند، دق کند، رواست.» البته این سکوت را باید به‌فال نیک‌گرفت. در درازمدت این سکوت خدمت

بزرگی به‌مردم ایران و جنبش تحول‌خواه خواهدکرد. این سکوت نقش بزرگی درکوتاه‌کردن دست این ظالمان از زندگی مردم خواهد داشت.
هنوز یادمان نرفته است که مراجع تقلید این نظام از قتل‌عام هزاران زندانی سیاسی بی‌دفاع کک‌شان هم نگزید؛ از اعدام دختربچه‌ی دوازده ساله، خم بر ابرو نیاوردند؛ به‌اعدام زن باردار اعتراض نکردند و همگی‌شان بالای نود سال عمرکردند.
بماندکه جانیان دیروز، امروز مرجع تقلید شده‌اند و...

انتظار ندارم‌که این‌بار جانیان دل‌شان به حال «ندا» بسوزد که در آغوش استادش جان داد. چراکه به‌خاطر دارم سر بهناز شرقی راکه برای ملاقات برادرش شهنام شب عید به‌زندان آمده بود در مقابل چشمان از حدقه درآمده‌ی کودک شش ساله‌اش لای در زندان قزل‌حصار له‌کردند؛ و البته جانیان عقوبتی نیافتند

به‌نظر من هیچ‌یک از جنایات وحشیانه‌ای که رژیم در یک ماه گذشته مرتکب شده به‌اندازه‌ی دستگیری سعید حجاریان و وضعیت رقت‌بار جسمی او در زندان، نشانگر شقاوت و بی‌رحمی تشنگان قدرت نیست و چهره‌ی این نظام قساوت‌پیشه را عریان نمی‌کند. چراکه او با حکم رسمی دستگاه قضایی و با پذیرش مسئولیت مستقیم آن از سوی خامنه‌ای دستگیر شده است.
درست است که سعید حجاریان اسیر دستگاه جنایت‌کاری است که خود یکی از بنیان‌گذاران آن بود. بدیهی‌ست که من به‌عنوان قربانی آن دستگاه، با زخم‌های زیادی بر تن و جان خود، شاهد قساوت‌های زیادی بوده‌ام، اما این سبب نمی‌شودکه از مظلومیت امروز حجاریان نگویم و از رنجی که او و خانواده‌اش می‌کشند رنجیده نشوم. چراکه من قبل از هرچیز انسانم و برای تحقق آزادی و حقوق بشرکه هیچ مرزی را به‌رسمیت نمی‌شناسد، مبارزه می‌کنم.
اما پرسشی که ذهن بسیاری را اشغال کرده این است که چرا خامنه‌ای و رژیم کودتا بر این بی‌رحمی آشکار پای می‌فشارند؟ آیا این پافشاری به‌خاطر نقش پر اهمیت سعید حجاریان است؟ آیا او را مسئول وضعیت پیش‌آمده می‌شناسند؟

از نظر من که تجربه‌ی کافی در شـــناخت رژیم و عمل‌کرد آن دارم، پاسخ منفی است.

به‌دو دلیل ســـاده خامنه‌ای این دستور جنایت‌کارانه را صادر کرده و بر تداوم آن پای می‌فشارد.

۱. او می‌خواهد شـــقاوت و بی‌رحمی نظامش و ســـمت‌گیری آن را پس از کودتای خرداد ۸۸ به‌شکلی عریان نشان دهد. بدون دستگیری حجاریان که به‌سختی راه می‌رود و بریده‌بریده حرف می‌زند و قادر به انجام ساده‌ترین کارهای شخصی‌اش نیست، شکافی در منطق قساوت و بی‌رحمی ایجاد می‌شود که می‌تواند تأثیرات سویی در اراده‌ی کودتاچیان بگذارد.[1]
باید توجه داشـــت که رژیم با این اقـــدام، پیام خود را به‌جامعه و نیروهای سیاسی می‌رساند. حجاریان جزو اولین نیروهایی بود که دستگیر شد، شاید عده‌ای که هنوز با روحیه‌ی جنایت‌کاران آشـــنا نیستند این‌حد از دنائت را پیش‌بینی نمی‌کردند.
هنوز یادمان نرفته است که در اولین جوخه‌های اعدامی که در روز ۳۱ خرداد ۶۰ به‌کار افتاد، سعید سلطانپور را که بر سر سفره‌ی عقد دستگیر شده بود اعدام کردند. عکس دوازده دختر نوجوان را که بدون احراز هویت اعدام شده بودند، در روزنامه‌ها چاپ کردند و از خانواده‌های‌شان خواستند برای شناسایی و تحویل اجساد عزیزان‌شان به‌اوین مراجعه کنند.
چیزی نگذشـــت که محمدرضا سعادتی را که از اردیبهشت ۵۸ در زندان بود، به‌جوخه‌ی اعدام سپردند. بدون این اعمال، منطق قساوت و شقاوت شکاف برمی‌داشت. نمی‌شد سعید سلطانپور و محمدرضا سعادتی زنده باشند و دستگاه سرکوب با اعتماد به‌نفس به‌کار خود ادامه دهد.

۱- چنان‌چه رژیم بتواند از این مرحله عبور کند، نیروهای سیاســـی و مردم در داخل کشـــور بهای سنگینی را خواهند پرداخت. بهای مقابله با این نظام در این مرحله هرچه که باشد، کم‌تر از بهایی است که مردم پس از عبور رژیم از این مرحله خواهند پرداخت. دستگیری حجاریان این سمت و سو را به‌خوبی نشان می‌دهد. عقب‌نشینی در مقابل رژیم کودتا و از دست دادن خیابان و دل‌خوش کردن به‌تشکیل حزب و پی‌گیری «قانونی» مطالبات سرابی بیش نیست و لاجرم بهای سنگینی برای این ساده‌انگاری و از دست دادن فرصت پرداخته خواهد شد.

۲. کینه‌توزی بدوی، یکی از خصیصه‌های این نظام قرون وسطایی و سردمداران جنایت‌کار آن است. خامنه‌ای به‌این ترتیب عقده‌های خود را نیز بیرون ریخته و شخصیت دون و حقیر خود را نشان می‌دهد.

حجاریان اولین قربانی رژیم نیست که با وضعیت رقت‌باری به بند و زندان کشیده می‌شود. او تاکنون فقط آخرین آن‌هاست.
سعید حجاریان با واکر راه می‌رود، به‌سختی حرف می‌زند و در انجام کارهای روزانه‌اش با مشکلات جدی روبرو است. تنفس او حالت طبیعی ندارد.[۱] به‌بند کشیدن چنین فردی درقاموس هیچ نظام جنایت‌کاری به‌جز نظام ولایت مطلقه‌ی فقیه نمی‌گنجد. نمی‌دانم چگونه می‌توانم غم و اندوه خود را از این‌همه شقاوت و بی‌رحمی که بر حجاریان و خانواده‌اش می‌رود ابراز کنم.

نمی‌دانم شاید حکمتی در آن است تا از این طریق شقاوتی که رژیم در ارتباط با عزیزانم به خرج داد عریان شود. اما برای حجاریان با وضعیت جسمی و روحی وخامت‌باری که دارد نگرانم. این همه ظلم در حق او روا نبود.

حتماً که حجاریان در این روزها به‌یاد روزهای خونین پس ازکودتای خرداد ۶۰ افتاده است؛ حتماً که در سلول انفرادی دوباره، و این‌بار از منظری دیگر صدای شکنجه‌شدگان در گوش‌هایش می‌پیچید؛ حتماً که صدای درهم و برهم ضجه‌های انسانی را که با صدای ضربات کابل و زنجیر در زیرزمین ۲۰۹ و راهروهای کمیته‌ی مشترک توأم می‌شد به‌خاطر می‌آورد و این او را رنج می‌دهد.
او به‌روشنی محصول تلاش‌های خود را از نزدیک می‌بیند و تردید ندارم که این دیدار دوباره، رنج او را دو چندان می‌کند. می‌توانم حدس بزنم که این‌روزها یک چشمش اشک است و یک چشمش خون.
چنین سرنوشت غم‌انگیزی امیدوارم نصیب هیچ کسی نشود. سلول انفرادی

۱- روزگذشته سایت مشکوک پیک نت در حالی که خانواده‌ی سعید حجاریان موفق به‌ملاقاتش شده بودند به‌نقل از منبعی ناشناس خبر مرگ او را انتشار داد. این نوع اخبار به‌احتمال قریب به‌یقین ساخته و پرداخته‌ی دستگاه امنیتی رژیم است. آن‌ها با پخش این شایعات، هم حساسیت جامعه را آزمایش می‌کنند و هم سایه‌ای از بی‌اعتمادی بر روی اخبار انتشار یافته می‌اندازند.

لحظه‌لحظه‌ی زندگی شما را پیش چشمان‌تان می‌آورد و شما گریزی از آن ندارید. من بارها تجربه کرده‌ام.

فراموش نمی‌کنم که در دوران حاکمیت سعید حجاریان‌ها در وزارت اطلاعات و دستگاه امنیتی رژیم، علی‌رضا شریعت‌پناه دستگیر شد که فلج مادرزاد است. او با پاهایی کج و معوج به‌سختی راه می‌رود، دستانی کوتاه همراه با انگشتانی ناقص دارد که به‌دشواری می‌تواند چیزی را نگه دارد، به‌خاطر داشتن قوز، به‌دشواری حرکت می‌کند، در ناحیه‌ی فک، دهان و صورت با ناهنجاری روبروست، با مرارت کارهای شخصی‌اش را انجام می‌دهد، چشمانش بدون عینک جایی را نمی‌بینند. او تازه از عمل جراحی روی چشمانش فارغ شده بود که برای بار دوم دستگیر شد. حجاریان کم‌تر از یک ماه است که دستگیر شده است. نمی‌دانم تاکی در زندان باقی خواهد ماند، از نظر من همین‌قدر هم هولناک و تکان‌دهنده است. اما علی‌رضا نزدیک به چهارده سال حبس کشید. طبیعت به علی‌رضا ظلم کرده بود و جانیان آن را تکمیل کردند. اما هولناکی جنایتی که در حق حجاریان مرتکب می‌شوند، آن‌جاست که جانیان خود، او را به‌این وضع دچار ساختند و حالا جنایت سابق را تکمیل می‌کنند. نهاد حفاظت از شخصیت‌های سپاه پاسداران او را ترور کرد و خامنه‌ای مانع از پی‌گیری پرونده شد و خاتمی با آن‌که قدرت داشت، به‌فرمان اوگردن نهاد و حق حجاریان و خانواده‌اش را زیرپا گذاشت.

یادم نرفته است، گروهی از قربانیان دستگاه امنیتی که حجاریان‌ها در پایه‌ریزی آن مشارکت داشتند، اعضای انجمن معلولین مسلمان هوادار مجاهدین بودند. آن‌ها دوران سخت لاجوردی و حاج‌داوود رحمانی را به‌سختی در زندان‌های اوین و قزل‌حصار پشت سرگذاشتند.
یادم هست در دی‌ماه ۶۰ وقتی دستگیر شدم، یکی از هم‌سلولی‌هایم در کمیته‌ی منطقه‌ی ۱۲ نازی‌آباد، یعنی محله‌ای که سعید حجاریان در آن برو بیا داشت، نوجوانی بود که مادرزاد از دو پا فلج بود. وی با دو عصای چوبی زیربغل راه می‌رفت و به‌سختی صحبت می‌کرد. مادرش رختشویی بود که با مشقت او را

بزرگ کرده بود. حتی فکر این‌که بر مادرش چه می‌گذرد سخت و دشوار بود. او را به‌جرم هواداری از راه‌کارگر با من به‌اوین منتقل کردند.

گویی همین دیروز بود که از پیش چشمان نگرانم، در ۱۵ مرداد ۶۷ ناصر منصوری را که فلج قطع‌نخاعی بود و قدرت تحرک نداشــت، بر روی برانکارد توسط مسئولین بهداری زندان گوهردشــت به‌جوخه‌ی اعدام بردند. چگونه طناب بر گردنش انداختند بر من پوشیده است.

هنوز به‌خوبی صحنه‌ی به‌جوخه رفتن کاوه نصاری در روز ۲۲ مرداد ۶۷ را به‌یاد دارم. او که حافظه‌اش را از دست داده بود و بعد از حمله شدید صرع قادر به‌راه رفتن نبود قلم‌دوش ظفر جعفری‌افشار به‌جوخه اعدام رفت.

به‌خاطر دارم که محســن محمدباقرکه به‌طور مــادرزاد از دو پا فلج بود، در ۱۵ مرداد ۶۷ با پاهایی آهنی به‌دار کشیده شد.

به عباس افغان و مسعود رشتچیان که در اثر فشارهای وارده مشاعرشان را به کلی از دست داده بودند نیز رحم نکردند.

هنوز فرامــوش نکرده‌ام چگونه عزیزانم را که در اثر شــکنجه قادر به‌راه رفتن نبودند، بر روی پتو به‌جوخه‌ی اعدام بردند.

فراموش نمی‌کنم مصطفی محمدی‌محب در ســال ۶۰ جسم درهم شکسته و خونین برادرش را تا جوخه‌ی اعدام کول کرده بود. مصطفی خودش در ۱۵ مرداد ۶۷ جاودانه شد.

این‌ها را نمی‌گویم که به حجاریان و حجاریان‌ها طعنه زنم و بر زخم‌شان نمک بپاشم. بر آهوی خسته روا نیست تیر افکندن. جنایات یک رژیم و مسئولیت افراد را بازگو و از حق عزیزانم دفاع می‌کنم. این می‌تواند برای آینده‌ی خود این افراد هم مفید باشد.

ظلمی که به حجاریان و خانواده‌ی او می‌رود تنها از ســوی خامنه‌ای نیست. مسئول این جنایت هم، تنها خامنه‌ای و دستگاه قضایی نیست. نه‌تنها کسانی که در خدمت این رژیم هستند، بلکه هرکس که دل درگرو این نظام دارد نیز در این جنایت همراه است. چنان‌که در جنایات قبلی رژیم و به‌ویژه آنچه که در دهه‌ی ۶۰ انجام گرفت نیز همه‌ی کسانی که در خدمت رژیم بودند، یا بدون هیچ اقدام

عملی تنها راضی به‌آن فجایع بودند و در قبال‌شان سکوت کردند نیز مسئول‌اند و در جنایات شریک و همراه.
امروز، آنانی که به‌مرزبندی با رژیم می‌رسند، قبل از هرچیز بایستی بدون هیچ چون و چرایی، بدون هیچ بهانه و دست‌آویزی، بدون هیچ درنگ و غفلتی، شرمسار گذشته‌ی خود باشند و در راه جبران آن بکوشند.
آنانی که امروز در خارج ازکشور به‌جای شرمساری و سرافکندگی، زبان‌شان در مقابل قربانیان این نظام دراز است، جانیانی بیش نیستند که هم‌چنان دست در خون دارند و نقش امروزشان کثیف‌تر از گذشته است.

افرادی که امروز دست‌شان به‌این جنایات آلوده می‌شود، نگاهی به‌سرنوشت غم‌انگیز بهزاد نبوی، محسن میردامادی، محسن امین‌زاده، محمد عطریانفر، مصطفی تاج‌زاده، فیض‌الله عرب‌سرخی و... در سلول‌های اوین، که روز و روزگاری از حاکمان آن بودند، بیاندازند. آن‌ها هم در روزهای سیاه دهه‌ی ۶۰ با همین حدت و شدتی که امروز این‌ها از سرکوبی و ظفریافتن بر جریان نفاق وکفر و استکبار دم می‌زنند، و بیمه شدن انقلاب در بیست سال آینده را نوید می‌دهند، سخن می گفتند و رجز می‌خواندند. اما کیست که عبرت بگیرد؟[۱]

ای کسانی که امروز در خیابان‌ها جولان می‌دهید و نیمه‌های شب احکام خامنه‌ای و سعید مرتضوی و امثال آنان‌را اجرا می کنید، ای کسانی که دست

۱-هان ای دل عبرت بین از دیده نظرکن هان — ایوان مدائن را آیینه عبرت‌دان
یک ره زلب دجله منزل به مداین کن — وز دیده دوم دجله برخاک مداین ران
خوددجله چنان گرید، صددجله خون گویی — کز گرمی خونابش آتش چکد از مژگان
بینی که لب دجله، چون کف بدهان آرد — گویی ز تف آهش، لب آبله زد چندان
ازآتش حسرت بین، بریان جگر دجله — خود آب شنیدستی، کاتش کندش بریان
تا سلسله‌ی ایوان، بگسست مداین را — درسلسله‌شد‌دجله، چون‌سلسله‌شدپیچان
گه‌گه به‌زبان اشک آواز ده ایوان را — تا بوکه به‌گوش دل، پاسخ شنوی زایوان
دندانه‌ی هر قصری پندی دهدت نو نو — پند سر دندانه بشنو ز بُن دندان
گویدکه تو ازخاکی، ما خاک توییم اکنون — گامی دوسه‌برمانه، اشکی دوسه‌هم‌بفشان
ما بارگه دادیم ، این رفت ستم بر ما — برقصرستمکاران، تاخودچه‌رسدخذلان

خاقانی

در شــکنجه و کشتار می‌برید، کافی‌ســت لحظه‌ای درنگ کنید و بر سرنوشت عبرت‌آموز سعید امامی بیاندیشید. خامنه‌ای او را سعیدجان می‌خواند. یار غار پســرش مجتبی خامنه‌ای بود. فهیمه دری گورانی همسرش، هم‌نشین و هم‌سفر همسر خامنه‌ای بود. دیدید چه بر سرش آوردند؟ سرنوشت شما و همسرتان هم می‌تواند مانند سرنوشت سعید امامی و همسرش باشد.

لحظه‌ای سرنوشــت احمد خمینی را به‌خاطر بیاورید. دیدید چه توطئه‌ها کرد برای قتل‌عام زندانیان سیاسی و برکناری آیت‌الله منتظری؟ دیدید چگونه با مدد رفسنجانی، خامنه‌ای را یک‌شبه ولی‌فقیه مسلمین جهان کردند؟

من و شما هنوز زنده‌ایم و ناظر بازی‌های روزگار، اما احمد خمینی با توطئه‌ی دستگاه امنیتی خامنه‌ای ۱۵ سال است که روی در نقاب خاک کشیده است.

شمایی که صدای من را می‌شنوید، تا دیر نشده بازگردید. آینده‌ی خود را تضمین می‌کنید

۱۸ تیر ۱۳۸۸

تحلیلی بر نماز جمعه‌ی رفسنجانی

نماز جمعه‌ی ۲۶ تیرماه ۱۳۸۸ را از جنبه‌های مختلف می‌توان مورد بررسی قرار داد، اما مهم‌ترین ویژگی‌های آن به‌نظر من موارد زیر هستند. لازم به ذکر است که این تحلیل، شتاب‌زده صورت گرفته است و مطمئناً در روزهای آینده می‌توان با دقت بیش‌تری به ارزیابی این نماز جمعه و تأثیرات آن در رژیم پرداخت.

۱- چه کسانی در نماز جمعه شرکت داشتند

شرکت موسوی، کروبی و عبدالله نوری در این نماز جمعه حائز اهمیت بسیاری است. اگر تا دیروز می‌شد عدم شرکت رفسنجانی، موسوی وکروبی در نماز جمعه‌ی بعد از انتخابات ۲۲ خرداد را دلخوری آن‌ها از خامنه‌ای به‌حساب آورد، شرکت معنادار این افراد در نماز جمعه‌ی این هفته که به‌امامت رفسنجانی برگزار شد چیزی نیست جز آشکارکردن شکاف در بالای نظام. عدم شرکت خاتمی در این نماز جمعه نیز حاکی از تزلزل و ناپی گیری اوست.

خاتمی بارها نشان داده علیرغم شعارهایی که می‌دهد در مرحله‌ی عمل عقب نشسته است و به‌هیچ‌روی عنصری نیست که بشود روی او حساب کرد. چنان‌که محمدرضا عارف معاون اول او در نماز جمعه‌ی خامنه‌ای شرکت کرد و در نماز

جمعه‌ی رفسنجانی شرکت نداشت.
موسوی وکروبی با شرکت در نماز جمعه‌ی رفسنجانی به‌صراحت نه تنها رهبری خامنه‌ای که «عدالت» او را نیز زیر سؤال بردند. از این پس شکاف در بالای نظام گسترده‌تر خواهد شد. در نظر داشته باشیدکه کوشنر در آخرین موضع گیری خود شناسایی احمدی‌نژاد را منوط به‌پذیرش رقبایش کرده که هر دو نتیجه‌ی انتخابات راکودتا معرفی کرده‌اند.
یادمان باشدکه موسوی وکروبی به‌درستی حاضر نشدند حتا با هواداران‌شان در نماز جمعه‌ای که به‌امامت خامنه‌ای برگزار شد شرکت کنند چراکه بدون شک خامنه‌ای و عواملش حضور مردم در نماز جمعه را به‌نفع خود مصادره می کردند.[1]

بایستی توجه داشت که علاوه بر نزدیکان خامنه‌ای و گردانندگان «بیت رهبری» و مشاوران او هیچ‌یک از فرماندهان سپاه، بسیج و نیروهای نظامی و انتظامی و نمایندگان خامنه‌ای در این ارگان‌ها نیز در این نماز جمعه شرکت نداشتند. اتفاقاً آن‌ها نیز صف خود را مشخص کردند.
حضور معنادار علی‌اکبر ناطق‌نوری در نماز جمعه‌ی رفسنجانی از آن‌جهت مهم است که نشان می‌دهد او هم‌چنان با فاصله از خامنه‌ای حرکت می کند و نسبت به برخورد خامنه‌ای در حمایت از احمدی‌نژاد قبل و بعد از انتخابات دلگیر است. این در حالی‌ست که لاریجانی، سیدمحمود هاشمی و احمد جنتی رؤسای مجلس و قوه قضاییه و شورای نگهبان نیز در نماز جمعه‌ی ۲۶ تیرماه رفسنجانی شرکت نداشتند اما در نماز جمعه‌ای که به امامت خامنه‌ای برگزار شد پشت سر او ایستاده بودند.

از رهبران اصلی مؤتلفه، نه عسگراولادی و نه بادامچیان هیچ‌یک در این نماز جمعه شرکت نداشتند و به‌جای‌شان نبی حبیبی دبیرکل این حزب را که نقشی

۱-در آخرین لحظات، کروبی دعوت خود برای حضور مردم در نماز جمعه‌ی خامنه‌ای را پس گرفت. مشخص بودکه مشاورانش برای او جا انداخته‌اندکه شرکت در نماز جمعه حتی به‌منظور اعلام مخالفت و نشان دادن وزن خود هم مناسب نیست. چنان‌چه ملاحظه کرده‌اید در این روزها تمام تلاش خامنه‌ای، شورای نگهبان و احمدی‌نژاد بر این قرارگرفته‌است که حضور گسترده‌ی مردم در انتخابات را به‌نفع خود و نظام، مصادره کنند.

نمایشی دارد به نماز جمعه گسیل داشتند تا چنان‌چه ورق برگشت هم‌چنان جایی در میان شکاف‌ها داشته باشند.

از اعضای هیئت دولت و نزدیـکان آن‌ها هیچ‌کس در نماز جمعه‌ی ۲۶ تیرماه شرکت نداشـت. از قبل قرار بود وزیر اقتصاد و دارایی به‌خاطر هفته‌ی مالیات به‌عنوان سخنران پیش از دستور در نماز جمعه سخنرانی کند که آن را نیز لغو کردند. محسن رضایی در زمره‌ی کسانی بود که در هر دو نماز جمعه شرکت کرد تا نشان دهد هم‌چنان میان دو صندلی نشسته است. او در جریان وقایع پس از انتخابات نیز همین سیاست را در پیش گرفت. یک‌بار به احمدی‌نژاد تبریک گفت، یک بار اعتراض کرد؛ یک بار نتایج انتخابات را پذیرفت بار دیگر از آن شکایت کرد؛ در موقع بازشماری آرا هم شرکت کرد و هم نکرد.

بنابر این نتیجه می‌گیریم هم کسانی که در نماز جمعه‌ی خامنه‌ای و هم در نماز جمعه‌ی رفسنجانی شرکت کرده بودند یا نکرده بودند، صف‌بندی خود را نشان دادند.

از مقایسه‌ی تعداد شرکت کنندگان در اولین نماز جمعه‌ی بعد از انتخابات که با امامت خامنه‌ای برگزار شـد با تعداد شرکت‌کنندگان نماز جمعه‌ی ۲۶ تیرماه که به‌امامت رفسنجانی برگزار شد نیز به‌سادگی می‌توان دریافت که پیروز انتخابات ریاست جمهوری ۲۲ خرداد چه کسی بوده است.

این واقعیت را هم باید در نظر گرفت که بسیاری از آنانی که به موسوی یا کروبی رأی دادند، با هیچ توجیهی حاضر به‌شرکت در نماز جمعه نیستند. در نماز جمعه‌ای که به‌امامت خامنه‌ای برگزار شد دولت، سپاه پاسداران، بسیج و نیروهای نظامی و انتظامی و کمیته‌ی امداد می‌توانستند از قدرت بسیج خود برای اعزام نیروهای تحت امرشـان استفاده کنند. حتی به‌اعتراف رسانه‌های رژیم از شهرستان‌ها نیز کاروان‌هایــی را اعزام کرده بودند. حال این که نمــاز جمعه‌ی ۲۶ تیرماه از این امکانات برخوردار نبود.

۲- پیام شرکت مردم در نماز جمعه

شـــرکت گســـترده‌ی مردم در نماز جمعـــه‌ی ۲۶ تیرماه و تظاهرات بعـــد از آن، به‌خوبی نشـــان می‌دهد که مردم معترض هم‌چنان پی گیر حقوق زیر پا گذاشته شده‌ی خود هستند و سرکوبی یک ماه گذشته نتوانسته است آن‌ها را از پی گیری خواسته‌های‌شان باز دارد.

چنان‌چه در این نماز جمعه مشاهده شد به‌محض این که فضایی برای تجمع مردم ایجاد شد شعار مرگ بر دیکتاتور و آزادی زندانی سیاسی همه گیر شد.

اگر یادمان باشد پس از سرکوبی تظاهرات ۳۰ خرداد و اعدام‌های وسیعی که در روزهای ۳۱ خرداد و اول تیرماه ۶۰ صورت گرفت، مردم به‌سرعت به‌خانه‌ها رفتند و جوِ رعب و وحشت در همه‌جا سایه گستر شد. بعد از ۳۰ خرداد ۶۰، دیگر امکان تجمع مردم و پی گیری مطالبات‌شـــان فراهم نبود، اما در سی و پنج روزی که از انتخابات می گذرد، علیرغم صدها کشته و هزاران دستگیر شده، هنوز خامنه‌ای و نیروهای سرکوبگر او نتوانسته‌اند مردم را به‌خانه‌های‌شان بازگردانند. این ویژگی مثبتِ این دور از مبارزه، نسبت به ۳۰ خرداد ۶۰ است.

جا افتادن شعار هشیارانه‌ی «مرگ بر دیکتاتور» به‌جای «رأی منو پس بده» که به‌روشنی خامنه‌ای را هدف قرار داده است قبل از هرچیز نشان‌دهنده‌ی عزم جزم مردم برای تغییر و سرنگونی نظام است. در هر جای دنیا که شعار «مرگ بر...» سر داده می‌شود، هدفی جز ســـرنگونی رژیم حاکم در چشم‌انداز نبوده است. فاصله‌ای که شـــعار «مرگ بر...» بین مردم و حاکمیت ایجاد می کند، پرکردنی نیست.

رفســـنجانی در موضع گیری خود، قبل از هرچیز روی گسترد گی شرکت دست گذاشـــت که یادآور نمازجمعه‌هایی بود که توسط آیت‌الله طالقانی در تابستان ۵۸ برگزار می‌شد، و با این موضع گیری رو در روی دستگاه تبلیغاتی کودتاچیان ایســـتاد که نماز جمعه‌ی پس از انتخابات را که به‌امامت خامنه‌ای برگزار شد، «عظیم‌ترین نماز جمعه‌ی تاریخ انقلاب اسلامی برای تجدید بیعت با مقام معظم رهبری» معرفی می کردند. رفسنجانی بدون شک با مقایسه‌ی فوق حضور مردم

وگستردگی نماز جمعه را به‌رخ خامنه‌ای می کشید و ادعاهای او و اطرافیانش را رد می کرد.
از سوی دیگر اعتراف رفسنجانی که با تأیید خبرنگاران داخلی و خارجی نیز همراه بود ورشکستگی جمهوری‌اسلامی را نیز نشان می‌دهد. به‌اعتراف رفسنجانی نظام اسلامی در سی سال گذشته با وجود دو برابر شدن جمعیت و بسیج و سازمان‌دهی برای اعزام اجباری نیروها به نماز جمعه، هیچ‌گاه نتوانسته بود به‌تعداد نمازگزاران نیمه‌ی اول سال ۵۸، نمازگزار بسیج کند. این بار نیز بدون سازمان‌دهی و بسیج دولتی، مردم بیش از همیشه در نماز جمعه شرکت کردند.

۳- حمله به نمازگزاران

حمله به نمازگزاران جمعه از سوی نیروهای انتظامی و لباس شخصی‌ها، به‌کاربردن سلاح سرد وگرم علیه نمازگزاران و پرتاب گاز اشک‌آور به‌میان آنان، پدیده‌ای است که تاکنون بنا به‌تبلیغ صدا و سیما و دستگاه تبلیغاتی جمهوری‌اسلامی از سوی رژیم «بعثی صهیونیستی» صدام‌حسین و «صهیونیستی» اسرائیل صورت گرفته بود. این یک شکست اخلاقی برای جمهوری‌اسلامی در نزد هوادارانش محسوب می‌شود. شعار بر علیه امام جمعه‌ی منسوب رهبری، حاکی از درد بی‌درمان و «بحرانی» است که نظام جمهوری‌اسلامی بدان دچار شده است.

۴- تحلیل رفسنجانی از مشروعیت نظام

رفسنجانی در خطبه‌ی اول نماز جمعه به‌تشریح منبای دینی نگاه سیاسی خود پرداخت. او رضایت توأم خدا و مردم را باعث پیروزی پیامبر دانست و تأکید کرد چنان‌چه رضایت هر یک از این دو نباشد، خواست اسلام محقق نشده است.
این نگاه در نقطه‌ی مقابل نگاه مصباح‌یزدی و محمد یزدی رییس حوزه‌ی علمیه قم و احمد جنتی رییس شورای نگهبان است که دو نفر آخر، در رقابت با رفسنجانی برای ریاست بر خبرگان رهبری، شکست سختی را متحمل شدند. آن‌ها مشروعیت نظام را از رأی مردم نمی‌دانند بلکه آن‌را باعث وجاهت و مقبولیت نظام معرفی می کنند. این دیدگاه که در پی ایجاد خلافت اسلامی وکنارگذاشتن قید و بندهای قانون اساسی است، مشروعیت نظام را از جانب خداوند می‌داند

و ولی فقیه را نصب شده از سوی خدا معرفی می کند، که خبرگان، کشف کننده‌ی او هستند.
آنان اعتقادی به رأی مردم ندارند؛ از همین موضع است که دست بردن در رأی مردم و انتخابات را «شرعی» و موردپسند خداوند معرفی می کنند. این دیدگاه، ولی فقیه را تنها پاسخ‌گو به‌خدا می داند و چارچوب قانون اساسی و محدود کردن ولی فقیه را به‌رسمیت نمی‌شناسد. موضع گیری علنی رفسنجانی در مقابل دیدگاه آن‌ها، باعث شکاف بیش‌تر در نظام می‌شود. در روزهای آینده شاهد واکنش مخاطبان رفسنجانی خواهیم بود. آن‌ها بهتر از هرکس متوجه منظور رفسنجانی و عمق موضع گیری او می‌شوند. این جنگی‌ست در درون نظام، که بعید است هیچ‌یک از طرفین آن، به‌سادگی عقب‌نشینی کنند.

۵- رفسنجانی در صف مخالفان انتخابات

با شناختی که از رفسنجانی در دست است، هیچ تحلیل گر جدی انتظار نداشت وی از تریبون نماز جمعه، به‌طور علنی، خواهان باطل شدن انتخابات شود. کسی انتظار نداشت او با صراحت در مقابل خامنه‌ای بایستد و رهبری او را زیر سؤال ببرد.
موضع واقعی رفسنجانی در مورد انتخابات، خامنه‌ای و مسائلی که در دو ماه گذشته در کشور جریان داشته، همانی‌ست که عفت مرعشی همسرش در روز رأی گیری گفت و یا دخترش فائزه در نزدیکی حسینیه‌ی ارشاد بر زبان آورد. اولی خواهان به‌خیابان ریختن مردم در صورت عدم انتخاب موسوی شد و دومی به‌صراحت خامنه‌ای را هدف حملات انتقادی خود قرار داد.

به‌نظر من موضع گیری روزگذشته‌ی رفسنجانی نشان داد علیرغم این که او تلاش می کند «بحران» را مدیریت کند، اما حاضر به‌پذیرش نتیجه‌ی انتخابات و اداره‌ی کشور به‌دست احمدی‌نژاد نیست. مشکلات رفسنجانی از درون خانه‌اش شروع می‌شود. این بار او به‌سادگی نمی‌تواند همسر و دخترانش را ساکت کند.[۱]

۱-رفسنجانی پس از شهادت آیت‌الله حسن لاهوتی پدر دامادهایش (حمید و سعید) در پاییز ۶۰ در زندان جمهوری‌اسلامی، تلاش زیادی کرد تا از اعتراض دخترانش که آن‌موقع سنی هم نداشتند جلوگیری کند. نام پسر ارشد فائزه، حسن لاهوتی است و این نشان‌گر آن است که حتا خانواده‌ی

مصاحبه‌ی عجولانه‌ی محسنی‌اژه‌ای وزیر اطلاعات پس از خطبه‌های نماز جمعه‌ی رفسنجانی، تأکید او بر نقش رفسنجانی در به‌صف کردن کاندیداها برای رقابت با احمدی‌نژاد و تلاشش برای کنارگذاشتن او، حاکی از ناامیدی این جناح از صحبت‌های رفسنجانی است. اژه‌ای در یک ماه گذشته هم فرصت بیان چنین سخنانی را داشت.

پیش از آن کوثری، فرمانده سابق لشکر محمد رسول‌الله سپاه پاسداران و نایب‌رییس کمیسیون امنیت ملی مجلس شورای اسلامی که از حامیان احمدی‌نژاد است، خبر داده بود که رفسنجانی خواهان ابطال انتخابات، و در دیدار با اعضای این کمیسیون تأکیدکرده بود که دستگیری اعضای خانواده و فشارهای وارده بر او، خللی در اراده‌اش ایجاد نمی‌کند.

تأکید رفسنجانی بر وجود بحران در کشور، «مدیر و مُدبر» بودن خامنه‌ای را زیر سؤال می‌برد. چرا که هنر رهبر آن است که با مدیریت و تدبیر خود، اجازه ندهد کشور دچار بحران شود. حال آن که از دید رفسنجانی و همراهانش خامنه‌ای بزرگ‌ترین فرصت رژیم را به‌تهدید و بحران تبدیل کرده است.

رفسنجانی با تأکید بر روایت پیامبر اسلام آن‌هم از سوی خمینی بنیان‌گزار جمهوری‌اسلامی مخالفت خود را با خامنه‌ای و شیوه‌ی رهبری او اعلام داشت:

> «... مبنای استدلال امام بود. این روایت می گوید؛ روزی پیغمبر اسلام بعد از غدیر به حضرت علی گفت که تو ولی این امت هستی. اگر دیدی این مردم راضی بودند و تو را قبول کردند و با اجماع و اکثریت آمدند، شما بپذیر و متولی امر شو و اگر دیدی اختلاف کردند، ول‌شان کن و بگذار هر کاری که می خواهند بکنند و خداوند برای تو راهی پیدا می کند که به‌اهدافت برسی.»

تأکید رفسنجانی بر «رنجش» علما قبل از هر چیز خامنه‌ای را هدف قرار می‌دهد. بایستی توجه داشت نه تنها مراجع تقلید رژیم (جز نوری‌همدانی) هیچ‌یک نتیجه‌ی انتخابات را تأیید نکردند و پیام تبریک برای احمدی‌نژاد نفرستادند، مراجعی

رفسنجانی نیز زخم‌دار این رژیم هستند.

چون منتظری، اردبیلی و صانعی با نتیجه‌ی انتخابات و سرکوبی مردم مخالفت کردند. منتظری، صانعی و بیات پا فراتر گذشـــته و بر بی‌اعتباری رییس‌جمهور برگزیده‌ی خامنه‌ای تأکید، و بر نامشروع بودن او تکیه کرده و تلاش برای برکناری او را جایز شمردند. هم‌چنین سه امام جمعه‌ی مهم قم، جوادی‌آملی، ابراهیم امینی و رضا استادی که در دو هفته‌ی اول حاضر به اقامه‌ی نماز جمعه نبودند، به انتقاد از وضعیت موجود پرداختند.[1]

رفســـنجانی در سخنانی که با دقت تهیه شـــده بود برخلاف معمول دفاعی از خامنه‌ای نکرد و اسمی از او نیاورد و این بیش از هرچیز مد نظر خامنه‌ای قرار خواهدگرفت. او فقط یک بار در پوشش انتقاد از شورای نگهبان به فرصت داده شده از سوی خامنه‌ای اشاره کرد. رفسنجانی با نام نبردن از خامنه‌ای و «رهبری» به صراحت «رنجش» خود از نماز جمعه خامنه ای را نشان داد.[2]

رفســـنجانی در سخنرانی‌اش تأکیدکرد که «اعتماد» مردم به‌نظام از دست رفته اســـت. او نتیجه‌ی انتخابات را صریحاً باعث سرافکندگی نظام نخواند، اما به شیوه‌ی خود به‌این مسئله اشاره کرد و از سوختن فرصت‌هایی که می‌توانست باعث

۱-ارتقای اســـفندیار رحیم‌مشایی به‌عنوان معاون اول رییس‌جمهوری، تأکید دوباره‌ی احمدی‌نژاد برای دیکته کردن خواست خود به‌جامعه و مراجع تقلید است. او به‌این نتیجه رسیده است که برای به‌کرسی نشاندن خواسته‌هایش نباید ذره‌ای عقب‌نشینی کند. او به‌این نتیجه رسیده است که با کوتاه آمدن نمی‌تواند دل مخالفانش را به‌دست آورد. او بر شعله‌ور ترکردن بحران پای می‌فشارد.
هیچ کس به‌اندازه‌ی مراجع تقلید مخالف رحیم مشـــایی در پست رییس سازمان گردش گری نبود، حالا او به‌معاونت ریاست‌جمهوری ارتقا یافته. مخاطب این انتخاب مراجع تقلیدی هستند که انتخاب احمدی‌نـــژاد را برنتافته و او را تأیید نکرده‌اند. احمدی‌نژاد با این انتخاب به آن‌ها پیام می‌دهدکه کوچک‌ترین ارزشی برای داوری آن‌ها قائل نیست وکار خود می‌کند.

۲- وقتی کار ازکار گذشت وکودتا پیروز شد، خامنه‌ای که به‌هدفش رسیده بود، در خطبه‌های نماز جمعه، ضمن دفاع همه‌جانبه از احمدی‌نژاد و تصریح این نکته که عقایدش به احمدی‌نژاد نزدیک‌تر اســـت تا هاشمی، دفاع نیم‌بندی از رفسنجانی و ناطق‌نوری به‌عمل آورد با این هدف که از سطح مخالفت آن‌ها در روزهای حساس پس ازکودتا بکاهد. خامنه‌ای که برای تضعیف نقش رفسنجانی، در چهار سال گذشته و به‌ویژه در روزهای قبل از انتخابات، با بازگذاشتن دست عواملش، او را زیر آتش حملات خود قـــرار داده بود. پیش از انتخابات، در مقابل انتقاداتی که کاندیداها در ارتباط با وضعیت بد اقتصادی و موقعیت نابه‌ســـامان سیاسی در سطح دنیا کردند، موضع گیری کرد و از احمدی‌نژاد به‌طور آشکار حمایت کرد، اما در مقابل اتهامات تلویزیونی احمدی‌نژاد به رفسنجانی و ناطق‌نوری، اجازه‌ی پاسخ گویی به‌آن‌ها نداد.

«افتخار» و «سربلندی» نظام شود و نشد، گله کرد. نقطه‌ی مقابل سربلندی و افتخار، سرافکندگی است. او در این لحظه روی نقش بی‌بدیل و تجربه‌ی خود در دهه‌های گذشته تأکید کرد و گفت: «شما این سخنان را از کسی می‌شنوید که از پیش از شروع مبارزات انقلاب، لحظه به لحظه همراه انقلاب بوده است.»

رفسنجانی به‌صراحت خود را در جمع معترضان به‌نتیجه‌ی انتخابات خواند و دامنه‌ی معترضان را به همه‌ی ارکان نظام گسترش داد و نتیجه‌ی اعلام شده از سوی شورای نگهبان و داوری این نهاد را نپذیرفت و گفت: «متأسفانه از فرصتی که به‌شورای نگهبان داده شد که عقلا جمع شوند و در جهت اعتماد مردم حرکت کند، استفاده‌ی خوبی نشد.»

رفسنجانی به این ترتیب به‌شیوه‌ی خود صلاحیت شورای نگهبان و گزارش این نهاد را زیر سؤال برد. او بازهم در همین جمله بر بی‌اعتمادی مردم به نظام، تأکید کرد.

رفسنجانی به‌صراحت خواهان آزادی دستگیرشدگان شد و این حاکی از نقش بر آب شدن تلاش‌های خامنه‌ای و اطرافیان او برای گرفتن اعترافات تلویزیونی از دستگیرشدگان است. این، دست خامنه‌ای و کودتاگران برای انتساب دستگیرشدگان به‌سرویس‌های جاسوسی غرب را می‌بندد. موضع‌گیری علنی رفسنجانی، امکان صدور حکم اعدام دستگیرشدگان که هیچ، احتمال صدور احکام طولانی‌مدت زندان برای اکثر آن‌ها را نیز سلب می‌کند.

او تأکید کرد: «باید از آسیب‌دیدگان حوادث اخیر دلجویی کنیم؛ و سراغ آن‌ها رفت و با آن‌ها ابراز هم‌دردی کرد.»

این مواضع، به‌روشنی در مقابل صحبت‌های جنتی در نماز جمعه است که درخواست پخش مصاحبه‌ی تلویزیونی دستگیرشدگان را کرد و آن‌ها را اغتشاش‌گر و اوباش خواند. دیگر نزدیکان خامنه‌ای هم از «منافقین» جدید دم می‌زدند و لزوم سرکوب آن‌ها را یادآور می‌شدند. جنتی، عناصر دولتی و فرماندهان انتظامی و نظامی که به‌روشنی مواضع خامنه‌ای را تکرار می‌کنند، به‌صراحت با عوامل بسیج و نیروی انتظامی و لباس‌شخصی‌ها و ... ابراز هم‌دردی کرده بودند و به دلجویی از آن‌ها پرداخته بودند. موضع‌گیری رفسنجانی در مقابل آن‌هاست.

رفسنجانی خواهان حضور خود و مخالفان در صدا و سیما شد. حضور رفسنجانی، کروبی و موسوی در صدا و سیما و پاسخ به‌تبلیغات خامنه‌ای و احمدی‌نژاد، عملاً دست آن‌ها را برای پیش‌برد طرح‌های‌شان می‌بندد. این حضور، شکاف بین دولتمردان را تشدید می‌کند. چنان‌که شاهد بودیم مناظره‌های تلویزیونی به‌تضاد در حاکمیت دامن زد.

رفسنجانی خواهان آزادی مطبوعات درکادر رژیم شد. اما همین هم جز دامن زدن به‌تضادها نخواهد انجامید. حکومت کودتا از موضع منافع خود و اصول حاکم بر چنین روی کردی، باید به‌دستگیری گسترده‌ی نیروهای سیاسی دست بزند، احزاب و تجمعات را ممنوع و محدود، مطبوعات را تعطیل و از دست‌یابی مخالفان به‌رادیو و تلویزیون جلوگیری کند. شکاف در اراده‌ی حاکمیت، پیام خوبی برای رژیم ندارد.

رفسنجانی از یک تریبون رسمی به‌عنوان رییس مجمع تشخیص مصلحت نظام و رییس مجلس خبرگان رهبری، وجود زندانیان سیاسی و اختناق را تأیید کرده است؛ این تحول کمی نیست. خامنه‌ای و انصار او یا باید به‌شرایطی که رفسنجانی تعیین کرده تن دهند، یا به‌مقابله‌ی با او برخیزند. دست خامنه‌ای با توجه به عدم حمایت بخش عظیمی از روحانیت از او، عملاً بسته است. او در روزهای آینده مهره‌هایی چون حسین شریعتمداری، محمد یزدی، احمد جنتی و یک دوجین آخوند با عمامه و بی‌عمامه را به‌میدان خواهد فرستاد تا پاسخ رفسنجانی را بدهند؛ و این، به‌معنای ریختن نفت بر روی شعله‌های آتش در میان جناح‌های رژیم خواهد بود.

خطبه‌های رفسنجانی در حالی ایراد شد که خامنه‌ای همه‌ی تلاش خود را به خرج داده بود تا از آن‌چه که پیش‌آمد، جلوگیری کند. او از یک‌سو تقوی، رییس ستاد برگزاری نماز جمعه در سراسرکشور را به‌عنوان سخنران پیش از دستور به‌میدان فرستاده بود تا به رفسنجانی هشدار دهد، و از سوی دیگر با انتشار نامه‌ای به‌امضای امامی کاشانی، از رفسنجانی خواسته بود استفاده‌ی حزبی از تریبون نماز جمعه نکند. بماندکه با توجه به در دست داشتن ستاد نماز جمعه، عوامل کودتا بخشی

از نیروهای بسیجی را در جلوی تریبون با در دست داشتن عکس‌های خمینی و خامنه‌ای کاشته بودند تا در سخنرانی رفسنجانی اخلال ایجاد کنند.

مواضع روز گذشته‌ی رفسنجانی بیش از هرچیز بر این نکته اشاره داشت که تا این لحظه وی تصمیمی برای شرکت در مراسم تحلیف احمدی‌نژاد ندارد و این بیش از هرچیز مشروعیت احمدی‌نژاد و تنفیذ حکم ریاست جمهوری او از سوی خامنه‌ای را زیر سؤال می‌برد.
رفسنجانی رییس مجلس خبرگان رهبری و مجمع تشخیص مصلحت نظام است. بادامچیان نیز متوجه همین نکته شده است و به‌همین خاطر اعلام کرد که «عده‌ای در صدد شیطنت هستند تا در تنفیذ و تحلیف حکم، کارهایی انجام دهند که باید مراقب این شیطنت‌ها بود.»

۲۶ تیر ۱۳۸۸

•••

پاسخ به پرسش‌های سایت گزارشگر

*** هم‌اینک مطرح می‌شود که «عبور از موسوی اجتناب ناپذیر است»، با توجه به رویدادهای اخیر، نظر شما در این مورد چیست؟**

* در مرحله‌ی کنونی موسوی بهانه است. مردم به‌این بهانه از شکافِ پدید آمده استفاده کرده و به‌خیابان آمده‌اند. باید تلاش کرد این شکاف بیش‌تر شود. ملاحظه کردید موسوی از مردم نخواست که به‌خیابان‌ها بیایند، یا تظاهرات کنند؛ این کارها به‌ابتکار مردم انجام گرفت. عبور از موسوی به‌موقع انجام خواهد گرفت. به نظر من در حال حاضر نبایستی در این کار تعجیل کرد.

*** با در نظرگرفتن این که موسوی همواره تأکید بر حفظ نظام داشته و دارد، آیا ایشان دارای این ظرفیت هست که بتواند با رهبری جنبش سبز، ایران را به‌آزادی برساند؟**

* خیر او چنین ظرفیتی ندارد. جنبش فعلاً در یک دوران گذار به‌سر می‌برد. اما نگاه‌ها به‌خاطر نبودن یک آلترناتیو فعلاً متوجه موسوی است. او تنها چیزی‌ست که در دسترس است. اما قطعاً او نمی‌تواند ایران را به‌آزادی برساند. در این

رابطه نبایستی توهم داشت. اگر جنبش پیش برود آن‌وقت موضوع فرق خواهد کرد. الان با توجه به‌امکاناتی که در دسترس است بایستی موضع گیری کرد.

*** چه راه‌کارهایی را برای تشـکیل شورای حمایت از جنبش خونین مردم و یا هر نهاد هدایت‌گر دیگر پیشنهاد می‌کنید؟ فکر می‌کنید در عین حال واکنـش نیروهای مختلف شـرکت‌کننـده در این خیزش‌ها، نسـبت به‌این راه‌کارها چیست؟**

* چشم مردم و نیروهای داخل کشور به‌فعالیت‌های هم‌وطنان در خارج ازکشور اســت، تردیدی نیست که حمایتِ پرشورِ ایرانیان از خواسته‌های آنان در خارج ازکشور باعث ایجاد انگیزه و امیدواری بیش‌تر آن‌ها در داخل کشور می‌شود.
رابطه‌ی متقابل، بین داخل و خارج ازکشــور وجود دارد. همان‌طور که خیزش مردم در داخل کشور، خارج ازکشور را به‌حرکت در می‌آورد، حرکت‌های خارج ازکشور نیز روی این خیزش در داخل کشور مؤثر است.
تظاهرات سراسری ۲۵ ژوئیه در یک‌صد و ده شهر دنیا اقدام درستی بود که پیام جنبش داخل کشور را یک‌بار دیگر به‌دنیا رساند و خواست مردم داخل و خارج ازکشور را نشان داد؛ اما به‌قول معروف به‌هزار و یک دلیل امکان تشکیل چنین نهادهایی در حال حاضر در خارج ازکشور میسر نیست. من حتی به‌آن فکر هم نمی‌کنم. زمینه‌ی مادی تشکیل چنین نهادی نیست؛ برای همین بعد ازگذشت یک ماه و نیم از خیزش و مقاومت مردم، می‌بینیم که خبری از آن نیست... هر نوع کوششی در این زمینه نیز با شکست مواجه می‌شود.

در صورت تشکیل فرضی هم موفقیتی حاصل نمی‌شود. به‌صورت فیزیکی و با جمع شدن چند نفر و یا چند جمع کوچک و یا اعلام یک فراخوان که نمی‌شود شــورا و... تشــکیل داد. صدها نمونه از این کمیته‌ها در خارج ازکشور تاکنون تشکیل شده است که کوچک‌ترین موفقیتی نداشته‌اند. مطمئناً تشکیل این نهادها مورد توجه نیروهای شرکت کننده در خیزش‌های داخل کشور قرار نخواهدگرفت.

*** با توجه به‌سرکوب‌های اخیر و حضور احمدی‌نژاد به‌عنوان رییس جمهور، چه راه‌کارهایی را برای مردم و به‌ویژه خارج ازکشوری‌ها ارایه می‌دهیدکه مانع حضور وی بر مسند ریاست‌جمهوری باشد؟ این راه‌کارها در مورد مردم ایران و خیل گسترده‌ی تبعیدیان و مهاجران ایرانی بیان کنید.**

* به‌نظرم مقابله با کودتا و تلاش برای ممانعت از نشستن احمدی‌نژاد برکرسی ریاست‌جمهوری می‌تواند هدف مرحله‌ای مردم ما باشد. در خارج ازکشور ما نمی‌توانیم کاری کنیم که مانع حضور احمدی‌نژاد بر مسند ریاست‌جمهوری شود. این کار در صورت موفقیت در ایران انجام می‌گیرد. چون خارج تابعی از داخل کشور است. حتی نحوه تنظیم رابطه‌ی دولت‌های غربی را نیز تا حدی جنبش داخل کشور تعیین می‌کند.

از نظر من در حال حاضرکودتا به‌طور نسبی موفق شده است و فعلاً کودتاچیان در حال تثبیت قدرت خود هستند. احمدی‌نژاد به‌طور مادی رییس جمهور خامنه‌ای شده است. مراسم تحلیف او علیرغم تحریم گسترده‌ی نیروهای مخالف تا دو هفته دیگر برگزار می‌شود. یعنی او به‌طور رسمی رییس جمهوری نظام ولایت‌فقیه می‌شود؛ مگر این‌که اتفاق ویژه‌ای بیفتدکه قابل پیش‌بینی نباشد.

نشان دادن عدم مشروعیت او امری ثانوی است که بایستی در تحقق آن بکوشیم. بایستی احمدی‌نژاد را ازکرسی‌ای که بر آن جلوس کرده پایین کشید. این به‌عهده‌ی مردم ایران در داخل کشور است. بدون مبارزه‌ی مردم در داخل، ماکار چندانی از پیش نمی‌بریم. ما می‌توانیم به‌عنوان پشتیبان، صدا و خواست مردم را پژواک دهیم.

خارج ازکشور زمینِ بازی ماست. حاکمیت رژیم در این‌جا نیست؛ زندان و شکنجه و اعدام درکار نیست. ما بایستی مانع از حضور احمدی‌نژاد و اعضای دولت او در خارج ازکشور شویم. خواست دستگیری احمدی‌نژاد به‌عنوان جنایت‌کار علیه بشریت و اعضای دولت او که می‌توان برای‌شان پرونده‌ی قضایی تشکیل داد و یا شاکی خصوصی پیدا کرد بایستی عمومی شود. در این راستا باید کار کنیم.

با توجه به‌حساسیت افکار عمومی در غرب و انزوای سیاسی رژیم، زمینه‌ی

مناسبی برای طرح دعاوی حقوق بشری علیه عوامل سرکوب وجود دارد. از این گذشته ما در کشورهای مختلف می‌توانیم فشار سیاسی وارد کنیم تا دولت‌های اروپایی و آمریکایی نتوانند به‌رژیم نزدیک شوند.

نهادهای دانشجویی، انجمن‌های زنان، کانون‌های مستقل فرهنگی و اجتماعی می‌توانند در کشورهای مختلف بــا نمایندگان مجلس دیدار کننــد و از آن‌ها بخواهند که دولت‌های‌شان را تحت فشــار قرار دهند. ایرانیان عضو احزاب اروپایی می‌توانند از طریق فشار روی احزاب‌شان این کار را پیش ببرند. افکار عمومی غرب را بایستی فعال کرد تا با فشار آن‌ها دولت‌ها نتوانند به‌رژیم ایران نزدیک شوند.

از طریق پارلمان اروپا می‌توان فشار وارد کرد. تظاهرات و اکسیون چنان‌چه با فشار سیاسی توأم نشود، تأثیر محدودی دارد. بایستی مانع از فعالیت لابی رژیم در اروپا و آمریکا شد.

در شــرایط حاضر به‌جای این که نیروی‌مان را صرف این کنیم که دیگری را از حرکت باز بداریم، باید نیروی‌مان را صرف کنیم تا خطی را که درست می‌دانیم پیش ببریم. نیروهای‌مان نبایستی هرز برود.

باید مانع از ایجاد مراوده بین دولت‌های اروپایی و آمریکایی و رژیم شد. شعار تحریم اقتصادی رژیم بایستی به‌خواست عمومی تبدیل شود. روابط اقتصادی بین رژیم و دولت‌های غربی از دو جهت به‌ضرر مردم ایران و جنبش است. منافع و روابط اقتصادی غرب با رژیم و میلیاردها دلار درآمد حاصله از آن، مانع از پیشرفت جنبش خواهد شد. دولت‌های غربی به‌خاطر همین منافع هم که شده، چشــم بر روی نقض حقوق بشر خواهند بست و با رژیم زد و بند خواهند کرد. نمی‌شود با رژیمی میلیاردها دلار رابطه‌ی اقتصادی داشت و آن‌وقت رابطه‌ی سیاسی نداشت.

رابطه‌ی سیاسی برای پیش‌برد رابطه‌ی اقتصادی است. وگرنه کدام آدمیزادی است که از دیدن قیافه‌ی کریه احمدی‌نژاد خوشش بیاید. نمی‌شود این دولت‌ها میلیاردها دلار قرارداد سالیانه داشته باشند و از سوی دیگر انتظار داشته باشیم رییس کشــور و یا وزرای آن‌را به‌کشورشــان راه ندهند، یا به‌جرم جنایت علیه بشریت دستگیرشان کنند. همین رابطه‌ی اقتصادی مانعی می‌شود برای پیشرفت

سیاست ما.

از سوی دیگر میلیاردها دلار درآمد نفتی را احمدی‌نژاد و خامنه‌ای بسته‌اند به رگ حیاتی بسیج و لباس شخصی وکمیته‌ی امداد و سپاه پاسداران و... صدها میلیارد درآمد ارزی، دست رژیم را برای اِعمال سیاست‌هایش در داخل و خارج باز گذاشته است. در این روزها بی‌عقلی و به‌سیم آخر زدن خامنه‌ای و احمدی‌نژاد را دیده‌اید. دست‌یابی این دولت و این رژیم به‌سلاح اتمی، وضعیت را برای همه‌ی ما و مردم ایران بدتر از پیش می‌کند.

بعضی برای مخالفت با تحریم، عراق را مثال می‌زنند. هیچ چیز عراق به کشور ما شبیه نبود ونیست. ما با یک جنبش به‌پاخاسته در اقصی نقاط کشورمان روبرو هستیم. خود رژیم از بالا شقه شده است. کدام یک از این پارامترها در عراق بود؟ تازه در همان عراق تحریم‌ها کارساز بود، در همان چند ماه اول صدام‌حسین تمام قطع‌نامه‌های بین‌المللی را پذیرفت و اجراکرد. اما دولت‌های غربی راضی به‌حکومت او نبودند. صورت مسئله اساساً فرق می‌کند. تحریم‌ها به‌خودی خود رژیمی را ساقط نمی‌کنند. اما خیزش عمومی و تضادهای لاینحل جناح‌های رژیم، در این شرایط، به‌همراه تحریم اقتصادی می‌تواند رژیم را زمین گیر کند.

این تحریم‌ها رژیم را با بحران بیش‌تری مواجه می‌کند. معلوم است در جناح‌های رژیم موضوع تدبیر و مدیریت خامنه‌ای به‌عنوان ولی‌فقیه بیش از پیش زیر سؤال می‌رود؛ شکاف عمیق‌تر می‌شود؛ مردم همه چیز را از چشم رژیم و به‌ویژه احمدی‌نژاد و خامنه‌ای می‌بینند؛ تبلیغات رژیم مطمئناً اثری نخواهد داشت. بازار و نمایندگان بورژوازی تجاری حامی احمدی‌نژاد با بحران روبرو می‌شوند. مردم هم برای مدتی با مشکل مواجه شوند. مگر همین الان که به‌خیابان می‌روند و جوانان‌شان کشته می‌شوند بها نمی‌پردازند؟ مگر همین الان که هزاران نفر از جوانان میهن در زندان‌ها و زیر شدیدترین شکنجه‌ها هستند بها نمی‌پردازند؟ با این منطق باید از مردم هم خواست به خانه‌های‌شان بروند تا دچار مشکلی نشوند.

زیمنس و نوکیا یک سیستم شنود به‌رژیم فروخته‌اند، عده‌ای شعار می‌دهندکه زیمنس و نوکیا را به‌خاطر این که با رژیم معامله کرده‌اند، تحریم کنید؛ کالای

روسی و چینی را تحریم کنید؛ آن‌وقت نوبت خود رژیم که می‌شود با آن‌همه جنایتی که مرتکب شده، مخالف تحریم می‌شوند!
وقتی رژیمی نامشروع است، معامله با آن‌هم نامشروع است. همکاری با آن‌هم نامشروع است. مردم در داخل کالایی را که تلویزیون تبلیغ می‌کند تحریم می‌کنند؛ چون تلویزیون را نامشروع می‌دانند. ما باید تکلیف خودمان را با خودمان مشخص کنیم. اگر رییس‌جمهور نامشروع است، امضایی که پای قرارداد می‌کند هم نامشروع است. یک بام و دو هوا نمی‌شود.

*** چرا تاکنون اپوزیسیون داخل و خارج کشور نتوانسته‌اند یک شورای حمایت از خیزش‌های مردمی و جنبش اجتماعی ایران تشکیل دهند تا بتوانند این جنبش را هدایت کنند؟**

* برای این که زمینه‌های مادی انجام این کار را ندارند؛ برای این که پایگاه بالفعلی در داخل کشور ندارند؛ ارتباط منطقی بین داخل و خارج ازکشور نیست؛ پایگاه نیروهای اپوزیسیون در داخل کشور بالقوه است و بالفعل نیست؛ رژیم در داخل کشور اپوزیسیونی باقی نگذاشته است؛ افراد خوش‌نامی مثل فروهر را نیز به‌آن طرز فجیع همراه همسرش کشتند. چراکه چنین روزی را پیش‌بینی می‌کردند. بنابراین نبایستی انتظار داشت در داخل کشور یک عده ازکارافتادگان سیاسی که در سن بازنشستگی هستند، کاری از پیش ببرند. تازه بعضی‌های‌شان که سابقه‌ی خوبی هم ندارند؛ زمینه هم ندارند. آیا کسی به‌جریانی که رهبرش ابراهیم یزدی است اعتماد می‌کند؟

در خارج ازکشور هم بخشی از چهره‌هایی را که می‌توانستند در چنین شرایطی با حمایت بین‌المللی مطرح شوند، تروکردند. آن‌هایی که هستند نیز یا چنان متفرق هستند و یا چنان غرق در اوهام و یا بسته به‌لحاظ سیاسی، که عملاً نمی‌توانند نقشی بازی کنند. اقبال عمومی هم نسبت به‌افراد و چهره‌های سیاسی و احزاب وگروه‌ها نیست. چهره‌ی وجیه‌الملّه‌ای نیست که جلودار شود. برای همین آن‌ها نمی‌توانند نقش رهبری اپوزیسیون را به‌عهده بگیرند. اپوزیسیونی که نتواند گرایشات و تمایلات گوناگون مردم ایران را در بر بگیرد، موفقیتی ندارد.

❋ به‌صورت عمومی نظر و طرز برخورد نیروهای شرکت‌کننده در این خیزش‌ها نسبت به‌یک‌دیگر را چگونه ارزیابی می‌کنید؟

❋ در داخل کشور طرز برخورد نیروهای شرکت کننده با یک‌دیگر خوب و قابل قبول اســت برای همین می‌بینید که شعارهای مختلفی در تظاهرات‌ها مطرح می‌شــوند که هیچ سنخیتی با یک‌دیگر ندارند. مردم به‌طور نسبی به‌هم‌دلی و بلوغ سیاسی رسیده و هم‌دیگر را تحمل می‌کنند، کسی از دیگری نظر سیاسی‌اش را نمی‌پرسد. همین که طرف به‌خیابان آمده و شعار علیه رژیم می‌دهد کافی‌ست که هم‌دیگر را تحمل کنند.

اما در خارج ازکشــور وضع به‌این گونه نیســت. در داخل مردم شعار مرگ بر خامنه‌ای و مرگ بر دیکتاتور را به‌ســادگی می‌دهنـد. در انواع تظاهرات ضد رژیم این شعارها شنیده می‌شود. در خارج ازکشور هستند افرادی که در هیأت «لباس‌شــخصی» هرجاکه دست‌شــان برسدکسانی را که چنین شعارهایی می‌دهند به «پلیس» معرفی می‌کنند. در سایت‌های‌شان مقاله می‌نویسند و شعار «مرگ بر دیکتاتور» و «مرگ بر روســیه» و «مرگ بر خامنه‌ای» و مرگ بر... را تحت عنوان «خشونت کلامی»! محکوم می‌کنند. از چنین مقاله نویس‌هایی چنان اعمالی بدیهی است. با افتخار از این یاد می‌کنند که جلوی حضور این یا آن تظاهرکننده را گرفته‌اند. این افراد همان‌هایی هستندکه در روزهای سیاه دهه‌ی ۶۰ در کنار جنایت‌کاران قرار داشتند و به‌خشن‌ترین حکومت در تاریخ معاصر امداد می‌رساندند. همان‌ها امروز به‌گونه‌ای دیگر بر چهره‌ی مردم وجنبش آن‌ها چنگ می‌کشند.

در داخل مردم علیرغم این که دیدگاه‌های مختلف دارند، با هم متحد هستند و درکنار یک‌دیگر مبارزه می‌کنند؛ چون دشمن به‌طور مادی در مقابل‌شان حضور دارد و به‌سرکوبی همه‌ی آن‌ها صرف‌نظر از این که چه عقیده‌ای دارند می‌پردازد. این، افراد را به‌هم نزدیک می‌کند. ما زندان هم که بودیم همین پیوستگی بود چون دشــمن در مقابل‌مان بود. در خارج ازکشــور چنین نیست. دشمن به‌طور مادی حضور ندارد بنابراین نیروهای سیاسی متفرق‌اند و به‌جان هم می‌افتند.

*** آیا فکر می‌کنید جناح‌های مختلف حکومتی در پی‌آمدِ راه‌کارهایِ مختلفِ نیروهای شرکت‌کننده در خیزش‌ها، عکس‌العمل‌های مختلفی ارائه خواهند داد و یا این‌که همانندگذشته سعی خواهندکردکه به‌یک‌پارچگی نسبی دست یابند؟ در این میان آیا نیروهای سرکوب‌گر متصل به جناح‌های مختلف حکومتی به‌روش‌های مختلفی دست خواهند زد؟**

* یک‌پارچگی امکان ندارد، اگر داشت که تا همین الان به‌وجود آمده بود. الان یک ماه و نیم از شروع جنبش می‌گذرد و هر روز تفرق در جناح‌های رژیم بیش‌تر شده است. الان یک جناح از رژیم، خود یک پای موضوع است، رهبران این جناح دستگیر شده‌اند. اتفاقاً به‌خاطر همین شکاف است که امکان برگزاری تظاهرات سه میلیون نفری به‌وجود آمده و دست رژیم را برای سرکوبی تمام‌عیار بسته است.

فرق این بار با دفعات قبل در همین است. شما در جنبش ۱۸ تیر ملاحظه کردیدکه بلافاصله همه‌ی جناح‌های رژیم پشت هم رفتند و خاتمی خود هدایت بخشی از سرکوبی را به‌عهده گرفت و از مردم خواست که دور معترضین را خالی کنند تا نیروهای سرکوب‌گر به کارشان با سرعت بیش‌تری ادامه دهند. اما این بار چنین امری تحقق نیافته و بعید است در آینده نیز تحقق یابد. درگیر شدن جناح‌های مختلف حکومت، دست‌شان را بسته است. حتی در بین کودتاچیان هم تفرق هست. محسنی‌اژه‌ای مخالف پخش اعترافات است، در حالی که بخشی به‌سرگردگی تائب فرمانده بسیج و جنتی و... خواهان پخش آن هستند. فعلاً دستگاه سرکوب زیر نظر دفتر خامنه‌ای اداره می‌شود و خامنه‌ای و مجتبی فرزندش فرامین‌شان را از طریق غلامحسین محمدی گلپایگانی و علی‌اصغر حجازی صادر می‌کند. هم‌چنین کمیته‌ی مشترکی از اطلاعات سپاه پاسداران، ناجا و وزارت اطلاعات تحت نام «پلیس امنیت» تشکیل شده است که فرامین خود را برای اجرا به مرتضوی می‌دهد.

اما بخشی از حامیان احمدی‌نژاد نیز دچار تزلزل شده‌اند و در توانایی خامنه‌ای برای مدیریت بحران تردید دارند.

۵ مرداد ۱۳۸۸

نامه‌ی سرگشاده
به آقای مهدی کروبی

آقای کروبی بلافاصله پس از خواندن نامه‌تان به رفسنجانی مطلبی که در پی می‌آید را نوشتم؛ پنج روز است که با خودم کلنجار می‌روم آن‌را منتشرکنم یا نه؟ به‌ویژه که هجوم سنگین گماشتگان ولی فقیه در نهادهای دولتی و نمایش‌های نماز جمعه برعلیه شما با هدف جلوگیری از افشای واقعیت نیز آغاز شده است. در طول هفته در تردید و دو دلی به‌سر می‌بردم به‌ویژه که در بحبوحه‌ی بیست و یکمین سالگرد کشتار ۶۷ به‌سر می‌بریم. قصد نداشتم و ندارم در این شرایط شما و تلاش‌های‌تان را تضعیف کنم؛ مسیر شما را درست ارزیابی می کنم. برای همین خامنه‌ای افسار ائمه‌ی جمعه‌ی نزدیک به‌خودش را باز کرده است. شما خود بهتر می‌دانید جنایت‌کاری هم‌چون ابراهیم نکونام، کوچک‌تر از آن‌ست که به‌شما اسائه‌ی ادب کند و خواستار دستگیری و شلاق خوردن تان شود. اما دو چیز مرا وادارکرد این نامه را انتشار دهم.

۱. تعهدم به‌عزیزانی که در زیر خروارها خاک سرد و سیاه خفته‌اند؛

هیچ منفعتی در این دنیا نمی‌تواند مرا راضی کند چشم بر حق شان بپوشم. هم‌چنین تعلق خاطرم به‌هزاران مادر و همسر و فرزندی که عزیزان‌شان را

حاکمیت سیاه و ننگین جمهوری اسلامی پر پر کرد.

۲. تعهدم به انسانیت و ارزش‌های انسانی؛

دلـم نمی‌خواهد هیچ کس را در اردوی جنایت و جنایت‌کاران ببینم. اگر احساس کنم کسی می‌خواهد به اندازه‌ی سر سوزنی خود را کنار بکشد، تلاش می‌کنم به او کمک کنم؛ اگر کسی بخواهد حتی اندکی از حق مردم دفاع کند، سعی می‌کنم یاری‌اش دهم؛ پیش از این نیز چنین روی کردی داشـتم. مواضع اخیر شـما مرا برانگیخت تا مواردی را با شما در میان بگذارم. این کار مسبوق به سابقه است؛ اولین بار نیست که انجام می‌دهم.

بیست و پنج سال پیش در مهرماه ۱۳۶۳، که لاجوردی بر رأس کار بود، در زندان قزل‌حصار پس از ملاقات با حجت‌الاسـلام انصاری نجف‌آبادی (معروف به ناصری داماد) نماینده‌ی آیت‌الله منتظری، به اصرار او و با توجه به صداقتی که در آیت‌الله منتظری سراغ داشتم حاضر شدم گزارشی از زندان برای ایشان بنویسم. فهرست‌وار آنچه را که دیده و از سرگذرانده بودم در دفترچه‌ای چهل برگی و در هشتاد صفحه نوشته و تحویل نماینده‌ی ایشان دادم و چند روز بعد، از رسیدن گزارشم به ایشان اطمینان حاصل کردم. البته کتمان نمی‌کنم آن روز هم، مثل همین چند روز گذشته تردید داشتم که آیا نامه نوشتن به ایشان درست است یا نه؟ اما بالاخره بر تردیدهایم فایق آمدم و امروز خوشـحالم که این کار را انجام دادم و به سهم خودم حقیقت را برای ایشان روشن کردم. امیدوارم در آینده از نوشتن نامه به شما هم احساس خوشحالی کنم.

هنگام نوشـتن گزارشم به آیت‌الله منتظری دچار این ذهنیت نبـودم که با روشـنگری‌ام، اوضاع زندان‌ها تغییر کند و یا دار و گلوله و داغ و درفش و کابل و زنجیر و قپانی و ده‌ها نوع شکنجه‌ی رایج در زندان‌های نظام به کناری نهاده شود. در گزارش به آیت‌الله منتظری، روی این مسئله تاکید کردم. هدفم در کنار تلاش برای جدا کردن ایشان از خمینی و جنایاتش، کوششی برای عاقبت به‌خیر شدن ایشان هم بود. از همراهی ایشان با خمینی دل‌چرکین بودم. دلم نمی‌خواسـت با وارستگی که در او سـراغ داشتم در ردیف جنایت‌کاران

ببینم‌اش. امروز خوشحالم که آیت‌الله منتظری را در این صف نمی‌بینم و از این که او برای نجات جان مخالفانش که یکی از آن‌ها من باشم، این‌همه تلاش به‌خرج داد قدردانش هستم. هرجا که فرصتی یافتم یا بیابم بر این نکته تاکید کرده و می‌کنم.

آقای کروبی! وقتی انصاری نجف‌آبادی از من پرسید از دست من چه کاری برمی‌آید با آن‌که می‌دانستم آن روزها آیت‌الله منتظری دست نسبتاً بازی دارند فقط خواهان این شدم که سلام مرا به حجت‌الاسلام محمد محدث‌بندرریگی که در بند دیگری بود برساند. او انتظار داشت که من در جهت تسهیل و تخفیف پرونده و حکمم چیزی بخواهم. من دنبال منافع شخصی‌ام نبودم.

آقای کروبی! من بعد از آن نامه هفت سال دیگر نیز در زندان ماندم و شاهد جنایات بیش‌تری بودم. جنایاتی که در تاریخ معاصر کم‌تر مشاهده شده است. وقتی آیت‌الله منتظری با توجه به‌اطلاعات دقیقی که از زندان‌ها و جنایات دستگاه امنیتی و اطلاعاتی داشت، رو در روی خمینی ایستاد، یکی ازکسانی که در پروژه‌ی برکناری ایشان پیش‌قدم شد شما بودید. زعامت خامنه‌ای محصول تلاش‌های شما و مخاطب نامه‌ی اخیرتان بود. هر دو نتیجه‌ی اعمال‌تان را می‌بینید

نمی‌خواهم گذشته را به‌رخ‌تان بکشم و مسئولیت‌تان را در وضعیت پیش‌آمده یادآوری کنم؛ به گذشته نقب می‌زنم تا از حق عزیزانم دفاع کنم و در این راه کمک‌تان باشم.

آفتاب عمر شما لب بام است. چه بهتر فکری برای عاقبت به‌خیری خود کنید. در روزهای اخیر شما بارقه‌ای از آن را نشان داده‌اید. قبل از هرچیز نامه‌ای نوشته و صریحاً از آیت‌الله منتظری به‌خاطر اتهامات ناروایی که بیست و یک‌سال پیش به‌ایشان وارد کردید پوزش بخواهید. این کم‌ترین کاری است که می‌توانید انجام دهید و ابتدایی‌ترین قدمی‌ست که بایستی بردارید. این کار پای شما را برای برداشتن گام‌های بعدی باز می‌کند و راهی جدید پیش روی‌تان می‌گشاید. به‌پشت سرتان نگاه کنید؛ همان روزی که به‌اراده‌ی خامنه‌ای برای تثبیت کودتا «نه» گفتید، راه جدیدی پیش روی‌تان باز، و درهای جدیدی به‌روی‌تان گشوده

شد. حتی چشم‌تان به‌حقایق باز شد.

آیت‌الله منتظری وقتی در مقابل امام و استادش ایستاد از امروز شما جوان‌تر اما عاقل‌تر و پخته‌تر بود. مرگ حق است. دیر یا زود من و شما را نیز در خواهد ربود پیش از آن‌که دیر شود فکری کنید.
گرچه لازم است حساب خود را از آن چه در دو ماه گذشته اتفاق افتاده، جدا کنید و از این بابت کارهای مثبتی هم انجام داده‌اید؛ اما باور کنید کافی نیست. شما و هر آن‌کس که کوچک‌ترین صداقتی دارد، بایستی حساب خود را از سی سال جنایت نظام که شما یکی از «استوانه»هایش بودید جدا کند. از مردم عذر تقصیر بخواهید. سرنوشت خود را از «امام راحل» و ... جدا کنید. شما را با ایشان در یک قبر نمی‌گذارند، هرکس مسئول اعمال خود است.
ببینید چه ولوله‌ای برعلیه شما بخاطر حق‌گویی‌تان راه انداخته‌اند، رجاله هایی جنایت‌کاری چون علم‌الهدا شما را تروریست خوانده‌اند. احمد خاتمی را ملاحظه کنید. این‌ها محصول نظام جنایت‌کاری هستندکه سه دهه است بر جان و مال مردم ما مسلط شده است. یادتان می‌آید آیت‌الله منتظری در بهار ۶۸ که هیچ صدایی نبود چقدر تنها بود و شما و دوستان‌تان میانه‌داران میدان علیه ایشان بودید.

آقای کروبی! برخلاف آن‌چه شما و دوستان‌تان تبلیغ می کنید آن‌چه پس از کودتای ۲۲ خرداد ۸۸ درکشور اتفاق افتاد، پدیده‌ای خلق‌الساعه و جدید نیست؛ ریشه درگذشته‌ای تاریک و سیاه دارد.
تاکنون نام شصت ونه شهیدِ قیام مردم به‌دست آمده است ولی شما خود بهتر می‌دانید تنها در روزهای ۳۱ خرداد و ۱ تیرماه ۶۰ ده‌ها نفر به‌جرم شرکت در تظاهرات مردم تهران که مشابه تظاهرات اخیر بود اعدام شدند. حداقل دوازده دختری که اعدام شدند هویت‌شان برای دستگاه قضایی مشخص نبود.
شیخ‌محمد گیلانی که پس ازکودتای اخیر مدال «عدالت» جمهوری‌اسلامی برای سه دهه جنایت بر سینه‌اش درخشید، معتقد بود که وی کاری به‌نام و هویت افراد ندارد بلکه به «هیکلی» که در مقابل او به‌عنوان متهم ایستاده کار دارد و

به‌همین دلیل بدون آن‌که اطلاعی از هویت افراد داشـــته باشد، فرمان اعدام را صادر می‌کرد. آیا در فرهنگ شما به‌این عمل، «کشتار وحشیانه» نمی‌گویند؟ چـــه خطایی از یک دختر نوجوان دانش‌آمـــوز در یک تظاهرات اعتراضی از همان نوعی که در دو ماه گذشـــته بارها اتفاق افتاده، می‌توانست مستحق چنین مجازات‌هایی باشد؟
کودکان زیر پانزده سال را اعدام کردند. به‌پرونده‌ی اعدام‌شدگان دهه‌ی ۶۰ رجوع کنید. کودک دوازده ساله‌ای هم‌چون فاطمه مصباح به چه جرمی می‌توانست مســـتحق ایستادن مقابل جوخه‌ی تیرباران باشد؟ آیا شما اجازه می‌دهید نوه‌ی دوازده ساله‌تان شب تنها جایی بخوابد که هم‌سن او را مقابل جوخه‌ی مسلسل ژث قرار دادند؟ آیا این جنایت علیه بشریت نیست؟ خطای فاطمه تنها این بود که حاضر نشد به پدر و مادر و خواهر و برادرانش که مظلومانه کشته شده بودند، اهانت کند.

آقای کروبی! یک بار دیگر به‌نامه‌ی مهرماه ۶۵ آیت‌الله منتظری به«امام راحل» رجوع کنید. یک بار دیگر مفاد آن‌را بخوانید و کمی فکر کنید. شما که امروز از تجاوز به‌نوامیس مردم سخن گفته‌اید و هتک حرمت، به نکاتی از آن نامه توجه کنید:

> ... «آیا می‌دانید در زندان‌های جمهوری‌اســـلامی به‌نام اســـلام جنایاتی شده که هرگز نظیر آن در رژیم منحوس شاه نشده است؟!
> آیا می‌دانید عده‌ی زیادی زیر شکنجه بازجوها مرده‌اند؟
> آیـــا می‌دانید در زندان مشـــهد در اثر نبودن پزشـــک و نرســـیدن به‌زندانی‌های دختر جوان بعداً ناچار شدند حدود بیست و پنج نفر دختر را با اخراج تخمدان و یا رحم ناقص کنند؟!
> آیا می‌دانید در زندان شـــیراز دختری روزه‌دار را با جرمی مختصر بلافاصله پس از افطار اعدام کردند؟
> آیا می‌دانید در بعضی زندان‌های جمهوری‌اسلامی دختران جوان را به‌زور تصرف کردند؟
> آیا می‌دانید هنگام بازجوئی دختران، استعمال الفاظ رکیک ناموسی

رایج است ؟
آیا می‌دانید چه بسیارند زندانیانی که در اثر شکنجه‌های بی‌رویه کور یا کر یا فلج یا مبتلا به‌دردهای مزمن شده‌اند و کسی به‌داد آنان نمی‌رسد؟
آیا می‌دانید در بعضی از زندان‌ها حتی از غسل و نماز زندانی جلوگیری کردند؟
آیا می‌دانید دربعضی از زندان‌ها حتی از نور روز هم برای زندانی دریغ داشتند این‌هم نه یک روز و دو روز بلکه ماه‌ها؟
آیا می‌دانید برخورد با زندانی حتی پس از محکومیت فقط با فحش و کتک بوده؟ قطعا به‌حضرتعالی خواهندگفت این‌ها دروغ است و فلانی ساده‌اندیش.»

آیت‌الله منتظری اسیر دست «منافقین» و عناصر مشکوک نبود، او ساده‌لوح نبود. شما هم نیستید. شما هم امروز برخلاف تبلیغات دستگاه خامنه‌ای دروغ نمی‌گویید، خناسان و وسوسه‌گران شما را محاصره نکرده‌اند، آدم‌های مشکوک شما را دوره نکرده‌اند، تنها از حقایقی مطلع شده‌اید، شما هم آن‌گونه‌که بازجویان ۲۰۹ ادعا می‌کنند «ال‌جی» یا «لرگیج» نیستید، بلکه همان حقایقی را به‌زبان می‌آوریدکه آیت‌الله منتظری بیست و سه سال قبل بر زبان آورد. آقای کروبی برشماست که از ایشان پوزش بخواهید.

آقای کروبی! بنیان‌گذار بنیاد شهید! به‌آمار شهیدان قیام که از سوی نمایندگان آقای موسوی به‌مجلس ارائه شده توجه‌کنید، شصت و نه نفر است. خود آقایان هم مدعی هستندکه احتمالاً آمار واقعی بیش از این‌ست؛ شما هم می‌دانیدکه آمارکشته شدگان بیش از این است، اما اگر همین‌را هم قبول‌کنیم، این رقم شما را به‌یاد چه رقمی می‌اندازد؟
عمادالدین باقی با دسترسی‌اش به‌آمار بنیاد شهید، تعدادکشته‌شدگان ۱۷ شهریور ۵۷ راکه «جمعه‌ی سیاه» نام گرفت هشتاد و هشت نفر ذکر، و تأکید می‌کند که شصت و چهار نفر در میدان ژاله کشته شدند.

آقای کروبی! شما در طول سال‌های گذشته با اشرافی‌که به‌موضوع داشتید، آمار فوق را تکذیب نکردید. خود شما بهتر از هرکس می‌دانیدکه این آمار، واقعی است. شما نام میدان ژاله را به‌میدان شهدا تغییر دادید و یک عمر نان آن‌را خوردید، جنایات جمهوری‌اسلامی را چه بنامیم؟ کدام میدان وکدام خیابان شهر را «شهدای» این بار قیام بنامیم؟ آیا از خودتان خجالت نمی‌کشید؟

آقای کروبی! دنیا پیشرفت کرده است. امروز با سی سال پیش قابل قیاس نیست. آن موقع لغو حکم اعدام تابو بود و مثل امروز همگانی نشده بود. جنایت، در مقابل چشم مردم دنیا اتفاق نمی‌افتاد. چند عکس از ۱۷ شهریور، امروز موجود است؟ تنها چند عکس محدود. اما از لحظه به‌لحظه‌ی جنایات این‌روزها عکس و فیلم و تصویر در دست‌ها و در مقابل نگاه مردم دنیاست. این واقعیت، دست جنایت‌کاران را می‌بندند. شصت و نه شهید امروز، با توجه به‌پیشرفتی‌که در دنیا اتفاق افتاده، به‌مراتب فجیع‌تر و بیش‌تر از ۱۷ شهریور۵۷ است. این نظام روزانه به‌اندازه‌ی شهدای میدان ژاله و ۱۷ شهریور آدم می‌کشت. باور کنید زخم زبان نمی‌زنم؛ وظایف‌تان را گوشزد می‌کنم.

شما پس از کشتار ۱۷ شهریور ۵۷ به‌کم‌تر از سرنگونی شاه راضی نبودید، چرا انتظار دارید ما به‌کم‌تر از سرنگونی این نظام جنایت‌پیشه راضی شویم؟

شما در نامه‌تان به‌رییس مجلس خبرگان رهبری آورده‌اید:

«از دستگیری‌های بی‌حساب وکتاب، از ضرب و شتم و وارد کردن جراحات تا شهادت فرزندان این کشور، از حمله به‌خانه‌های مردم تا فاجعه‌ی خونین کوی دانشگاه و برخوردهای خشن و وحشت‌انگیز حتی با خانم‌ها در سطح خیابان‌های شهر ـ که تاکنون سابقه نداشته است ـ رخ داد، که بسیار قابل تامل و پی‌گیری است.»

آقای کروبی آیا واقعاً اعتقاد داریدکه چنین اعمالی «تاکنون سابقه نداشته است»؟ آیا دستگیری بدون حساب وکتاب تازه اتفاق افتاده است؟ اگر پاسخ‌تان آری است، آدرس اینترنتی‌تان را بدهید تا یک دوره‌ی چهارجلدی کتاب «نه زیستن نه مرگ» را که خاطرات دوران زندانم است و در نزدیک به دو هزار صفحه

نگاشته شده، برای‌تان به‌صورت فایل ارسال کنم. به‌شرافتم سوگندکه چیزی را گزافه نگفته و قصد جوسازی و دروغ‌پردازی هم نداشته‌ام.

شاید منظورتان این بوده است که چنین برخوردهایی با استوانه‌های نظام و یا خودی‌ها سابقه نداشته است. اگر روی این مسئله تأکیدکرده‌اید حق با شماست، مخالفتی ندارم. در این مورد، من با شما هم‌عقیده هستم.

سکوت آن‌روز شما و حمایت‌تان از جنایت‌کاران باعث شد این شتر در خانه‌ی شما و دوستان‌تان هم بخوابد. چه بسا این شتر فردا در خانه‌ی سعید مرتضوی و بسیاری از فرماندهان سپاه و صاحب‌منصبان امروز نظام هم بخوابد. چه کسی فکرش را می‌کرد دوستان شما روزی به‌چنین عقوبتی دچار شوند؟ چه کسی فکر می‌کرد وقتی احمد خمینی نقشه‌ی حذف زندانیان سیاسی و آیت‌الله منتظری را می‌کشید، در حال کندن گور خود است؟ چه کسی فکر می‌کرد وقتی سعید امامی نقشه‌ی قتل احمد خمینی و دگراندیشان را می‌کشید، حکم قتل خود را نیز صادر می‌کرد؟ «امام امت» وزارت اطلاعات را تأسیس کرد که نظامش را حفظ کند اما قاتل جان فرزندش شد. آیا هرگز کسی فکر این‌جای کار را می‌کرد؟ باور کنید من چنین تصوری نداشتم.

هاشمی عراقی که در خُم رنگرزی «نظام» یک‌شبه شناسنامه‌ی ایرانی پیداکرد و «شاهرودی» شد، دلش خوش است که قوه قضاییه را ترک می‌کند؛ اما نمی‌داند اگر این نظام بماند این شتر روزی در خانه‌ی خود و اطرافیانش هم خواهد خوابید. آقای کروبی، وصلت خانوادگی با این و آن نجات‌بخش نخواهد شد. شما خود بهتر می‌دانید حکومت آخوندی ثابت کرده است تنها چیزی که ندارد رحمت و مهر و عطوفت وگذشت و حلم و بردباری و قدرشناسی‌ست.

آقای کروبی! شما سال‌گذشته در مراسم سالگردکشته شدن لاجوردی جنایت‌کار حضور یافته و سنگ‌تمام گذاشتید. شما تنها نفری از «اصلاح‌طلب»ها بودید که در این مراسم شرکت داشت. من از میزان دوستی و ارادت شما به لاجوردی آگاهم. آیا نمی‌دانید چه جنایاتی را او مرتکب شد؟ باور کنید صد تاکهریزک را که روی هم بگذارید به گرد پای او و جنایاتش در اوین نمی‌رسد. قزل‌حصار و گوهردشت پیشکش.

یادم هست در ســال ۶۰ هم برای بازدید به اوین تشریف آوردید. درست مثل
حالا که نمایندگان مجلس برای لاپوشانی جنایات، هیئت تشکیل می‌دهند و به
بازداشــتگاه‌ها می‌روند. اگر حرف‌های مرا در مورد اوین و جنایات لاجوردی
و... قبول ندارید از طاهر احمدزاده بپرســید. بعیــد می‌دانم با نزدیک به نود
ســال سن بخواهد دروغ سرهم کند. دکتر محمد ملکی که دم دستتان هست،
از ایشــان بپرسید. خود بهتر می‌دانید این مرد شریف در دوران کهولت نیازی
به‌دروغ‌گویی ندارد، منفعتی هم درکار نیست، هرچه ایشان گفت مورد قبول من
هم هست. ایشان در سال ۶۰ در سالن یک آموزشگاه در حضور شما از وضعیت
خود گفت و به عقوبت شــدیدی دچار شدکه تا مرگ فاصله‌ای نداشت. آقای
کروبی حالا که این قدر از راه را آمده‌اید و من برای همین هم از شما قدردانی
می‌کنم، بقیه‌اش را هم بروید و از مردم برای سی سال جنایت وکشتار طلب عفو
و بخشش و گذشت کنید، نه برای آن‌چه که در دو ماه گذشته اتفاق افتاده است.
این دوماه مجرد از آن چه در سی سال گذشته اتفاق افتاده، نیست.

نوشته‌اید:

> «آن‌چه در این میان مطرح اســت در خصوص برخی از رفتارهای
> شــناعت‌آمیز اســت که اگر به‌طور متواتر از افراد مختلف که در
> روزهای اخیر آزاد شــده‌اند، نشــنیده بودم، باورشان حداقل برای
> من و شــما که در طول قریب به‌نیم قرن ســردی وگرمی روزگار را
> چشیده‌ایم، سخت بود.
> از برخوردهای خشــن و بی‌محابا، بر سر مردم باتوم را خرد کردن،
> آن‌چنان که بعد از گذشت قریب به‌چهل روز هم‌چنان اوضاع‌شان
> غیرعادی است و عوارض آن روی بدن‌شان قابل مشاهده است.»

آقای کروبی! شما از رفتارهای «شناعت‌آمیز» گفته‌اید و خبر از قربانیانی داده‌اید
«که بعد از گذشت قریب به چهل روز هم‌چنان اوضاع‌شان غیرعادی است».
ممنون از این که همین قدر هم به‌فکر افتاده‌اید. من کتابی نوشته‌ام به‌نام «دوزخ
روی زمین». در آن به‌داستان کسانی که در دوران حاکمیت شما و دوستان‌تان در
قبر و قیامت و واحد مسکونی به‌بند کشیده شدند، اشاره کرده‌ام. باور کنید علیرغم

سال‌ها تحقیق و تجربه‌ی شخصی نتوانسته‌ام حق مطلب را ادعا کنم.
قربانیان واحد مسکونی تنها از میان دختران جوان و نوجوان انتخاب شده بودند. بعد ازگذشت بیست وپنج سال از برچیدن آن، و درمان‌های گوناگون در داخل و خارج ازکشــور «هم‌چنان اوضاع‌شــان غیرعادی است». فرزانه عمویی دم دست‌تان است؛ او مادری بودکه سالم تحول اوین داده شد، حالا بعید می‌دانم قادر باشد اوضاعی راکه ازسرگذرانده توضیح دهد. خودتان یا نماینده‌تان سری به امین‌آباد بزنید او را خواهید یافت.
دوســت گران‌قدرم مهری، بعد از بیست و شش ســال، وقتی خواب می‌بیند، چهره‌ی بازجویش را به‌ســن و ســال امروزش می‌بیند نه آخرین باری‌که او را بیست و شش‌سال پیش دیده. یعنی بازجویش در درون او وجود دارد و همراه او پیر می‌شود و موهایش سفید، و البته هر بار در خواب خشن‌تر هم می‌شود. آیا چنین پدیده‌ای را تا به‌حال به‌عمرتان شنیده یا خوانده‌اید؟ آیا برای خودتان پیش آمده کسی راکه بیست سال است ندیده‌اید، به‌سن امروزش درخواب ببینید؟

آقای کروبی! شما بازجویی شده‌اید و می‌دانید بازجویی و شکنجه و یا فضای وحشــت و دلهره یعنی چه؟ چند ساعت یا چند شــبانه‌روز را در اتاق هول‌آور بازجویی گذراندید؟ بعید می‌دانم مجموعاً یک روز شده باشد. دخترانی‌که در واحد مسکونی به‌بندکشیده شدند، چهارده ماه مداوم چنین شرایطی را داشتند. می‌توانیــد باورکنید؟ اگر حرفم را باور ندارید از آیت‌الله منتظری و نماینده‌ی ایشان بپرسید. آیت‌الله منتظری با اطلاع از چنین وقایعی می‌گفت روی ساواک را سفیدکرده‌اید.

می‌دانید قبر و قیامت یعنی چه؟ من درکتابم توضیح داده‌ام. یعنی این‌که ماه‌ها در یک جعبه با چشم‌بند بنشینی و دائم به‌نوحه‌های گوش‌خراش و صدای بلند قرآن و دعا و اعترافات وگریه‌های چند ساعته‌کسانی‌که در زیر فشار طاقت‌فرسا شکسته‌اند، گوش کنی و دائماً مورد شکنجه و تنبیه و آزار و اذیت قرار بگیری. اجازه نداشــته باشی عطسه، یا سرفه‌کنی و یا نان خشک را با صدا بجوی. در صورت درازکردن پاها و یا گذاشــتن ســر روی زانو و استراحت، شدیداً مورد

ضرب و شتم قرار بگیری، در داخل توالت هم تو را کنترل کنند و...
قیامت و قبر یعنی سرپا ایستادن متوالی بدون خواب. یعنی زندگی دائمی با چشم‌بند. اگر حرف من را باور ندارید از مجید انصاری بپرسیدکه دستور داد از آن‌جا و قربانیانی که در قبرها نشسته بودند، فیلم‌برداری و عکس‌برداری کردند. بایستی اسنادش در پیش ایشان موجود باشد. موضوع آن‌قدر فجیع و باورنکردنی بود که شیخ‌مرتضی مقتدایی که امروز از حامیان اصلی کودتاچیان و چهره‌های جنایت‌کار حوزه‌ی علمیه قم و از رهبران حمله به‌بیت آیت‌الله منتظری‌ست، در زندان قزل‌حصار حضور یافت و از زندانیان عذرخواهی کرد وگفت عده‌ای می‌خواسته‌اند چهره‌ی اسلام را خراب کنند.

در نامه‌تان به رییس مجلس خبرگان نوشته‌اید:

> «هتاکی و ابراز دشنام و فحاشی رکیک به‌افراد و نثار نوامیس بازداشت‌شدگان و مردمی که برای نماز جمعه آمده بودند صورت گرفت. رفتارهایی که در فرهنگ دینی و اسلامی هیچ‌یک از گروه‌ها جایی ندارد و نشان‌دهنده‌ی آن است که افرادی برای این کار استخدام شده‌اندکه حتی با اصول بدیهی اسلام آشنایی ندارند و البته شایعاتی نیز مطرح شده که فعلاً به‌آن نمی‌پردازم.»

افسوس که عفت کلام اجازه نمی‌دهد کلماتی راکه حاج‌داوود رحمانی برای توصیف دختران نوجوان و جوان و خانواده‌های محترم‌شان به‌کار می‌برد توضیح دهم.
آیا واقعاً فکر می‌کنید اولین بار است که چنین اتفاقاتی در جمهوری‌اسلامی می‌افتد؟ یک بار دیگر به‌صورت‌جلسات دادگاه اسماعیل افتخاری، باج‌گیر شهرنو و «سربازگمنام» اما در عین‌حال «خوش‌نام» اسلام که در دهه‌ی ۶۰ به‌عنوان فرمانده گروه ضربت کمیته‌ی منطقه‌ی ۱۲ برو و بیایی داشت و بعدها به وزارت اطلاعات و... منتقل شد، مراجعه کنید تا ببینید با زنان و دختران میهن‌مان چه‌کردند. در دادگاه «عدل اسلامی» مطرح شد که پس از تجاوز به‌دختران بازداشت‌شده، جنازه را آتش زده و در نزدیک بهشت‌زهرا رها کردند. از آن‌جایی که چاقو دسته‌ی خودش را نمی‌برد، افتخاری امروز در جامعه آزاد

است. واقعاً فکر می کنید آیت‌الله منتظری اطلاعی از ماوقع نداشت و بی‌جهت به‌پر و پای «امام خمینی» که مرادش بود، پیچیده بود؟
یادتـــان هســـت، در ســـال ۶۰ و ۶۱ فیلم اعترافات مریم شـــیردل از ســـیمای جمهوری‌اسلامی پخش شد. من دوبار فیلم مزبور را دیدم. یک بار از سیمای جمهوری‌اسلامی و یک بار از سیمای اوین.
مریم شـــیردل یکی از هواداران ســـاده‌ی مجاهدین که تعـــادل روحی و روانی نداشـــت، در مقابل چشم میلیون‌ها بیننده اعتراف کرد که در زیرزمین ساختمان معلمین وابسته به مجاهدین در خیابان تخت‌جمشید (طالقانی)، علی‌محمد تشید یکی از اعضای مجاهدین با او روابط جنسی برقرار می کرده است.
برادرش بهروز شـــیردل در ســـلول انفرادی ۲۰۹ با خشم و اندوه به لاجوردی، دوست نزدیک شما، که هم‌چنان یاد و راهش را گرامی می‌دارید، گفت: «اگر راست می گویی عکس تشید را به‌خواهرم نشان دهید، او حتی قادر به‌شناسایی عکس او نیســـت. اگر با مجاهدیـــن مخالفید چرا با آبـــروی خانواده‌ها بازی می کنیـــد؟» لاجوردی در حالی که پوزخند فاتحانـــه‌ای می‌زد به بهروزگفت: ناراحت نباش! خواهرت «پاک» بود.
آقای کروبی! اتهام خاصی در پرونده‌ی مریم شـــیردل نبود، اگر باور ندارید از هیئتی بخواهید پرونده‌ی او را مطالعه کند. تنها به‌خاطر اعتراف دروغی که زیر فشارکرده بود، با آن که تعادل روانی نداشت اعدام شد. بهروز هم اعدام شد تا این جنایت مکتوم بماند.

شما تاکید داشته‌اید که:

> «اما موضوعی را شنیده‌ام که هنوز از آن بر خود می‌لرزم. در دو روز اخیرکه این خبر را شنیده‌ام خواب از سرم ربوده شده است.
> حدود ســـاعت دو که خود را برای خواب آماده می کردم. به‌بسترم رفتم ولی خدا شـــاهد است که بدون ذره‌ای مبالغه، خوابم نبرد، تا ساعت چهار بامداد که مجدداً بلند شدم کمی قرآن خواندم، دوش گرفتم تا آب کمی آرامم کنـــد، حتی نماز صبح را نیز خواندم و تا نزدیکی های طلوع آفتاب خوابم نبرد.

افرادی این مطالب را به‌من گفته‌اندکه دارای پست‌های حساس در این کشـور بوده‌اند. نیروهای نام و نشان‌داری که تعدادی از آن‌ها نیز از رزمندگان دفاع مقدس بوده‌اند. این افراد اظهار داشـته‌اند اتفاقی در زندان‌ها رخ داده است که چنان‌چه حتی اگر یک مورد نیز صدق داشـته باشد فاجعه‌ای است برای جمهوری‌اسلامی که تاریخ درخشـان و سپید روحانیت تشیع را تبدیل به‌ماجرای سیاه و ننگینی می کند که روی بسیاری از حکومت‌های دیکتاتوری از جمله رژیم ستم‌شاهی را سفید خواهدکرد.»

آقای کروبی! اگر از این به‌بعد هم حساسـیت‌تان راجع به‌نوامیس مردم جلب شده باشد جای قدردانی دارد. اما به‌یادتان می‌آورم که در گذشته، به‌خاطر این که آیت‌الله منتظری در نامه به خمینی نوشـته بود «با اطلاع کامل می گویم که اطلاعات شما روی سـاواک را سفیدکرده»، ایشان را ملامت کرده، ساده‌لوح خواندید و زمینه‌ی برکناری‌شان را فراهم کردید؟ آقای کروبی! «تاریخ درخشان و سپید روحانیت تشیع» دیری است که «تبدیل به ماجرای سیاه و ننگین» شده است. اقدامات نظام، گور آن را برای همیشه کنده است.

به‌گزارش نمایندگان آیت‌الله منتظری از زندان‌های جنوب کشـور مراجعه کنید. آن‌ها به‌صراحت از تجاوز به‌زنان زندانی خبر می‌دهند، درکتاب خاطرات آیت‌الله منتظری آمده است. مصاحبه‌ی ویدئویی خانم نینا اقدم را دیده‌اید، به‌صراحت از تجاوز به‌خودش می‌گوید.

فراموش کرده‌اید سال گذشته همین فرمانده‌ی نیروی انتظامی که بایستی حافظ نوامیس مردم باشـد چه کرد؟ یادتان هسـت با وجود سی و شش ساعت فیلم منکراتی که از وی برداشـته شده بود، احمدی‌مقدم چگونه منکر دستگیری و خلاف او بود؟ فقط در یک موردکه فیلمش موجود اسـت شش زن را وادار کرده بود لخت مادرزاد در مقابلش رکوع و سجده روند. گماشتگان ولایت فقیه نماز و رکوع و سجود را نیز به‌سخره گرفتند و وسیله‌ی عیش و نوش‌شان کردند اما وقتی رسوایی به‌بار آمد، آه از نهاد هیچ «متشرعی» بلند نشد. در ادامه‌ی نامه‌ی خودگفته‌اید:

«گمــان نمی کنم زندانیان دوران پانزده سـاله‌ی مبارزات قبل از

انقلاب که از افراد توده گرفته تا گروههای مسلح مبارز التقاطی تا اعضای نهضت آزادی و مؤتلفه و حزب ملل اسلامی که در زندان با هم زندگی کردهاند، دیده یا شنیده باشند.»

آقای کروبی چون از «افراد توده گرفته تا گروههای مسلح مبارز التقاطی تا اعضای نهضت آزادی و مؤتلفه و حزب ملل اسلامی» نام بردید، به اطلاع تان می‌رسانم همه‌ی افرادی که تجربه‌ی زندان شاه و زندان نظام اسلامی را داشتند، متفق‌القول می‌گفتند که یک سال زندان شاه معادل یک روز زندان شما بود. باور کنید همگی علی‌رغم تمامی اختلاف سلیقه و دیدگاهی که داشتند روی این مطلب هم‌عقیده بودند. از افسران پیر و فرتوت حزب توده بگیرید تا اعضای مجاهدین و گروه‌های چپ؛ از ملیون بگیرید تا اعضای سابق حزب ملل اسلامی و حزب‌الله؛ اگر به گفته‌ام باور ندارید آخر عمری برای آن که حقیقت بر شما روشن شود دیداری داشته باشید با علی عمویی. او به‌قدر کافی، هم زندان ساواک جهنمی را تجربه کرده و هم زندان «عدل» اسلامی را؛ هرچه که او گفت مورد پذیرش من هم هست.

آقای کروبی! هرکه از زندان شاه جان به‌در برده بود را شما به‌مسلخ بردید. جنایت از این بزرگ‌ترکه سعید سلطانپور را از سر سفره‌ی عقد به‌قتلگاه بردید؟ هیچ می‌دانید علی‌رضا سپاسی که سابقاً درگروه حزب‌الله بود زیر شکنجه در زندان شما کشته شد؟ بسیاری از بچه‌مسلمان‌هایی که شما می‌شناختید زیر شکنجه کشته شدند.

آقای کروبی! آیا در «دوران مبارزات پانزده ساله‌ی قبل از انقلاب» شما و دوستان‌تان، سابقه داشت که جنازه‌ای را در سطل آشغال نشان‌تان دهند؟ در ۲۹ بهمن ۱۳۶۰ به من و کیومرث زواره‌ای دو جنازه را که زیر شکنجه کشته شده بودند، در میان آشغال‌های پشت بهداری زندان اوین نشان دادند. یکی‌شان روی یک کُپه آشغال افتاده بود و دیگری به‌صورت وارونه در یک سطل آشغال قرار داشت.

آقای کروبی! جز فروردین ۱۳۵۴ و داستان به‌رگبار بستن نُه زندانی فدایی و

مجاهد در تپه‌های اوین، آیا شما و دوستان‌تان زندانی محکوم به‌زندانی را سراغ دارید که اعدام شده باشد؟

سعید متحدین را که از بهار ۵۸ زندانی بود و دوران محکومیت‌اش را سپری می‌کرد همراه با هشت نفر دیگر به‌بهانه‌ی واهی زدن سیلی به‌گوش یک پاسبان شهربانی، در مرداد ۶۰ اعدام کردند. اگر حرف مرا باور ندارید از آقای میرحسین موسوی و خانم زهرا رهنورد که از نزدیک در جریان هستند بپرسید.

آقای کروبی! به‌پرونده‌ها رجوع کنید. خواهید دید عده‌ای از زندانیان چپ را به‌بهانه‌ی داشتن تشکیلات در زندان، به اوین منتقل کرده و اعدام کردند. آیا شما با دوستان‌تان در زندان شاه تشکیل کلاس و... نمی‌دادید؟ آیا بحث و گفتگو نمی‌کردید؟ آیا نشست و برخاست نداشتید؟ آیا ساواکی‌ها نمی‌دیدند؟ آیا توطئه‌ای علیه شما کردند؟ آیا به‌جرم تشکیلات یا داشتن ارتباط با دوستان‌تان کسی از میان شما حتی یک سیلی از ساواک خورد؟

آقای کروبی! هزاران نفر را در کشتار ۶۷، بدون آن‌که جرمی مرتکب شده باشند، به‌دار کشیدند. آیت‌الله منتظری دردمندانه به‌چنین جنایتی اعتراض کرد و شما همان را برای ایشان پاپوش کردید.

ناصر منصوری را که فلج قطع نخاعی بود روی برانکارد به‌دار کشیدند؛ کاوه نصاری را که در اثر ضربه‌ی مغزی گذشته‌اش را به‌خاطر نمی‌آورد و دچار حمله‌ی سخت صرع شده بود، با همان حال راهی قتل‌گاه کردند؛ خودش که نای رفتن نداشت، ظفر جعفری‌افشار که در همان صف بود، وی را قلم‌دوش کرد؛ عباس افغان تعادل روانی نداشت که اعدام شد؛ در سالن ۳ اوین هیچ زن مجاهدی را زنده نگذاشتند. درکجای حاکمیت «طاغوت» چنین ظلمی در حق زنان ایرانی شد؟

زندانیان زن مارکسیست را به‌زور شلاق پنج وعده‌ای می‌خواستند نمازخوان و مسلمان کنند. حُکم آن‌را آقای حسین‌علی نیری که شما به‌او ارادت دارید، صادر کرد. آن‌ها را در حالی که دوران قاعدگی‌شان را می گذراندند نیز برای نماز خواندن شلاق می‌زدند.

آقای کروبی! تحقیق کنید! چنان‌چه برایتان مسجل شد زندانی قطع نخاعی را با داشتن حکم زندان، روی برانکارد، دار زده‌اند، بر اساس اعتقادات خودتان

طلب استغفار کنید. در راه جبران خطای‌تان بکوشید. از این که با جنایت کاران هم‌راه و هم‌قدم شدید، پوزش بخواهید. تا دیر نشده طلب عفو و گذشت کنید.

آقای کروبی! شما بنیان‌گذار بنیاد شهید بودید و یک دهه بر آن حکم راندید. هیچ کس بهتر از شـــما به‌آمار شـــهیدان قبل از انقلاب و دوران انقلاب واقف نیست. شما بهتر می‌دانید تنها آمار کشتار زندانیان بی‌دفا ع در سال ۶۷ که آیت‌الله منتظری در کتاب‌شـــان بین دوهزار و هشتصد نفر یا سه‌هزار و هشتصد نفر (که البته به‌نظر من ســـه‌هزار و هشتصد نفر به‌حقیقت نزدیک‌تر است) ذکر و تاکید کرده‌اند آمار دقیق آن‌را از یاد برده‌اند، بیش از همه‌ی کشته‌شدگان دوران انقلاب و اعدام‌شدگان تاریخ سی و هفت ساله‌ی محمدرضا پهلوی است. «عمادالدین باقی تعداد کل شـــهدای انقلاب در فاصله‌ی قیـــام ۱۵ خرداد ۱۳۴۲ تا ۲۲ بهمن ۱۳۵۷ را سه هزار و یک‌صد و شصت و چهار نفر می‌داندکه براساس آمار بنیاد شهید انقلاب اسلامی و منابع دیگر تدوین شده است.»[1]
یعنی باقی به‌اعتراف خودش علاوه بر آمار بنیاد شهید آمار جاهای دیگر را هم اضافه کرده و به‌رقم بالا رسیده است. چگونه با علم بر این واقعیت در بیست و یک سال گذشته خواب به چشمان‌تان می‌آمد در حالی که مادران هنوز از محل قبر فرزندان‌شـــان خبر ندارند. آقای کروبی! الان فرصت هست برای آن‌چه در سی سال گذشته در کشور صورت گرفت و شما مسئول بخشی از آن بودید، طلب عفو و بخشش کنید.

شما به رفسنجانی نوشته‌اید:

> «اینجانب این مطالب را برای شما می‌نویسم و مصرانه می‌خواهم روی این قضیه اقـــدام و به‌صورتی که صلاح می‌دانید با حضرت آیت‌الله خامنه‌ای مطرح فرمایید و با جدیت پیگیر شـــود تا روشن گـــردد اگر چنین اتفاقی نیفتاده که ان‌شـــاءالله هم نیســـت و بعید می‌دانم باشـــد، اعلام شود، چرا که در همین جامعه امروز و توسط خود بچه‌های بازداشتی در رسانه‌ها و سایت‌ها در حال مطرح شدن

1-http://www.emadbaghi.com/archives/000105.php

است و معلوم نیست آیندگان چه قضاوتی با شاخ و برگ دادن آن خواهند کرد. هم‌چنان که جمهوری‌اسلامی و روحانیت مظلوم نیز مسئول آن شناخته خواهند شد. اگر هم خدای ناکرده رخ داده باشد، سریع با عوامل آن در هر جایگاهی برخورد و اعلام شود تا در شرایط فعلی که بازار شایعات داغ است، فرصت به فرصت‌طلبان داده نشود، هم‌چنان که لازم‌ست ترتیبی اتخاذ گردد تا این اقدام از سوی هیاتی عالی‌رتبه صورت گیرد تا افراد مورد بحث جرات بیان حقایق را داشته باشند چرا که شنیده‌ام تهدید شده‌اند که اگر مطلبی در این خصوص بیان نمایند، نابود خواهند شد.»

آقای کروبی چه خوب که نامه را خطاب به خامنه‌ای که مسئول این جنایات است ننوشتید؛ این هشیاری شما را می‌رساند. اما جمهوری‌اسلامی و «روحانیت مظلوم» سی‌سال است که مسئول جنایات فجیع به‌وقوع پیوسته در این کشور شناخته می‌شوند. اگر یک روز دار و شکنجه و اعَدام و حضور گله‌وار نیروهای وحشی و خونخوار سپاه و بسیج و نیروی انتظامی و... کنارگذاشته و داوری به‌مردم سپرده شود، خواهید دید نه از تاک، نشانی باقی خواهد ماند و نه از تاک‌نشان. شاید با خواندن این نامه مرا نیز جزو «فرصت‌طلبانی» ببینیدکه فرصت را برای حمله به‌روحانیت و نظام مغتنم شمرده‌اند. اما باورکنید این‌گونه نیست. آفتاب عمرتان لب بام است، مرگ دیر یا زود همه‌ی ما را خواهد ربود؛ تا فرصتی هست رشته‌های خود با سه دهه جنایت را بگسلید.

آقای کروبی حاضرید هیئتی تشکیل دهید و مانند آیت‌الله منتظری به درد دل زندانیان دهه‌ی ۶۰ توجه کنید؟ به‌جنایاتی که در دوران خمینی در زندان‌ها اتفاق افتاد، رسیدگی کنید؟

شما مرقوم داشته‌اید:

«عده‌ای از افراد بازداشت‌شده مطرح نموده‌اندکه برخی افراد با دختران بازداشتی با شدتی تجاوز نموده‌اند که منجر به‌ایجاد جراحات و پارگی در سیستم تناسلی آنان گردیده است. از سوی دیگر افرادی به‌پسرهای جوان زندانی با حالتی وحشیانه تجاوز

کرده‌اند به‌طوری که برخی دچار افسردگی و مشکلات جدی روحی و جسمی گردیده‌اند و در کنج خانه‌های خود خزیده‌اند.»

آقای کروبی! چه خوب که از قربانیان تجاوزات ماموران ولایت فقیه یادکردید. مطمئن باشید همین مورد از نظر مردم دور نخواهد ماند. اما فراموش نکنیدکه این نوع تجاوزات منحصر به دو ماه گذشته وکهریزک و... نیست.

گزارش ضیافت‌های پیش از اعدام، برای تجاوز به‌دختران باکره در زندان‌های نظام‌اسلامی را قطعاً شنیده‌اید. توجیه‌شان این بود که آن‌ها به‌بهشت نروند. عده‌ای‌شان را عقیده بر این بود که دختر باکره را نمی‌توان اعدام کرد. آیا خبر ندارید با شیرینی و مقدار اندکی پول به‌عنوان مهریه و شیرینی عروسی به‌خانه‌ی قربانیان رجوع می کردند؟

اگر یک مورد، فقط یک مورد صحت داشته باشد، آن را چه می‌نامید؟ چرا در سی سال گذشته کسی به‌فکر تحقیق در این مورد نیفتاد؟

آقای کروبی پسرتان حسین در مورد کهریزک به دویچه وله گفته است:

«می گفتند حشرات موذی در سلول بودند و آن‌جا را مدام سم‌پاشی می کردند. گاز اشک‌آور توی خود سوله زده‌اند. آن‌ها را روی هم پرت می کرده‌اند. از مسائل جنسی هم گفتند. می گفتند با ما هر جور اذیتی توانستند، انجام دادند و خیلی کتک زدند. می گفتند ما را دولا می کردند و می گفتند شما خر هستید و یک آدم گنده‌ای سوار ما می‌شد و با کابل به پشت ما می‌زد که راه بروید.»

آقای کروبی جهت اطلاع شما و فرزندتان حسین می گویم که من و بیست و یک نفر دیگر در محیطی به مساحت چهار متر مربع، اشتباه نمی کنم فقط چهار متر مربع، ماه‌ها محبوس بودیم. در سلول‌مان مگس نمی‌توانست دوام آورد. اگرکتابم را بخوانید متوجه می‌شوید در سلولی به ابعاد یک متر و شصت سانتی متر در دو متر و نیم چگونه بیست و دو نفر می‌توانند بیش از یک سال زندگی کنند

ما در چنین اتاقی می‌خوابیدیم. به‌عقل هیچ تنابنده‌ای خطور نمی کندکه چگونه

ایـــن امر می‌تواند امکان پذیرد. در کتابم با جزییـــات توضیح داده‌ام. اگر باور ندارید آقای عباس امیرانتظام کنار دســـت‌تان است، از ایشان بپرسید؛ از مجید انصاری بپرسید، او شنیده است؛ از آقای انصاری‌نجف‌آبادی نماینده‌ی آیت‌الله منتظری بپرسید؛ صورت‌جلسه‌ی دادگاه دوم من در سال ۶۴ را ملاحظه کنید، در آن‌جا روی برگه‌ای با عنوان دادنامه به‌عنوان آخرین دفاع همین مطلب را نوشتم و تحویل حاکم شرع دادم، بعید است گرفتار در اوین و زیر سلطه‌ی بازجویان و زندان‌بانان، در دادگاهی که امکان تحقیق داشت دروغ گفته باشم و یا جوسازی کرده باشم.

در شـــرایطی که توضیح دادم مجتبی موســـوی را به‌جرم سلام کردن به‌دوستی مجبور کردند دو هفته سرپا بایستد و بعد هم شیفتی اجازه می‌دادند دو ساعت بخوابد و بیدار بایســـتد. صدها نفر به چنین بلیه‌ای دچار شـــدند. از نماینده‌ی آیت‌الله منتظری بپرسید برای‌تان توضیح خواهد داد.

بر اساس تعالیم «اسلام» حق نداشتیم دو نفری در یک لیوان آب بخوریم؛ با یک کبریت دو نفر نمی‌توانستند سیگارشان را روشن کنند؛ در یک ظرف حق نداشتیم قندمان را بریزیم؛ از یک صابون و شامپو حق نداشتیم دو نفری استفاده کنیم؛ از لباس گرم دیگری در صورت بیماری و نیاز نمی‌توانستیم استفاده کنیم؛ همه‌ی این ها را کمونی و خلاف اسلام می‌دانستند و در صورت عدم رعایت به‌مجازات‌های غیرقابل تصور محکوم می‌شدیم.

از حاج‌داوود رحمانی که مســـئول قزل‌حصار بود، و زنده هم‌چنان در مغازه‌اش مشغول کاسبی است بپرسید حتماً به‌شما خواهد گفت. خندیدن گناه بود. از او بپرســـید «گاودونی» کجا بود؟ از او بپرســـید آیا صحت داشت که ده‌ها نفر را هفته‌ها در توالت جا داده بود و روزی یک لیوان آبِ آب‌گوشت با دو عدد نان لواش به این عده داده می‌شد؟ اشتباه نکنید، یک لیوان آبِ آب‌گوشت و دو نان لواش برای این مجموعه، نه برای هریک!

آقای کروبی! دوســـتان شـــما از یک هفته و دو هفته و یک ماه سلول انفرادی می‌نالند، اگر چه یک روزش هم وحشتناک است و غیرانسانی. به‌ویژه هنگامی

که فرد، خطایی هم مرتکب نشده باشد. آیا هیچ می‌دانید در دهه‌ی ۶۰، هزاران نفر روزها و هفته‌ها که چه عرض کنم، ماه‌ها و سال‌ها چنین شرایطی را تحمل کردند و خم به‌ابرو نیاوردند؟ باور کنید بسیاری از آن‌ها کوچک‌ترین خطایی انجام نداده بودند. سیاست لاجوردی بود که فکر می‌کرد با حبس زندانیان در سلول انفرادی آن‌ها به‌سرعت خواهند برید و به‌نکبت نظام تن خواهند داد. او به‌غلط قیاس به‌نفس می‌کرد .

آقای کروبی! من از خودم می‌گویم که بیش از یک سال انفرادی و قبر و قیامت را تجربه کرده‌ام. بخشـــی از دوران انفرادی‌ام را به‌دستور لاجوردی با جیره‌ی کتک و آزار و اذیت مداوم به‌ویژه در ماه رمضان و محرم طی کردم.

آقای کروبی باور می‌کنید ما در سـال ۶۰ به‌خاطر ضیق وقت و نبود امکانات و فشار پاسداران دو نفری به یک توالت می‌رفتیم و پشت به‌پشت، سر یک توالت می‌نشستیم؟!

توجه شـما را به‌جنایاتی که در سال ۶۰ زیر نظر لاجوردی جنایت‌کار و توسط توابی به‌نام بهزاد نظامی در قزل‌حصار اتفاق افتاد جلب می‌کنم. ازکسانی که شـاهد و ناظر ماجرا بودند بپرسید؛ از انجام هیچ جنایتی فروگذار نمی‌کردند. رابطه‌ی جنسی که چه عرض کنم، بیمار جنسی بود. بهزاد چند سال پیش به‌مرگ فجیعی در تهران مرد؛ اما حاج‌داوود رحمانی هنوز زنده است.

آقای کروبی شما در مصاحبه با سحام نیوز گفته‌اید:

«افراد را در کهریزک لخت می کردند و چهار دست و پا می‌نشاندند و سـوار بر آن‌ها می شدند و به‌آن‌ها می گفتند که صدای حیوانات را در بیاورید. آخر این مایه‌ی تاسـف جمهوری‌اسلامی است؛ یا این که برخی را دسـتگیر کرده و آن‌ها را لخت کرده‌اند و روی هم خوابانده‌اند و آب بر روی آن‌ها ریخته‌اند. حتی شنیده‌ام که هنگامی که افراد را شـکنجه می کردند به‌آن‌ها مـی گفتند با صدای بلند بگویید که مادرتان ... است».

من هم با شـما موافقم که این کاری است سادیستی و زشت و مایه تاسف، اما هیچ می‌دانید هادی غفاری کاندیدای مورد حمایت شما در آخرین انتخابات

مجلــس، روز ۵ مهــر ۶۰ همین کار را با یک دختر نوجــوان مجاهد در مقابل بیمارستان فیروزگر انجام داد. او روی پشت خانم سیمین سهندی که در آن زمان کم‌تر از چهارده سال داشت، نشست و او را مجبور کرد که در وسط خیابان راه برود و صدای حیوان درآورد. هیچ می‌دانید در اوین بر پشت متهمی سوار شده و او را مجبور کرده بودند راه برود که کشک‌های پایش دچار مشکل شده بود. آقای کروبی در وسط خیابان نشستن روی پشت یک دختر نوجوان وحشیانه‌تر است یا در کهریزک؟ برای وقوع این گونه جنایات در سی سال گذشته چه باید گفت؟

در سال ۶۰ موسوی‌تبریزی و محمدی گیلانی و مشکینی می‌گفتند آن‌هایی که به‌خیابان می‌آیند و رو در روی «ولی فقیه» می‌ایستند، مرتکب «بغی» شده‌اند؛ محارب هستند و همان‌جا می‌شود با شهادت دو پاسدار حکم اعدام‌شان را داد و اجرا کرد. می‌گفتند زخمی‌شــان را می‌شود تمام کُش کرد؛ چنین کارهایی را نیز مرتکب شدند. به روزنامه‌های خودتان مراجعه کنید. درست همین توجیهاتی را می‌کردند که «احمد خاتمی» امام‌جمعه موقت جنایت‌کار تهران در روزهای گذشته در پاسخ به‌نامه‌ی مستدل و وزین آقای محقق‌داماد کرد.

آقای کروبی! آن‌چه در کهریزک گذشت نمونه‌ی کوچکی است از آن‌چه در اوین و قزل‌حصار و گوهردشت در دهه‌ی ۶۰ گذشت. جنایت‌کاران به‌دستور و فتوای امثال گیلانی و مصباح‌یزدی عمل کرده‌اند. گیلانی به‌صراحت گفت اگر متهمی زیر تعزیر کشته شود کسی ضامن نیست؛ خون دستگیرشدگان «هدر» بود. این را در روزنامه‌های دهه‌ی ۶۰ نوشتند. از خودشان بپرسید حتماً تکذیب نمی‌کنند. با وجود چنین احکامی به‌جان زندانیان بی‌دفاع افتادند.
امروز هم چنان فتواهایی زمینه‌ســاز جنایات صورت گرفته در کهریزک و دیگر بازداشتگاه‌های نظام است. دست‌پروردگان خامنه‌ای و جنتی و مصباح و مدرسه حقانی چنین احکامی را صادر می‌کنند. به‌عناصر دســت چندمی که مجریان دستور مقامات هستند نباید پرداخت. جنایت‌کار بزرگ خامنه‌ای‌ست؛ شما که بهتر می‌دانید. از این که در این نظامِ جنایت وکشتار مصدرکار بودید عذر تقصیر

بخواهید. هیچ استفاده‌ای که نداشته باشد به‌آرامش روحی‌تان کمک می‌کند.

آقای کروبی شما در مصاحبه با سایت سحام‌نیوز گفته‌اید:

«هیچ گاه یادم نمی‌رود هنگامی که لطف‌الله میثمی به‌دستور مرحوم لاجوردی بازداشت شده بود، همسرش نزد من آمد و گفت که به‌خاطر شرایط فیزیکی‌اش نمی‌تواند حتی آشغال گوشه‌ی چشم خود را پاک کند. من پس از دیدار با همسر او به‌همراه احمد آقا به‌نزد امام رفتم و عین کلام همسر میثمی را مطرح کردم که امام فوراً دستور آزادی او را صادر کردند. این درحالی‌ست که اکنون شنیده می‌شود که در برخی از زندان‌های ما رفتارهای بدی با زندانیان صورت می گیرد به‌طوری که زنی که شنیده شده باردار است اینک دچار ناراحتی کلیه شده و یا زندانیان سیاسی را به‌بند معتادین منتقل می کنند»

آقای کروبی! شما را به‌وجدان‌تان که به‌تازگی بیدار شده است سوگند می‌دهم نمک بر زخم‌ها نپاشید. از خمینی و رحم و مروت آن سیاه‌دل نگویید. اگر راست می گفت چرا وقتی این ظلم را در حق لطف‌الله میثمی شنید دستور برکناری لاجوردی را نداد. میثمی چه جرمی را انجام داده بود که مستحق زندانی شدن بود؟ خمینی که ظلم بر آیت‌الله لاهوتی را دیده بود چرا اجازه داد لاجوردی بر مسند قدرت بماند و جنایت کند؟ ایشان با پای خود به‌زندان رفت و صبح جنازه‌اش بیرون آمد.

آقای کروبی آیا اولین بار است زن حامله به‌زندان افتاده است؟ نام چند زن باردار را بایستی داد که مقابل جوخه‌ی اعدام ایستادند، کدام هیئت را برای رسیدگی به‌این امر تشکیل دادید؟ آقای کروبی از ناراحتی کلیه‌ی این زن باردارگفتید؛ نام چند نفر را می‌خواهید بیاورم که با کلیه‌ی سالم به زندان رفتند و زیر فشار کابل و شکنجه، کلیه‌های‌شان ازکار افتاد و به‌خاطر نبود دستگاه همودیالیز جان دادند. عاقبت دستگاهی را برای این منظور به‌زندان آوردند. یعنی کلیه‌ی افراد را ازکار می‌انداختند و بعد برای به کارانداختن آن از دستگاه همودیالیز استفاده می‌کردند. سرم را از دست بیمار دیالیزی می کشیدند و می گفتند: «تخت

شکنجه یا مصاحبه‌ی تلویزیونی»؟

آقـای کروبی! می‌دانید بازجویان، در بهداری اویـن، پنس را در زخم زندانی می‌چرخاندند؛ می‌دانید با چه شـدتی باند را از روی پوست پا می‌کشیدندکه گوشت و پوست هم با آن جدا می‌شد؟ دکتر شیخ‌الاسلام‌زاده هنوز زنده است؛ شرایطی را برای او به‌وجود آورید تا در بار‌ه‌ی بخشی از جنایاتی که در بهداری اوین اتفاق افتاده توضیح دهد.

خمینی دغدغه‌ی رسیدگی به کدام یک از این جنایات را داشت؟ یکی را مثال بزنید. مگر در شهریور ۶۱ دعایی و هادی خامنه‌ای و هادی نجف‌آبادی گزارش جنایاتی راکه از سـوی لاجوردی صورت گرفته بود به‌خمینی ندادند؟ چرا او هم‌چنان دو سـال و سـه ماه دیگر بر مسند قدرت ماند؟ مگر حتی سیدحسین موسـوی‌تبریزی که خود در جنایت‌کاری و خشـونت نظیر نداشـت، خبر از خشونت بی‌حد لاجوردی نداد؟ مگر خواستار برکناری او نشد؟ آقای کروبی، چشم‌های‌تان را بازکنید.

آقای کروبی! لطفاً از رحم و مروت خمینی نگویید. یک‌بار دیگر فرمان قتل‌عام زندانیان سیاسـی راکه به‌دستور او انجام گرفت بخوانید. اگر در دسترس‌تان نیسـت به‌کتاب آیت‌الله منتظری رجوع کنید. فرمانی از این جنایت‌کارانه‌تر در تاریخ فقه و فقاهت صادر شده است؟

آقای کروبی فرزندتان حسـین در پاسخ به‌سـؤال خبرنگار دویچه‌وله که از وی پرسید: «چه مورد مشخصی ایشان (منظورشان شما بودید) شنید که خیلی منقلب شد؟» گفت:

«ایشان مرتب با خانواده‌های زندانیان ملاقات دارد. من نفهمیدم آن‌شب که این خبر را شنیده بود کدام خانواده پیش او بوده اما مادرم گفت آقاجانت خوابش نبرد»

آقـای کروبی چه خوب که با خانواد‌ه‌ی زندانیان وکشته‌شـدگان دیدار دارید. چه خوب که یک شـب احساس مسئولیت کردید و به‌خاطر ظلمی که در حق خانواده‌ها شد خواب به‌چشمان‌تان نیامد؛ این مقدمه‌ی خوبی است؛ من به‌خاطر

همین یک شـــبی که خواب بر شما حرام شد از شـــما قدردانی می کنم؛ من و امثال من آدم‌های قدرناشناسی نیستیم؛ شـــاید این سرآغازی باشد برای شما. نترسید، ادامه دهید، دل‌دل نکنید، خیر شما در این است که از راهی که پا در آن گذاشته‌اید برنگردید، ثابت قدم باشید و جلو بروید.

آقای کروبی! بهناز شرقی شب عید برای دیدار با برادرش شهنام به قزل‌حصار آمده بود. سرش را جلوی چشم فرزند شش ساله‌اش نیما، لای در آهنی زندان گذاشـــتند و له‌کردنـــد؛ آب از آب هم تکان نخورد. برادرش را می‌خواســـتند مجبور کنندکه اعتراف کند منافقین این بلا را سر خواهرش آورده‌اند. مثل همین اعترافاتی که این روزها می‌بینید. اما آن بچه‌ها و آن نســـل کجا و این حضرات کجا.

می‌دانید مادرش چه‌ها کشید، بهناز تنها دختر مادرش بود. مادر وفات یافت و مجازات جنایت‌کاران را ندید. اما احساسش به‌نظام را می توانید در شعرهایش که انتشـــار یافته بیابید. من هم مطلبی راجع به او نوشتم که در اینترنت انتشار یافت.

آیا دیداری با آیت‌الله گلزاده‌غفوری از دوستان و همراهان سابق خود داشته‌اید؟ دختر ایشان مریم، و دامادشان علی‌رضا حاج‌صمدی در قتل‌عام ۶۷ اعدام شدند. ایشان بیش از هشتاد سال سن دارند اما اطلاعی از قبر فرزند و دامادشان ندارند. آیا نظام عدل و داد اسلامی که مدعی‌اش هستید چنین حکم می کند؟

آقای کروبی! بعد ازکشتار ۶۷، شما دو دوره رییس مجلس این نظام بودید؟ آیا به‌درد دل ایشان و امثال ایشان گوش کرده‌اید؟

رضا و مریم محمدی‌بهمن‌آبادی هردو اعدام شـــدند؛ پدرشـــان در تصادف با موتورســـیکلت فوت کرد؛ مادرشان سال گذشـــته دق کرد. آن‌ها تا لحظه مرگ خبری از محل دفن فرزندان‌شان نداشتند.

خانواده‌ی ســـیداحمدی که دو فرزندشان محســـن و محمد در سال ۶۷ اعدام شـــدند، هنوز از محل دفن فرزندان‌شان بی‌خبر هســـتند. پدرشان فوت کرد و مادرشان بیمار است.

خانواده‌ی میرزایی دو نفر از فرزندان‌شان در تهران، درکشتار ۶۷ جان دادند؛ از قبرشان اطلاعی ندارند. پدرشان جان داد. درکتاب آیت‌الله منتظری از پدرشان یاد شده است. چند نفر دیگر را می خواهید نام ببرم؟

صدها زندانی مارکسیستی که بعضی‌های‌شان با شما در زندان شاه هم‌بند بودند، درکشتار ۶۷ اعدام شدند؛ قبر هیچ‌کدام‌شان مشخص نیست. آیا با خانواده‌های آن‌ها دیدار کرده‌اید؟

آقای کروبی! شما پیش‌تر در پاسخ به احمد منتظری فرزند آیت‌الله منتظری برای توجیه کشتار ۶۷ گفتید که زندانیان در زندان شورش کرده و تواب‌ها راکتک زده بودند! گیرم که چنین کرده بودند؛ آیا باید به‌خاطرکتک زدن چند تواب، هزاران نفر را در سراسرکشور به‌دار می کشیدند؟

انصاف‌تان کجا رفته است؟ شماکه ادعای جنایت‌کاران را در باره‌ی کشتار ۶۷ پذیرفتید و تکرارکردید، چرا ادعای امروز آن‌ها راکه می‌گویند شما می‌خواستید انقلاب مخملی کنید نمی‌پذیرید؟ چرا توجیه آن‌ها برای بدرفتاری با زندانیان و شکنجه و تجاوز و... را نمی‌پذیرید؟

آقای کروبی! تا دیر نشـــده طلب عفو و بخشش کنید و برای جبران گذشته قدم بردارید. این شاید آخرین فرصت برای شما باشد؛ تا دیر نشده بجنبید.

نگارش ۱۸ مرداد ۱۳۸۸

بازبینی ۲۳ مرداد ۱۳۸

محمدرضا شریفی‌نیا
تواب دو آتشه‌ی اوین و حامی احمدی‌نژاد

در خبرها آمده اســت شــرکت محمدرضا شــریفی‌نیا در مراسـم تنفیذ حکم
ریاسـت‌جمهوری احمدی‌نژاد توسـط خامنه‌ای، باعث شـد صفحه‌ی او در
فیس‌بوک به‌سرعت خالی شـود. بی‌مناسبت ندیدم تا نگاهی به‌پیشینه‌ی او که
تلاش می‌شود مخفی بماند، بیافکنم.

محمدرضا شریفی‌نیا در سال ۱۳۳۴ در خانواده‌ای مذهبی متولد شد و تحصیلات
خود را در مدارس علوی، قدس، موسـوی وکمال ادامه داد و در رشـته‌ی تربیت
بدنی از دانشگاه فارغ‌التحصیل شد، اما هیچ‌گاه به‌کار در رشته‌ی تحصیلی‌اش
نپرداخت.
شریفی‌نیا پیش از انقلاب و در سال‌های اولیه‌ی پس از انقلاب به ادبیات کودکان
روی آورد و چندین کتاب از او انتشار یافت. وی هم‌چنین در نقاشی و عکاسی
برای کتاب هم در این سـال‌ها فعال بود و در طراحی جلد چند کتاب وکارهای
گرافیستی نیز مشارکت داشت.
شریفی‌نیا پیش از انقلاب در زمره‌ی شاگردان و علاقمندان مهدوی کنی، مطهری

و شــریعتی بود و در جلسات سخنرانی شریعتی و فخرالدین حجازی و... شعر دکلمه می‌کرد و به‌همین سبب یکی از اعضای گروهی بود که هنگام ورود خمینی به‌ایران، پای پلکان هواپیما سرود «خمینی ای امام» سروده‌ی حمید سبزواری «ملک‌الشعرای» جمهوری‌اسلامی را اجرا کرد. شریفی‌نیا در آن روز به‌عنوان فرد اول گروه سرود، مسئولیت دکلمه‌ی این شعر را بر عهده داشت.

محمدرضا شــریفی‌نیا پس از پیروزی انقلاب، با توجه به جو سال‌های ۵۷ تا ۶۰ که کم‌تر روشــنفکری حاضر بود نامش در ردیف هواداران آخوندها بیاید، با گرایش به‌هواداری از شریعتی، راه خود را از مطهری و مهدوی‌کنی جدا کرد و به‌واسطه‌ی فعالیت‌های فرهنگی‌اش مدتی اسمش سر زبان‌ها افتاد که همین امر برایش موجب دردسر شد و در جریان سرکوب خونین دهه‌ی ۶۰ به‌خاطر هواداری از شریعتی و در ارتباط با نشریه‌ی لوح، دستگیر و پایش به اوین باز شد.

با پرونده‌ی سنگینی که لاجوردی برایش ساخته و پرداخته بود، مدتی زیر حکم اعدام قرار داشت؛ اما به‌سرعت در هیأت یک تواب دوآتشه، به‌خدمت شــکنجه‌گران و لاجوردی درآمد و عــلاوه بر خبرچینی و همکاری اطلاعاتی با زندان‌بانان به‌خاطر اعتمادی که به‌او می رفت و تخصصی که داشــت، در چاپخانه‌ی اوین مشغول به‌کار شــد. وی در دوران زندان در حالی که زندانیان بســیاری حتی از ملاقات محروم بودند، یک پایش در زندان بود و یک پایش در مرخصی.

شریفی‌نیا به‌پاس خدماتی که به لاجوردی و دادستانی انقلاب‌اسلامی ارائه داد، ابتدا به‌حبس ابد محکوم و بعد از چند عفو در ســال ۶۵ از زندان آزاد شد. در آن سال‌ها مسئولیت چاپخانه‌ی زندان اوین با رضا تبریزی[۱] بازجو و شکنجه‌گر شعبه‌ی هفت اوین بود و کارهای اجرایی آن زیر نظر شریفی‌نیا انجام می‌گرفت. این چاپخانه در آن ایام زیر نظر روابط عمومی دادســتانی انقلاب‌اسلامی مرکز اداره می‌شد، و مسئولیتش با احمد احمد بود.[۲]

۱-رضا تبریزی پس از فراغت ازکار بازجویی و شــکنجه‌گری ـ اگر اشــتباه نکنم ـ در یک دوره به‌ریاست فدراسیون کوه‌نوردی رسید.
۲-احمد احمد از وابستگان سابق گروه حزب‌الله و بعدی مجاهدین در سال ۵۵ در درگیری خیابانی با ماموران ساواک هدف چندین گلوله قرار گرفت و دستگیر شد. اما به‌خاطر ضدیت‌اش با نیروهای مترقی و چپ پس از مداوا بدون آن که به‌دادگاه برده شــود به‌دســتور ساواک از زندان آزاد شد تا

روابط عمومی دادستانی انقلاب‌اسلامی در کنار کار اصلی‌اش یعنی تنظیم اطلاعیه‌های دادستانی انقلاب‌اسلامی مرکز، به‌چاپ و انتشار کتاب‌هایی می‌پرداخت که حاوی بعضی مصاحبه‌ها و میزگردها و هم‌چنین بخش‌هایی از برگه‌های بازجویی افراد بود. این کتاب‌ها و جزوه‌ها با نام «کارنامه‌ی سیاه» و... علیه سازمان مجاهدین خلق انتشار می‌یافتند.

هدف این کتاب‌ها رفع اتهام از دادستانی انقلاب‌اسلامی و جنایت‌های انجام گرفته از سوی آنان بود. تا آن‌جا که به‌خاطر دارم شش، هفت کتاب به زبان‌های فارسی و انگلیسی توسط روابط عمومی دادستانی انقلاب‌اسلامی مرکز و یک کتاب توسط سازمان تبلیغات اسلامی انتشار یافت. طراحی روی جلد، کارهای گرافیکی، صفحه‌بندی، تنظیم مطالب وکارهای فنی و محتوایی این کتاب‌ها توسط محمدرضا شریفی‌نیا انجام می‌گرفت و تنها تایید نهایی آن قبل از انتشار، با بازجویان و مسئولان دادستانی بود.

شریفی‌نیا پس از آزادی از زندان به‌واسطه‌ی همسرش آزیتا حاجیان[1] به‌سینما راه یافت. البته او در این زمینه تجربه‌هایی پیش از انقلاب داشت. زمینه‌ی آشنایی او باکار سینما و تئاتر برمی‌گردد به سال‌های آخر دوران شاه و پس از انقلاب که همراه با آزیتا حاجیان و...، یک گروه تئاتری درست کرده بودند و به ارائه‌ی کارهای مذهبی زیر نظر مهدوی‌کنی و مطهری می‌پرداختند. مهم‌ترین کار آن‌ها «نسل آواره» نمایشی بود راجع به آوارگی فلسطینی‌ها که در تئاتر شهر اجرا شد. شریفی‌نیا در سال ۱۳۷۰ اجازه‌ی بازی در سریال امام علی را یافت و پس از آن به‌سینما راه یافت و پله‌های ترقی را به‌سرعت پیمود. از جمله نقش‌های او می‌توان

به‌مبارزه با مجاهدین و نیروهای چپ بپردازد.

۱-آزیتا حاجیان متولد ۱۳۳۶ در تهران و لیسانسیه‌ی بازیگری وکارگردانی تئاتر از دانشکده‌ی هنرهای دراماتیک است. او فعالیت هنری خود را در سال ۱۳۵۴ با نمایش «خورشید خانم آفتاب کن» آغاز کرد. از دیگر فعالیت‌های او و در زمینه‌ی تئاتر می‌توان به «بهرام چوبینه»، «ژاندارک»، «نسل آواره»، «نمایش بی کلام»، «دایره گچی قفقازی» اشاره کرد.

پس از سرکوبی خونین دهه‌ی ۶۰ وی نیز مدتی دستگیر شد. نمی‌دانم دوران زندانش چقدر طول کشید اما شنیده‌ام دخترش مهرآوه در زندان به‌دنیا آمد. از میزان صحت این خبر اطلاعی ندارم. وی پس از آزادی، ممنوع‌التصویر بود تا در سال ۶۸ در فیلم دزد عروسک‌ها کار محمدرضا هنرمند در سینما حضور یافت و زمینه‌ی حضور همسرش محمدرضا شریفی‌نیا را نیز به‌وجود آورد. گفته می‌شود در سال‌های اخیر وی از شریفی‌نیا جدا شده است.

به‌نقش یک عنصر اطلاعاتی در فیلم «مکس» اشاره کرد که به‌خاطر نزدیکی‌اش به‌بازجویان و عناصر اطلاعاتی در اوین، به‌خوبی از عهده‌ی اجرای آن برآمد. نقش مرد هرزه و دوزنه نیز کار آکتری بود که وی با توانایی آن‌را اجرا می‌کرد. با شایعاتی کــه بعدها حول و حوش او پدید آمد ظاهــراً تجربه‌های فردی وی نیز در ارائه‌ی موفقیت‌آمیز این نقش مددکارش شده بود. در فیلم «دایره زنگی» تلاش می‌شود تسلط پلیس و دستگاه امنیتی، به‌رخ بیننده کشیده شود.

حضور شریفی‌نیا در سینما تنها به نقش‌آفرینی در جلوی دوربین ختم نمی‌شود بلکه از دستیاری کارگردان تا انتخاب هنرپیشه و ... همه چیز به او ختم می‌شود. شریفی‌نیا در مورد حضورش در فیلم «فرزند صبح» که راجع به زندگی خمینی است می‌گوید:

«اولین باری که بهروز افخمی برای ایفای نقش حاج ســیداحمد خمینی با من صحبت کرد عنوان کرد که حاج حســن آقا، نوه امام (ره) علاقه‌مند است که من نقش پدر ایشان را بازی کنم. من به‌لحاظ بازیگری خیلی علاقه‌مند به‌بازی در نقش های شخصیت‌های معاصر نیستم، اما این بار موضوع فرق می کرد. به خاطر این که خانواده‌ی امام (ره) خواسته بودند این کار را من انجام دهم، بازی در این نقش را پذیرفتم. چراکه ادای احترام به‌خانواده‌ی امام (ره) برایم مهم‌تر از ایفای نقش بود.»[1]

شرکت او در مراســم تنفیذ حکم ریاست‌جمهوری احمدی‌نژاد جدای از تعلق خاطرش به این یا آن شخص، به‌نظرم بر می‌گردد به ابن‌الوقتی او و تلاش برای پاک کردن پرونده‌ای که نزدیکان احمدی‌نژاد دو سال پیش برایش ساخته بودند و به‌خاطر آن مدت ها زمزمه‌ی ممنوعیت فعالیت او در سینما نیز شنیده می‌شد. سال گذشته نیز شریفی‌نیا تلاش کرد دل احمدی‌نژاد را به‌دست بیاورد و در مصاحبه با رضا رشیدپور گفت:

«من شــنیدم که یک خبرنگار خارجی از آقای احمدی‌نژاد سوال کرده که چهره‌ی شما زیبا نیست و به‌درد ریاست‌جمهوری نمی‌خورد

1- http://www.sharifiniaa.blogfa.com/

ایشـــان هم پاســـخ داده که اگر به‌درد ریاست‌جمهوری نمی‌خورد، به‌درد نوکری مردم که می‌خورد. این جمله مرا تکان داد و اگر قبل از انتخابات شنیده بودم حتماً به‌ایشان رای می‌دادم.»[۱]

موضوع بر می گشـــت به گزارش ســـایت «رجا نیوز» در مـــورد فعالیت‌های شـــریفی‌نیا. درگزارش این سایت که بعدها در نشریه‌ی صبح صادق ارگان سپاه پاسداران نیز انتشـــار یافت آمده بود: « محمدرضا شریفی‌نیا که در بسیاری از فیلم‌ها علاوه بر بازیگری، در قالب دســـتیارکارگردان و انتخاب بازیگر، ایفای نقش می کند، با تشکیل یک مافیای انحصاری، ورود بازیگران جدید را درکنترل خود گرفته و به سوءاستفاده‌های مالی و اخلاقی می‌پردازد.» رجا نیوز مدعی شده بود که شریفی‌نیا «معرفی بازیگران مرد برای ایفای نقش در سینما را مشروط به پیش‌پرداخت اولیه‌ی هفت، هشت میلیون تومانی کرده است. هم‌چنین بازیگران زن، علاوه بر این پیش‌پرداخت، با صراحت شگفت‌انگیزی به تن دادن به مسائل غیراخلاقی برای پیشرفت سریع‌تر دعوت می‌شوند! این شبکه‌ی مافیایی به‌دلیل ارتباط گیری با اغلب کارگردانان، بر ســـینمای کشور مسلط شده است. ادامه‌ی حیات این شبکه در حالی صورت می پذیرد که تاکنون خبری از برنامه‌ی احتمالی مسئولین سینمایی برای شکستن این حلقه‌ی فاسد، و برخورد با این بازیگر منتشر نشده است.»»[۲]

ظاهراً ترفند شریفی‌نیا برای نزدیکی به احمدی‌نژاد و ماست‌مالی کردن پرونده‌ی مزبور کارساز واقع شده است چرا که در پی اعتراضات مردمی نسبت به‌حضور وی در مراسم تنفیذ، سایت سحر نیوز در خبری با عنوان «شریفی‌نیا آماج حملات کودتاچیان مخملی» نوشت:

«پس از آن که این چهره‌ی شاخص سینمایی در مراسم تنفیذ حکم احمدی‌نژاد در بیت رهبری حاضر شده است، مورد نفرین و عتاب جریان کودتای مخملی قرارگرفته و تهدیدها و تخریب‌ها به‌سمت وی سرازیر شده است. در یکی از ایمیل‌های تخریبی و توهین‌آمیز که علیه وی ســـاخته و پخش شده ضمن توهین به شریفی‌نیا، سینما و

1- http://www.fardanews.com/fa/pages/?cid=50688
2- http://eiona.co.cc/fa/1388/05/14/2184

هنرمندان به تحریم وی تشویق می شوند.»[1]

چنان چه ملاحظه می شـود پس از حمایت شریفی نیا از احمدی نژاد و شرکت او در مراسـم تنفیذ حکم ریاست جمهوری که با بایکوت وسـیع چهره های سیاسی و مذهبی رژیم مواجه شـده بود، اتهاماتی نظیر «مافیای انحصاری»، «سوءاسـتفاده های مالی و اخلاقی»، «مسائل غیراخلاقی»، «حلقه ی فاسد» «تواب منافقین» و... فراموش شـده و شـریفی نیا تبدیل به «چهره ی شاخص سـینمایی» می شـود و از او در برابر «نفرین و عتاب» افراد وابسته به «جریان کودتای مخملی» حمایت به عمل آمده و نسبت به ارسال «ایمیل های تخریبی و توهین آمیز» علیه وی شکایت می شود!

نکته ی جالب این که بریده ی نشریه ی صبح صادق ارگان سپاه پاسداران که تا روز ۱۷ مرداد ۱۳۸۸ در آدرس eiona.co.cc/fa/1388/05/14/2184 موجود بود در همان تاریخ حذف شد تا رد پای سپاه و رجا نیوز در پرونده سازی قبلی برای شریفی نیا پاک شود. آخر زشت بود که فردی با چنان توصیفاتی که روزنامه ی ارزشی سپاه پاسداران از او کرده بود به حضور «رهبر معظم انقلاب» برسد و از میهمانان مراسم «عبادی سیاسی» تنفیذ باشد. اما خوشبختانه این خبر هم چنان در نشریه «عبرت های عاشورا» دو هفته نامه ای که در نماز جمعه پخش می شود موجود است.[2]

نوع برخورد جریان های حامی احمدی نژاد با محمدرضا شریفی نیا نشان دهنده ی میزان صداقت آن ها در طرح شعارهای شان است.

بعد از نگارش:

۱- شـریفی نیا در ارتباط با سیامک پورزند نیز دسـتگیر شد و مورد بازجویی قرار گرفت. اما با آن که از روابط نزدیکی با پورزند برخوردار بود پس از آزادی از زندان مورد اعتماد بیش تری واقع شد.

۲- بعد از انتشار این مقاله دوستی یادآوری کرد که شریفی نیا در رابطه با نشریه ی «محراب» دستگیر شده بود. من در اصل مقاله نام نشریه را «لوح» ذکر کرده بودم.

۱۸ مرداد ۱۳۸۸

1- http://saharnews.ir/view-6074.html

2- http://irandoosty7.parsiblog.com/Archive47425.htm

فرهاد جعفری مدافع سینه‌چاک احمدی‌نژاد
یا سهی سیفی وب‌گرد «روزآنلاین»

فرهاد جعفری یکی از کسانی‌ست که در تله‌ی انتخابات اخیر ریاست‌جمهوری گرفتار آمد و با دســـت رد مردم روبرو شـــد. او مدتی بود با چرب‌زبانی تلاش می‌کرد به‌نوعی خود را مطرح کند و با طرح حرف‌های ضد و نقیض به‌نوعی دل همه را به‌دست آورد. این نوع سیاست‌ها به‌ویژه در جامعه‌ی متحول و پویای ایران، مدت کوتاهی کارساز است ولی به‌سرعت کاربرد خود را از دست می‌دهد. وی ســـال گذشته باکتاب «کافه پیانو» که یادآور پاورقی‌های سطحی نشریات زرد است، موقعیتی یافت و به‌قولی سری در میان سرها در آورد. از آن به‌بعد بود که دور بَرَش داشـــت و مدتی مدعی شدکه به‌طور مجانی حاضر به‌مصاحبه با مطبوعات و رادیو تلویزیون‌ها نیست و رسانه‌ها برای گفتگو و مصاحبه‌ی با او بایستی وجهی را بپردازند!

حمایت او از احمدی‌نژاد در دوران انتخابات و دفاعش از اقدامات کودتاچیان و به‌ویژه احمدی‌نژاد در دو ماه گذشته، باعث شد بسیاری از مردم که خود را

فریب‌خورده یافته بودند، در اقدامی اعتراضی کتاب وی را به انتشارات چشمه بازگردانند و به‌این ترتیب عمرکوتاه یکی دیگر از حباب‌هایی که به‌مدد حضور این رژیم در قدرت، مدتی جلوه گری می کرد پایان یافت.

فرهاد جعفری در نوجوانی یکی از هواداران عبدالحمید دیالمه (انصار حزب‌الله دوران ۵۸-۶۰) بود و مدتی نیز درکسوت بسیجی در جبهه‌های جنگ و نیز ایجاد خفقان در شهرها به‌خدمت مشغول بود. او پس از دوران جنگ و زمانی که دیگر حنای بسیجی رنگی نداشت، آهسته‌آهسته رنگ عوض کرد، ابتدا در انتخابات دور پنجم مجلس از شهر مشهد نامزد شد و به‌خاطر عکس متفاوتی که از خود انتشار داده بود رای اعتراضی خوبی هم به‌دست آورد. رنگ عوض کردن‌های مستمر فرهاد جعفری ادامه داشت تا عاقبت شد لیبرال و لیبرال‌دمکرات و سکولار و هوادارگاندی!
اگر این تغییر واقعی بود، می‌باید به‌فال نیک گرفته می‌شد، اما یکی از هنرهای جمهوری‌اسلامی در سه دهه‌ی گذشته، از مفهوم خالی کردن کلمات و ارزش‌ها و ایجاد فرهنگی است که پدیده‌ی «شترگاوپلنگ» یکی از تبعات آن است.
جعفری براساس تعالیم «گاندی» اسلامیزه شد، در انتخابات ریاست‌جمهوری اخیر و وقایع پس از آن با جدیت و تلاش بسیاری به‌حمایت از احمدی‌نژاد و کودتای انتخاباتی برخاست و در دفاع از احمدی‌نژاد و سیاست‌هایش، در مشهد به مناظره با نمایندگان دیگرکاندیداها پرداخت و جزو کسانی بود که در سفر اخیر احمدی‌نژاد به‌مشهد، به‌استقبال او شتافت.
جعفری برای کسب درآمد از طریق مطرح کردن خود، هیچ امکانی را از دست نمی‌دهد و چه بسا از نوشتن چنین مقاله‌ای نیز استقبال کند، چراکه به‌سیاست برادر «حاتم‌طایی» نیز معتقد است.
او که از همکاران سابق روزنامه‌ی قدس در خراسان و نویسندگان پروپاقرص سایت «گویانیوز» است[۱]، در موسم انتخابات با بی‌بی‌سی فارسی که در

۱- سایت مزبور یکی ازکانال‌هایی است که افرادکم مایه‌ای چون جعفری را به‌عنوان تحلیلگر، پژوهشگر و نویسنده به‌خلایق بی‌خبر از همه‌جا قالب می‌کند. پیش از این نیز افرادی چون پیام فضلی‌نژاد (که به‌معاونت و مشاورت قاضی سعید مرتضوی، حسین شریعتمداری و حسن شایان‌فر رسید)، حسین درخشان (ازکانادا به‌ایران بازگشت و در تهیه و تنظیم کیفرخواست‌های اخیر از وی

کیفرخواست دادستانی، در فکر به‌قدرت رساندن موسوی و انجام انقلاب مخملی بود، مصاحبه، و از احمدی‌نژاد دفاع کرد.

از آن‌جایی که در و تخته به‌هم خوب چفت می‌شوند، فرهاد جعفری به‌تور هوشنگ اسدی یکی از ژورنالیست‌های بدنام وگرداننده‌ی سایت «روزآنلاین» که سابقه‌ی همکاری با حزب توده، ساواک و دستگاه امنیتی جمهوری‌اسلامی را دارد افتاد و با دریافت ماهانه صدهاهزار تومان دست‌خوش با نام مستعار زنانه‌ی «سهی سیفی» به «وب گردی» برای این سایت پرداخت و صاحب ستونی در «روزآنلاین» که بودجه‌ی آن از طرف وزارت خارجه‌ی هلند تامین می‌شود، شد. قابل ذکر است که نام مستعار غالب نویسندگان مرد از نوع هوشنگ اسدی و فرهاد جعفری در این سایت، زنانه است. مثلاً پرستو سپهری، نسرین تبریزی، بهار ایرانی و... خود هوشنگ اسدی هستند. «آرینا امیرسلیمانی» نام مستعار زنانه‌ی امیرعزتی است. این افراد با نام‌های مختلف از پول مالیات‌دهندگان هلندی سوءاستفاده می‌کنند. نکته‌ی جالب این‌که فرهاد جعفری که خود از بودجه‌ی دولت هلند استفاده می‌کند، به‌اتهامات وکیفرخواست‌های تهیه‌شده از سوی کودتاچیان برای متهم کردن بازداشت‌شدگان به‌ارتباط با خارجی‌ها و بنیادهای هلندی و آمریکایی و... اعتراضی نمی‌کند.[1]

استفاده شده است) را مطرح کرده بود و هم اکنون نیز به جد درکار تبلیغ برای امثال هوشنگ اسدی (توده‌ای خودفروخته به‌ساواک و دستگاه امنیتی رژیم که روزآنلاین را اداره می‌کند) و داریوش سجادی (عنصر وابسته به‌رژیم و ازگردانندگان سابق تلویزیون هما در آمریکا) و ابراهیم نبوی (مدیرکل سابق وزارت کشور و چماق‌دار دوران انقلاب فرهنگی) و... است. البته گردانندگان این سایت برای جلب مشتری و قالب کردن چنین تحفه‌هایی از نوشته‌های افراد شریف و خوش‌نام نیز استفاده می‌کنند.

۱- بر اثر سهل‌انگاری یکی ازگردانندگان سایت روزآنلاین متوجه نام مستعار فرهاد جعفری در این سایت شدم. کما این‌که به‌خاطر اشتباهاتی که اسدی مرتکب شده بود، متوجه شدم خود او پشت نام پرستو سپهری و نسرین تبریزی پنهان شده است. وی با ایمیل‌های متفاوت و نام‌های مستعارگوناگون با روزنامه‌نگاران جوان داخل کشور تماس می‌گیرد تا با ارائه‌ی پیشنهادهای مالی آنان‌را راضی به‌همکاری با خودکند و به‌این ترتیب عده‌ای را نیز به‌دام انداخته است. او هم‌چنین با افرادی که رابطه‌ی نزدیکی با دستگاه امنیتی،اطلاعاتی و حفاظتی سپاه دارند به‌مکاتبه پرداخته و درخواست همکاری و مساعدت می‌کند.
هم‌چنین در اثر سهل‌انگاری امیر عزتی متوجه شدم که آرینا امیرسلیمانی نام مستعار اوست. به‌دستور گردانندگان روزآنلاین، امیر عزتی مجبور شد بلافاصله پُست مربوطه را از وبلاگش بردارد اما از بدشانسی آن‌ها سند مزبور در حافظه‌ی گوگل باقی ماند. هم‌چنین می‌دانم پشت بخشی از نام‌های

در حالی که همکاری با سایت‌های خارج ازکشور برای خیلی‌ها در داخل هزینه داشته است، اما فرهاد جعفری بدون پروا به‌کرات در سایت‌اش اعلام کرده که به روزآنلاین مطلب می دهد.

عامل پیوند هوشنگ اسدی و فرهاد جعفری هم کسی نبود جز صاحب این قلم که بدون آن که بخواهد، زمینه‌ی همکاری و بده‌بستان این دو را با نوشتن مقاله‌ای در نشریه‌ی وزین «آرش» فراهم کرد و این دو شدند هم‌سفره‌ی یک‌دیگر.

در آن مقاله من با استناد به نوشته‌های هوشنگ اسدی در نشریه‌ی کیهان هوایی (که در دهه‌ی ۶۰ ارگان تبلیغاتی دستگاه اطلاعاتی و امنیتی رژیم در خارج از کشور بود) به‌نقش او در تئوریزه کردن بحث «تهاجم فرهنگی» و همکاری‌اش با حسین شریعتمداری و حسن شایان‌فر در پاپوش‌دوزی برای روشنفکران ایرانی اشاره کرده بودم.[1]

فرهاد جعفری در نوشته‌ای به‌دفاع از هوشنگ اسدی، کاسه‌ی داغ‌تر از آش شد و برخلاف اطلاعیه‌ی رســمی حزب توده ایران[2] که اسدی را نفوذی حزب در ساواک معرفی کرده بود، تلویحاً ساواکی بودن وی را زیر سوال برد؛ و با وجود این که تا آن تاریخ هیچ‌گاه هوشنگ اسدی منکر مقالات چاپ شده با امضای خود در کیهان هوایی نشــده و حتی درخارج ازکشور نیز آن مقالات را تکذیب نکرده بود، انتساب مقاله به اسدی را منکر شد[3]!

مستعار دیگر نویسندگان این سایت چه کسانی پنهان شده‌اند. چنان‌چه لازم باشد راجع به آن‌ها نیز خواهم نوشت. استفاده از نام مستعار و به‌ویژه نام‌های زنانه به‌خاطر رعایت مسائل امنیتی نیست و بیش‌تر جنبه‌ی مادی دارد. چراکه امیر عزتی در فنلاند است و هوشنگ اسدی در پاریس. از این گذشته فرهاد جعفری، امیر عزتی، هوشنگ اسدی، نوشابه امیری، حسین باستانی، مسعود بهنود و... که همگی دارای یک یا چندین نام مستعار هستند، با نام اصلی خودشان هم به روزآنلاین مطلب می‌دهند.

1- http://www.irajmesdaghi.com/page1 php?kategori=azSiteDigar

۲- حزب توده که در اثر افشــای نام هوشنگ اسدی به عنوان مخبر و عامل ساواک در تنگنا قرار گرفته بود اطلاعیه‌ای دادکه وی نفوذی حزب توده در ســاواک بوده اســت. اما توضیحی ندادکه یک خبرنگار درجه دو در ساواک چه نفوذی می‌توانست بکند. کیانوری در زندان اوین در سال ۶۶ صادقانه اعتراف کردکه حزب به‌خاطر فشار اجتماعی و سیاسی مجبور شد این اطلاعیه را بدهد وگرنه آن‌ها نفوذی در ســاواک نداشتند. در جلســه‌ی مزبور هوشنگ اسدی نیز شرکت داشت و مخالفتی با گفته‌های کیانوری که سعی می کرد از اقدامات حزب توده دفاع کند، نکرد.

۳- بیش از یک سال پس از انتشار مقاله من در مورد هوشنگ اسدی و توطئه‌هایش علیه روشنفکران

جعفری که در این نوشـــته به‌جلد یک انسان سلیم‌النفس و تحول‌خواه فرو رفته بود، با وجود ســـابقه‌ی ننگینش در دفاع از رژیم جمهوری‌اسلامی و سیاه‌ترین باندهای آن، مدعی شـــدکه سخاوتمندانه نســـل دهه‌ی ۲۰ و ۳۰ خورشیدی را به‌خاطر اشتباهات‌شان می‌بخشد[۱]!

اســـدی که بعد از مقاله‌ی مفصل من در «آرش»، دستش رو شده بود و قدرت پاســـخ‌گویی هم نداشت، از نوشته‌ی جعفری اســـتقبال کرد و از این‌جا بود که رفاقت این دو آغاز شد. بلافاصله هوشنگ اسدی مطلب او را ابتدا در بخش «میهمان روز» سایت «روزآنلاین» انتشار داد و سپس با اختصاص ستونی به‌او، درآمد بادآورده‌ای را نصیب فرهاد جعفری کرد تا حمایتش از وی، بدون اجر و دستمزد نماند.

فرهاد جعفری در حالی که با نام مســـتعار «ســـهی سیفی» ستون‌نویس سایت روزآنلاین در فرانسه بود، از اقدامات «اقتدارگرایان» برای محدودکردن آزادی مطبوعات و غیرقانونی کردن «انجمن صنفی مطبوعات» که ســـعید مرتضوی برای آن دندان تیز کرده بود، حمایت می‌کرد. در این میان کسانی که از ماهیت او خبر داشـــتند، هوشنگ اسدی و همسرش نوشابه امیری بودند و خوانندگان سایت روزآنلاین نمی‌دانستند چه‌کسی پشت این نام پنهان شده است.
در این‌جا مـــروری می کنم بر مواضع فرهاد جعفری در چند ماه گذشـــته تا با شخصیت یکی از ستون‌نویس‌های روز آنلاین آشنا شوید:
فرهاد جعفری در مقالاتی که در ســـایت شـــخصی‌اش انتشـــار یافت از بسته

ایرانی که ســـرو صدای زیادی در محافل روشـــنفکری ایران برانگیخت و درست چند روز پس از مرگ احمد اللهیاری یکی از ژورنالیســـت‌های قدیمی که پس از انقلاب به‌خاطر اعتیاد شـــدیدی که داشـــت به‌خدمت رژیم و حسین شـــریعتمداری درآمده بود هوشنگ اسدی در اقدامی زشت، ناجوان‌مردی را به‌حد اعلا رساند و مدعی شدکه مقالات مزبور توسط احمد اللهیاری نوشته شده و به‌نام او انتشار یافته بود. تا روزی که اللهیاری زنده بود و می‌توانست از خود دفاع کند، اسدی چنین چیزی نمی‌گفت هنگامی که او دستش از دنیا کوتاه شد اسدی هم زبانش باز شد! گویا تا زمانی که اللهیاری زنده بود از او خجالت می‌کشید چنین چیزی را بگوید. در آدرس زیر مقاله من را می‌توانید ملاحظه‌کنید.

http://www.irajmesdaghi.com/page1.php?id=161
1-http://www.goftamgoft.com/index1

شدن و غیرقانونی شــدن «انجمن صنفی مطبوعات» حمایت به عمل آورد و دوران احمدی‌نــژاد را یکی از آزادتریــن دوران برای مطبوعات ایران و فعالان عرصه‌ی مطبوعات معرفی کرد. او در ۲۵ تیرماه ۱۳۸۷ در ســایت شخصی‌اش نوشت:

> در حالی که نگارنده در ســه سال گذشــته، از آزادی بیان و امنیت کم‌نظیری نسبت به‌همه‌ی دو دهه‌ی پیش از آن برخوردار بوده است و در حالی که حتا «یکی از اعضای هیات مدیره‌ی انجمن مذکور» (احمد زیدآبادی) پس از نگاشتن نامه‌ای انتقادی به‌رهبر جمهوری اسلامی‌ایران در موضوع مناقشه‌برانگیز هسته‌ای و مخالفت صریح و آشکار با نظرات شخص ایشان، از حد بالای «تسامح حاکمان کنونی/ دولت نهم» به‌شگفت آمده و آن را صراحتاً نیز ابراز داشته است؛ این فرد تمایل دارد تا هم‌چنان و براساس دریافت‌های پیشین، «حاکمان کنونی ایران» را «اقتدارگرا» نام نهد تا «دموکرات بودن خود و جناح متبوع»اش را تلویحاً به‌افکار عمومی حُقنه نماید.[۱]

چنان‌چه ملاحظه می کنید جعفری تلاش می کند دوران سیاه احمدی‌نژاد راکه مجامع بین‌المللی نیز بر سیاهی آن تاکید داشته‌اند، آزادترین دوران برای مطبوعات بنامد و «اقتدارگرا» بودن خامنه‌ای، احمدی‌نژاد و باند سیاهی که وی را به‌قدرت رسانده زیر سوال ببرد. تحولات دو ماه گذشته به‌خوبی ماهیت ادعاهای جعفری را مشخص کرده است.

جعفری برای نشــان دادن تعلق‌خاطر خود به‌خامنه‌ای و ایجاد حاشیه‌ی امنیت برای خود، در مهرماه ۸۷ در معرفی خامنه‌ای و اقدامات او می نویسد:

> ...پس بگذاریــد بگویم کم‌ترین تردیدی در این نکته نداشــته و ندارم که: «رهبر مذهبی ایران، انسانی‌ســت پاک‌دست و پالوده، وطن‌پرست و ملی گرا.
>
> از دیدِ من ایشان «پاک‌دست و پالوده» است چون چطور ممکن است که در طی همه‌ی این سالیان که درباره‌ی فساد مالی و اخلاقی

1-http://goftamgoft.com/note.php?item_id=254

بسیاری ازکارگزاران نظام پیشین (چون معتقدم از رویداد خجسته‌ی سوم تیر به‌بعد [انتخاب احمدی‌نژاد در سال ۸۴]، اصولاً نظام دیگری در حال حکومت کردن است) راست و دروغ بسیاری بر سر زبان‌ها بوده است (و از جمله‌ی آن‌ها افشاگری دامن گستر و دامن گیر آقای پالیزدارکه تا همین لحظه نیز هیچ کس مفاد آن را به‌کلی تکذیب نکرده است) هیچ کس، حتا مخالف‌ترین مخالفان؛ کم‌ترین تردیدی در کارنامه‌ی مالی ایشان و نزدیکان‌شان روا نداشته باشند اگر چنان نمی‌بود؟! ... و از دیدِ من ایشان «وطن‌پرست و ملی گرا»ست، چون چگونه ممکن است کسی وطن‌پرست و ملی گرا نباشد اما عمق استراتژیک کشورش را در قلمرو سوریه و لبنان و عراق و افغانستان و... تعریف کرده باشد و بدین‌ترتیب «مرزهای معنوی» کشورش را تا دوردست‌ها گسترانده باشد؟!
و چنین امری؛ نمایان‌گر این واقعیت نباشد که در ذهن او، مرزهای واقعی کشورش کجاست (یا شایسته است که کجا باشد)؟! و بدین ترتیب (و از رهگذر طراحی و اجرای چنین راه‌بُرد دوراندیشانه‌ای) اقتدار و امنیتی برای کشور و مردمش به‌ارمغان آورده باشد که در منطقه‌ی آشوب‌زده و بحرانیِ خاورمیانه، انصافاً کم‌نظیر و غیرقابل انکار است.
۱- رهبر فعلی ایران، به‌درستی، نگرانِ «ایرانِ پس از خود» است و از هم‌اکنون، در حال هشدار دادن است.
۲- نگرانی ایشان از آن‌جا ناشی می‌شود که «امکان بالاآمدن شاه‌سلطان‌حسین» در ذیل «ساختار حقیقی و حقوقی قدرت در ایران» فراهم و متصور است (وگرنه که چنین دغدغه‌ای اصولاً معنا نداشت. معنا داشت[1]؟

چنان‌چه ملاحظه می‌شود وی اقدامات خامنه‌ای برای اشاعه‌ی بحران و تروریسم و هم‌چنین «ایران پس از خود» را می‌ستاید و «اقتدار و امنیت» کشور را نیز

1-http://goftamgoft.com/note.php?item_id=437&c=1#comment

مایه‌ی مباهات می‌داند.
برای پی بردن به‌افکار و احساسات فرهاد جعفری ـ عضو سابق پدیده‌ی مشابه انصار حزب‌الله دیروزی و مدافع «گاندی» امروزی ـ خوب است سری به نوشته‌های او بزنیم. وی در یکی از مقالاتش در مورد کشته شدن مردم بی‌دفاع عراق در جریان بمب گذاری‌های جنایت‌کارانه و قطعه‌قطعه شدن زنان، کودکان، نوجوانان و افراد مسن عراقی می‌نویسد:

> ...امروز از هر «عرب غیرایرانی» منزجرم. این است که امروز وقتی می‌بینیم روزی صد تا، صدوپنجاه تا عراقی، قطعه‌قطعه می‌شوند و می‌روند فضا؛ صفا می کنم. لذت می‌برم. و «دمش گرم» می‌فرستم به روح و روان آن کسی که کلید عملیات در عراق دست‌اش است و دارد همه‌ی عرب‌های منطقه را بازی می‌دهد.
>
> هرچه دل‌تان می‌خواهد پیش خودتان بگوئید. هر طور دل‌تان می‌خواهد قضاوت کنید. کسانی که حیوان‌صفتانه؛ با دخترکان و زنان سرزمین من چنین کرده باشند، ازین بدتر حق‌شان است. این هنوز تاوان کمی ست که در برابر تجاوز به‌ناموس ایرانی می‌پردازند.[1]

به‌نظر من تنها، فردی که دارای روحیه‌ی جنایت‌کارانه و فاشیستی‌ست از «قطعه‌قطعه شدن» مردم بی‌دفاعی که درگذار زندگی روزمره‌ی خود از خانه خارج شده‌اند، «لذت» می‌برد و «صفا» می‌کند.
معلوم نیست وی که کشته شدن و قطعه‌قطعه شدن کودکان، زنان و بی‌گناهان عراقی را «تاوان کمی در برابر تجاوز به‌ناموس ایرانی» می‌داند، در برابر تجاوز دسته‌جمعی گماشتگان ولی‌فقیه «پاک‌دست و پالوده و...» به‌زنان و مردان ایرانی در جریان کودتای اخیرکه باعث پاره شدن رحم و رکتوم قربانیان شده است، چه موضعی گرفته و دارای چه احساسی است؟ طبق نظر او ولی‌فقیه، سپاه پاسداران، نیروی انتظامی، اطلاعاتی و امنیتی و توجیه‌گران اقدامات آن‌ها چه «تاوان» عادلانه‌ای را بایستی بپردازندکه انصاف فرهاد جعفری را خوش بیاید؟

1-http://goftamgoft.com/note.php?item_id=259

جعفری که همیشـــه مدافع کودتا گران اســت و در کودتای خــرداد ۶۰ نیز در زمره‌ی مدافعان کودتا و مخالفان ریاست‌جمهوری وقت، ابوالحسن بنی‌صدر، در خیابان‌ها شعار می‌داد و رجزخوانی می‌کرد، در جریان سرکوبی مردم و وقایع خونین پس از انتخابات۲۲ خرداد۸۸ با توجیه و تفسیر سعی می‌کند به‌کمک کودتا گران جدید شتافته و با سفسطه و پشت‌هم‌اندازی کودتا را نفی کند:

> تا آن‌جایی که من می‌دانم، تعریف علمی و آکادمیک کودتا «اقدام نظامی و قهرآمیز گروهی از نظامیان یک کشور علیه سیاست‌مردان حاکم و برکناری آنان از قدرت با توســل به‌قوای قهریه» است. از کســانی که در روزها و هفته‌های گذشته این تعبیر را وارد ادبیات سیاسی این روزهای کشــورمان کردند جا دارد که بپرسیم: مطابق این تعریف، کدام گروه از سیاســت‌مردان که در مناصب قدرت و حاکــم بودند، هدف اقدامات قهرآمیــز و براندازانه قرارگرفتند و از ســمت‌های خود برکنار شدند؟! (چون نمی‌شود که کسی علیه خودش کودتا کند. می‌شود؟!)[1]

لازم به‌توضیح نیســت که اکثریت قریب به‌اتفاق ناظران و تحلیل گران سیاسی داخلی و خارجی تحولات ایران را «کودتا» دانسته و بر روی آن تاکیدکرده‌اند. نکته‌ی جالــب آن‌که جعفری تا این لحظه، مطلبی راجــع به اتهام «کودتای مخملی» که متوجه نویســندگان، روزنامه‌نگاران و فعالان سیاسی در بی‌دادگاه نمایشی رژیم شده، ننوشته است.

جعفری برای نمک پاشــیدن به‌زخم مردم و «جنبش سبز»ی که در ایران به‌پا شــده از احمدی‌نژاد می‌خواهد که «کاخ سبز رویاهای ایرانی را» برای مقابله با کاخ‌ســفید و کاخ کرملین، با هزینه‌ی مردم ایران و ارائه‌ی قبوض همت‌عالی به‌شیوه‌ی تخت‌جمشید و پاسارگارد بنا کند. او از احمدی‌نژاد می‌خواهد پرچم سبزی را که به‌خون آغشته شده بر سردر کاخ سبزرنگش بیاویزد تا هرچه بیش‌تر مــردم را رنج دهد. این گونه پیشــنهادات تنها از ذهنِ بیمــاری برمی‌آید که از

1-http://namojood.blogsky.com/138818/04//post-3/

قطعه‌قطعه شدن مردم عراق به‌وجد می‌آید و صفا می‌کند.

به‌نظرم لازم اســـت که «کاخ سبز ریاست‌جمهوری ایران»، بنایی «بزرگ و باشکوه و چشـــم‌نواز و محتشم» که چشم هر بیننده‌ای را مبهوت زیبایی و عظمت و احتشـــام خود کند، بنایی که بتوان از فراز آن به‌چشـــم‌اندازی از آینده‌ی این سرزمین نگریست، بنایی که بتواند هم‌زمان معرف و بیانگر هویت ملی ـ مذهبی این ســـرزمین باشد، بنایی که بتواند هم‌زمان معرف اراده‌ی مشترکِ ملی گرایان و اسلام گرایان ایرانی در بازسازی تمدن تاریخی‌شان باشد، بنایی که بتواند به‌یکایک ایرانیان آن‌چنان اعتمادبه‌نفس بدهد که قادر باشند با اتکا به‌آن و نگریستن به‌آن، از غرور پر شوند و همه‌ی اراده‌ی خود را در جهت آن خواسته‌ی بزرگ تعریف کنند؛ احداث شود.

و به‌نظرم لازم است که هزینه‌ی احداث چنین بنایی، از طریق انتشار «قبض‌های همت‌عالی» تامین شـــود. آن‌چنان که یکایک ایرانیان (در داخل و خارج کشـــور، از محرومان گرفته تا برخورداران، کم یا زیاد) بتوانند در احداث چنین بنایی مشارکت داشته باشند و آن را متعلق به خود و فرزندان‌شان بدانند.

مثلاً کافی‌ســـت که هر ایرانی، به‌طور میانگین ده‌هزار تومان قبض همت‌عالی خریداری نماید. رقمی بالغ بر هفتصد و پنجاه میلیارد تومان فراهم خواهد شـــد که می‌تواند هزینه‌ی ساخت چنین بنای باشکوهی را تامین کند. نیز بسیاری از خدماتی که به‌منظور احداث چنین بنایی لازم اســـت، می‌تواند به‌صورت رایگان انجام شـــود. از جمله، بســـیارند معماران و آرشـــیتکت‌های برجسته و تراز اول ایرانی در دنیا، که ممکن اســـت در قبـــال خدمات متنوع خود در این خصوص (از طراحی گرفته تا نظارت و ساخت) کم‌ترین مزدی دریافت نکنند.

و به‌نظرم (با توجه به‌تکنولـــوژی پیش‌رفته‌ی ارتباطات که امکان مدیریت از راه دور را به‌آســـانی فراهم کرده اســـت) لازم نباشدکه چنین بنایی در پایتخت ایران احداث شود. بلکه چه‌بسا لازم باشد

که بنای مذکور، در مجاورت آن‌دسته از بناهایی احداث شود که به‌خودی‌خود، یادآور شوکت تاریخی ایران بوده‌اند (تخت‌جمشید، پاسارگاد و یا در شهرهایی چون اصفهان، همدان یا شیراز).[۱]

جعفری غرق در ذهن بیمار و مالیخولیایی‌اش پیشنهادات مضحکی در مورد شیرآلات کاخ و استفاده از آرشیتکت‌های ایرانی و... داده و خواستار این می‌شود که کاخ سبز مربوطه که «کاخ سبز معاویه» را به‌خاطر می‌آورد، دارای فرودگاه اختصاصی و تالار موسیقی اختصاصی باشد و ارکستر فیلارمونیک آن به‌میهمانان خارجی و شهروندان سرویس بدهد و در هیأت امنای آن «عبدالکریم سروش، چکناواریان، شجریان و مانند ایشان عضویت داشته باشند؟!» گویا احمدی‌نژاد و باندهای سیاه سپاه پاسداران و تاریک‌خانه‌های حوزه‌ی علمیه آمده‌اند که چنین امکاناتی را در اختیار مردم بگذارند.

جعفری هم‌چنین در دفاع از احمدی‌نژاد سنگ تمام گذاشته و احمدی‌نژاد را صاحب چهل میلیون رای دانسته و می نویسد:

> آقای احمدی‌نژاد و همه‌ی آن نیروهایی که در ده‌سال گذشته، رفته‌رفته و آرام‌آرام «فرایند تبدیل یک نظام موقتِ ناکارآمد به یک نظام دائمی کارآمد» را مدیریت کرده و آن را به‌این نقطه رسانده‌اند که رأی بی‌بدیل چهل میلیون ایرانی را به‌عنوان پشتوانه‌ای کم‌نظیر به‌خود اختصاص داده است؛ باید بداند و متوجه باشد (که به‌نظرم می‌دانند و متوجه‌اند) که: همه‌ی آن تدارک و تخریب گسترده که علیه او و دولتش در چندماهه‌ی اخیر سازمان داده شد، هیچ دلیل و انگیزه‌ی دیگری جز این نداشته است که «این لحظه» فرا نرسد و رخ ندهد!
>
> که به‌ترتیب: «زایمان» رخ ندهد. که اگر زایمان رخ داد «نظام متولد نشود». که اگر «نظام متولد شد زنده نماند». که اگر «نظام زنده ماند، مشروعیت نداشته باشد». که اگر «نظام مشروعیت

1-http://www.goftamgoft.com/note.php?item_id=604&p_id=2

یافت، درهای خود را به روی همگان نگشاید و نتواندکارآمدی خود را افزایش دهد»، تا هم‌چنان، در ذهن پاره‌ای از شهروندان این طور به‌نظر برسدکه "همان سیستم قبل از سوم تیر بهتر و کارآمدتر بود!» یا بسیاری از آن‌ها که به«نظام برآمده از رویداد ۲۲ خرداد» رأی داده‌اند، از رأیی که داده‌اند پشیمان و نیز «دولت دهم، غیرقابل دفاع شود.

پس بدانند و متوجه باشند (که می‌دانند و متوجه‌اند) که: «این لحظه»، یک لحظه‌ی سرنوشت‌ساز در تاریخ کشور ماست که روشن خواهد ساخت که آیا دولتمردانی که بیش از هر دولتمرد دیگری در سی سال گذشته به مردمان کشور خود نزدیک و شبیه بوده‌اند، بر سر عهد و پیمان خود با مردمان می‌ایستند و «نظامی قانونِ اساسی گرا»، «نظامی کیفیت گرا»، «نظامی مصالح ملی گرا» و «نظامی مردم گرا» به‌شهروندانِ خود تحویل می‌دهند یا خیر؟!

شخصاً و به‌عنوان یکی از رأی‌دهندگان، می‌دانم که چنین تحویل و تحول تاریخی بزرگی در «لحظه» و در «تمام جهات» امکان‌پذیر نیست. و مطمئنم که اغلبِ دیگر شهروندان نیز انتظار ندارند که در فقط یک لحظه، همه‌ی نابسامانی‌ها به‌سامان برسد و همه‌ی مطالباتِ قانونی و شهروندی‌شان محقق شود.

اما این واقعیت، از ضرورتِ درکِ «اهمیت و ارزش لحظه‌ای که در آن قرار داریم» نمی‌کاهد. آن‌چنان که منافع «نظام برآمده از ۲۲ خرداد» و منافع «شهروندانی که برآمدنِ و زنده‌ماندن آن را امکان‌پذیرکردند» در درکِ حساسیت و ارزشمندیِ «این لحظه» و «ضرورت‌ها و الزاماتش» نهفته است.

می‌خواهم بگویم: میلیون شهروند ایرانی، به‌نحوی شگفت‌آور و قابل‌تحسین، قدر و قیمتِ «این لحظه» را دانستند و به‌سهم خود، و مبتنی بر تکلیف ملی ـ میهنی‌شان، تا این‌لحظه، «نظام» را از دلِ گردابی از حوادثِ داخلی و خارجی (و از رحم مادر) «زنده» بیرون کشیدند و «زنده» نگهش داشتند تا برآورنده‌ی مطالبات و

آرزوهای دیرینه‌شان در دست‌یابی به«ایرانی آباد و آزاد و قدرتمند» باشد.[۱]

نکته‌ی جالب این‌که منتخب چهل میلیون ایرانیِ شـــرکت کننده در انتخابات به‌هنگام برگزاری جنبش پیروزی انتخابات با ضربِ و زور و... نتوانست بیش از بیست تا سی‌هزار نفر را به‌میدان ولی‌عصر تهران بکشاند و عاقبت مجبور شدند عکس‌های مراسم را برای بیش‌تر نشان دادن جمعیت، با فتوشاب دستکاری کنند که یک نشریه‌ی ایتالیایی دست‌شان را رو کرد و در روز تحلیف، رییس‌جمهور «محبوب» مجبور شـــد فاصله‌ی کوتاه پاستور تا بهارستان را با هلی‌کوپتر طی کند.
چنان‌چه ملاحظه می‌کنید این گونه نوشـــته‌ها چیزی نیست جز نمک پاشیدن به‌زخم مردم و به‌ویژه کسانی که به‌مقابله با کودتا برخاسته بودند و مظلومانه در خیابان و بازداشتگاه در خون تپیدند.

جعفری سپس به‌دفاع از تصمیمات احمدی‌نژاد در انتخاب کابینه و... که صدای متحدین‌اش را هم درآورده پرداخته و می نویسد:

> به‌همین ماجرای انتخابات دهم نگاه کنید. تصمیم بسیار بزرگی که آقای احمدی‌نژاد گرفت (نزدیک شدن به‌مردمان)، صرف‌نظر از آن که بســـیاری از رقبای کینه‌توز وی را به تحرک واداشت، چه‌بسا بسیار از دوستان قدیم او را هم از وی رنجاند. اما چه‌بسیار «دوستان تازه» که پیدا نکرد و به جمع دوستانِ بی‌غل و غش خود نیفزود! (هفت تا هشت میلیون نسبت به‌رای گیری نهم). او تقریباً هرکسی را از دست داد که از ناحیه‌ی دوست بودن با او، برای خود موقعیتی متصور بودند؛ اما دوستانی به‌دست آورد که ای‌بسا به‌او «دوست»‌تر باشند. یا به‌همین گفتگوی تلویزیونی دو شب پیش او دقت کنید که در آن با قاطعیت محض گفت که «برخی از وزرا و همکاران من، توان بر دوش کشیدن بار سنگین وزارت را ندارند و باید جای خود

1-http://www.goftamgoft.com/note.php?item_id=586&p_id=2

را به‌نیروهای تازه‌نفسی بدهند که متناسب با موقعیت جدید، بتوانند کشور را پیش ببرند».

خب این سخن او، چه تعداد از وزرای او را که خود هم می‌دانند در دولت آینده جا ندارند، رنجانده و بیم‌ناک کرده است؟! (همین‌جا بگذارید به بلندنظری صفار هرندی اشاره کنم که به‌رغم آن که آقای احمدی‌نژاد به‌صراحت بیش‌تری در مورد او سخن گفت، وقتی عکس‌های تازه‌ی هیأت دولت پس از ایراد این سخنان را دیدم، در نگاهش به‌احمدی‌نژاد چیزی جز ارادت و هم‌پیمانیِ بیش‌تر از قبل ندیدم.)

اما آقای احمدی‌نژاد، به‌خاطر یک ضرورت عالی‌تر که منافع ملی کشور و مصالح همگانی مردمان است، بی‌هیچ پرده‌پوشی و تکلفی، چنان سخنانی ایرادکرد.[1]

جعفری دو ماه رویارویی مردم با احمدی‌نژاد را «نزدیک شدن» احمدی‌نژاد «به‌مردمان» معرفی می‌کند و مدعی می‌شود که احمدی نژاد هفت تا هشت‌میلیون «دوست تازه» پیدا کرده است که یکی از آن‌ها فرهاد جعفری است. وی خود و «دوستان تازه» را برای احمدی‌نژاد «دوست‌تر» از امثال صفار هرندی و محسنی اژه‌ای معرفی می‌کند.

جعفری در مورد مراسم تنفیذ و تحلیف که مضحکه‌ی عام و خاص بود و شرکت کنندگان در آن مورد لعن و نفرین مردم قرارگرفتند می‌نویسد:

۱- در غیاب و «غیبتِ برخی چهره‌های شاخص سیاسی» که به‌هر دلیل و انگیزه در مراسم تنفیذ شرکت نکرده بودند؛ این فقط و فقط «چهره‌ی قانونی نظام» (رهبر، روسای دو قوه، رییس شورای نگهبان قانون‌اساسی) بود که به برگزیده‌ی مردمان اعتبار می‌بخشید نه «چهره‌ی عرفی» آن (نه روسای خبرگان و مجمع تشخیص و... که هیچ نقش قانونی در اعتباردهی به «شخص برگزیده‌ی جمهور

1-http://www.iranclubs.net/forums/showthread.php?p=1027424

مردمان» برای ریاست قوه‌ی اجرایی ندارند و تاکنون نیز، عرفاً به این مراسم دعوت می‌شدند و بر اریکه می‌نشستند).

درحقیقت می‌خواهم بگویم: خواسته یا ناخواسته، مراسم تنفیذ امروز، نشانه‌ی دیگری از روندِ «نظام‌شدنِ انقلاب» (نزدیک‌تر شدن عملکرد نظام به‌قانون‌اساسی‌اش) بود. حال آن‌که پیش از این، «عملکرد عرفی ساخت حاکم، مثلاً آن بود که وقتی چهره‌ی برجسته‌ای، به‌جبر قانونی، از تصدی بالاترین مقام‌های انتخابی کنار می‌رفت، نهادی مخصوص برای وی تاسیس می‌شد تا اعتبار بالاتری از منصب پیشین خود پیدا کند. که خودبه‌خود به‌تضعیف «نمادِ جمهوریت»، یعنی رییس‌جمهور منجر می‌شد.

۲- «نمادِ اسلامیت» (رهبرکشور)، امروز رفتار خردمندانه‌ای از خود نشان داد و نخواست تا «نمادِ جمهوریت» در برابر وی تعظیم کند و دست وی را ببوسد. بلکه «بزرگوارانه و پدرانه» آغوش گشود تا منتخب مردمان، شانه‌ی او را ببوسد.

همین «انتخاب‌های به‌ظاهرکوچک اما ماهیتاً بزرگ و بزرگوارانه» است که عملکردِ اجزای مختلف نظم سیاسی و از جمله شخص رییس‌جمهور را تا حد قابل‌ملاحظه‌ای افزایش و به‌حیثیت و شخصیت وی نزد افکار عمومی و علی‌الخصوص همکاران وی، اعتباری مضاعف می‌دهد.

۳- «اشتراک لفظی و معنوی» در سخنان دو نماد جمهوریت و اسلامیتِ نظام حاکم؛ حقیقتاً دلگرم‌کننده و امیدبخش بود. «نماد جمهوریت» تاکید داشت که جهت‌گیری آینده بر«رفع هرگونه تبعیض و نابرابری حقوقی میان شهروندان» خواهد بود و «نماد اسلامیت» نیز تاکید داشت که آغوش نظام، می‌بایست به‌روی همه‌ی آن شهروندانی گشوده باشد که به‌قانون‌اساسی کشور وفادارند و دیدگاه انتقادی آنان نمی‌بایست ملاک طرد و انزوای آنان قرارگیرد.[1]

1-http://www.goftamgoft.com/note.php?item_id=607&p_id=2

دستگاه ولایت‌فقیه که کفگیرش به ته دیگ خورده بود و مراسم تنفیذ با تحریم گسترده‌ی چهره‌های سیاسی مواجه شده بود، برای پرکردن مراسم از چهره‌های دست چندم ورزشی و هنری استفاده کرد. جعفری همین واقعیت را هم وارونه جلوه داده و آن‌را نشان دهنده‌ی مردمی بودن رژیم جا می‌زند و می‌نویسد:

> آن‌چه به‌زیبایی و تاریخی بودنِ این مراسم می‌افزود، حضور «دیگران» در مراسم تنفیذ امروز بود. کسانی که یا به‌سبب دگراندیشی‌شان یا به‌سبب ظاهرشان و یا به‌سبب طبیعتِ حرفه و منزلتِ اجتماعی‌شان، هرگز به‌چنین مراسم و آئینی راه نداشتند، از جمله بازیگران، ورزشکاران و هنرمندان، که دعوت و حضورشان، به تنفیذ امروز، آشکارا ماهیتی به‌مراتب «مردمی‌تر و عام‌تر و فراگیرتر» داده بودند. که این نیز، گواهی بر «تصمیم نظام برآمده از زایمان ۲۲ خرداد به تجدیدنظر در شیوه‌ی حکمرانی» وگشودن آغوش خود به‌روی «همه‌ی شهروندان» بود.[۱]

جعفری به‌گونه‌ای دیگرگفته‌های فاطمه رجبی همسر سخنگوی دولت در مورد معجزه‌ی هزاره‌ی سوم بودن احمدی‌نژاد را تکرارکرده و می نویسد:

> احمدی‌نژاد به‌راستی یک «پدیده» است. یک سیاستمدار به‌معنای امروزی‌اش و البته در کلاسی که یک سرو گردن از رقبای داخلی و خارجی‌اش بالاتر است. یک عمل گرای محض و یک شطرنج‌باز قهار که همیشه برای غافلگیرکردنت، مهره‌ای در آستین دارد. و برای همین است که توانسته ظرف همین سه‌چهارسال، موضع کشورمان در مسئله‌ی برنامه‌ی هسته‌ای را تا این اندازه بالا ببرد و تقویت کند. چون اولاً تهاجمی بازی می کند، ثانیاً غافلگیرانه و ثالثاً منعطف. آن‌قدر که مثل ماهی‌ست، توی دست لیز می‌خورد و درمی‌رود!... او باید اجازه داشته باشدکه در جهتِ آن «هدفِ اخلاقی بزرگ» (به‌سرانجام رساندن منافع مردم ایران) و البته «به‌روشی که در هیچ

۲- منبع پیشین

لحظه‌ای و از هیچ جنبه‌ای غیراخلاقی نباشد»، از میان دشمنان و رقبای ما، هرکس را که خواست، هروقت که خواست، هرطور که خواست فریب دهد. وگرنه، در برابر سیاستمدارانی که هیچ منع اخلاقی در حین رقابت با ما را به‌رسمیت نمی‌شناسند (مثلاً در تلویزیون‌هاشان آموزش ساخت کوکتل مولوتوف می‌دهند اما می گویند در مسائل داخلی ما دخالت نمی کنند!) او چگونه خواهد توانست منافع ما را پیش ببرد؟! وقتی هم دست‌ها و هم پاهایش رابسته باشیم و او را توی استخر انداخته باشیم؟!»[1]

جعفری خواهان بازگذاشتن دست احمدی‌نژاد در همه‌ی زمینه‌هاست. منظورش از بستن دست و پا مخالفت با وزرای پیشنهادی از نوع کُردان و محصولی و... است.
وی در مهرماه ۸۷ احمدی‌نژاد را باعث نزدیکی اپوزیسیون و پوزیسیون معرفی کرد. تحولات چند ماه گذشته به خوبی میزان صحت تحلیل جعفری را مشخص کرده است:

محسن سازگارا یادداشتی در خصوص منافع ایران در دریای خزر منتشر کرد که در حقیقت به معنای «مشاوره سیاسی ـ حقوقی به‌ساخت حاکم» بود. سازگارا اگر چه در بخشی از نوشته‌اش آورده بود که امیدی ندارد که پیشنهاد او مورد توجه دستگاه دیپلماسی ایران قرارگیرد؛ در عین حال از این طریق نشان داد که روزنه‌هایی از امید برای همکاری و پذیرش عقلانیت در دستگاه سیاسی مشاهده کرده که دست به چنین اقدامی زده است.
این رفتار او نیز امیدبخش و نشان‌دهنده‌ی این است که تابوی «همکاری میان پوزیسیون و اپوزیسیون در موضوعاتی که منافع ملی در آن مدخلیت دارد» در حال شکسته شدن است و شکسته شدن چنین تابویی را بیش از هرکس، مدیون «محمود احمدی‌نژاد» هستیم که بارها و بارها از «همه» دعوت کرده است که به‌یاری

1- http://www.goftamgoft.com/note.php?item_id=600&p_id=2

کشورشان بشتابند.
البته این به‌معنای آن نیست که این اقدام آقای احمدی‌نژاد، در همین حد و اندازه کافی ست. هرگز. چرا که او به‌عنوان رییس جمهور ایران، مطابق قانون‌اساسی کشور، مسئول اجرا شدن بخش‌هایی از آن نیز هست که حقوق مخالفان و منتقدان را به‌رسمیت می‌شناسد و بر برابری حقوقی میان همگان از حیث آزادی‌های سیاسی و مدنی تصریح دارد. اما به‌عنوان نقطه‌ی آغازی بر شکستن و خرد کردن تابوهای زبان‌باری که مانع پیش‌رَوی ایران به‌سمت آینده است، قابل تقدیر است.[1]

وی هم‌چنین در مورد شرکت در مراسم استقبال از احمدی‌نژاد که ماه گذشته در مشهد برگزار شد می‌نویسد:

دیروز رفتم به «مراسم استقبال از رییس جمهور منتخب در مشهد». یعنی بعد از بیست و هشت سال که در هیچ تجمعی شرکت نکرده بودم (بعد از شرکت در مراسم سخنرانی هاشمی‌نژاد در حرم، در ۱۵ خرداد سال ۶۰، درخصوص خلع آقای بنی صدر از ریاست‌جمهوری) تصمیم گرفتم بروم و از نزدیک هم محمود احمدی‌نژاد را ببینم و هم در کم وکیف هوادارانش دقت کنم.
تا این که در آخرین دقایق سخنرانی، آقای احمدی‌نژاد چیزهایی گفت که من هم باهشان موافق بودم. مثلاً گفت «در انتخاباتِ اخیر، چهل میلیون ایرانی، چنان تودهنی‌ای به‌اجانب زدند که راه خانه‌شان را گم کردند». این بود که من هم دستم را مشت کردم و بالا بردم و تکبیر گفتم (و البته فقط به الله‌اکبرگفتن اکتفا می کردم).
یا گفت که «از این به بعد، نوبت هم‌دلی و هم‌فکری و هم کاری برای ساختن ایران است.[2]

1-http://goftamgoft.com/note.php?item_id=342&p_id=2
2-http://www.goftamgoft.com/view.php?item_id=590&p_id=1

او در نوشته‌ای خطاب به‌ایرانیان خارج ازکشور با بافتن آسمان و ریسمان به‌هم، تلاش می‌کند ثابت کند مردمی که در نماز جمعه‌ای که به‌امامت رفسنجانی برگزار شد شرکت کردند، همان حزب‌اللهی‌های همیشگی هستند:

> می‌روید به یک سایت اطلاع‌رسانی داخلی (فارس یا نوروز) و اخبار و اطلاعاتی کسب می کنید که در اغلب موارد، به‌سودِ تمایلاتِ جریانی که آن رسانه را مدیریت می کند، تحریف‌شده است. مثلاً نوروز به‌شما می گوید «نمازگزاران دیروز دو میلیون نفر بودند» و به‌فارس که می‌روید، می‌خوانیدکه «نمازگزاران دیروز، دویست‌هزار نفر هم نبودند.
>
> خب خیلی که هنر کنید و انصاف به‌خرج دهید، این است که جمع بزنید و میانگین بگیرید تا منصفانه رفتارکرده باشید. این است که نتیجه می گیرید «در نماز دیروز، یک‌میلیون وصدهزار نفر شرکت کرده‌اند». و بعد براساس آن، صفحه‌ی تحلیل‌تان را پهن می کنید، مهره‌هاتان را می‌چینید و شاه و وزیرتان را حرکت می‌دهید، که معلوم است گمراه‌کننده است.
>
> و از آن‌جاکه دوست دارید واقعیت به‌نفع آرزوهاتان باشد؛ اصلاً این نکته را هم درنظر نمی گیرید که حتا اگر برآوردتان دقیقاً هم درست باشد؛ خب شصت تا هفتاد درصد شرکت‌کنندگان که همان مردمانی هستند که همیشه در آن شرکت می کنند و از هواداران «رژیم» هستند که باید در نماز دیروز، بیش از هروقت دیگر شرکت می کردندکه مبادا کنترل امور از دست در رود!
>
> پس حتا اگرکه یک میلیون و صدهزارنفر هم در نماز دیروز شرکت کرده باشند، باید فقط در یک قلم، ششصد هفتصد هزار نفر از رقم کل کم کنید و نهایتاً برسید به این نتیجه که مثلاً: «معترضین شرکت‌کننده در نماز دیروز، چهارصدهزارنفر بوده‌اند».
>
> اما به‌همان دلیلی که گفتم (تمایل طبیعی آدمی به‌این که واقعیت از امیدها و آرزوهای او تبعیت کند) حتا به‌همین نتیجه هم نمی‌رسید و روی همان یک‌میلیون و صدهزارنفر، سفت می‌ایستید و حتا دوسه

نفر هم کم نمی‌آیید!
نتیجه این می‌شود که هم خودتان در تحلیل واقعیت به اشتباه می‌افتید و هم خوانندگان‌تان را به اشتباه می‌اندازید.[1]

ظاهراً جعفری از مشهد قادر به‌شناسایی تک‌تک نمازگراران و عقایدشان بوده است، اما صدها خبرنگار و فیلم‌برداری که در نمازجمعه حضور داشتند واقعیت‌ها را ندیده‌اند. لابد همان نماز جمعه‌ای‌های هر دفعه بودند که در پاسخ وزیر شعار نماز جمعه که فریاد می‌زد «مرگ بر آمریکا، مرگ بر اسرائیل!» جواب می‌دادند: «مرگ بر روسیه، مرگ بر چین!».
لابد همان قبلی ها بودندکه در پاسخ شعار «خونی که در رگ ماست، هدیه به‌رهبر ماست!» جواب می‌دادند: «خونی که در رگ ماست، هدیه به‌ملت ماست!».
لابد به‌خاطر حضور «امت شهیدپرور» در نماز جمعه بود که رفسنجانی این بار از خواندن خطبه و برگزاری نماز جمعه بازماند.

به گفته‌های سخیف و غیرواقعی جعفری در مورد خطبه‌های نماز جمعه رفسنجانی که باعث شد خامنه‌ای و نزدیکانش در خبرگان رهبری، علیه او موضع گیری کنند توجه کنید. بی‌خود نیست جعفری به احمدی‌نژاد و خامنه‌ای گرایش پیدا کرده است؛ چرا که این گونه سخن گفتن و حقیقت را وارونه کردن فقط از این دو و حامیان‌شان بر می‌آید:

> «خب؛ سخنرانی خطیب نمازجمعه‌ی این هفته هم تمام شد و آن‌طور که از متن سخنان او در خبرگزاری‌ها پیداست؛ هاشمی رفسنجانی، رویای خیلی از «پوزیسیون انقلابی» و «اپوزیسیون انقلابی مآب» را نقش بر آب کرد. مثل همیشه میانه‌ی کار را گرفت و تلویحاً رأی رییس جمهور منتخب را پذیرفت و معترضین را هم به‌قانون فراخواند. و البته این پیش‌بینی من‌هم درست از آب درآمد که: به‌احتمال زیاد، او با زیرکی، بر روی «لزوم بازنگری در قوانین برای

1-http://www.goftamgoft.com/note.php?item_id=591

پیش گیری از چنین رخدادی در آینده» انگشت خواهدگذاشت تا دریچه‌ی امید را هم‌چنان باز نگه دارد.
فارغ از آن که معتقدم او باید صحنه‌ی سیاسی ایران را ترک کند و بازنشسته شود و این واقعیت را هم با همه‌ی تلخی‌اش برای او بپذیرد که حلقه‌های مدیریتی شکل‌یافته در دوران تصدی او و خاتمی شکسته است و باید هم که بشکند؛ اقدام امروز او قابل تقدیر است که فریفته‌ی خواستِ عده‌ای اشخاص تندرو و انقلابی‌مآب نشد و مصالح کشور را قربانی منافع خود نکرد. که چه در مطالب و چه در گفته‌هاشان در چند روز گذشته، کار را حتا به تهدید آشکار او و خانواده‌اش نیزکشاندند که اگر صریحاً اعلام نکندکه موسوی رییس جمهور ایران است، چنین و چنان خواهد شد و باوی و خانواده‌اش، چنین و چنان خواهندکرد!
اگر «نظام برآمده از ۲۲ خرداد» مستقر شود و ثبات پیدا کند و از کوران حوادثِ محتمل در آینده‌ی کوتاه‌مدت نیز به‌سلامت عبور کند و بتواند به‌سرعت خود را با قانون‌اساسی‌اش، هرچه بیش‌تر تطبق دهد؛ آن‌گاه «نظام آینده» مرهون این اقدام سنجیده‌ی امروز او خواهد بود.[1]

تخصص فرهاد جعفری هم‌چون خامنه‌ای و احمدی‌نژاد، در وارونه جلوه دادن واقعیت است. در حالی که بلندگوهای کودتاچیان در مجلس، نمازهای جمعه، حوزه‌ی علمیه‌ی قم، مجلس خبرگان و سایت‌ها و روزنامه‌های‌شان خواهان دستگیری رفسنجانی و فرزندانش هستند، وی صحنه را چرخانده و اپوزیسیون و گروه‌های مخالف کودتا را عامل تهدید رفسنجانی و خانواده‌اش معرفی می‌کند و به‌صورت مضحکی مطرح می‌کند که رفسنجانی رای بیست و چهار میلیونی احمدی‌نژاد را پذیرفته است و...!
وی که خود یکی از بسیجیان نظام و هواخواهان عبدالحمید دیالمه یکی از بدنام‌ترین و فالانژترین عناصر رژیم بوده، می نویسد:

1-www.goftamgoft.com/view.php?item_id=590

همین‌جا و همین ابتدا بگویم که: فرق است میان این که «شما ببخشید و فراموش کنید» و «ببخشید اما فراموش نکنید». من به‌سهم خودم، موسوی و همکاران و هم‌فکرانش را بخشیده‌ام و مثلاً خواهان آن نیستم که به‌خاطر خطاهای خود در دوران حکمرانی‌شان، به‌دادگاه فراخوانـــده و مجازات شـــوند. اما هرگز مسئولیت‌شـــان در چنان خطاهایی (انقلاب فرهنگی و برخورد خشونت‌بار با مخالفین در دهه‌ی ۶۰) را فراموش نخواهم کرد و ممکن نیســـت که تحتِ حتا حادترین شـــرایط، زمام کشورم را دیگربار به او و هم‌فکرانش و یا اشخاصی مانند او بسپرم.

اما بنا به‌منطقی که «روشـــنفکر دنبالـــه‌رو و مطیع توده‌ها» بهش معتقد است و برهمان اســـاس هم رفتارش را تنظیم می کند؛ بله! من‌هم باید برای کسب محبوبیت یا حفظ آن، با «موج‌سبز» هم‌نوا می‌شـــدم و فراموش می کردم رهبر انقلاب سبزهای تهران، کسی بوده است که در دوران زمام‌داری و تحت مدیریت او و هم‌فکرانش خطاهای مهلکی چون «انقلاب فرهنگی» و «خشونت بی‌رحمانه با مخالفان» رخ داده است. من هم باید چهره‌ی چون ماه ایشان را در ماه می‌دیدم! یا من هم فرصت‌طلبانه، و به سهم خود، سبزها را به خیابان ریختن روزانه و الله‌اکبرگفتن شبانه تشویق می کردم. بلکه «این ها بروند» و پنجره‌ای باز شود که من نیز به اهداف و آرزوهایم برسم!».[1]

جعفـــری حقایق را چنان وارونه جلـــوه می‌دهد که گویا امام او «خامنه‌ای» و ریاست‌جمهور «منتخب» او، انسان‌های فرهیخته‌ای بوده‌اند که نه در انقلاب فرهنگی شـــرکت داشته‌اند و نه در سرکوب دهه‌ی ۶۰ و نه درکشتار ۶۷ و نه در سرکوب ۱۸ تیر و نه در جنایات دو ماه گذشته؛ هرکس نداند فکر می کند رقبای انتخاباتی موسوی و کروبی در دوران چنان جنایاتی یا در زندان موسوی بوده‌اند و یا در تبعید ازکشور و یا در حال مبارزه علیه چنان جنایاتی در داخل کشور؛ هر

1-http://www.goftamgoft.com/view.php?item_id=584&p_id=1

کس که نداند فکر می کند فرهاد جعفری دنبال به‌قدرت رساندن کسانی بوده است که دستی در جنایت نداشته‌اند!

قابـل ذکر آن که احمدی‌نژاد و انجمن اسـلامی علم و صنعت که گردانندگان دولت نهم هستند، پیش‌گامان «انقلاب فرهنگی» و «خشونت بی‌رحمانه با مخالفان» بودند.
این پیرو «گاندی» از نوع «حزب‌الله» و مدعی «سکولاریسم»! در مناظره‌اش با نمایندگان موسـوی و کروبی در جریان انتخابات ریاسـت‌جمهوری، جهان معاصر را به‌پیش از فتوا و بعد از فتوای خمینی علیه سلمان رشدی تقسیم می کند:

> من جهان معاصر را به دو جهانِ «پیش از فتوای آیت‌الله خمینی» و «پس از فتوای آیت‌الله خمینی» در مورد سـلمان رشدی تقسیم می کنم. چرا که معتقدم برای نخسـتین‌بار، با صدور این فتوا بود که نظم پیشین بین‌الملل، توسط روح توسعه‌طلب و بلندپرواز ایرانی برای تجدید حیات و تجدید قدرت تاریخی خودش، به‌چالش گرفته شد. به‌نحوی که یک ایرانی، با صدور این فتوا که ظاهری مذهبی داشت، عملاً اعلام کرد که حکم صادره توسط او، حتا در مزرهای کشـورهای دیگر هم معتبر و لازم‌الاجراست! درحالی که «اصل سرزمینی بودن مجازت‌ها» یکی از ترم‌های اصلی حقوق‌بین‌الملل است.
>
> پس از آن اسـت که ما در اقصی نقاط جهـان (به‌ویژه در جهان اسلام)، شاهد وقوع رویدادهای بسیاری هستیم که هرکدام از آن‌ها، به‌گونه‌ای نظم پیشین بین‌الملل را به‌چالش می گرفتند.
> این نظم توسـط ما ایرانی‌ها و با ابزار صدور یک فتوای مذهبی به‌چالش گرفته شد. چون تحت چنان نظمی، ممکن نبود که بتوانیم به‌رویای تجدید حیات امپراتوری فارس دست پیدا کنیم. بلکه باید نظم پیشین به‌هم می‌ریخت تا در کشاکش بی‌نظمی و آنارشی ناشی از درهم‌ریختن و به‌چالش کشیده شـدن نظم قدیم، فرصتی برای کسب قدرت و هژمونی در منطقه و جهان و از طریق تحمیل قدرت

و رأی خود به‌رقبای منطقه‌ای و جهانی پیدا کنیم. که تا حد بسیاری هم به‌این موفقیت نائل شدیم. آن‌چنان که تا ما ایرانی‌ها نخواهیم، در لبنان، افغانســتان، پاکستان، عراق، آسیای میانه، ارمنستان، حتا سودان و برخی کشورهای افریقایی، ثبات و امنیتی برقرار نخواهد شــد. و حتا رابرت گیتس، وزیر دفاع امریکا مدتی پیش و خطاب به کنگره‌ی این کشور اعلام کرد که بیش از این که نگران مانورهای نظامی روس‌ها در امریکای لاتین باشد، نگران دست‌اندازی ایران به کشورهای امریکای لاتین و بازی‌های سیاسی ایران در این منطقه است.[1]

ایــن مدعی «پیروی از گاندی» در دفاع از سیاســت هســته‌ای و اتمی رژیم می‌نویسد:

از این جهت اســت که معتقدم علاوه بر ما شــهروندان، نیروهای دخیل دیگری هم در بازی رأی گیری دهم حضور دارند و مشغول ایفای نقش هستند تا بخت و اقبال دسته‌ای از بازیگران را نزدِ افکار عمومی افزایش بدهند. آن‌دسته از بازیگران که همین اندازه که آقای اوباما به‌مثابه‌ی اولین دولتمرد امریکایی و پس از سی سال، عنوان رسمی حاکمیت سیاسی (یعنی جمهوری‌اسلامی ایران) را برای نخستین بار بر زبان بیاورد و این کشور را تحت ساخت حقوقی فعلی به‌رسمیت بشناسد، برای‌شان کافی‌ست! (چون تحت چنین وضعی، منافع صنفی همه‌ی این گروهِ از بازیگران سنتی هم حفظ خواهد شد). هم‌چنان که متقابلاً از تجدیدِ تصدی کسانی جلوگیری کنندکه «منافع ملی» بیش از «منافع و مصالح نظام سیاســی» برای‌شان اهمیت دارد و حاضر به کوتاه آمدن در مسئله‌ی هسته‌ای نیستند. تکنولوژی‌ای که در صورت دسترسی کشور به آن، ما را به‌یک «ملت درجه یک» در دهه‌های آینده تبدیل خواهدکرد و در صورت توقف، به یک «ملت درجه دو» و توسری خور در منطقه تبدیل خواهدکرد. از جمله توسری خور پاکستانی که به‌مثابه‌ی «مرکز آشوب و بی ثباتی

1-www.goftamgoft.com/note.php?item_id=523

قابل گسترش و غیرقابل مهار» هرلحظه احتمال دارد بنیادگراهای وهابی، کنترل این کشـــور را به دست بگیرند و به‌دلیل رقابت‌های مذهبی برای در دست گرفتن رهبری جهان اسلام و کینه‌توزی‌های فرقه‌ای، جهت کلاهک‌های هسته‌ای‌شـــان را از دهلی، به سمت تهران بچرخانند.[1]

فرهاد جعفری که از بودجه‌ی وزارت خارجه‌ی هلند و سایت روزآنلاین «خارج ازکشور» ارتزاق می‌کرد، به «سبزهای وطنی» هشدار داده و می‌نویسد:

سبزهای وطنی! پرچمی‌های وطنی!

مراقب باشید. مراقب باشیدکه احساسات و عواطف شما، توسط کسانی در «خارج ازکشور»تان، علیه هم‌وطن‌تان مدیریت نشود.

چون این فقط «ســـبزهای وطنی» نیســـتند که هـــدفِ این گونه عملیاتِ تبلیغی و تخریبی هستند، بلکه می‌توانند به خشم و عصبیتِ «پرچمی‌های وطنی» هم منجر شـــوند و در نتیجه، احساسات و عواطف آن‌ها هم توسطِ «کسانی در خارج ازکشور» مدیریت شود.

کسانی در خارج کشور که بسیاری‌شان می‌توانند «جوانان پاک و ســـاده‌دل»ی باشندکه به‌دلیل غلیان احساســـات و عواطف‌شان، قادر به‌درک ضرورت‌های این لحظه از حیات سیاسی کشورمان و مصالح و منافع ملی همگانی‌مان نباشند.

پس چه ســـبزهای وطنی و چه پرچمی‌های وطنی، بایدکه هوشیار و مراقب باشندکه در دام چنین «احساساتی گری مهارگسیخته»‌ای نیفتند. ... کدام «سبز وطنی» آماده است تا برای رسیدن به‌هدفش، دست «هر عرب و عجمی» را به‌دوستی بفشارد؟![2]

بایستی توجه کرد که تمامی تلاش کیفرخواست نویسان و فرماندهان کودتا بر این قرارگرفته است که مخالفت مردم با رژیم را متأثر از غرب و دولت‌های اروپایی و آمریکایی نشان دهند و جعفری هم‌سو با جریان حاکم و تبلیغاتش به «سبزهای

1-www.goftamgoft.com/note.php?item_id=523
2-www.goftamgoft.com/note.php?item_id=613&p_id=2

وطنی» هشدار می دهد.
فرهاد جعفری با توجه به‌این که در یک سال گذشته دفاع جانانه‌ای از خامنه‌ای و احمدی‌نژاد کرده بود و مخالفت چندانی هم در میان مردم و روشنفکران برنیانگیخته بود، هیچ گاه فکر نمی کرد این بار موضع او در مورد انتخابات باعث شود که بهای مواضع قبلی را هم یک‌جا بپردازد. درست مانند قاچاقچی که مزه‌ی درآمد از راه قاچاق به‌مذاقش خوش می‌آید و به‌تکرار آن می‌پردازد و عاقبت وقتی دستگیر می‌شود، به‌خاک سیاه نشسته و مجبور به پرداخت بهای موارد قبلی نیز می‌شود.
او تصور می کرد این بار هم می‌شود وسط دو صندلی نشست و به‌موعظه پرداخت. هم از سکولاریسم و لبیرال دموکراسی دَم زد و هم از احمدی‌نژاد و خامنه‌ای دفاع کرد. او فکر این‌جای قضیه را نکرده بود که موضع گیری‌اش در انتخابات به نفع احمدی‌نژاد، بهای سنگینی را بطلبد. برای همین از سر استیصال می‌نویسد:

> ...وقتی احساس کنم که «منافع ملی کشورمان» ایجاب می کند که این تصمیم را بگیرم (دفاع از عمل کرد آقای احمدی‌نژاد) آن گاه، این که چند نفری را از خود برنجام یا همه‌ی آن هفتادهزار نسخه از کتابم که برگشت بخورد، چه ارزشی در برابر آن منفعت همگانی و ملی دارد؟!
> که البته هرگز چنین نخواهد شد. می خواهم بگویم به‌رغم همه‌ی تلاشی که برخی آقایان و خانم‌ها بکنند، درصد بسیار بسیار اندکی از این تعداد برگشت خواهد خورد. به‌دو دلیل بسیار ساده:
> ۱- چون مطمئن هستم که رأی آقای احمدی‌نژاد، یک رأی واقعی‌ست.
> ۲- بسیاری از سبزها انسان‌های معقولی هستند و علاوه بر خود، برای دیگران نیز حق انتخاب قائلند![1]

او در این‌جا هم تلاش می کند به‌خودش و به‌خواننده بقبولاند که خریداران کتابش غالباً هواداران احمدی‌نژاد بوده‌اند و بیست و چهار میلیون نیز به

1-www.iranclubs.net/forums/showthread.php?p=1027424

احمدی‌نژاد رای داده‌اند، پس باکی نیست. البته خواهیم دید چند جلد ازکتاب بعدی او فروش خواهد رفت.

فرهاد جعفری یک اصل ساده را نفهمیده است. مردم اشتباه می‌کنند اما برای همیشه اشتباه نمی‌کنند.

جعفری حتی جنایات انجام گرفته از ســوی رژیم را نیز ناشـــی از اخلاقیاتی می‌داند که جانیان رژیم از مجاهدین خلق و حزب توده و... فراگرفته‌اند وگرنه خودشان انسان‌های نازنینی بوده و هستند:

همیشه معتقد بوده‌ام بسیاری از اخلاقیات نادرستِ جمهوری اسلامی (بچه‌مسلمان‌ها) مال خودش (خودشان) نیست. یعنی ذاتی خودش (خودشان) یا دینی که ازش الهام می‌گیرد (می‌گیرند) نیست بلکه چنین اخلاقیاتی بر او «عارض» شـــده‌اند و بدون آن که در بیش‌تر موارد خودش هم بداند و متوجه باشد، دارد آن‌طوری عمل می‌کند که رقبایش می‌خواهند و عمل می‌کنند.

در ایـــن قضیه هم بیش از هر چیز و هرکس، برای «حزب توده» و «مجاهدین خلق» نقش قائل بوده‌ام. که اولی «اخلاقیات کثیف و منحطِ رایج در حین انقلاب کمونیستی شوروی» را در جامعه‌ی ایرانی رواج داد و دومی، برداشت‌های شدیداً ارتجاعی وکوته‌فکرانه و سکتاریستی‌اش را نه فقط به‌خـــودش، بلکه به‌مخالفانش هم تحمیل کرد. وگرنه، سرنوشت «ما» و این انقلاب، نباید این می‌بود که هست. و به‌نظرم هر وقت که باشد، حاکمان باید بنشینند و بررسی کنند که چقدر از این اخلاقیات نادرســـت، مال خودشان است و چقدرش را بدون آن که متوجه باشند، از رقباشان اخذ کرده‌اند و به رَویه‌شان تبدیل شده.[1]

برداشت‌های مجاهدین ارتجاعی‌ست و برداشت‌های تاریک‌خانه‌های حوزه‌ی علمیه و دکان مصباح یزدی و امثالهم ترقی‌خواهانه و مدرن و انسانی. اگر صرفاً با برداشـــت‌های مجاهدین مخالفت می‌کرد و آن را ارتجاعی قلمداد می‌کرد

1-http://goftamgoft.com/note.php?item_id=454&c=1#comment

یک حرفی، ولی این که یک مشت حزب‌اللهی جنایت‌کار را «بچه‌مسلمان» خطاب کنی و دین و آیین‌شان را پاک و منزه و جنایات‌شان را هم به‌دیگری نسبت دهی، دیگر نوبری‌ست که از هرکسی ساخته نیست.
وی سپس برای اثبات نظریه‌ی بدیع و در عین حال مشمئزکننده‌اش به کتاب «طاهره باقرزاده» یکی از هواداران سابق مجاهدین و تواب‌های زندان اوین اشاره می‌کند و جعلیات و دروغ‌های عناصر وابسته به‌رژیم راکه شبانه‌روز در مرکز اسناد انقلاب اسلامی و دیگر نهادهای مشابه تولید می‌شود و نمونه‌اش را در کیفرخواست‌های دادستانی در روزهای اخیر دیده‌ایم، تکرار می‌کند.

فرهاد جعفری در جعل و دروغ‌پردازی تا آن جا پیش می‌رود که درک کوته‌بینانه از دین در کشور را نیز به مجاهدین و مبارزین دهه‌ی ۵۰ نسبت می‌دهد:

> در اوایل دهه‌ی پنجاه «عده‌ای جوان ناپخته و نابالغ و به‌شدت آرمان‌گرا و سودازده» که فاقد هرگونه درک عمیقی از اوضاع و احوال کشورشان بوده‌اند، مبتنی بر «درکی به‌شدت جزم‌گرایانه و سخت‌گیرانه و کوته‌فکرانه از دین»، اخلاقیاتی را در بین خود و سپس در جامعه رواج دادند که آسیب‌های آن، هنوز و حتا چنددهه پس از آن، کماکان جامعه‌ی ایرانی را رنج می‌دهد و در خود درگیر دارد.
>
> به‌نظرم «بچه‌مسلمان‌های امروز» باید دقت داشته باشند که آن‌چه آمد «خاطرات یک عضو سازمان مجاهدین خلق» است. و باور کنندکه بسیاری از رفتارها و انتخاب‌هاشان، متاثر و ناشی شده از همان «درکِ کوته‌بینانه از دین در دهه‌ی پنجاه توسطِ مخالفین دیروز و امروزشان» است...
>
> «مخالفان و منتقدان جوانِ جمهوری‌اسلامی» هم ببینندکه ریشه‌ی برخی رفتارهای نادرستِ نظام سیاسی در کجاست و چنین رفتارهایی ازکجا ناشی شده‌اند. و بپذیرندکه در شکل گیری وضع موجود، کم‌ترکسی ست که مقصر نباشد و قبول کنند که نسبت دادنِ همه‌ی خطاها به‌حاکمان، رفتاری نادرست است و ما را به‌هیچ کجا

نخواهد رساند. و «لازم است که همه، اصلاح را از خودمان آغاز کنیم».
«حاکمان» هم بنشینند و بررسی کنند که در کدام بخش‌ها و کدام اخلاقیات‌شان، بهتر است اصلاحاتی صورت دهند تا در آن دسته از رفتارهاشان، مدیون مخالفان‌شان نباشند.[1]

چنان‌چه ملاحظه می‌شود جزم‌اندیشـــی و تاریک‌اندیشی مسلط بر حوزه‌های علمیه و رفتارهای قرون وسطایی، حاکمان کشورمان را نیز به‌درک « به‌شدت جزم گرایانه و سخت گیرانه وکوته‌فکرانه از دین» مجاهدین در اوایل دهه‌ی پنجاه نسبت می‌دهد. گویا ساحت حوزه‌ی علمیه و دِین و مذهب و هزار و چهارصد سال عقب‌ماندگی و درکِ جزم گرایانه از اسلام و... مربوط به مجاهدینی است که در دهه‌ی پنجاه در جامعه حضور پیدا کردند و پیش از آن همه چیز درست و اصولی بود. این مغز متفکر، مدعی است که چند نفر «جوان ناپخته و نابالغ » که زندگی مخفی داشته و ازکوچک‌ترین ارتباطی با مردم محروم بودند «اخلاقیاتی را در بین خود و ســپس در اقصی نقاط جامعه رواج دادند که آسیب‌های آن، هنـــوز و حتا چنددهه پس از آن، کمـــاکان جامعه‌ی ایرانی را رنج می دهد و در خود در گیر دارد».
وقتی قرار اســـت به‌جنایت‌کاران سرویس داده شـــود، از بافتن هیچ آسمان به ریسمانی دریغ نخواهد شد. لابد «مخالفان و منتقدان جوانِ جمهوری‌اسلامی» هم بایستی دست از مبارزه با رژیم بردارند و یقه‌ی مخالفان آن را بگیرند.

آن‌چه در بالا آمد، نگاه شـــتاب‌زده‌ای بود به دیدگاه‌های کســـی که به‌ســـرعت ستاره‌ی اقبالش افول کرد.

۲۱ مرداد ۱۳۸۸

1-http://goftamgoft.com/note.php?item_id=454&c=1#comment

کروبی پا جای پای منتظری بگذارد

پاسخ به پرسش‌های خسرو شمیرانی

(نشریه‌ی شهرگان)

طی هفته‌های گذشته، موضوع شـکنجه‌های غیرقابل تصور در زندان‌های جمهوری‌اسـلامی دوباره به گسترد‌گی مطرح شد. در سال‌های گذشته، می‌رفت تا گفته‌ها و نوشته‌های زندانیان سیاسی دهـه‌ی ۱۳۶۰ درباره‌ی شـکنجه در زندان‌های ایـران کم‌رنگ و کم‌رنگ‌تر شـود. اما پس از دسـتگیری‌های گسترده‌ی دو سه ماه گذشته، این بحث دوباره در مرکز توجه افکار عمومی ایران و جهان قرارگرفت. در این میان آقای مهدی کروبی که خود از بنیان‌گذاران نظام‌اسـلامی ایران اسـت، طی نامه‌ی معروفش از شکنجه‌های وحشتناک و تجاوزات باورنکردنی در زندان‌ها پرده برداشت. بسیاری از قربانیان شکنجه در دهه‌ی ۱۳۶۰ در این‌باره نوشته‌اند و تاکیدکرده‌اندکه آن‌چه بیرون آمده تنها کسری از فشارهایی است که طی دهه‌ی ۱۳۶۰ به‌زندانیان سیاسـی رفته اسـت. در این میان

ایرج مصداقی که چهار جلد خاطرات زندان او از جمله مستندترین نوشته‌های مربوط به آن دوران هستند، نامه‌ای خطاب به‌آقای کروبی نوشت و ضمن تجلیل از ایشان به‌دلیل بیان گوشه‌ای از حقایق، از او دعـــوت کرد تا در باره‌ی تجاوزهایی که در دوران مذکور در حق زندانیان سیاسی روا شده نیز بگوید و تکلیف خود را روشن کند. کوتاه‌شده‌ی متن گفتگوی انجام گرفته، به‌شرح زیراست:[1]

*** در حال حاضر شما خودتان را فعال سیاسی می‌دانید یا فعال حقوق بشر؟**

* می‌توانم بگویم هر دو با هم. یک فعال سیاسی مستقل هستم و با هیچ گونه جریان سیاســـی در ایران وابســـتگی یا رابطه‌ای ندارم؛ در واقع هیچ هم‌خوانی ندارم چه فکری چه ایدئولوژیک. اما فعالیت سیاسی من به‌این مفهوم که تمایل به‌شرکت در قدرت حاکم داشته باشم نیست.

*** انگیزه شما و یا دلیل اصلی شما در نوشتن نامه‌ی مورد بحث ما به آقای کروبی چه بود؟**

* دو موضـــوع محرک اصلی من بود. یکی همان نقطه‌ی مثبتی بود که من از آقای کروبی دیدم. در هفته‌های گذشته و دو ماه گذشته، ایشان در مقابل ولی‌فقیه ایستاد و به کودتا «نه» گفت و درست هم عمل کرد. این یک انگیزه‌ی اصلی اســـت برای من که ایشـــان را مخاطب قرار دهم و برای‌شان نامه بنویسم. این حرکت مثبتی بود که من در ایشـــان دیـــدم؛ هرچند که نامه‌ی من به‌نوعی نگاه انتقادی هم دارد؛ ولی در مجموع، نگاه مثبتی است. منتهی حقیقت این است که من از بازماندگان نســـلی هستم که در زندان‌های این نظام، فجایع زیادی را از ســـرگذراند. من ناچارم به‌خاطر یارانم، هم‌بندانم و هم‌نسل‌هایم که امروز زیر خروارها خاک مدفون هستند یادآور فجایعی باشم که مشابه آن امروزه در ایران در حال اتفاق افتادن است.

نکته‌ی مهم این‌ســـت: امروز به‌گونه‌ای جلوه داده می‌شود که گویا این اتفاقات

1-http://www.hafteh.ca/index.php?option=com_content&view=article&id=983:q&catid=104:interview&Itemid=73

تازه در حال رخ دادن است. گفته می‌شود عزای ملی است و این فجایع به‌این شـــکل، به‌زمان حال مربوط می‌شود. من آمدم بگویم که نه، این چیزی که دارد اتفاق می‌افتد خلق‌الساعه نیست. می‌خواهم بگویم در سی سال گذشته فجایعی اتفاق افتاده، لغایت وقیح‌تر از آن‌چه که این روزها ما می‌بینیم. معتقدم نباید چشم بر روی آن‌چه که در سی سال گذشته اتفاق افتاده، ببندیم.

علاوه بر این یک انگیزه‌ی دیگر هم دارم و آن این که، به‌نظر من هر وقت کسی از جنایت‌کار جدا شـــود و در کنار مردم قرارگیرد، باید به اوکمک کرد؛ و من بدون این که تصورکنم که خیلی مخاطب دارم و یا این که خیلی تأثیرگذار هستم، می‌خواهم به‌سهم خود در این راستا عمل کنم. این وظیفه‌ای است که برای خود می‌بینم.

*** آیا می‌توانید با اطمینان بگویید که در این کار هیچ‌گونه حس انتقام‌جوئی نیست؟**

* من اساســا به‌دنبال انتقام‌کشی نیســتم. البته این را هم به‌دنبالش اضافه کنم که من شـــدیداً مخالف بحث «ببخش و فراموش نکن» هستم. این موضوع را برخلاف حقوق بشر می‌دانم، برخلاف اصول اولیه‌ی حقوق بشر می‌دانم و اعتقاد هم دارم که تمام طرفداران راستین حقوق بشر برای پایان دادن به جنایت با impunity تلاش می‌کنند.

اعتقاد دارم تمام افراد مسئول هستند در مقابل اعمال‌شان و باید پاسخ‌گو باشند. در مورد آقای کروبی فکر می‌کنم عناصری در ایشان هست که می‌تواند به‌ایشان کمک کند تا خود را از جنایت‌کاران جدا کند.

این که ایشـــان تا کجا خواهد ایســـتاد و پیش خواهد رفت، آن‌را زمان مشخص خواهدکرد. من می‌خواهم مسیری را در مقابل ایشان بازکنم، چون تصور می‌کنم وقتی آقای کروبی به خامنه‌ای گفت نه، و در مقابل او ایســـتاد، راهی جلوی او باز شـــد. اساساً چشم او باز شد، یعنی مسائلی راکه قبلاً نمی‌دید، یا تشخیص نمی‌داد؛ یا تشـــخیص می‌داد و سکوت می‌کرد؛ حالا می‌بیند، حالا می‌فهمد، درک می‌کند و حالا واکنش نشان می‌دهد.

به‌گمان من همه‌ی این‌ها به‌خاطر همان «نه»‌ای‌ســـت که ایشان به‌ولایت‌فقیه

گفت. حال ایشـان هر قدمی کـه برداره و هر «نه»ای کـه به ولایت بگوید، کمکی‌ست که راه جدیدی برای‌شان باز شود، افق‌ها و پنجره‌های جدیدی‌ست که گشوده می‌شود.
به‌خاطر همین در نامه‌ام نوشـته‌ام که در اولین گام بعدی، ایشان باید از آیت‌الله منتظری عذرخواهی کند. این می‌تواند دوباره راه جدیدی را در مقابل‌شان باز کند و حالا به‌قول معروف ریش و قیچی دست آقای کروبی است.

*** آیـا گمان می‌کنید آقای کروبی از آن‌چه شـما مطـرح کرده‌اید بی‌اطلاع بوده است؟**

* مطمئناً که ایشان بی‌خبر نبودند. ولی بعضی اوقات بسیاری از مسائل باعث می‌شود که آدم‌ها به‌توجیه بیافتند و یا سرنوشت خود را به‌دیگران گره بزنند. شما ملاحظه می‌کنید. ایشان شاید به‌خاطر اعتقاد به‌ولایت‌فقیه به‌این نتیجه رسیده که چون ولی‌فقیه گفته، او هم باید اطاعت کند.
آقای کروبی حتی در زمینه‌سـازی برای برکناری آقای منتظری مشارکت داشته که بهای آن‌را امروز می‌پردازد. پس نمی‌توانست بی‌اطلاع باشد. ضمن این‌که ایشان و آقای رفسنجانی زمینه‌سـاز به‌قدرت رسیدن آقای خامنه‌ای بودند. اما روی دیگر سـکه این اسـت که آقای کروبی در یک نقطه جلوی ولایت‌فقیه ایستاده و من امیدوارم ایشان پا، جا پای آقای منتظری بگذارند.

*** آیـا به‌نظر شـما اگر فـرض را بر این بگذاریم که ایشـان خبر نداشـته در مسئولیت‌شان تاثیری دارد؟**

* من با این فرض مشـکل دارم. آقـای کروبی در موقعیتی بودند که به‌خوبی آگاهی داشتند به‌شرایط، و می‌دانستند چه می‌گذرد. لااقل از جنایات لاجوردی آگاه بودند. این چیزی‌سـت که حتی موسوی‌تبریزی هم به‌آن اشاره کرده. خود موسوی‌تبریزی با سابقه‌ی جنایت‌کارانه‌ای که دارد، اشاره می‌کرد که لاجوردی بیش از حد خشونت به‌خرج می‌دهد. خود آیت‌الله منتظری از لاجوردی به‌عنوان جنایتکار نام برد و حتی نماینده‌ی ایشان پیش خود من، از او به‌نام «قصاب» یاد کرد.

حتی اگر فرض کنیم که ایشان نمی‌دانستند، که البته من این را واقعی نمی‌دانم، به‌هرحال ایشان برای آنچه در جمهوری‌اسلامی اتفاق افتاد مسئول هستند؛ اما اگر حالا متوجه شده‌اند، می‌بایستی بیش‌تر جدیت از خودشان نشان دهند. بایستی عذر تقصیر بخواهند و تقاضای عفو و بخشایش بکنند از مردم ایران، از خانواده‌ی شهدا، قربانیان؛ و جبران گذشته را بکنند.

ما می‌بینیم که آیت‌الله منتظری بیست و سه سال است که از همه چیز محروم است و بها می‌پردازد و هر جا را که فرصت پیدا کرده، افشاگری کرده. علیرغم این که در دوران کهولت به‌ســر می‌برند و مسلماً از مشکلات بسیاری هم رنج می‌برند.

* با یکی از زندانیان سیاسی دهه‌ی ۶۰ که الان در دهه‌ی هشتاد زندگی خود به‌سر می‌برد، صحبت کردم، می‌گفت آنچه الان در باره‌ی فشار در زندان‌ها گفته می‌شود، حتی کسر کوچکی از آنچه بر او و هم‌بندان او در دهه‌ی ۶۰ رفت، نیست. آیا با این موافقید؟

* من کاملاً موافق هستم. به‌خصوص در اوین. چون مــن خودم آنجا بودم، می‌توانم شــهادت دهم. توجه کنید آنچه را که من خود دیدم و به‌آقای کروبی هم نوشتم، آنچه که در زندان‌های خاص به‌عنوان واحد مسکونی اتفاق افتاده، شوخی نیست، چهارده ماه شکنجه همراه با بازجو؛ و زیر شدیدترین شکنجه‌ها که شــما حتی نمی‌توانید تصورش را بکنید. این روزها صحبت از ده‌ها کشته می‌شــود، یا حتی دویست تا، سیصد تا. این ارقام کجا به‌پای قتل‌عام و کشتار ۶۷ می‌رسد. کشتار بعد از هفت سال زندان!

در موارد بســیاری ماه‌ها و سال‌ها بیست ـ سی نفر در فضایی با چهار متر مربع وســعت، زندانی بودند. اغراق نمی‌کنم. تا کسی آن را تجربه نکرده باشــد نمی‌تواند تصور بکند که ما چطور از تمام فضای آن استفاده می‌کردیم. حتی من نمی‌دانم و نمی‌توانم چطور آن را توضیح بدهم.

بله. آنچه امروز اتفاق می‌افتد، دقیقاً کســری از آن چیزی‌ست که در دهه‌ی ۶۰ اتفاق افتاد.

۲۷ مرداد ۱۳۸۸

کند و کاوی در ارتباط با
دهمین دوره‌ی انتخابات ریاست‌جمهوری
پس از برگزاری انتخابات و اعلام نتایج آن

٭ انتخابـات دهمـین دوره‌ی ریاسـت‌جمهوری تمام شـد، برخلاف پیش بینی شما که موسوی را برنده‌ی انتخابات معرفی می‌کردید، احمدی‌نژاد رییس‌جمهور شد، در این مورد چه نظری دارید؟

٭ در گفتگوی مورد نظر[1] از من در مورد نتیجه‌ی انتخابات سـوال شـد. و من به‌صراحت عنوان کردم چنان‌چه انتخابات با شرکت گسترده‌ی مردم همراه باشد، موسوی انتخاب خواهد شد؛ و در صورتی که با تحریم نسبی مردم روبرو شود احمدی‌نژاد انتخاب می‌شود. ما در مورد نتیجه‌ی انتخابات صحبت می‌کردیم. باید به‌سوال توجه کرد. هنوز هم بر همین نظر هستم که موسوی انتخاب شد اما نتیجه‌ی دیگری اعلام شد. مردم به‌شکل گسترده در انتخابات شرکت کردند و به‌دلایل گوناگون که در حوصله‌ی این بحث نیسـت و قبلاً راجع به‌آن توضیح دادم به موسـوی رای دادند. موسـوی با قرائنی که در دسـت است، منتخب

1-http://www.pezhvakeiran.com/page1.php?id=11136
صفحه‌ی ۱۱ همین کتاب

انتخابات ۲۲ خرداد بود. در یک صورت حق با شماست و آن، این که اعتقاد داشته باشیدکه برخلاف پیش‌بینی من، مردم به‌شکل گسترده در انتخابات شرکت کردند و به احمدی‌نژاد رای دادند.

در آن صورت باید شـما حرف احمدی‌نژاد و خامنه‌ای را قبول داشته باشید و معتقد باشـیدکه به‌خاطر عمل‌کرد احمدی‌نژاد در چهارسال گذشته و رضایت جامعه از او، و به‌خاطر حمایت بی‌شائبه‌ی خامنه‌ای از وی، بیست میلیون نفری که قبلاً در انتخابات ریاسـت‌جمهوری و یا سایر انتخابات شرکت نمی‌کردند و چشـم دیدن نظام را نداشتند، متوجه غفلت خود شده و با شور و هیجان در انتخابات این دوره شـرکت کردند و به کوری چشـم دشمنان اسلام و آن‌هایی که می‌خواستند انقلاب مخملی کنند، احمدی‌نژاد را دوباره به‌ریاست‌جمهوری رساندند!

اما اگر مانند من اعتقاد داریدکه نتیجه‌ی انتخابات را وارونه کرده‌اند، پس باید بپذیرید آنچه بعـد از ۲۲ خرداد اتفاق افتاد، انتخابات نبود، یا اعلام نتیجه‌ی انتخابات نبود؛ کودتایی بودکه توسط بخش قدرتمند نظام‌که اتفاقاً در اقلیت قرار دارند صورت گرفت. برای همین هم هنوز نتوانسـته‌اند با این همه ضرب و زور، احمدی‌نـژاد را در نظام جا بیاندازنـد. هنوز هیچ مرجع تقلیدی به‌جز نوری‌همدانی به او تبریک نگفته اسـت. چند تا تبریک جعلی هم جور کردند که با تکذیب مراجع مواجه شد. تا به‌حال چنین پدیده‌ای در نظام سابقه نداشته است. مراسم تنفیذ و تحلیف او را با اِعمال حکومت نظامی در پایتخت برگزار کردند. این فضاحت در تاریخ سی‌ ساله‌ی رژیم سابقه نداشته است.

اگـر باز هم اعتقاد داریدکه مردم در انتخابات به احمدی‌نژاد رأی داده‌اند، به سـایت الف بروید و نظرات ارائه شده در آن را بخوانید[1]. این سایت اصول‌گرا اسـت و طبیعتاً خوانندگان آن نبایستی مدافعان موسوی وکروبی باشند. میزان نظرات ارائه‌شده علیه احمدی‌نژاد و دولت او به‌شدت بالاست. غیرقابل تصور است.

1-http://alef.ir/1388/content/view/51981

این را هم اضافه کنم که پرسش و پاسخ من دو هفته قبل از انتخابات و قبل از شروع مناظره‌های رادیو تلویزیونی و واکنش‌های خامنه‌ای به آن بود. اوضاع پس از این مناظره‌ها چرخید. در عالم سیاست لحظه به‌لحظه شرایط می‌تواند تغییر کند. برای همین می‌گویند تحلیل مشخص از شرایط مشخص. یک واقعه می‌تواند همه‌ی معادلات را تغییر دهد. وقتی خامنه‌ای اجازه داد احمدی‌نژاد هرچه می‌خواهد بگوید و دفاعی از رفسنجانی و ناطق‌نوری در مقابل آن نکرد، خیلی چیزها مشخص شد.

* بـا توجه به آن‌چه کـه اتفاق افتاده آیا هنوز معتقدید که شرکت مردم در انتخابات غلط بود؟

* معلوم اسـت که چنین نظری دارم. این را نه من، بلکه «اصلاح‌طلبان» رژیم نیز قبول دارند که شرکت در انتخابات، تحت نظارت شورای نگهبان و نظارت استصوابی و... غلط بود. من نمی‌فهمم چگونه عده‌ای معلوم‌الحال در خارج از کشـور کاسه داغ‌تر از آش شده و شرکت در انتخابات را درست می‌دانند و روی صحت تحلیل‌شان پافشاری می‌کنند. کروبی پیام رسمی داد و به‌صراحت و با شـجاعت از مردم «به خاطر چندین ماه اصـرار و ابرام برای حضور در انتخابات ریاست جمهوری» پوزش خواست. او به‌طور ضمنی تایید کرد که شرکت در انتخابات و تغییر از این طریق «آب در هاون کوبیدن است». این را که من نگفتم. یکی از کاندیداهای ریاست‌جمهوری که اتفاقاً خیلی هم مردم را به‌شرکت در انتخابات دعوت می‌کرد گفت.

احمد زیدآبادی در اولین موضـع گیری بعد از اعلام نتیجه‌ی انتخابات گفت شرکت ما در انتخابات و دعوت از مردم برای شرکت در انتخابات غلط بود.

یادتان هست که می‌گفتند حضور احمدی‌نژاد در کاخ ریاست‌جمهوری نتیجه‌ی تحریم انتخابات چهار سال پیش است؟ یادتان هست می‌گفتند تحریمی‌ها، احمدی‌نژاد را به‌مردم تحمیل کردند؟ ملاحظه کردید که این تحلیل‌ها درست نبود. هزاران دسـتگیر شده، صدها کشته، هزاران زخمی؛ بازهم احمدی‌نژاد بر مسند ریاست‌جمهوری اسـت. باز هم احمدی‌نژاد رییس‌جمهور شد. این بار

او محصول چیســـت؟ این ساخت و بافت رژیم است که احمدی‌نژاد را بیرون می‌آورد، نه تحریم یا شرکت من و شما در انتخابات.
فرمانده سپاه به‌صراحت گفت: «سپاه و بسیج نمی توانند بنشینند دشمنان انقلاب از طرق فرهنگی و سیاسی مسئله‌ی تغییر و ایجاد انحراف در مسیر راستین انقلاب و ارزش هـــا را تعقیب نمایند». وقتی با این صراحت گفت که اجازه‌ی تغییر را نمی‌دهند، انتظار دارید صندوق رأی کارساز باشد؟

آیا شـــما در انتخابات شورای شهرکه دو ســـال دیگر برگزار می‌شود با شرایط مشابهی که از سرگذرانديم شرکت می کنید؟ آیا در انتخابات مجلس، سه سال دیگر شرکت می کنید؟ آیا در انتخابات ریاست‌جمهوری بعدی با حضور خامنه‌ای و احمدی‌نژاد در قدرت و نظارت شورای نگهبان شرکت می کنید؟ آیا مردم را به‌شرکت در انتخابات تشویق می کنید؟ معلوم است کسی جرات نمی کند پاسخ مثبت بدهد. آیا فکر می کنید با این وضع مردم در ابعاد وسیع در انتخابات بعدی شـــرکت می کنند که کاندیدای مورد علاقه‌شان را به‌ریاست‌جمهوری برسانند؟ مردم از همین حالا تصمیم‌شان را گرفته‌اند؛ برای همین در خیابان‌ها و پشت‌بام‌ها هستند

*** آیـا آن‌چـه در ایران ایـن روزها اتفاق افتــاده نتیجه‌ی شـرکت مردم در انتخابات‌نیست؟**

* آیا شما و یا کسانی که ملت را تشویق به‌شرکت در انتخابات می کردید علم غیب داشتید و یا طرح و برنامه‌ای داشتید و یا از قصد و نیت کودتاچیان مطلع بودیدکه می‌خواهند چه بکنند؟ آیا کودتاچیان شما را در جریان برنامه‌های‌شان گذاشـــته بودند؟ یعنی باور کنم که شما می‌دانســـتیدکه قرار است مردم در اثر تبلیغات شما به‌شکل وسیع در انتخابات شرکت کنند و به موسوی رای دهند و جناح مقابل، نتیجه را وارونه کند و بعد مردم در امواج وسیع به‌خیابان‌ها بریزند و بیش از دو ماه جنبش ادامه داشـــته باشد؟ آیا شما با علم به‌پیش‌آمدها برای حوادث پس از آن برنامه‌ریزی کرده بودید؟
اگر چنین بود گلی به جمال‌تان.

آیا شـــما وکسانی که چنین ادعایی دارند، شرکت در انتخابات، یا رای دادن به کاندیدایی خاص را وسیله‌ای می‌دانید برای اعتراضات بعدی نسبت به‌تقلب انتخاباتی رژیم؟
یعنی خود انتخابات برای‌تان اصل نیست، بلکه وقایع بعد از آن را مدنظر دارید؟
آیا هر بارکه مردم را به‌شرکت در انتخابات دعوت می کنید با چنین چشم‌اندازی جلو می‌روید؟
منظورم این است که می‌خواهید کاندیدای مورد علاقه‌ی شما و مردم رای نیاورد و بعد اعتراضات مردمی و... شکل بگیرد؟
اگر چنین اعتقادی دارید پس شـــما معتقد به‌اصلاح نظام نیستید؛ شما معتقد به‌اصلاحات از طریق انتخابات و صندوق رای و... نیســـتید؛ شـــما رژیم را نیز دارای چنین ظرفیتی نمی‌شناسید!
شـــما خواهان برپایی جنبشی در خیابان برای واژگونی حاکمیت هستید. شما دنبال کشاندن مردم به‌خیابان هستید و راه‌های آن را ذهن‌تان مرور می کنید. شما به‌دنبال قیام از طریق شـــورش‌های شهری هستید. شما دنبال بهانه برای بیرون کشیدن مردم هستید.

از طرف دیگر اگر این فرض را بپذیریم، شیوه‌ی کار شما ـ علیرغم ادعاهای‌تان ـ شـــبیه به‌انجمن حجتیه است. آن‌ها می گویند باید کاری کنیم که ظلم در زمین زیاد شود تا آقا امام‌زمان ظهور کند و جهان را به‌عدل و داد برساند. درست مثل شـــما که می گویید مردم را دعوت می کنیم که در انتخابات شرکت کنند، چون رای‌شان را وارونه می کنند، پس به‌خیابان ریخته و رژیم را وادار به‌عقب نشینی می کنند.
البته این فرض‌ها تماماً غلط اســـت. اگر یادتان باشـــد این افراد، دَم از مقابله بـــا «کودتای بدون خونریزی» می‌زدند. آن‌ها تبلیغ می کردند مردم بیایید رأی دهیـــد تا کودتای بدون خونریزی صورت نگـــیرد وکاندیدای مورد قبول‌تان از صندوق در آید. حال آن که برنامه‌ی حریف، کشاندن مردم به‌پای صندوق‌های رأی، و نتیجه هم از قبل معلوم بود. خامنه‌ای و سپاه قصد داشتند با اعلام بالای شرکت‌کنندگان در رأی‌گیری، جشن پیروزی بگیرند. همین دعوت از مردم برای

شرکت در انتخابات حاکی از آن بود که مطرح‌کنندگانش دست خامنه‌ای و سپاه را نخوانده بودند.

مگر این افراد نمی‌گفتند انتخابات کم‌هزینه‌تریـــن راه برای اجرای اصلاحات و پیشرفت جامعه است؟ خوب حالا چه می‌گویند؟ حالا که صدها شهید و هزاران دستگیرشـــده و زخمی و خسارات عمده‌ی اقتصادی و اجتماعی نصیب مردم شده چه می‌گویند؟

دیدیـــد هرگونه حق‌خواهی در این رژیـــم هزینـــه دارد؟ دیدید تغییر بدون هزینه امکان‌ناپذیر اسـت؟ بماند این‌همه هزینه در جایی‌سـت که هنوز هیچ تغییری صورت نگرفته است و جانیان، حاکم‌اند و کودتاچیان در قدرت، و برای این و آن خط و نشان هم می‌کشند.

یادتان هسـت همین حضرات ده‌ها هزارکشته و اعدامی دهه‌ی ۶۰ را هم‌گام و هم‌راه با رژیم، به‌اپوزیسیون رژیم نسبت می‌دادند و آن‌ها را مسئول این جنایت‌ها و خونریزی‌ها می‌خواندند؟ حالا مسئول این خون‌ها کیست؟ مسئول خون‌های بعدی کیست؟

ولایت مطلقه و دسـتگاه‌های خونریزش، یا کسـانی که مردم را به‌مقاومت و ایستادگی در مقابل این رژیم فرا می‌خوانند؟

ملاحظـه کنید خامنـه‌ای به‌صراحت آن‌هایی که مردم را به‌ایسـتادگی دعوت می‌کنند مسئول این خون‌ها معرفی می‌کند! مجبور شدند مردم را برای احقاق حقوق‌شان در زیر رگبار گلوله و گاز اشک‌آور و گاز فلفل و چوب و چماق و دشنه، دعوت به‌حضور در خیابان کنند. آیا اگر در روزها و ماه‌های آینده فرصتی برای حضور مردم در خیابان حاصل شـود شـما آن‌ها را نهی می‌کنید تا مبادا خون‌شان بر زمین ریخته شود؟

*** شما در پرسش و پاسخ دو هفته قبل از انتخابات، موسوی و کروبی را هم در خدمت ولی‌فقیه معرفی کردید حالا چه نظری دارید؟ آیا هنوز هم بر نظر سابق هستید؟**

* معلوم است که من موسوی وکروبی را در خدمت ولی‌فقیه می‌دانستم. هر دو نمایندگان خامنه‌ای در شورای تشخیص مصلحت بودند؛ هر دو با اجازه‌ی خامنه‌ای به‌انتخابات وارد شدند و از فیلتر شورای نگهبان گذشتند؛ هردو بارها وفاداری‌شان به خامنه‌ای را اثبات کرده بودند؛ هردو خامنه‌ای را خط قرمز نظام معرفی می کردند؛ هر دو اگر انتخاب می‌شدند، بر خلاف منویات ولی‌فقیه حرکت نمی کردند؛ در چهارچوبی که او تعیین می کرد فعالیت می کردند.

کروبی هنگامی که رییس مجلس بود برخلاف منویات خامنه‌ای حرکت نمی‌کرد، خودش هم به‌این مسئله اذعان داشت. مجاهدین انقلاب‌اسلامی و مشارکت را ساختارشکن می‌نامید و به‌صراحت گفته بود که هیچ‌یک از این‌ها و نزدیکان‌شان را درکابینه‌اش راه نمی‌دهد. اگر هرکدام انتخاب می‌شدند هم، کار زیادی نمی‌توانستند انجام دهند و در خدمت ولایت‌فقیه بودند. خودشان، حتا امروز هم ادعا ندارند‌که برخلاف ولی‌فقیه بودند. موسوی به‌صراحت اعلام کرد چنان‌چه می‌دانستم رهبری این‌قدر به احمدی‌نژاد علاقه دارد، کاندیدای ریاست‌جمهوری نمی‌شدم. قابل، یکی از روحانیون اصلاح‌طلب پس از پایان انتخابات در مصاحبه با رادیو فردا به‌صراحت اعلام‌کرد‌که تفاوت ماهوی و برنامه‌ای موسوی و احمدی‌نژاد چیزی حدود ده درصد بود (نقل به مضمون) اما خامنه‌ای همین قدر تفاوت را هم نپذیرفت.

اما تاکید می‌کنم الان همه چیز فرق‌کرده است. امروز را با دیروز نمی‌توان مقایسه کرد. تفاوت امروز موسوی وکروبی با احمدی‌نژاد خیلی زیاد است. دیگر ده درصد نیست. کروبی و موسوی امروز با دیروز فرق می کنند؛ چون صحنه تغییر کرده است. آرایش نیروها پس ازکودتا تغییرکرده است؛ جمهوری‌اسلامی هم تغییرکرده است. این رودخانه، رودخانه‌ی دیروزی نیست. منظورم این نیست‌که خوب شده است، یا در مسیر درستی قرارگرفته یا...

وقتی موسوی وکروبی در مقابل ولی‌فقیه ایستادند و نه گفتند، دیگر آدم‌های

سـابق نیستند. نمی‌توانند باشند. الزامات مسیری که در آن قرارگرفته‌اند این را اقتضا می‌کند. برای همین چشم‌شـان تا حدی باز شده است. مواردی راکه تا دیروز نمی‌دیدند و یا این‌گونه وانمود می‌کردند، حالا می‌بینند. ما هم به‌عنوان اپوزیسیون بایستی این تغییرات را درک کنیم و بر اساس آن حرکت کنیم. در سیاست بایستی سـیال بود و هر لحظه تغییرات را در نظرگرفت. نظر من در موردکروبی و موسوی بعد از انتخابات، باکروبی و موسوی پیش از انتخابات متفاوت است.

* منظورتان از این‌که موسوی وکروبی فرق‌کرده‌اند چیست؟
* از نظر من نه تنها موسـوی وکروبی، بلکه خامنه‌ای و رفسنجانی، خاتمی و ناطق‌نـوری هم فرق کرده‌اند. روابط این‌ها با هم و با رهبری نظام و ارگان‌های سرکوب اعم سپاه و نیروی انتظامی و... فرق کرده است. روابط آن‌ها با ائمه‌ی جمعه و جماعات فرق‌کرده است.
البتـه ایـن تغییر را موسـوی وکروبی مدیون مردم هسـتندکه بـا مقاومت و ایستادگی‌شان آن‌ها را به‌زور به‌این نقطه کشانده‌اند. خودکروبی به‌این نکته اذغان دارد و می‌گوید: «مردم خودشان جهت احقاق حقوقی که احساس می کردند از دست رفته و مرجعی را جهت طرح شکایات خویش نمی‌یافتند با مدنی‌ترین شـکل و مسالمت‌آمیزترین شـیوه به‌خیابان‌ها آمدند و تنها یک سوال داشتند «رای ما چه شد» و این ما بودیم که به‌خیل دریای بی کران مردم پیوستیم». از این بابت آن‌ها مدیون مردم و جوانانی هستندکه جان‌شان را دادند و زنان و مردانی که ایستادگی کردند. امیدوارم با مقاومت‌شان جواب فداکاری مردم را بدهند و قدرشناس این فرصت باشند. امیدوارم راهی راکه مردم جلوی پای‌شان گشودند، به‌درستی طی کنند.

شما یک تکه آهن را در نظر بگیرید؛ وقتی آن را درکوره‌ای با حرارت بالا قرار دادید دیگر مثل قبلش نیست. چنان‌که وقتی آیت‌الله منتظری در مقابل خمینی ایستاد و «نه» گفت نمی‌توانست مسیر سابق را ادامه دهد.
فرض کنید، فرض محال؛ موسـوی، یاکروبی همین فردا رییس‌جمهور شـوند،

مطمئن باشید مانند قبل از این، عمل نخواهند کرد. نمی‌توانند بکنند. عمل آن‌ها در پست ریاست‌جمهوری، امروز متفاوت از عمل آن‌ها در پست ریاست‌جمهوریِ دو ماه پیش خواهد بود.

موسوی نمی‌تواند رییس‌جمهوری نظامی شود که فرماندهان قرارگاه ثارالله و نیروی انتظامی‌اش آن بلاها را سر مردم آورده‌اند؛ مجلسش آن‌گونه حمایت کرده و قوه قضاییه‌اش آن‌گونه مردم و همراهان آن‌ها را به بندکشیده است؛ شورای نگهبانش آن همه سیاه‌کاری کرده؛ رهبرش آن‌ها را مردود شده خوانده. تا دیروز این بلاها را سر مخالفان‌شان می‌آوردند. حالا سرخودشان و یا کسانی که از آن‌ها حمایت کردند آورده‌اند. آن‌ها را آمریکایی و انگلیسی و وابسته و جانی و تروریست و... خوانده‌اند.

کروبی قدم‌های مثبتی برداشته است. افشای بی‌پروای جنایات رژیم درکهریزک و زندان‌های مخفی، کم چیزی نیست. در همین حد هم شایسته‌ی تقدیر است. روی آن ایستاده و پافشاری می‌کند. موسوی ضمن حمایت ازکروبی هم‌چنان بر خواسته‌هایش پافشاری می‌کند. تنها در صورتی خواسته‌های کروبی و موسوی محقق می‌شوند که نظامی که برپاست و قانون‌اساسی آن تغییرکند.

هیچ‌یک از این‌دو با این ولی‌فقیه و این قانون‌اساسی دیگر نمی‌توانند کارکنند. پرده‌ها دریده شده است و آن‌ها دیگر پشیزی ارزش برای خامنه‌ای قائل نیستند. ببینید موسوی وکروبی پیش از آن که کاندید شوند با خامنه‌ای دیدارکرده و از اوکسب اجازه کردند. کروبی این‌روزها حاضر شده به هرکس و ناکسی در نظام نامه بنویسد الا به خامنه‌ای. برای این‌که او را به‌درستی مسئول همه‌ی این جنایات می‌داند.
این تغییر موضع را باید به‌فال نیک گرفت و آن‌ها را تشویق کرد که راه‌شان را ادامه دهند. مسیری که در آن قرارگرفته‌اند به‌طور طبیعی بایستی تا حذف خامنه‌ای پیش برود. یعنی باید خواهان این امر شوند.

*** آیا شـما برگذشته‌ی افراد و نقش‌شان در جنایت و کشتار سی سال گذشته چشم می‌بندید؟ آیا شما معتقد به«سیاست ببخش و فراموش کن» که عده‌ای از جنایت‌کاران سابق بر آن تأکید دارند، هستید؟**

* نه به‌هیچ‌وجه. من برگذشـــته و نقش افراد در آن‌چه به‌وقوع پیوســـته چشم نمی‌بندم. در نامه‌ام به کروبی این نگاه را مشاهده می‌کنید. من معتقد به‌انتقام و کینه‌ورزی نیستم، به‌اجرای عدالت معتقدم. اگر می‌گویم به‌سیاست ببخش و فراموش کن معتقد نیستم نه به‌خاطر آن‌که به‌فکر انتقام هستم، بلکه آن‌را مخالف اصول اولیه‌ی حقوق بشـــر و مسئولیت‌پذیری انســـان‌ها می‌دانم. این شعار را ضدحقوق بشر می‌دانم. آن را مخالف عدالت می‌دانم.

مـــا امـــروز در جریان یک مبارزه قـــرار داریم. کســـانی که در مقابل این کودتا می‌ایستند و اردوی ولی‌فقیه را ترک می‌کنند، آینده‌ی خود را تضمین می‌کنند. هر حرکتی راکه من به‌نفع مردم ارزیابی کنم از آن حمایت می‌کنم. حرکت امروز کروبی و موســـوی تا جایی که در مقابل خامنه‌ای ایستاده‌اند، در مسیر درستی اســـت. این حرکت به‌نفع مردم است و خون‌های زیادی را ذخیره می‌کند. این خون‌ها از بدن جامعه ریخته می‌شود. چنان‌چه عمل‌کردِ این دو نفر و یا هرکس دیگری به‌سرنگونی این نظام و تغییر شرایط منجر شود، آن وقت عدالت حکم می‌کندکه درکنار اعمال زشـــتی که این افراد مرتکب شده‌اند، اعمال نیک و به‌نفع مردم آن‌ها را هم ببینیم. به‌این می‌گویند برخورد عادلانه. عدالت از همین جـــا برمی‌خیزد. نیمه‌ی خالی لیوان را نباید دید؛ چنان‌چه دیدن نیمه‌ی پُر لیوان نیز نادرست است.

برای روشـــن شـــدن موضوع لازمســـت مثالی بزنم. ببینید جنایات سال‌های اولیـــه‌ی دهه‌ی ۶۰ که در روزنامه‌ها هم انعکاس می‌یافت، با ســـکوت و تایید ضمنی آیت‌الله منتظری مواجه بود. ایشـــان فتواهای عجیب و غریب گیلانی و موسوی‌تبریزی و مشکینی و امثالهم را می‌دیدند و می‌خواندند و در مخالفت با آن‌ها چیزی نمی‌گفتند. حتی حکم نمایندگی برای گیلانی صادرکردند. این‌را هم به نماینده‌شـــان در سال ۱۳۶۳ گفتم و هم درگزارشی از زندان همان موقع برای‌شان نوشـــتم. اعدام دختران نوجوانی راکه هویت‌شان هم مشخص نبود،

می‌دیدند و می‌خواندند، اما موضعی نمی‌گرفتند؛ تایید اعدام بدون دادرسی و دادگاه در خیابان را می‌شنیدند، اما مخالفتی نمی‌کردند یا بروز نمی‌دادند؛ فرمان تمام‌کُش کردن مجروحین را می‌شنیدند و دم برنمی‌آوردند؛ مصاحبه‌ها و اعتراف‌های اجباری را می‌دیدند، با بعضی از افراد مورد مصاحبه، هم‌بند و هم‌زنجیر بودند ولی دم نمی‌زدند؛ ایشان در انتخاب اعضای شورای‌عالی قضایی و قضات و بسیاری امور دیگر دست داشتند؛ از حامیان اصلی نظریه‌ی ارتجاعی ولایت‌فقیه بودند؛ اعتماد ایشان به خمینی به‌عنوان ولی‌فقیه و استاد و مرادشان و خلسه‌ی ناشی از برقراری حکومت اسلامی و...، بسیاری اوقات مانع موضع گیری ایشان می‌شد. اما آهسته‌آهسته توجه‌شان نسبت به‌جنایات عظیمی که در کشور اتفاق می‌افتاد، جلب شد، قاطعانه موضع گیری کرد و از آن به‌بعد پا پس نگذاشت.

از قدرت و حکومت و مواهب آن گذشت و در راه اعتقادی که داشت پایداری نشان داد. این قابل تحسین است. او تا آن‌جا که در توان داشت و دارد از حق مخالفانش دفاع کرد، از آزادی بیان و حاکمیت مردم و... دفاع کرد و به‌تصحیح رفتار و مواضع گذشته‌ی خود پرداخت. بارها اعلام کرد از اشتباهاتی که داشتیم بایستی توبه کنیم. کم‌تر کسی در تاریخ کشورما بوده است که با این حُسن نیت کار کرده باشد.

از نظر من ایشان به‌گردن مخالفان خود و از جمله من، حق دارد. ایشان دستی در حاکمیت ندارد، نابخردی‌ست کسی بخواهد گذشته را به‌رخ ایشان بکشد و یا از ایشان حساب‌رسی کند. این‌را هم اضافه کنم که من مخالف نظرات سیاسی و ایدئولوژیک ایشان هستم و از این بابت قرابتی بین ما نیست. مردم هم قدر ایشان را می‌دانند و حریم‌شان را حفظ می‌کنند.

موسوی وکروبی هم تا این‌جای کار خوب آمده‌اند وکارهای زیادی کرده‌اند. البته آینده را نمی‌شود پیش‌بینی کرد. همه چیز بستگی به‌عمل‌کرد این افراد و تحولات پیش رو در آینده دارد.

در این میان آدم‌های فرصت‌طلب و بی‌اعتقاد هم بی کار ننشسته‌اند. مثلاً سایت اخبار روز، بعد از انتشار نامه‌ی سرگشاده‌ی من به‌کروبی و تایید نقش مثبت

او، بدون اطلاعم مبادرت به‌چاپ مقاله‌ای کرد که من پیش از انتخابات نوشته و در آن به مواضع کروبی و موسوی در ارتباط با کشتار ۶۷ اشاره کرده بودم. برای این که آب کاملاً گل‌آلود شود، تاریخ نوشته‌ی مرا هم از پای مقاله حذف کردند. دقیقاً کاری را کردند که سرویس‌های امنیتی برای خراب کردن کسی انجام می‌دهند. ما باید حواس‌مان جمع باشد.

*** آیا تضادی در مقاله‌ی قبلی شما در مورد کروبی و موسوی و تأیید کشتار ۶۷ و نامه‌ی سرگشاده‌تان به کروبی نیست؟**

* نه نیست. حتی نامه به کروبی هم موضع جدید من نیست. این را امروز نمی‌گویم، در همان پرسش و پاسخ قبل از انتخابات نیز به‌صراحت عنوان کردم که:

> «من اساساً به‌سیاست «همه یا هیچ» اعتقاد ندارم. اصلاً سیاست را بده، بستان می‌دانم. سیاستمدار عاقل وکاردان آن‌ست که کم بدهد و زیاد بگیرد. این‌ها که از بدیهیات کار سیاسی‌ست. اما در این انتخابات قرار نیست چیزی نصیب مردم شود. حرف اصلی این است. مشتی هیاهو تحویل مردم می‌دهند؛ اگر چیزی گیر مردم می‌آمد که حرفی نبود؛ اگر ازکیسه‌ی ولی فقیه می‌رفت که خوب بود؛ از این جیب به‌آن جیب می کنند و تمام منافع هم به‌جیب خامنه‌ای می‌رود.»

بنابر آن‌چه که گفتم اگر احساس کنم در نتیجه‌ی حرکتی از «کیسه‌ی ولی‌فقیه» می‌رود، از آن حرکت حمایت می کنم. آن‌روز، شرکت در انتخابات را به‌نفع ولی‌فقیه ارزیابی می کردم. همین امروز هم می‌بینید که از حضور گسترده‌ی مردم در انتخابات به‌عنوان تأییدی بر نظام یاد می کنند.

امروزکروبی و موسوی اقدامات زیادی انجام داده‌اند. مهم‌ترین آن ایستادن در مقابل ولی‌فقیه و منویات اوست. تضادی در عمل‌کرد من نیست، تضاد در رفتار کروبی و موسوی‌ست. آن‌موقع برای شرکت در انتخابات، از خامنه‌ای اجازه می گرفتند و امروز حاضر نیستند نام او را بر زبان آورند. هادی غفاری در

حضـــور کروبی، هر چه از دهانش در می‌آید نثار خامنه‌ای می کند. ضدیت من یا امثال من با این افراد، ضدیت کور نیست؛ معلوم است که از هر حرکت مثبت آن‌ها حمایت می کنم به‌شـــرط آن که در مسیر مردم و مبارزه باشد و نه انحراف آن. من در همان پرســـش و پاســـخ هم گفتم که از هر حرکت اصلاح گرایانه که بدانم واقعی‌ســـت حمایت می کنم. در نامه‌ی اخیر هم مسئولیت‌های کروبی را یادآور شـــده‌ام. در همین نامه هم به‌حمایت او از نیری، رییس هیئت کشتار ۶۷ اشاره کرده‌ام و در چند بند، مسئله‌ی کشتار ۶۷ را پیش کشیده‌ام. من نه چیزی را فراموش کرده‌ام و نه می کنم.

*** بنابراین آیا موسوی، یا کروبی می‌توانند جنبش سبز را رهبری و هدایت کنند؟ وظیفه‌ی ما چیست؟**

* تردیدی نیســـت که جنبش مردم، از شـــکافِ به‌وجود آمده در حاکمیت سر برآورده است. بدون این شکاف، خیزش عمومی در این مرحله و در این سطح ناممکن بود. ایستادگی موسوی و کروبی و حمایت نسبی خاتمی و رفسنجانی از این دو، به‌این شـــکاف دامن زده است. بنابراین نقش آن‌ها را نمی‌توان نفی کرد و یا نادیده گرفت.

من به انگیزه‌ی این آدم‌ها کاری ندارم فعلاً به حرکت‌شان نگاه می کنم. در این مرحله بایستی گذاشت جنبش راه خود را برود، مانعی نباید در مقابل آن ایجاد کرد؛ حرکت‌های موسوی وکروبی به‌نفع جنبش و به‌زیان حکومت ولایت‌فقیه بوده است؛ باید آن‌ها را تشویق به‌ادامه‌ی این راه کرد؛ باید از پیوند رفسنجانی و خامنه‌ای جلوگیری کرد؛ باید رفســـنجانی را به‌ایستادگی تشویق کرد. این کار برای جنبش خون ذخیره می کند و به‌نفع مردم است. با وحدت این دو، بهای بیش‌تری بایستی پرداخته شود. این بها از جان و مال مردم پرداخته می‌شود.

در حال حاضر هیأتی متشکل از حداد عادل، ولایتی و مؤتلفه به‌دیدار رفسنجانی رفته‌اند. آن ها تلاش می کنند تنش میان خامنه‌ای و رفسنجانی را از میان بردارند ورابطه‌ی آنان را تحکیم بخشند؛ با جوسازی و نور افکندن بر بخشی از جملات رفسنجانی تلاش می کنند بین او، و موسوی وکروبی فاصله ایجاد کنند و می دانند در این صـــورت تعادل قوا به‌زیان مردم می‌انجامد. ما برعکس باید تلاش کنیم

رابطه‌ی بین رفسنجانی و خامنه‌ای شکل نگیرد، چرا که نفع مردم در این است. نباید به‌سرعت اخبار جناح راست در مورد جدا شدن رفسنجانی و پیوستن‌اش به خامنه‌ای را بزرگ کنیم. کاری که نوری‌زاده در این شرایط انجام داد، به‌نفع باند خامنه‌ای است. البته این‌را هم اضافه کنم نفع خود این افراد هم در این است که در مقابل خامنه‌ای ایستادگی کنند. چون خامنه‌ای اگر فرصت پیدا کند در یک مرحله‌ی دیگر دمار از روزگار همین‌ها در می آورد. او حتی پرنسیب‌های خمینی را نیز رعایت نمی کند.

مردم با بهانه‌ی انتخابات و موسوی وکروبی به‌خیابان آمده‌اند، ولی اگر این جنبش پیش برود، قطعاً رهبران خاص خود را خواهد یافت. جنبش هرچه پیش‌تر رود خواسته‌هایش رادیکال‌تر می‌شود. در همه جای دنیا این گونه است؛ وکسانی که با این شعارها هم‌خوانی ندارند باز می‌مانند. روزهای اول رأی من‌رو پس بده بود؛ بعد شد مرگ بر دیکتاتور و حالا جمهوری‌ایرانی هم به‌آن اضافه شده است.

اگر موسوی و کروبی، یا هرکس دیگری با این شعارها جلو می‌آیند، خوب بیایند؛ یک نفر بیش‌تر. چرا که نه؟ من امیدوارم تا آن‌جا که ممکن است مردم این افراد را به‌پیش رانند. این، توان مردم را بیش‌تر می کند. چنان‌چه ظرفیت و نیروی این افراد با خواسته‌های مردم نخواند، خود به‌خود کنار می‌روند. حالا باید حضورشان را به‌فال نیک گرفت و ترسی به‌دل راه نداد. مردم را کسی رهبری نمی کند؛ مردم هستندکه موسوی وکروبی را جلو می‌اندازند. جنبش رهبری ندارد.

مردمی که دو ماه و نیم در خیابان‌ها حضور دارند، مردمی که جان می‌دهند، برای این نیست که موسوی یا کروبی را به‌جای احمدی‌نژاد بنشانندکه از «امام راحل» و «خط امام» برای‌شان آیه نازل کنند. آن‌ها به‌دنبال تغییر «ولی‌فقیه» هم نیستند؛ آن‌ها مرگ «دیکتاتور» را طلب کرده و خواهان «جمهوری‌ایرانی» هستند. اگر موسوی وکروبی می‌توانند استحاله شده و تغییر ماهیت دهند و با این شعارها جلو بیایند، بسیار خوب ادامه دهند. بنابراین نباید نسبت به‌آینده و رهبری جنبش واهمه داشت. جریان تکامل همیشه انتخاب اصلح می کند. من

به‌این موضوع اعتقاد دارم. اما توجه داشته باشید ما نباید زیر علم این افراد سینه بزنیم. دچار ذهنیت نباید شد. هرگونه حکومت ایدئولوژیک و به‌ویژه حکومت مذهبی خطرناک است.

*** با توجه به‌نظری که شما در مورد موسوی وکروبی داشتید، فکر می‌کنید چـرا خامنـه‌ای این همه هزینـه را برای نظـام خرید و تن به آن‌هـا نداد و احمدی‌نژاد را به‌زور از صندوق درآورد؟**

* ســوال اصلی همین است. حتی موســوی هم متوجه میزان ارادت خامنه‌ای به احمدی‌نژاد نشــده بود وگرنه به‌قول خودش اصلاً کاندیدا نمی‌شد. تحمل موسوی و یا کروبی در حاکمیت وکار با آن‌ها برای خامنه‌ای سخت‌تر از تحمل خاتمی نبود. او تجربه‌ی کار با خاتمی را هم داشت.

در شورای شهر تهران، جناح احمدی‌نژاد با جناح اصلاح‌طلب و جناح قالی‌باف راحت با هم کار می‌کنند و مشکل خاصی هم پیش نمی‌آید.

خامنه‌ای با توجه به‌ســاختاری که اقتدارگرایان در دوازده سال گذشته به‌وجود آورده‌انــد، به‌راحتی می‌توانســت آن‌ها را کنترل کند و هزینه‌ی بســیارکم‌تری می‌پرداخــت. به‌نظر من این ریســک بــزرگ و این کودتا تنهــا یک چیز را می‌رساند؛ هدف خامنه‌ای دست‌یابی به سلاح اتمی وکوتاه نیامدن در صحنه‌ی بین‌المللی‌ست؛ وگرنه در صحنه‌ی داخلی که همه‌کار می‌توانستند بکنند. افسار قوه قضاییه، ارتش، سپاه، بسیج، نیروی انتظامی و سرکوب‌گر، وزارت اطلاعات و دستگاه‌های ریز و درشت امنیتی، شورای نگهبان و دستگاه عریض و طویل تبلیغاتی از تبلیغات اسلامی بگیرید تا رادیو تلویزیون و بخش عمده‌ی مطبوعات و مجلس و ائمه‌ی جمعه و جماعات و... همه در دست او بود. بنابراین کنترل اوضاع راحت بود.

خامنه‌ای و شــرکا ـ منظورم نیروهای نظامی و امنیتی اســت ـ، تلاش‌شان را می‌کنندکه در این دوره به‌ســلاح اتمی دســت یابند. خامنه‌ای نشــان داده که می‌خواهد درکوتاه‌مدت این کار را بکند. پیشــنهاد روز ۲۲ مرداد رژیم مبنی بر ممنوعیت بین‌المللی تهدید نظامی علیه تأسیسات هسته‌ای که توسط سلطانیه،

نماینده‌ی رژیم اعلام شـده، نیز در همین چارچوب اسـت. آن‌ها می‌ترسند در شرایط جدید و انزوایی که قرار دارند، مورد حمله‌ی نظامی قرارگیرند و طرح‌شان برای دست‌یابی به‌سلاح اتمی برای مدت نامعلومی به تعویق بیفتد.

دست‌یابی به‌سـلاح اتمی برای خامنه‌ای غیرقابل چشم‌پوشـی اسـت؛ حالا مشخص اسـت که او حاضر به‌پرداخت هر بهایی برای آن هست. خامنه‌ای و نظامی/ امنیتی‌های اطرافش نمی‌توانستند به‌موسوی و همکارانش اعتمادکنند؛ نمی‌خواستند آن‌ها در جریان کارهای‌شان قرار گیرند؛ در کیفرخواست صادره از سـوی کودتاچیان در چهارمین جلسه‌ی دادگاه به‌موضوع پرونده‌ی هسته‌ای اشاره شده است. معلوم است که می‌خواستند دست جناح مقابل را از مسئله‌ی پرونده‌ی هسـته‌ای که منافع مردم ایران را به‌شدت به‌خطر انداخته کوتاه‌کنند و در اولین اقدام، دست نزدیکان رفسنجانی بود که از پرونده هسته‌ای و مذاکرات هسته‌ای کوتاه شد.

خامنه‌ای گمان می‌کرد در زمینه‌ی پرونده‌ی هسته‌ای با موسوی یا کروبی به‌مشکل برخواهـد خورد. احمدی‌نژاد تنها یک نقطه‌ی مثبت دارد و می‌تواند روی آن مانور دهد: پیش‌بُرد موضوع غنی‌سازی اورانیوم علی‌رغم مخالفت بین‌المللی؛ و علاقه‌ی قلبی و اعتقادش به‌سلاح اتمی.

خامنه‌ای در رویای دست‌یابی به‌سـلاح اتمی اسـت و به همین سبب روی احمدی‌نژاد سرمایه‌گذاری کرد. نمایش رأی‌سازی را هم که اجرا کردند، برای طرف شدن با آمریکا و غربی‌هاست و کینه‌توزی خامنه‌ای را می‌رساند.

جناح شکست خورده هم حالا باید متوجه خطرات موضوع هسته‌ای بشود؛ آن‌هایی که پشتِ لابی‌های رژیم در آمریکا و اروپا بودند، حالا نتیجه‌ی سیاست‌شان را می‌بینند؛ آن‌هایی که امروز پشت میله‌های زندان هستند، همان‌هایی که مورد ظلم و تعدی قرار می‌گیرند باید متوجه شوند از کجا خورده‌اند؛ آن‌ها بهای سیاست خامنه‌ای برای دست‌یابی به‌سلاح اتمی را می‌پردازند. وگرنه امروز موسوی در قدرت بود و خودشان نیز از نمد قدرت، کلاهی نصیب‌شان می‌شد. بقیه‌ی کسـانی هم که تاکنون بهای لابی‌گری برای رژیم را نپرداخته‌اند، در آینده این بها را خود و یا نزدیکان‌شان خواهند پرداخت. این رژیم به کسی رحم نمی‌کند.

کسانی که در چند سال گذشته در داخل و خارج از کشور در ارتباط با مسائل هسته‌ای برای رژیم تلاش و زمینه‌های دست‌یابی آن به‌پیشرفت‌های هسته‌ای را ایجاد کردند، در به‌قدرت رساندن دوباره‌ی احمدی‌نژاد سهیم هستند؛ آن‌هایی که دست‌یابی به‌قدرت هسته‌ای را حق رژیم می‌خواندند، در مسلط کردن این نکبت به‌کشور سهیم هستند.

*** چه ارتباطی بین رای اعلام شده‌ی کاندیداها و مقابله با غرب وجود دارد و در این میان کینه‌توزی خامنه‌ای کجاست؟**

* اتفاقاً رابطه‌ی مستقیم و قابل‌فهمی وجود دارد. کروبی بین چهار نفر، نفر پنجم شده است! آرای او از آرای باطله هم کم‌تر است. به‌این ترتیب مُهر باطله را به‌زعم خود با یک تحقیر و توسری به‌او زده‌اند. هدف از این کار جدا از تحقیر کروبی و «اصلاح‌طلبان»، روبرو شدن با طرف حساب‌های خارجی، به‌ویژه اوباما و فعالان حقوق بشر است.

کروبی بار قبل بیش از پنج‌میلیون رأی آورده بود؛ این‌بار این تعداد را سیصدهزار اعلام کرده‌اند. در صورتی که او منشور حقوق بشر خود را اعلام داشت و خود را ملزم به‌رعایت حقوق زنان، کودکان، اقلیت‌های قومی و مذهبی معرفی کرد. او مخالفت خود را با اعدام کودکان نیز اعلام کرد (و بهایش را بلافاصله دلآرا دارابی با اعدام در روز جمعه داد. قاتلین می‌خواستند پیام دهند که قدرت در دست آن‌هاست. نه کروبی و...).

کروبی دم از آزادی‌های سیاسی و اجتماعی زد؛ و خامنه‌ای با زبان آمار و رأی کاندیداها در پاسخ او گفت این‌ها مسئله‌ی جامعه‌ی ایران نیست و کسی که شعار آن را می‌داد با یک تودهنی بزرگ از سوی مردم روبرو شد و آرای دفعه‌ی قبل خود را نیز از دست داد. آرای اعلام‌شده برای کروبی کم‌تر از تعداد اعضای ستادهای انتخاباتی اوست. این پیام روشنی‌ست برای محدودکردن همان اندک «حقوقی» که مردم در چارچوب رژیم از آن برخوردارند.

از این گذشته، کروبی بار قبل به‌نتیجه‌ی انتخابات و دخالت فرزند خامنه‌ای اعتراض کرد، این‌بار خامنه‌ای به‌این شکل، به‌او پاسخ داد که همان هم برایت زیادی بود. رایی که بایستی برای تو اعلام می‌شد همین رأیی است که این‌بار

اعلام شد!

آرای محسن رضایی را هم کم اعلام داشته‌اند، اما دوبرابر کروبی است. در واقع احمدی‌نژاد موسوی را شکست داده و محسن رضایی، کروبی را. یعنی هر دو کاندیدای جناح راست، کاندیداهای اصلاح‌طلب‌های حکومتی را شکست داده‌اند. آرای رضایی را کم اعلام کردند که بگویند در جناح راست، شکافی نیست و همه یک‌دست، پشت سر احمدی‌نژاد ایستاده‌اند و به‌این ترتیب یک‌دستی قدرت را برسانند.

آرای احمدی‌نژاد را بیست و چهار میلیون اعلام کردند تا از آرای خاتمی در دور اول و دوم ریاست‌جمهوری‌اش بیش‌تر باشد. به‌این ترتیب می‌خواهند دهان آن‌ها و دوم خرداد را برای همیشه ببندند. این آرا باز هم دو برابر آرای موسوی، کاندیدای اول اصلاح‌طلب‌هاست.

همه‌ی این ترفندها برای مقابله و برخورد با غرب و باج‌خواهی از آن‌ها بود. اما الان با مقاومت مردم، صحنه چرخیده است.

* با این حساب چرا خامنه‌ای تلاش داشت مردم را به‌صحنه بکشد، در غیاب مردم، یا تحریم نسبی که راحت‌تر می‌توانست احمدی‌نژاد را از صندوق در آورد؟

* کاملاً حق با شماست. اما هیچ کس حساب مقاومت یک‌پارچه‌ی مردم در مقابل کودتا را نکرده بود. نه من، نه شما، نه خامنه‌ای و نه هیچ کس دیگری چنین تصوری نداشت. مردم ایران غیرقابل پیش‌بینی هستند. این را بارها نشان داده‌اند. وقتی به‌ظاهر انتظار می‌رود کاری صورت دهند، سکوت می‌کنند. برعکس وقتی کسی انتظاری از آن‌ها ندارد سیل‌آسا به‌خیابان می‌آیند. چه کسی فکرش را می‌کرد بعد از پیروزی بر استرالیایی‌ها مردم به‌خیابان‌ها بریزند و جشن بگیرند و پایکوبی کنند؛ یا در ابعادی این‌چنین وسیع در انتخابات شرکت کنند و در یک دهن‌کجی آشکار به نظام و خامنه‌ای، به خاتمی رای

دهند؛ چه‌کسی فکر می‌کرد مردمی که در انتخابات شرکت کردند، دست رد به‌سینه‌ی رفسنجانی بزنند و احمدی‌نژاد را بر او ترجیح دهند؛ چه‌کسی فکر می‌کرد اعتراض به‌بستن روزنامه‌ی سلام، منجر به‌فاجعه‌ی کوی دانشگاه و جنبش ۱۸ تیر شود؟

خامنه‌ای فکر می‌کرد با مانور اقتدار و حمله به‌خوابگاه دانشجویان و پیام تبریک به‌احمدی‌نژاد، جشن پیروزی را به‌خیر و خوشی برپا می‌کند. در عمل حساب‌هایش درست از آب در نیامد. او تصورش بر این بود که با مناظره‌های تلویزیونی و درگیرکردن مردم، انتخابات پرشوری خواهد داشت، چون از نتیجه‌ی آن مطمئن بود و برای آن از قبل نقشه کشیده بودند، برایش مهم نبود که در مناظره‌ها چه می‌گذرد. حتی به موج سبز و... هم وقعی نمی‌گذاشت چون تصور می‌کرد بعد از انتخابات تمام می‌شود. او می‌خواست حضور گسترده‌ی مردم را نشانه‌ی قدرت جمهوری‌اسلامی و حمایت توده‌ها از آن نشان دهد. از طرف دیگر می‌خواست با ارائه‌ی آمار بیست و چهار میلیونی برای احمدی‌نژاد، او را محبوب‌ترین رییس‌جمهوری رژیم خطاب کند. با این حربه‌ها می‌خواست با غرب روبرو شود و سر موضوع اتمی و... چانه بزنند. اما تیرش به‌سنگ خورد و تمام صحنه بر علیه او چرخید. خامنه‌ای هم خر را می‌خواست و هم خرما را. اما نشد.

*** آیا وضعیت پیش آمده را به نفع مردم و جنبش می دانید؟**

* صرف‌نظر از این‌که در آینده چه پیش آید، اتفاقاتی که تا همین امروز افتاده را به‌نفع مردم و جنبش ارزیابی می‌کنم. اشتباه استراتژیک خامنه‌ای این بود که به‌نتیجه‌ی انتخابات درون نظام گردن نگذاشت و طریق کودتا و یک‌دست‌کردن حاکمیت را در پیش گرفت. آن‌چه در پی این تصمیم حاصل شد، در نهایت به‌نفع مردم و به‌ضرر نظام بود. از نظر من بدترین گزینه برای مردم این بود که موسوی یا کروبی به‌عنوان برنده‌ی انتخابات مطرح شوند. حتا به‌ضرر خودشان هم بود. حالا شاید این امکان را بیابندکه عاقبت به‌خیری برای خودشان بخرند. از دست این دو هیچ‌کاری در جهت منافع مردم برنمی‌آمد. آن‌ها فقط به‌ویترین

رژیم سرو سامانی می‌دادند.

کابینه‌ی این دو نفر همان‌هایی بودندکه در سی سال گذشته امتحان خود را پس داده‌اند. مطمئن باشید حتی یک‌نفر خارج از این حوزه نبود. مثلاً وزیر کشور کابینه‌ی احتمالی کروبی، فردی مثل محمدعلی رحمانی می‌شدکه در مراسم سنگسار شرکت کرده و اولین سنگ را به‌قربانیان زده بود. فیلم‌اش در اینترنت موجود است و من در این رابطه مقاله‌ای هم نوشتم. کروبی نُه ماه قبل از انتخابات وقتی خودش را برای کاندیداتوری آماده می کرد، در مراسم سالگرد لاجوردی جنایت‌کار شرکت کرده بود. شما بهتر می‌دانیدکه لزومی نداشت در این مراسم شرکت کند. او قلباً این کار را انجام داد چون به لاجوردی و اعمال جنایت‌کارانه‌ی او اعتقاد داشت. موسوی هم در همین حد بود. حالا بعد از گذر ازکوره‌ی گدازان انتخابات و حوادث بعد از آن، همه چیز و همه‌کس تغییر کرده است.

مردمی که در انتخابات شرکت کرده بودند بعد از این که می دیدند کاندیدایی انتخابی‌شان کار خاصی انجام نمی‌دهد و در بر همان پاشنه می‌چرخد، سر در لاک خود فرو می‌بردند و همه‌ی جوش‌وخروش و تب تندی که در دوره‌ی انتخابات پیش آمده بود، با عرق سرد بعد از آن خاموش می‌شد.

کروبی یا موسوی حتی اگر می خواستند کاری کنند هم نمی‌توانستند. در دوره‌ی دوم خرداد، جناح مقابل سازمان‌دهی نداشت و حیرت‌زده و ناباور، نظاره‌گر تغییرات بود. معذالک این‌ها نتوانستند به‌خاطر بافت حاکمیت کاری از پیش ببرند. این بار با سازمان‌دهی که نیروهای سرکوبگر و اقتدارگر در دوازده سال گذشته داشته‌اند و سازمان‌کاری که به‌وجود آورده‌اند، اجازه نفس کشیدن به‌آن‌ها نمی‌دادند.

از آن‌طرف هم رژیم با آب و تاب از انتخابات چهل میلیون نفری و شرکت هشتاد و پنج درصد مردم دم می‌زد و در تبلیغاتش مطرح می کرد که مردم به‌نظام و ماندگاری آن رای داده‌اند. همین الان هم خامنه‌ای و احمدی‌نژاد سعی می کنند چنین مانورهایی بدهند اما خریداری ندارد. امروز دیگر هیچ کس در ایران و در

دنیا این ادعا را باور نمی‌کند. برای همین رفسنجانی می‌گوید شیرینی اولیه را به کام مردم که خودشان باشند تلخ کردند.
رفسنجانی و کروبی و موسوی و خاتمی افسوس این موقعیت استثنایی را می‌خورند. اتفاقاً به‌نظر من آن‌ها واقعا دل‌سوز نظام هستند. از موضع دل‌سوزی و آینده‌نگری برای نظام صحبت می‌کنند.

بیش از دو ماه است که مردم دنیا هزاران عکس و تفسیر از اعتراضات و مقاومت مردمی را دیده و سرکوبی وحشیانه‌ی مردم به‌دست عمال رژیم را در ایران ناظر بوده‌اند. دیگر کسی نمی‌تواند از محبوبیت توده‌ای رژیم دم بزند؛ از رأی مردم به‌نظام نمی‌تواند دم بزند؛ از ثبات رژیم نمی‌تواند دم بزند. پس باید قدرشناس خامنه‌ای باشیم که چنین امکانی را برای مردم و جنبش به‌وجود آورد. این کودتا اگرچه تلخ است و با سرکوب و خونریزی همراه بود اما در مجموع به‌نفع مردم تمام شد. جنبش را به پیش برد و باعث ارتقای آن شد. ببینیم حسین شریعتمداری فردا جرأت می‌کند قدرشناسی من از خامنه‌ای را مثل آن‌چه که در باره‌ی کروبی نوشتم به‌عنوان «خبر ویژه» تیتر کند؟

*** حضور گسترده در انتخابات آیا دست‌آوردی برای مردم داشت؟**

* بله حتما داشت. یک بار برای همیشه مشخص شد که از طریق صندوق رای و شرکت در انتخابات نمی‌شود تغییری در این نظام بسته ایجادکرد؛ معلوم شد اگر مردم بخواهند از طریق صندوق رای جلو بروند، مارک «انقلاب مخملی» خواهند خورد و با زندان و شکنجه مواجه خواهند شد؛ معلوم شد که باید از شیوه‌های دیگری برای اِعمال نظرشان استفاده کنند؛ معلوم شد که اجازه‌ی «تغییر» نمی دهند.
و به‌همه‌ی این دلایل، مردم، حضور در خیابان را برگزیدند، وگرنه چهارسال دیگر دندان بر جگر می گذاشتند و در انتخاباتی دیگر به‌کاندیدای مورد علاقه‌شان رای می دادند. در انتخابات مجلس همه‌ی کرسی‌ها را به‌جناح موسوی و کروبی... می‌دادند. مردمی که سی سال صبرکردند، سه سال دیگر هم صبر می‌کردند. ولی این کار را نکردند؛ چون کاسه‌ی صبرشان لبریز، و از انتخابات و

صندوق رای ناامید و منصرف شدند، به خیابان روی آوردند. چون راه کم‌هزینه را بی‌اثر دیدند راه پرهزینه‌تر را برگزیدند. این یک جنبه‌ی قضایا بود. دست‌آورد مهم‌تر انتخابات، عمیق‌تر شدن شکاف درون حاکمیت بود. فاتحه‌ی ولایت مطلقه‌ی فقیه را برای همیشه خواند.

شما ملاحظه کنید کسی برای ولی‌فقیه تره خُرد نمی‌کند. فصل‌الخطاب کجا بود؟ علناً خواسته می‌شود که خبرگان صلاحیت او را مورد بررسی قرار دهند؛ علناً به او فحش می‌دهند؛ گفته‌های هادی غفاری در حضور کروبی را شنیده‌اید؛ رفسنجانی حاضر نمی‌شود نام وی را در نماز جمعه ببرد؛ این بار هم برای پرهیز از نام بردن از وی و تایید سیاست‌های وی در نماز شرکت نمی‌کند. رفسنجانی که می‌گفت من و خامنه‌ای عاشق و معشوقیم.

مراجع تقلید رو در روی «نظام اسلامی» و ولایت‌فقیه صف کشیده‌اند. هیچ‌یک از ترس مردم و این که سهم امام و خمس و زکات بپرد حاضر به‌حمایت از رهبری و ریاست‌جمهوری نشدند. هیچ یک تبریک نگفتند. این صف بندی رژیم را تضعیف می‌کند.

* آیا به‌لحاظ بین‌المللی هم تبعاتی برای رژیم دارد؟ دست‌آوردی برای مردم ایران دارد؟

* وجهه‌ی رژیم آسیب جدی دیده است. به‌ویژه در میان حامیان رژیم. بسیاری از توده‌های ناآگاه در کشورهای اسلامی و جهان سوم هم که شناختی از رژیم نداشتند با چهره‌ی وحشی آن آشنا شدند. جنایت را به‌عیان دیدند. در خبرها می‌خوانند و می‌شنوند که تک‌تیراندازها، مردم ایران را به‌جرم الله‌اکبر گفتن می‌زنند. غنیان فرزند یکی از نزدیکان واعظ‌طبسی را به‌همین شکل روی پشت‌بام زدند. مردم را به‌جرم شرکت در نماز جمعه مورد ضرب و شتم قرار می‌دهند. این‌ها برای رژیم شکست است. حامیان خط سازش با رژیم تا حدودی دست‌شان بسته شده است.

بسیاری که تحت عنوان چپ و ضدامپریالیسم از رژیم حمایت می‌کردند برای آن که بیش از پیش مفتضح نشوند به‌فکر فرو رفته‌اند. لابی رژیم در لاک دفاعی رفته است. رژیم با تبلیغاتش نمی‌تواند از احساسات مردم برعلیه اجماع جهانی

علیه سیاست‌هایش سوءاستفاده کند.

* آیا مبارزات سه دهه‌ی گذشته در این خیزش نقش داشته است؟

* حتماً نقش داشـته اسـت. آنچه امروز می‌بینید حاصل سی سال مبارزه با جمهوری‌اسلامی اسـت که به این شکل خودش را نشان می دهد. چطور می‌شود این همه مبارزه و خون موثر نبوده باشـد. کسانی که یک عمر در خدمت رژیم بوده‌اند می‌خواهند ثمره‌ی سه دهه مبارزه با این رژیم را نفی کنند. آن‌ها به‌دنبال منافع خود هستند.

* آیـا علائمی مبنی بر امکان وقوع کودتا و وارونه کـردن رأی مردم بود، آیـا علائمـی دال بر تصمیـم خامنه‌ای بـرای بیـرون آوردن احمدی‌نژاد از صندوق‌های رای بود؟

* از چند روز قبل از انتخابات نشـانه‌های تصمیم کودتاچیان برای بیرون آوردن نام احمدی‌نژاد از صندوق بیرون زد. خامنه‌ای با صحبت‌هایی که در سـفر به کردستان کرد، علایق خود را به‌صورت قاطع نشان داد و معلوم شدکه وقتی سال گذشته به احمدی‌نژاد و دولت او گفت بروید برای پنج سال آینده برنامه‌ریزی کنید، یعنی ریاسـت‌جمهوری دور دوم او را تضمین کرد و چراغ سـبز را برای انجـام هرکاری به او داد و پس از مناظره‌ی موسـوی و احمدی‌نژاد، برخلاف انتخابات گذشته، به‌دفاع علنی از احمدی‌نژاد برخاست. موسوی در این مناظره، وضعیت اقتصادی را نابسـامان معرفی کرد و کشـور را به خاطر سیاست‌های احمدی‌نـژاد در دنیـا منزوی خواند. خامنه‌ای برای کاسـتن از تاثیرگفته‌های موسـوی، دفاع از احمدی‌نژاد و دادن روحیه به کودتاچیان، به‌ردّ این دو موضوع پرداخت. اما همان موقع دفاعی از هاشمی‌رفسنجانی و ناطق‌نوری که علناً مورد تهاجم احمدی‌نژاد قرارگرفته بودند نکرد؛ به رفسنجانی اجازه نداد در تلویزیون از اتهاماتـی که به‌وی وارد شـده بود، از خود دفاع کنـد؛ در همین جا بودکه رفسنجانی نامه‌ی تاریخی هشداردهنده‌ای را که تک‌تک کلماتش با هشیاری انتخاب شده بود نوشت.

در صبح روز انتخابات تصمیم کودتاچیان و حرکت‌شـان به‌سـوی اجرای آن

مشخص شد. سایت فارس که متعلق به سپاه پاسداران است باهفت، هشت نفر از نمایندگان حامی احمدی‌نژاد در مجلس مانند کوثری، فدایی، زاکانی، نادران، حسینیان، فاطمه آجرلو و... مصاحبه کرد و همگی آنان متفق‌القول اعلام داشتند که احمدی‌نژاد با کسب در حدود شصت وپنج درصد آرا به ریاست‌جمهوری انتخاب خواهد شد و موسوی و هوادارانش بعد از شکست قصد دارند مدعی شوند تقلبی صورت گرفته و بلوا به‌پا کنند! انگار همگی آن‌ها یک اعلامیه یا دستورالعمل مشترک را خوانده بودند و از روی آن حرف می‌زدند. برای همین برخلاف انتخابات گذشته، در روز انتخابات مثل همه‌ی کودتاها در نقاط دیگر دنیا، ارتباطات و پیامک‌ها را قطع کردند؛ ستاد موسوی را به‌محاصره درآوردند؛ مانور اقتدار برگزار کردند و... بقیه‌ی موارد که شاهد بودید.

*** چرا در همان روزها که این موضوع مشخص شد و یا در صبح روز انتخابات، مطلبی در این مورد ننوشتید و پیشاپیش خطر کودتا را گوشزد نکردید؟**

* این انتقاد به‌من وارد است. من نشانه‌های روشن این مسئله را دیده بودم. همه چیز لااقل در روز انتخابات دال بر این موضوع بود. باید این کار را می کردم. هرچند نظرات من تعیین‌کننده نیست و بر اساس آن صحنه‌ی سیاسی کشور بالا و پایین نمی‌شود. من ناظری هستم که تنها به‌ذکر نظراتم آن هم در سطحی محدود بسنده می کنم. با این‌حال بی‌جهت دست به‌دست کردم.
راستش را بخواهید باور نمی کردم چنین حماقتی کنند. تجربه‌ای که در ذهن داشتم مرا دچار تردید می کرد؛ من در ذهنم تجربه‌ی ۲ خرداد را داشتم. آن‌موقع هم تا روز انتخابات رسانه‌های رژیم برخلاف نظرسنجی‌ها و پیش‌بینی‌ها، از پیروزی ناطق‌نوری می گفتند و من اعتقاد داشتم که خاتمی پیروز انتخابات است چراکه فکر می‌کردم مردم در انتخابات شرکت پرشوری می کنند. همه‌ی اهرم‌های قدرت در دست رقیب بود. خامنه‌ای هم پشت سر ناطق‌نوری بود و مهدوی کنی به‌نیابت از خامنه‌ای نظر او را اعلام کرده بود. اما پس از پایان رأی گیری، نتیجه‌ی انتخابات درون نظام را برنگرداندند. البته چه بسا انتظار نداشتند و یا فکرش را نمی کردند و تجهیز نشده بودند.

من تصور می کردم این بار هم تاریخ تکرار می‌شود. اما باید پارامترهای جدید را در نظر می گرفتم. به گذشته فکر می کردم و تجربه‌ی دوم خرداد ۷۶. رفسنجانی در آن ایام چند بار هشدار داد و تضمین کرد که از آرا حفاظت خواهندکرد؛ و کرد. نتیجه‌ی اعلام شده، کمابیش همانی بود که به‌صندوق‌ها ریخته شده بود. اشتباه من این‌بار، این بود که برخلاف داده‌هایی که بود، وکم هم نبود، روی قول و تضمین‌های رفسنجانی وکروبی و موسوی و... حساب کردم. به‌ویژه رفسنجانی که پس از نوشتن نامه‌اش به خامنه‌ای اعلام کرد که با او دیدارکرده و به‌نتایج ثمربخش و مهمی رسیده‌اند. بعداً مشخص شد با همه‌ی زرنگی که دارد در این جا از خامنه‌ای فریب خورده بود. رفسنجانی در مورد صحت و سلامت انتخابات درون رژیم تضمین داد. دلیلی نداشتم که قول و قرار او را نپذیرم. تجربه غیر از این را نشان نمی‌داد. تقلب‌ها تا پیش از این در سطح محدودی بود. نتیجه را برعکس نمی کردند.

حتی کروبی هم بعد از انتخابات در پیامی که داد با شهامت زیادی عذرخواهی کرد. او به‌صراحت نوشت:

> «لازم می‌دانم ابتدا از مردم ایران عذرخواهی کنم؛ هم به‌خاطر چندین ماه اصرار و ابرام برای حضور در انتخابات ریاست‌جمهوری و هم به‌خاطر همه‌ی آن عزیزانی که در این مدت زحمات زیادی را برای آن‌ها موجب شدم... اذعان می کنم که بسیاری از شما پیش‌تر و دقیق‌تر می‌دانستیدکه چه خواهد شد و متوجه شده بودید، همان گاه که می‌پرسیدید «چه تضمینی برای آرای ما وجود دارد»، یا زمانی که می گفتید «نتیجه‌ی انتخابات معلوم است و شما آب در هاون می کوبی».

از آن جایی که به‌لحاظ شخصی به‌این نتیجه رسیده بودم که کودتایی در کار است در اولین ساعات پایان رای گیری و اعلام نتایج اولین صندوق‌ها و میزان شصت و پنج درصدی آرای احمدی‌نژاد برایم تردیدی باقی نماندکه کودتا در شرف وقوع است.

برای همین هم ساعت ۹ صبح روز ۲۳ خرداد در حالی که هنوز نتیجه‌ی انتخابات را رسـماً اعلام نکرده بودند، به‌عنوان اولین نفر مقاله‌ای را انتشـار دادم به‌نام «کودتای جدید در رژیم کودتا» و وقایعی را که داشت اتفاق می‌افتاد «کودتا» نامیدم و به کودتاهای قبلی رژیم اشـاره کردم. همان موقع انتشار هم، ساعت و تاریخ روز را بر آن افزودم: ۹ صبح ۲۳ خرداد. به‌عمد هم این کار را کردم.

۞ نظرتان در مورد بحث پرچم که این روزها بالا گرفته چیست؟
۞ به نظرم این بحثی است انحرافی که عده‌ای فرصت‌طلب و انحصارطلب در خارج از کشور به‌راه انداخته‌اند. توده‌ای‌ها و اکثریتی‌ها و خط امامی‌های سابق از نوع گنجی و... که پیش از این، در سـال ۵۹، «جبهه‌ی ضدامپریالیستی امام خمینی» را راه‌اندازی کرده بودند، حالا «جبهه‌ی سـبز» و «پرچم سبز» و... راه انداخته‌اند. بعدهم در روزهای خاص و در اوج برانگیختگی و شور مردم، می‌خواهند از احساسات آن‌ها سوءاستفاده کنند و مردم را همراه خودشان نشان دهند.

شـما ملاحظه کردید فرد بدنامی مثل فرخ نگهدار چگونـه خود را از رهبران جنبش سبز در خارج از کشور معرفی می‌کند و از «ما» حرف می‌زند، برای این و آن خط و نشان می‌کشد و مانند سال ۶۰ و ... به نیروهایش دستور می‌دهد که «ضدانقلاب» را ـ که حالا شده «غیر سبز» و «ضد سبز»ـ، به‌پلیس معرفی کنند. «ضد» سرجایش هست فقط به‌جای «انقلاب» گذاشته‌اند «سبز».

هیچ تغیـیری در ماهیت این آدم‌ها پدید نیامده اسـت، از تشـکیل دهندگان جبهه‌شان بگیرید تا شیوه‌های کارشان که مشخصه‌ی اصلی آن همکاری با پلیس، تحت عنوان مبارزه با «ضدانقلاب» است. البته عده‌ای نیز با حُسن‌نیت، فریب این‌ها را خورده‌اند. در بر همان پاشنه می‌چرخد. باید به‌این‌ها گفت اگر راست می‌گویید و خود را سازمانده مردم معرفی می‌کنید، روزی که مردم می‌خواهند بیرون بیایند شـما بگویید در خانه‌شان بمانند. فرخ نگهدار روزی را مشخص کنـد و از مردم بخواهـد برای حمایـت از او و برنامه‌هایش به‌خیابان بیایند. متأسـفانه این روزها بلندگوی بی‌بی‌سی و رادیو فردا هم در دست این عناصر

«ضدامپریالیست» و «ضدلیبرال» سابق است.

به‌نظر من باید در این شـرایط به‌رنگین‌کمان رنگ‌ها اعتقاد داشت. اگرکسی می‌خواهد پرچم سرخ به‌دست گیرد، بسیار خوب؛ چه لزومی دارد زیر پرچم من یا شما بیاید؟ اگرکسی خواست پرچم سفید یا زرد یا پرچم ایران شیرخورشیددار یا بدون شیرخورشید به‌دسـت گیرد، چه ایرادی دارد؟ فقط یک چیز نبایستی داخل این جمع بیاید: پرچم رژیم جمهوری‌اسلامی؛ که فرخ نگهدار تبلیغ آوردن آن‌را می‌کند.

همه‌ی مبارزه‌ی ما با این رژیم و نمادهای آن‌ست. تظاهرات ضد جنگ در اروپا و آمریکا را دیده‌اید. همه می‌آیند و هرکس به‌شـیوه‌ی خود مخالفتش را ابراز می‌کند. چراکه آن‌ها خالصانه به‌دنبال اعلام نظر خود هسـتند؛ آن‌ها به دنبال تحمیل رأی و نظری نیستند.

٭ گنجی و حرکت او را چگونه می‌بینید؟

٭ حرف اصلی در مورد او را خانم مهشید امیرشاهی به‌درستی و زیبایی و در نهایت ظرافت و شـیوایی قلم زدند. گنجی آدم هوچی‌گری است که در هر شرایطی به‌دنبال مطرح کردن خود و کسب اعتبار شخصی نیز هست. هنگامی که در رژیم حضور داشـت نیز همین خصوصیات را داشت. هنگامی‌که منتقد بخشـی از نظام هم بود همین‌گونه بود. امروز هم همانی است که بود. رژیم و دستگاه اطلاعاتی و امنیتی هم در جاهایی از این خصوصیت او استفاده کرده و خواهدکرد.

گنجی این‌بار هم مانند دور قبل انتخابات ریاست‌جمهوری، مخالف شرکت در انتخابات بود. او از معتقدان به‌تحریم انتخابات بود و ما سـکوتش را پیش از انتخابات شاهد بودیم، مدت‌ها تلاش می‌کرد هرطور شده خود را مطرح کند، اما موفق نمی‌شد. یک بار وقتی سروش مباحث ایدئولوژیک در زمینه‌ی بحث امامان و وحی و نبوت را مطرح کرد، گنجی نیز فرصت را مناسب دیدکه در این میان خودی عرضه کند. در جایی که کوچک‌ترین صلاحیتی ندارد با رونویسی از این و آن، دست و رو نشسته وارد صحنه شد.

اما اوکجا و سـروش کجا...؟ اگرچه سـروش سابقه‌ی سیاسی خوبی ندارد و

ماهیتاً فرد خودخواهی اســت، اما بهواقع یک اندیشــمند اسلامی است که با امثال گنجی و... فاصلهی زیادی دارد. بههمین ســبب کســی نظرات گنجی را جدی نگرفت در حالی که بزرگترین وزنههای حوزههای علمیه، و حتی ملی مذهبیها مواضع سروش را بهنقدکشیدند. چراکه آنها نیزگنجی را شناختهاند و میدانند برخلاف سروش، آرای او جدی نیست و محلی از اعراب ندارد.

پس از انتخابات و مطرح شــدن بحث سبزها و... گنجی یکبــاره فیل اش یاد هندوستان کرد و شد هوادار سینهچاک سبزها و موسوی و... ول کن معامله هم نیست و از خر شیطان هم پایین نمیآید.

شما پیش از انتخابات یک خط از او در بارهی موسوی وکروبی پیدا نمیکنید؛ یک خط از او در حمایت از سبز هوادار موسوی پیدا نمیکنید؛ اما حالا فکر میکند پریدن وسـط و شلوغ کردن شاید آب و نانی داشته باشد. بهخصوص وقتی دید مدتی است مخملباف چهره شــده و پارلمان اروپا و... از او دعوت میکنند و پشت سر هم مصاحبهی مطبوعاتی دارد و در تلویزیونها ظاهر میشود، بــا خودش گفت چرا من نکنم. از این جا بــود که خود را رهبر خودخواندهی «سبزها» در خارج ازکشور معرفی کرد و شروع کرد به پلاتفرم سیاسی دادن و خط و نشان کشیدن برای این و آن.

او تصور میکرد این فعالیت اگر هم چیزی نداشته باشد، اسم آدم راکه مطرح میکند برای همین، فرصت را غنیمت شمرد. بهلحاظ سیاسی، از دید من، گنجی فرد فرصتطلبیست.

اگر یادتان باشد چند سال پیش که بهخارج آمد تا مدتی به «خارجهنشینان» پز میدادکه عنقریب به ایران باز میگردد و مبارزه را در داخل و زندان و... پی می گیرد و برای افراد خط و نشان میکشید و از شهامت و شجاعت خود میگفت. چقدر هم برای «شهامت»اش هورا کشیدند وکف زدند. بعد از مدتی که آبها از آسیاب افتاد حرفهایش را فراموش کرد و زن و بچهاش را هم به آمریکا آورد و شد مقیم آمریکا.

اول که آمد مدتی هیاهو کردکه برای نجات جان زندانیان سیاسی آمده است و بالماسکهای را هم جلوی سازمان ملل راه انداخت اما بهسرعت از تک و تاب

افتاد. بعد که دید کار سیاسی فایده‌ای ندارد سعی کرد نقش اندیشمند و... را بازی کند. نقشی که با برخورداری از سوادی اندک، به او نمی‌آید. این بار شد تاریخ‌دان، جامعه‌شناس، روان‌شناس، فیلسوف، اندیشمند اسلامی، سیاستمدار و استراتژیست و ...

حالا دوباره فرصت یافته که «لیدر سیاسی» شود و از «ما» و ... حرف بزند. نسخه‌ی «جنایت علیه بشریت» بپیچد. اشکال اصلی به گنجی و یا امثال او بر نمی‌گردد. اشکال به کسانی بر می‌گردد که زمینه‌ی مطرح شدن این افراد را فراهم می‌کنند. این برای امثال گنجی هم خوب نیست، چون خود واقعی‌شان را گم می‌کنند و در مورد توانایی‌های‌شان دچار توهم می‌شوند. وقتی اساتید دانشگاهی نقش مترجمی او را به‌عهده می‌گیرند، قبل از هرچیز به خودشان و دانشگاه و کرسی استادی اهانت می‌کنند.

۶ شهریور ۱۳۸۸

بعد از تحریر: ابوالفضل فاتح از نزدیکان موسوی و یکی از گردانندگان ستاد انتخاباتی او که هم‌اکنون در خارج از کشور به‌سر می‌برد و تحت فشار هم قرار ندارد در پاسخ به‌اظهارات فرمانده سپاه گفت: آخرین روزها آقای مهندس موسوی به‌من می‌گفت «در زمان نخست‌وزیری اصرار داشتم که حتما برخی افرادکه شهره به علاقه‌مندی به آیت‌الله خامنه‌ای بودند در تیم همکارانم حضور داشته باشند. یکی از دلایل این که شما را نیز در این منصب و حلقه‌ی اول خود قرار داده‌ام همین علاقه و اعتقاد شما به‌نظام و شخص آیت‌الله خامنه‌ای است».

آقای کروبی!
جنایات دیگر خامنه‌ای را هم افشا کنید

آقای کروبی! یک بار دیگر تأکید می‌کنم: انتشار نامه‌ی خصوصی‌تان به رفسنجانی در مورد تجاوز به‌زندانیان و اجتماعی کردن موضوع تجاوز در زندان‌ها یکی از اقدامات درست و اصولی شما بود. لازم بود اما کافی نیست. همه‌ی تلاش خامنه‌ای و کودتاچیان کتمان جنایت و پوشاندن دست‌های خونین‌شان است؛ نباید به‌آن‌ها اجازه چنین کاری داده شود.

جار و جنجالی که گماشتگان خامنه‌ای از ترس برملا شدن بیش‌تر ابعاد فاجعه به‌پا کرده‌اند، نشان‌دهنده‌ی مسیر درستی است که شما انتخاب کرده‌اید. واکنش خشم‌آلود وابستگان خامنه‌ای به‌نامه‌ی سرگشاده‌ی قبلی من، ضمن آن که درستی مواضعم را نشان داد، مرا بر آن داشت تا این سطور را هم به‌نوشته‌ی پیشین خود اضافه کنم و شما را به‌ادامه‌ی راه فرا خوانم.
هدف من افشای جنایات انجام گرفته در سی سال گذشته و به‌ویژه سه ماهه‌ی اخیر است و برای همین است که این نامه‌ها را می‌نویسم.
اطلاعات زیر را دلیل افشا می‌کنم تا گوشه‌ای از جنایات خامنه‌ای و شقاوتی را

که بر میهن‌مان حکم می‌راند، عریان کنم.

به‌یقین داستان قتل فجیع سعیده پورآقایی را شنیده‌اید! آن‌را برای خوانندگان این مطلب می گویم و آرزو می کنم هیچ کسی به‌سرنوشت غم انگیز او دچار نشود:[1]
سعیده پور آقایی، هفده ساله، فرزند عباس پورآقایی «جان‌باز» جنگ که فوت کرده است، یکی دیگر از کسانی‌ست که در حوادث اخیر، مورد تجاوز وحشیانه‌ی پاسداران کودتا قرارگرفت و به‌قتل رسید. او تنها فرزند مادرش بود. در دوران اوج اعتراضات، زمانی که تنها در منزل بوده، به گفته‌ی همسایگان توسط سه، چهار پاسدار زن که به خانه‌شان مراجعه می کنند و در غیاب مادرش، بازداشت و به‌محلی نامعلوم منتقل می‌شود . حدود بیست روز بعد و پس از پی گیری‌های گسترده‌ی مادر ــ سعیده در واقع، به‌عنوان تك‌فرزند خانواده‌ی شهید شناخته می‌شد ــ به او خبر می‌دهند که به‌سردخانه‌ای در حوالی نازی‌آباد مراجعه کند و از بین پنج شش جسد، دخترش را شناسایی کند. مادر می‌رود و جنازه‌ی دخترش رادر حالی می‌یابد که از بالای زانو به بعد، بدنش را با اسید سوزانده‌اند. بعد هم علیرغم این که جنازه شناسایی شده بود، آن‌را به‌مادرش تحویل نمی‌دهند.
جنایت کاران برای آن که تجاوز به سعیده مشخص نشود، مبادرت به‌سوزاندن بدن اوکرده بودند. درست مانند جسد ترانه موسوی. آقای کروبی! این خط مشخصی‌ست که به‌دختران میهن‌مان تجاوز دسته‌جمعی می کنند و بعد جنازه را می‌سوزانند.
بعد از رفت و آمدهای فراوان، به‌خانواده اطلاع داده می‌شود که خودشان جنازه‌ی سعیده را دفن کرده‌اند. به‌احتمال زیاد او نیز یکی از دفن شدگان در قطعه‌ی ۳۰۲ بهشت‌زهرا است. با هزار مکافات به‌همسر «جان‌باز» و «شهید»ی که جانش

۱- داستان سعیده پورآقایی، سناریویی بود که با صرف انرژی زیاد توسط وزارت اطلاعات وکودتاچیان با هم‌آهنگی خانواده‌ی پورآقایی تهیه شده بود تا کروبی و موسوی وکمیته‌های تشکیل‌شده از سوی آنان را به دام بیاندازند که موفق نیز شدند وسناریوی مزبور، پاشنه‌ی آشیل کروبی و موسوی شد و هم‌چنان کودتاچیان از صدر تا به ذیل، روی آن مانور می‌دهند. هدف اصلی این توطئه، زیر سئوال بردن گزارش‌های مربوط به تجاوز، شکنجه وکشتار بعد ازکودتا بود. موسوی حتی در مجلس ترحیم سعیده پورآقایی شرکت کرده بود. اخبار پخش شده؛ جنازه‌ی نشان داده شده؛ مجلس ترحیم تشکیل یافته؛ سنگ قبری که در بهشت‌زهرا تهیه شده بود؛ و دیگر اقدامات مربوط به‌این سناریو از سوی وزارت اطلاعات صورت گرفته بود.

را به‌خاطر دفاع از حاکمیت شما داده است، اجازه داده می‌شود که بدون اعلام چگونگی مرگ سعیده، برایش مراسم ترحیم بگیرند.

آقای کروبی! نمی‌دانم اعلامیه‌ی ختم‌اش را دیده‌اید یا نه؟
سه بیت شعر و عبارت «غنچه‌ی پرپرشده» و «عزیز نوشکفته» را برایش نوشته‌اند. مراسم ختم‌اش در مسجد جامع قلهك واقع در شریعتی نرسیده به دولت برگزار شد. منزل‌شان در همان خیابان دولت است. فاجعه این‌جاست: بسیاری از کسانی که در مراسم ختم شرکت کرده بودند نمی‌دانستند سعیده به‌قتل رسیده و خانواده‌ی او به‌شدت تحت فشار هستند که از دلیل واقعی مرگ دخترشان حرف نزنند. حتی خانواده راضی نیست خبر تجاوز و قتل فرزندشان رسانه‌ای شود. جهت اطلاع مردم ایران می گویم همان شب دستگیری سعیده، پنج دختر و سه پسر در محله‌ی دولت بازداشت شده بودند.

فکر می کنید چند خانواده هم‌چون خانواده‌ی سعیده پورآقایی وجود دارند؟ جرم او الله‌اکبرگفتن روی پشت‌بام بوده است. در دوران انقلاب ۵۷ چه کسی را به‌جرم الله‌اکبر گفتن دستگیرکردند؟ تک‌تیراندازان شاه چه کسی را به‌جرم الله‌اکبر گفتن هدف گلوله قرار دادند؟ می‌دانید فرزند آقای غنیان از نزدیکان واعظ طبسی به‌این شکل کشته شد. بی‌جهت نیست فرماندهان کودتا از جمله تائب و جعفری و دیگر جنایت‌کاران چپ و راست، فرافکنی کرده و از تک تیراندازان وابسته به‌ضد انقلاب یاد می کنند.

می‌دانم کمیته‌ی تحقیق شما مردی را شناسایی است که همسر و دخترش کشته شده‌اند، فرماندهان کودتا برای این که او افشاگری نکند، پسرش را گروگان گرفتند تا او در سکوت و بی‌جنجال مراسم ختم آن ها را برگزارکند، بعد پسرش را آزاد کردند.
آقای کروبی! به جای آن پدر، شما که از پشتوانه برخوردارید، دست به‌کار شوید و باری راکه بردوش اوست بردارید تا شاید جبرانی باشد برای هم‌راهی گذشته‌تان با این جنایت‌کاران.

بقیه‌ی آن‌چه را که می‌دانید نیز افشا کنید. آن‌چه را که بخواهید پشت درهای بسته و کمیته‌های تحقیق بررسی کنید، ره به‌جایی نخواهد برد. لااقل مردم را در جریان بگذارید. امروز اگر کســـی از جنایتی آگاه باشد و آن‌را به‌آگاهی جامعه نرساند، خواه و ناخواه در آن جنایت سهیم است. سکوت، یعنی هم‌راهی با جنایت‌کاران.

آقای کروبی! تجاوز به‌زندانیان، امری جدید و مربوط به‌کودتای اخیر و رفتارهای شـــنیع کودتاچیان نیست. سابقه در سی ســـال جنایت این رژیمی دارد که از بام تا شـــام دم از «اخلاق» می‌زند. برای نمونه مورد فرهنگ پورمنصوری را ذکر می‌کنم و تحقیق را به‌خود شما وامی‌گذارم.
پس از مصاحبه‌ی خالد حردانی با صـــدای آمریکا در آبان‌ماه ۱۳۸۷، که در آن به‌مشـــکلات زندان گوهردشـــت و تجاوز به‌زندانیان زیر بیست سال در بند ۱۲ اشـــاره کرد، مسئولان زندان وی را به‌سلول انفرادی منتقل کرده و تحت فشار و آزار و اذیت قرار می دهند. خالد حردانی در اعتراض به‌رفتار مســـئولان زندان اعتصاب غذا می کند. مسئولان زندان برای شکستن اعتصاب غذایش، دو نفر از هم‌پرونده‌ای‌های وی در جریان هواپیماربایی، به نام‌های فرهنگ پورمنصوری و شـــهرام پورمنصوری را مورد آزار و اذیت قرار می دهند (این دو که به هنگام دستگیری هیجده ســـاله بودند، بعد از ده سال حبس، امروز در بیست و هشت سالگی هر دو گرفتار اعتیادند).

پاسدار بخشی که مسئولیت انفرادی‌های گوهردشت را به عهده دارد، و قبلاً در جریان پرونده‌ی زهرا کاظمی هم اســـمش در گزارش محســـن آرمین در مجلس ششم آمده بود، به فرهنگ پورمنصوری که در ضمن از اقوام خالد حردانی است باتوم استعمال می کند. این اتفاق در اوایل آذر ۸۷ به‌وقوع پیوسته است. در اثر جراحات ناشی از استعمال باتوم، فرهنگ پورمنصوری به‌بهداری زندان منتقل و به‌مدت بیست روز بستری می شود. وی در اثر تألمات روحی ناشی از تجاوز، خود را حلق‌آویز می کند که نجاتش می‌دهند. فرهنگ و شـــهرام هم‌اکنون در اندرزگاه شـــماره‌ی پنج گوهردشت به‌سر می‌برند. اندرزگاه مزبور از بخش‌های بسیار خطرناک زندان گوهردشت و ویژه‌ی زندانیان موادمخدر و متادونی‌هاست.

با اطمینان می‌گویم عده‌ی زیادی از محبوسین زندان گوهردشت در صورت تأمین جانی آماده‌اند از تجاوز و شـکنجه‌هایی که در کهریزک تحمل کرده‌اند، سخن بگویند. موضوع کهریزک چنان که اطلاع دارید منحصر به دو ماه گذشته نبوده است و تنها زندانیان سیاسی را شامل نمی‌شده است.

از آن جایی که اسامی بازجویان و شکنجه‌گران کهریزک علنی نشده است، با بهره گرفتن از این فرصت، نام تعدادی از آنان را ذکر می‌کنم. مطمئناً اطلاعات شما بسیار بیش‌تر از من است. من برای آگاهی افکار عمومی اسامی آن‌ها را انتشار می‌دهم.

سـردار رادان، اسـتوار قائمی، سـتوان زندی، گروهبان سیدموسوی، گروهبان سیدحسینی، استوار ماکان کمیجانی.

نام همه‌ی قضاتی که متهمان را به کهریزک اعزام می‌کرده‌اند، هنوز علنی نشده است و من اسامی آن تعدادی را که تاکنون شنیده‌ام ذکر می‌کنم. مطهری قاضی شعبه‌ی ششم جرایم پزشکی؛ قاضی فرخ‌خاک در دادسرای اسلام‌شهر؛ و قاضی شعبه‌ی یک، محلاتی از جمله فعالان این امر بوده‌اند.

آقای کروبی! هرچقدر که از خامنه‌ای دور شـوید به مردم نزدیک‌تر می‌شـوید. به فکر حفظ آبروی نظام نباشید، نظام آبرویی ندارد که بخواهید حفظش کنید. آن چه شما مطرح کرده‌اید موضوع جدیدی نیست، سال‌هاست که در باره‌ی این جنایت‌ها گفتگو می‌شود؛ اما تلاش روشنگرانه‌ی شما آن‌را مستند کرده و به آن ابعادی اجتماعی و بین‌المللی بخشـیده و بین شما و جنایت‌کاران فاصله ایجاد کرده است.

می دانم فشار زیادی روی شماست و در صدد این هستندکه شما را در هزارتوی نهادهای دولتی و حکومتی و ولایی گیر بیاندازند و دفع‌الوقت کنند تا از حساسیت موضـوع بکاهند و آن را لوث کنند. خودتان بهـتر می‌دانید، نظام در این امور تجربه‌های فراوانی دارد.

تا ولی فقیه آن بالا نشسته است، امکان ندارد دادخواهی شما و دیگران به‌نتیجه‌ای برسد. کدام دادخواهی در این نظام به‌نتیجه رسیده است که این دومی باشد؟

آیا دادخواهی قتل‌های زنجیره‌ای با آن‌همه دلیل و مدرک و سند و شاهد به‌جایی رسـید؟ آیا دادخواهی کوی دانشگاه، حجاریان، قتل‌های محفلی کرمان، زهرا کاظمی، زهرا بنی‌یعقوب و سقوط هواپیمای C-130 در برج مسکونی که بیش از یک‌صد و شـصت خبرنگار و انسان بی‌گناه را به دیار عدم فرستاد و صدها پرونده‌ی دیگر که پای خون انسان‌ها در میان بود به‌نتیجه رسیده است؟
در نظام فاسـد ولایت فقیه هرگاه که خواسـتند در ارتباط با حاکمان دادرسی صورت دهند یقه‌ی جناح رقیب را ـ که دوستان شما باشند ـ گرفتند.
اجازه ندهید فرصت‌ها از دسـت بروند و کودتاگـران پروژه‌ی خود را به‌تمامی به‌انجام رسانند؛ از مواضع خودتان کوتاه نیایید؛ توجه داشته باشید کتمان حقایق فقط دست شما و دوستان‌تان را می‌بندند و خامنه‌ای و جنایت‌کاران را در انجام جنایت‌شان تحریک و تحریص می‌کند. این به‌ضرر شما، به‌ضرر دوستان شما و به‌ضرر مردم است.

اگر اطلاعی از جنایات سـازمان‌یافته‌ی خامنه‌ای و اطرافیان او دارید، بی‌محابا مطـرح کنید و افکار عمومی را در جریان بگذارید. سـپردفاعی شـما، افکار عمومی‌ست وگرنه ارگان‌های نظامی، امنیتی، قضایی، تحقیقاتی و تبلیغاتی در دست خامنه‌ای و تبهکارانی‌ست که او را احاطه کرده‌اند. هیچ سرسوزن امیدی به‌اصلاح ایشان نداشته باشیدکه همه‌ی مرزهای شناعت را درنوردیده‌اند. فشار افکار عمومی داخل و خارج ازکشور ممکن است دست آن‌ها را ببندد؛ وگرنه از طریق ارگان‌های نظام نبایستی امید به‌هیچ تغییری داشته باشید.
امید به‌کسانی که از سوی خامنه‌ای به‌کارگماشته شدند مبندید؛ آن‌ها فرامین وی را اجرا می‌کنند و خود و دوستان‌شان در مظان اتهام هستند. کسانی که به‌هردلیل زعامت و ولایت خامنه‌ای را پذیرفته‌اند، اگر پسر پیغمبر هم باشند در مقابل منافع مردم می‌ایستند و خنجر به‌روی آنان می‌کشند. تجربه این را ثابت کرده است.

شما خودتان را که بهتر از هرکس می‌شناسید؛ یادتان هست برخلاف منافع مردم و نیروهای آزادی‌خواه، به‌خاطر نامه‌ای که خامنه‌ای داده بود، اجازه ندادید طرح اصلاح قانون مطبوعات در مجلسی که اکثریت مطلق آن در دست شما بود مورد

بحث قرارگیرد و آن را به‌بهانه‌ی «فرمان حکومتی» از دستور خارج کردید؟ آن روز شـــما ولایت خامنه‌ای را پذیرفته بودید. اما خامنه‌ای با توسل به همان قانون مطبوعات و حواشـــی‌اش، نه تنها روزنامه‌ی شما، که روزنامه‌ی دوستان و همراهان‌تان را بست. امروز هم جنایت‌کاران با توسل به«فرمان حکومتی» قتل و تجاوز و شکنجه و... را تکذیب می کنند.

امروز هم خامنه‌ای با پســتی و دنائتی که تنها در او می‌توان ســراغ داشت، می گوید هنوز به‌او ثابت نشده که شما و موسوی و خاتمی و... از آمریکا و اجانب دستور می گیرید! منت سرتان گذاشته. یعنی در حال تحقیق هستند و اعتراف جور می کنند تا بلکه به‌ایشان ثابت شود که رییس مجلس و نخست‌وزیر و رییس جمهور نظام، از آمریکا و انگلیس و... خط می گیرند!

یک بار دیگر به‌سرگذشت اسفناک و در عین حال عبرت‌آموز سعید امامی توجه کنید. آقای کروبی شما هم مثل من گزارش هشتاد صفحه‌ای بازجویان متهمان قتل‌های زنجیره‌ای را خوانده‌اید. در آن جا دلدادگان رهبر مدعی شده بودند‌که به‌خاطر لواط (اختیاری) متعددی که با سعید امامی شده بود، مقعدش از حالت عادی خارج شــده بود. می گفتند برادران مشکوک شده بودند و برای همین او را نزد دکتر بردند و مقعدش را مورد بازرسی قرار داده و متوجه غیرعادی بودن آن شده بودند.

یادتان هست بازجویان مربوطه به‌خاطر علاقه وافرشان به خامنه‌ای و «آقا» چه رذالتی به‌خرج دادند و چه اتهامات ناروایی به سعید امامی ولی‌نعمت شان زدند؟ آیا باعث تعجب است اگر این بار خودشان عمل لواط را با متهمینی که دشمن‌شان می‌شناســند، انجام دهند؟ خامنه‌ای دست‌شان را بازگذاشته است؛ به‌صراحت عنوان کرده اســت که با «دشمنان» بایستی شدید بود. شما معنای «شدید» و برخورد شدید را می‌دانید. او اشاره به آیه قرآن می کند. شما و مخالفانش را کافر و دشــمن قلمداد می کند. هرکس با او مخالف است دشمن و کافر است. قرآن می گوید اشــدا علی‌الکفار. اگر شرایط به‌او اجازه می‌دهد علناً هم‌چون فرعون می گفت: «انا ربکم اعلی».

بازجویان دلداده‌ی مکتب ولایت مدعی بودندکه عمل لواط را حلقه و محفل «خودسـر» وزارت اطلاعات در جشـن‌های دوره‌ای‌شان با سعید امامی کرده بودند. یعنی مأموران نظام در خلوت با هم‌دیگر لواط می‌کرده‌اند! سربازان گمنام امام زمان و نایب‌اش، فهمیه دُری گورانی همسر سعید امامی را زیر شکنجه مجبور کرده بودندکه اعتراف کند در محافل خصوصی مردها با مردها و زن‌ها با زن‌ها عمل جنسـی انجام می داده‌اند و سپس زن‌ها و مردها این عمل را با هم انجام مـی داده‌اند. آن ها از متهمان اعتراف گرفته بودندکه در هنگام جماع، آیات و سـوره‌های قرآن را روی آلت‌های تناسلی‌شان قرار می دادند. حتی در فیلمی‌که روی اینترنت موجود است به قبه یکی از «سربازان گمنام» امام زمان‌که دستگیر شده می گویند آخرین باری‌که لواط دادی کی بوده است؟
آقای کروبی خود واقف هستید وقتی با زور ازکسی چنین اعترافاتی می گیرند، از انجام آن روی افراد ابایی نخواهند داشت.
خامنه‌ای که امروز عنوان می‌کند اگر خطایی هنگام بازجویی صورت گرفته باشد رسیدگی خواهندکرد، چه اقدامی در ارتباط با آن همه سیاه‌کاری انجام داد؟ الا این‌که جنایت‌کاران درکنف حمایت او قرارگرفتند؟

جواد آزاده (آملی) سرتیم بازجویی از متهمان قتل‌های زنجیره‌ای این بار سرتیم بازجویی از متهمان «کودتای مخملی» است. اشتباه شما و خاتمی این بود که خامنه‌ای را «خط قرمز» نظام قلمدادکردید. یعنی دسـت او را برای انجام هر جنایتی بازگذاشتید و به‌سهم خودتان اجازه‌ی بازرسی هم نمی‌دادید حالا ثمرات آن اشتباه را ملاحظه می‌کنید.

شـما فیلم کامل بازجویی از متهمان قتل‌های زنجیره‌ای را دیده‌اید، اما سکوت کردید و به‌هر دلیل از رهبری حمایت کردید، آن حمایت و آن سکوت منجر به‌این شد که رهبر گستاخی به‌خرج داده و همان بازجویان را این بار بر دوستان‌تان مسلط کند.
این بار خود خامنه‌ای را هدف قرار دهید. بدون پرداختن به‌او، هرکوششی، آب در هاون‌کوبیدن است. نباید گذاشت پشت جنایت‌کاران پنهان شود و دست‌های

خونین‌اش را پنهان کند. مگر چه جنایت و خیانتی بالاتر از آن‌چه که خامنه‌ای در حق مردم و دین‌شان کرده است و می‌کند، می‌توان انجام داد؟ اینان که هاله‌ی نور می‌بینند و چاه جکمران برپا می‌کنند و برای حفظ قدرت و رسیدن به‌مقاصدشان، به کارگیری هر وسـیله‌ای را مجاز می‌دانند و اعتقادات مردم را بازیچه‌ی امیال خود قرار داده‌اند، مشتی افراد متوهم و خطرناک‌اند و همان‌گونه که تاکنون نشان داده‌اند، می‌توانند به‌هر جنایتی که در تصور آدمی نگنجد، دست بزنند. آقـای کروبی! هرکجا که به‌خاطر مصالح نظام سـکوت و یـا همراهی کردید، به‌خودتان هم ظلم کردید. از ابتدا معلوم بود که شـما ذوب در ولایت خامنه‌ای نیستید و گرنه مورد بی‌مهری خامنه‌ای و دستگاه او قرار نمی‌گرفتید. در سال‌های گذشته نیز این موضوع مشخص بود. خودتان بهتر می‌دانید در دوران اصلاحات که اداره‌ی دو قوه از سه قوه‌ی نظام در دست شما و دوستان‌تان بود، در بسیاری جاها به‌خاطـر مصالح نظام در مقابل خامنـه‌ای و اقدامات جنایت کارانه‌اش سکوت کردید و اشتباه بزرگ شما هم همین بود.

قتل‌های زنجیره‌ای را به‌خاطر بیاورید. شما و خاتمی به‌خوبی بر حضور خامنه‌ای و بیت رهبری در پشت جنایات انجام گرفته واقف بودید. شما می‌دانستید به‌خاطر وجود خامنه‌ای و سیاه‌کاری او و دستگاه امنیتی که در بیت‌اش به‌راه انداخته، پرونده نمی‌تواند به‌طور عادلانه مورد رسیدگی قرار گیرد. شما می‌دانستید که بازجویان در تلاش برای اثبات نظریه‌های جنایت کارانه‌ی خامنه‌ای در مورد دخالت اسرائیل در قتل‌های زنجیره‌ای، پرونده را از مسیر اصلی منحرف کردند. اما خاتمی که با موانع به‌خوبی آشنا بود، به‌جای افشای‌شان، به‌خلاف، به خامنه‌ای امتیاز می‌داد و مدعی بود که خامنه‌ای دستور رسیدگی داده است و... شما و خاتمی می‌دانستید هرکدام از جنایت کاران که از وزارت اطلاعات بیرون می‌آمد، در کنف حمایت رهبری به‌بیت منتقل می‌شد و دستگاه امنیتی آن‌جا را اداره می‌کرد.

اگر آن روز مسامحه نمی‌کردید و از در تعامل با خامنه‌ای در نمی‌آمدید و علناً در مقابل وی می‌ایستادید و موضوع را مثل امروز اجتماعی کرده و از سیاه‌کاری‌های بیت رهبری می‌گفتید، امروز خامنه‌ای تا این حد گستـاخ نمی شـد. متأسفانه

پرده‌پوشی‌های امثال شما دست او را برای ادامه‌ی جنایات بازگذاشت. آن موقع شما و دوستان‌تان بیت رهبری و سپاه را مستثنی کردید. نتیجه‌اش این شد که بیت رهبری و سپاه پاسداران و بسیج، دو دوره، احمدی‌نژاد را برگرده‌ی مردم سوار کردند و روزنامه‌های‌تان را بستند و دوستان‌تان را به‌زندان انداختند و صدها نفر را به‌قتل رساندند و هزاران نفر را مجروح کردند.

ترور حجاریان را به‌خاطر بیاورید. همه‌ی شما خوب می‌دانستید که سپاه پاسداران و اتفاقاً نهاد حفاظت از شخصیت‌ها، درگیر ترور بوده است. اما بازهم به‌خاطر مصالح نظام، سپاه و جنایت‌کارانِ اداره‌کننده‌ی آن‌را مستثنی کردید. نتیجه‌اش این شد که حجاریان را به‌بندکشیدند و امروز با آن وضعیت اسفناک به‌دادگاه «عدل اسلامی» آوردند.

در برابر سیاه‌کاری خامنه‌ای و دستگاه قضایی منتسب به‌او و در اعتراض به‌عدم رسیدگی به‌جنایات انجام‌گرفته در کوی دانشگاه و ۱۸ تیر اقدام عملی انجام ندادید. برای همین جنایات فوق در ابعاد وسیع‌تری به‌وقوع پیوست و ادامه پیدا کرد.

یادتان هست عمادالدین باقی در مقاله‌ای که نوشته بود از ربودن و سر به‌نیست کردن شش زندانی سابق هوادار مجاهدین در مشهد، در دوران قتل‌های زنجیره‌ای یادکرده بود.[1] در دادگاه به‌جای حمایت از عمادالدین باقی، فردی با نام رضایی به‌عنوان نماینده‌ی وزارت اطلاعات دولت محمد خاتمی حاضر شد و با پرونده‌سازی علیه عمادالدین باقی به‌دروغ مدعی شد که این افراد در عراق و نزد مجاهدین به‌سر می‌برند و در حال مبارزه با نظام‌اسلامی هستند و باقی، با

۱- این موضوع اولین بار در روزنامه‌ی «زن» متعلق به فائزه هاشمی‌رفسنجانی انتشار پیدا کرده بود. این روزنامه با منصوره غفوری همسر سیدمحمود میدانی و خانم غفوری مادر منصوره که هم دامادش سید محمودمیدانی و هم فرزندش امیر غفوری ربوده شده و از سرنوشت‌شان اطلاعی در دست نبود، گفتگوکرده بود. روزنامه را شدیداً تحت فشارگذاشتند و بعد به‌بهانه‌ی درج خبری راجع به فرح پهلوی آن‌را تعطیل کردند. گناه اصلی را روزنامه‌ی زن در جای دیگری مرتکب شده بود. کما این‌که یکی از اتهامات اصلی نشریه‌ی ایران فردا و آبان که بسته شدند انتشار اخبار مربوط به این افراد بود.

طرح ادعاهای واهی نظام را بدنام کرده است. متأسفانه مجاهدین نیز در آن موقع سکوت کردند و روشنگری نکردند. عمادالدین باقی که از نزدیک با حضرات آشناست ترجیح داد در مقابل این رذالت و پستی، سکوت کند و دفاعی از خود نکند. صحت و سقم ادعایم را می‌توانید از آقای باقی سؤال کنید لابد ایشان به‌شما دروغ نمی گوید.
آقای کروبی! ملاحظه می کنید جانیان که دست‌شان به‌خون آغشته است، به‌سادگی نه تنها دروغ می گویند و از خود رفع اتهام می کنند، بلکه دیگران را نیز به‌نشر اکاذیب متهم می کنند.

اگر امروز صاحب‌منصبان نظام و یاوه گویان و دهان‌دریده گانی مثل جنتی و طائب و احمد خاتمی و علی فضلی و جعفری و... بعد از کشتار فجیع مردم مدعی می‌شوند که این مردم و «اغتشاش گران» بوده‌اند که نیروی مظلوم بسیجی را به‌قتل رسانده‌اند، و این مردم بوده‌اند که بسیجی‌های نازنین را مورد ضرب و جرح قرار داده‌اند به‌خاطر آن است که سابقاً در موارد مشابه از سوی شما و دوستان‌تان نه تنها سکوت اختیار می‌شد، بلکه همراهی هم می‌شد. نهالی که آن روز کاشته شد امروز با آبی که شما هم پای آن دادید تبدبل به‌درخت تناوری شده است.

هرکسی که یک‌روز در دستگاه اطلاعاتی کارکرده بود می‌دانست که از سال ۶۸ به بعد و در دوران زعامت خامنه‌ای و بیت او سیاست رسمی وزارت اطلاعات، حذف فیزیکی مخالفان و فعالان سیاسی بود. همه‌ی شما می‌دانستیدکه ادعای عمادالدین باقی دروغ نیست. چنان‌چه ادعاهای امروز شما دروغ نیست. همه‌ی شما می دانستید اگر عبدالله نوری در نشریه‌اش در مورد همین قتل‌های مشهد نوشت با علم و اشراف به‌موضوع، این کار را کرد، اما به‌هنگام نیاز، کسی از این افراد دفاع لازم را نکرد.
نتیجه‌ی این سکوت، جنایاتی‌ست که امروز در زندان‌ها به‌وقوع پیوسته و دوستان شما در زمره‌ی قربانیان آن هستند. این احتمال می‌رود که شما نیز روزی به آن‌ها بپیوندید

آقای کروبی! فکرش را بکنید مادران و همسران و کودکانی هستندکه سال‌هاست چشم‌شان به در دوخته شده که شاید فرزندی که سال‌هاست زیر خاک خفته به خانه بازآید. همسرانی که می‌دانند عزیزشان را کشته‌اند؛ اما جرأت نمی‌کنند ازدواج کنند

دوستم عباس نوایی روشندل به‌همین بلیه دچار شد. ماه رمضان نزدیک افطار برای خرید کله‌پاچه از خانه بیرون رفت و دیگر بازنگشت. جلادان با زبان روزه وی را بردند و سربه‌نیست کردند. حکم حذفش را یکی از همین آخوندهای وابسته به‌بیت رهبری صادر کرده بود.

پزشکان قادر به‌جراحی چشم دختر کوچکش نبودند چرا که نیاز به‌اجازه پدر داشت. پدر را کشته بودند و حالا برای عمل چشم فرزند امضا و اجازه‌ی او را طلب می‌کردند.

آقای کروبی! به‌بازجویی متهمان قتل‌های زنجیره‌ای رجوع کنید از عباد (علی ربیعی) مشاور اجتماعی آقای خاتمی که در جریان بازجویی‌ها بودند سوال کنید چند نفر از زندانیان سیاسی آزاد شده‌ی هوادار مجاهدین را در طرح «الغدیر» در قتلگاه نزدیک بهشت‌زهرا بدون آن که ارتباطی با مجاهدین داشته باشند، ربوده و به‌دار آویختند. از ایشان بپرسید فکر می‌کنند چند تا از آن قتلگاه‌ها وجود داشت. باور کنید هنوز پدر و مادران کسانی که این گونه به‌قتل رسیدند، چشم به‌راه فرزندان‌شان هستند. همسران و کودکان‌شان برای دیداری دوباره لحظه‌شماری می‌کنند. جانیان نخواستند لااقل به‌آن‌ها بگویند که فرزندان‌شان به‌قتل رسیده‌اند تا خیال خانواده راحت شود. خانواده‌های مختاری و پوینده و فروهر و شریف جزو خوشبخت‌ترین خانواده‌های قربانیان هستند؛ چرا که از قتل و محل دفن عزیزان‌شان هم باخبرند.

پدر علی‌اصغر بیدی تا روز مرگش فکر می‌کرد فرزندش در خارج از کشور است و به‌خاطر مسائل امنیتی و... با آنان تماس نمی‌گیرد. بیچاره نمی‌دانست که پسرش زیر خروارها خاک، در جای نامشخصی در تهران خفته است.

همانندان این پدران و مادران اندک نیستند، من تعدادی‌شان را از نزدیک می‌شناسم. عده‌ای از دوستان نزدیک من ربوده، و به‌همین شیوه کشته شدند و

دستگاه قضایی هیچ‌گاه مسئولیت قتل آن‌ها را نپذیرفت.

اگر آن‌روز شما و خاتمی و دیگر سران رژیم توافق نکرده بودیدکه فقط به چهار قتل پاییز ۷۷ رسیدگی شود، مطمئن باشید وضع به‌سیاهی امروز نبود. هرجا که در مقابل خامنه‌ای و دستگاه ظلم و جور اوکوتاه بیایید خودتان ضرر می کنید. آقای کروبی! به‌آن‌چه باور دارید اعتماد کنید و ِهمواره تجربه‌های‌تان را پیش‌روی داشته و اجازه ندهید از یک سوراخ چندبار گزیده شوید.

آقای کروبی! به‌قوه قضاییه‌ای که معاون اولش ابراهیم رییسی داماد جنایت‌کار عَلَم‌الهدا امام جمعه‌ی مشهد است دل مبندید. اگر قرار بود عدالتی صورت بگیرد، یکی که از مسئولان کشتار بی‌رحمانه‌ی تابستان ۶۷ است را مصدرکار قرار نمی‌دادند. می‌دانید قحطی نیرو نیست؛ این گزینشی آگاهانه است و سمت و سوی دستگاه را نشان می دهد.

محسنی اژه‌ای که در قتل‌های زنجیره‌ای دست داشته و حکم قتل، صادرکرده دادستان کل کشور است. کدام داد را او قرار است بستاند؟! اوکه در جلسه‌ی حکومتی عیسی سحرخیز راگاز گرفته بود، حالا در مقام دادستانی چگونه عمل خواهدکرد؟ معاون او سعید مرتضوی جنایت‌کار است؛ معاون قضایی دیوان‌عالی کشور جنایت‌کاری هم‌چون حسینعلی نیری است که ریاست هیئت کشتار ۶۷ را بر عهده داشته است.

آقای کروبی! به‌هر میزان که جنایات را افشا می کنید فضای تنفسی بیش‌تری برای خودتان و برای مردم ایجاد می کنید. جنایت‌کاران به‌جای آن‌که فرصت بیابند جنایت جدید انجام دهند نیروی‌شان برای پوشاندن جنایات افشا شده صرف می‌شود. افشای جنایات دست‌شان را خواهد بست. افشای‌شان کنید.

۸ شهریور ۱۳۸۸

احمد توکلی
و قتل فجیع نرگس جباری

ایـــن روزها احمد توکلی تلاش می‌کند ضمن آن‌که هـــوای رهبر را دارد خود را منتقـــد احمدی‌نژاد هم معرفی کند[1]. اتفاقاً نقش افـــرادی چون او، ولایتی، حدادعادل و... پیچیده‌تر از سربازان یک‌بار مصرف ولی‌فقیه است. خامنه‌ای با همراهی عروسک‌های خیمه‌شب بازی چون او به‌صحنه‌آرایی می‌پردازد و خط خود را پیش می‌برد.

توکلی در راستای خطی که پیش می‌برد در نامه‌ای به‌کروبی با یادآوری سابقه‌ی او نوشت:

> «جنابعالی در قضایای آقای منتظری به‌حق در صف اول موضع گیری علیه سیاه‌نمایی‌ های صورت گرفته علیه نظام اسلامی، پشت سر امام قرار داشتید اکنون چه شده است که به‌همان بلیه گرفتار آمده‌اید».

۱- واکنش گماشتگان خامنه‌ای به‌نامه‌ی سرگشاده‌ام به‌کروبی و پیشنهادی که در آن‌کرده بودم بیش از هرچیز خشم و هراس ولی‌فقیه را نشان داد. اتفاقاً نامه‌ی ۱۱ شهریور کروبی خطاب به‌آیت‌الله منتظری و قدردانی از ایشان، گام گذاشتن در مسیر درست است که بایستی با گام‌های دیگر همراه شود.

شرط عقل حکم می‌کرد همان‌طورکه به کروبی توصیه کرده بودم به‌سوی آیت‌الله منتظری میل کند ـ که خوشبختانه این‌گونه نیز عمل کرد و به‌جای روی آوردن به‌خامنه‌ای از آیت‌الله منتظری تشکر و قدردانی کرد ـ به توکلی نیز همین روش را توصیه می‌کردم.

توکلی به‌عنوان یکی از کسانی که خود را در برابر رهبری «مسئول» می‌داند در نامه به کروبی نوشت:
«در سخنان و نوشته‌های خود تعابیر تند و گزنده‌ای به‌کار می‌برید که هرکدام تیری است که از چله‌ی کمان شما به‌سوی آبروی نظام ـ برخاسته از زحمات امام و متکی به‌رای مردم ـ رها می‌شود. لحظاتی با خدا و وجدان خود خلوت بفرمایید تا ببینید آب به‌آسیاب چه کسانی می‌ریزید.»

او به‌فکر آبروی نداشته نظام است. البته تردیدی در این نیست در سه ماه گذشته و از روزی که کروبی به‌خامنه‌ای نه گفت، آب به‌آسیاب مردم ریخته است و این چیزی نیست جز کاستن از «آبروی» نظام، چراکه نظام و مردم روبروی هم ایستاده‌اند و این مقابله در سه ماه گذشته بیش از پیش آشکار شده است. هراس توکلی و امثال او هم از همین‌جاست.

توکلی پس از گذشت سال‌ها از بسته شدن غیرقانونی صدها روزنامه و مجله، درست پس از انتصاب پسرخاله‌اش صادق لاریجانی به‌ریاست قوه قضاییه و برکناری سعید مرتضوی، قانون‌مدار شده و در نامه‌ای کوتاه خطاب به‌لاریجانی به‌منظور ردگم کنی در اعتراض به‌ممنوعیت انتشار روزنامه‌ی اعتماد ملی، بیست و سه بار به‌مواد گوناگون قانون اشاره کرده تا خود را قانون‌گرا و منصف و مستقل نشان دهد.
او در نامه‌اش مدعی شده بود که کروبی او را خوش‌انصاف می‌داند. برای آگاهی نسل جوان و آن‌هایی که نمی‌دانند سابقه‌ی آقایان چیست، یک پرونده از توکلی را رو می‌کنم تا مشخص شود چه کسانی دم از انصاف و آبرو و عدالت

و قانون‌مداری می‌زنند.

احمد توکلی پس از انقلاب، ابتدا رییس شـهربانی و سـپس رییس کمیته‌ی انقلاب اسلامی و دادیار و دادستان انقلاب بهشهر بود.[۱] وی از موضع دادیاری و دادستانی انقلاب دست به‌هر جنایتی می‌زد و اموال زیادی را مصادره و حیف و میل کرد. در این میان بستگان نزدیک وی نیز بی‌نصیب نماندند.

یکه‌تازی او در بهشهر و به‌ویژه در ماه‌های پس از انقلاب را مازندرانی‌ها خوب به‌یاد دارند و من نیز جسته وگریخته مطالبی در مورد او و جنایاتش شنیده بودم. خود وی نیز از آن دوران به‌افتخار یاد می‌کند. در زندگی‌نامه‌اش آمده است:

«آن موقع بهشـهر خیلی معـروف بود، زیرا اجـرای دقیق حکم قصاص، مثل قطع دسـت دزد و جاری شـدن حد زنا، بهشهر را معروف کرده بود.»[۲]

در نگاه او و معروفیت بهشهر به‌خاطر اجرای «حکم قصاص، مثل قطع دست دزد و جاری شدن حد زنا» بوده است. یعنی همان مواردی که از آن‌ها به‌عنوان نقض شدید حقوق بشر و مجازات‌های وحشیانه و قرون وسطایی یاد می‌شود. همه‌ی این جنایات نیز زیر سر احمد توکلی بود. می‌دانستم وی اولین کسی است که در جمهوری‌اسلامی زنی را به‌جرم زنای محصنه به‌فجیع‌ترین شکل به‌قتل رساند. موضـوع را از زبان دوسـت عزیز و حقوق‌دانم آقـای محمدرضا روحانی که از نزدیـک در جریان بودند نیز شـنیده بودم و می‌دانستم ایشان بهتر از هرکس می‌توانند در این مورد روشن‌گری کنند. برای همین از ایشان خواستم موضوع را برایم بنویسند تا هرچه مستندتر باشد. با هم سرگذشت نرگس جباری اولین زنی راکه به‌جرم زنای محصنه در نظام جنایت‌پیشه‌ی جمهوری اسلامی زجرکش شد و در خون تپید می‌خوانیم:

آقای مصداقی عزیز

سلام، با آن که طی سال‌های فعالیت جمعیت حقوق‌دانان غالباً در ایران نبودم، اما این افتخار را داشـتم که در حد لیاقت خود از این

1- http://www.magiran.com/npview.asp?ID=1764044
2- http://www.irdc.ir/fa/content/4938/default.aspx

سنگر، برای اجرای وظایف وجدانی و ادای دین به‌میهن و مردم بهره جویم. در این مدت مأموریت‌هایی در روابط بین‌المللی، وظیفه‌ی دفاع در دادگاه‌های ایران و انجام تحقیقات در شهرستان‌های گوناگون به‌من ارجاع شد. متأسفانه بُعد منزل، پراکندگی یاران، در دسترس نبودن مدارک، گذشتن تقریباً سه دهه از آن ایام، خانه به‌دوشی و مهم‌تر از همه ضعف حافظه، اجازه‌ی گزارش دقیق وقایع را نمی‌دهد.

من از اهالی ساری هستم و به‌اعتبار مازندرانی بودن و آشنایی با عناصر و شرایط محلی در مأموریت‌هایی مانند دفاع از دانشجویان در دادگاه‌های جنایی مازندران، دفاع از محصلین و چند تن از اهالی بهشهر در دادگاه‌های جنحه‌ی بهشهر، اعلام جرم و تعقیب آمران و عاملان قتل ونداد ایمانی هوادار سازمان چریک‌های فدایی خلق در دادسرای شاهی(قائم‌شهر)، تحقیق درباره‌ی حمله به‌تظاهرات مجاهدین در شاهی وگرگان و بابل و تهیه‌ی گزارش برای جمعیت حقوق‌دانان، عضویت در گروه تحقیقات درباره‌ی قتل سران خلق ترکمن و قتل‌های گنبدکاووس شرکت داشتم.

در باره‌ی قتل خانم نرگس جباری از اهالی بهشهر که زن جوان شوهرداری که احتمالاً حامله بوده است، شکایتی به‌جمعیت حقوق‌دانان ایران رسیده بود که آن را برای تحقیق و تعقیب به‌من ارجاع کردند.

می‌دانیم که تحقیقات در باره‌ی جرائم، کار وکیل نیست. اما چون این قبیل شکایات را گاه اشخاص کم‌اطلاع و شاید مغرض و در بهترین شکل عریضه‌نویس‌ها فراهم می‌آوردند، بسیاری از اوقات قبل از مراجعه به‌دادستان برای روشن کردن جوانب کلی مسئله مثل محل وقوع جرم، محل سکونت متهم، اسامی شهود و مطلعین، انگیزه و نحوه‌ی ارتکاب جرم و... و... و... قبل از تنظیم شکایت و اعلام جرم ناگزیر می‌شدیم که شخصاً به‌تحقیقات محلی بپردازیم.

پس از اطمینان از محکمه‌پسند و مستند بودن ادعا به‌دادسرا مراجعه می کردیم. در این مورد خاص آن‌چه که به‌طور کلی روشن شد، این که خانم نرگس جباری به‌علت سقوط از بلندی دچار ضایعه‌ی مغزی و حواس‌پرتی بود. احتمالاً بیش از تحمل مقامات «ناموس‌پرست» کمیته‌ی انقلاب اسلامی بهشهر درکوچه و بازار با مردان نامحرم گفتگو می کرد. او را به کمیته بردند. محکوم به‌مرگ کردند. هنگام اجرای «عدالت» به‌تهیگاه او شلیک کردند و زجرکش شد. به‌نظر می‌رسد او از اولین زنانی است که به‌این اتهام به‌قتل رسید.

در هر حال کسی حاضر به‌شهادت کتبی نبود. می‌ترسیدند. یازده نفر (سه زن و هشت مرد) شهادت دادندکه جزئیات را از دیگران شنیدند. کسی گواه عینی نبود. شهادت بر شهادت بود مثل این که شنیدم که چنین گفت. غالباً سعی داشتندکه عوامل اجرای قتل را نام نبرند. اما همگی آمر این قتل را احمد توکلی می‌نامیدند. گواهی دفن به‌دست نیامد. وکالت‌نامه‌ی امضا شده‌ی مدعیان خصوصی، فاقد گواهی صحت امضا بود. ناگزیر با اتکا به‌اطلاعات مندرج در شکایت‌نامه‌ی ارسالی به‌جمعیت حقوق‌دانان به‌دادسرای بهشهر اعلام جرم کردم. و این نگرانی وجود داشت که مدعیان خصوصی تحت فشار قرار گیرند و مرا عزل کنند و یا از تعقیب شکایت صرفنظر نمایند.

بر اساس قوانین آن زمان، قتل جرم عمومی محسوب می‌شد و دادستان با اطلاع از آن ناگزیر به‌تعقیب و جمع‌آوری دلایل بود. البته چون مقتول پس از دستگیری در کمیته به‌قتل رسیده بود و در شکایت به‌جمعیت حقوق‌دانان، احمد توکلی را «قاضی شرع» معرفی کرده بودند و در محل هم او را رییس کمیته می‌دانستند. با ضمیمه کردن شکایت ارسالی خطاب به‌دادستان تعقیب آمر و مباشران این قتل را درخواست کردم. منتظر ماندم خبری نشد.

وقتی برای تعقیب قتل سـران خلق ترکمن به گنبدکاووس می‌رفتم در راه به‌سـراغ «دادسـتان انقلاب مازنـدران» رفتم که آخوند سیه‌چرده‌ی لاغری از اهالی مشهد بود و در باغ دکتر سنگ نرسیده به‌بخش هشـت سـاری در جادگاه گرگان سکونت داشت. وسط سـالن خانه‌ی غصبی پرده‌ای کشـیده بود. عیال او ضمن ساکت کردن بچه، آبگوشتی آن طرف پرده به‌راه انداخته بود که بوی تند پیازش مشام دباغ‌ها را می‌آزرد. او از این قتل باخبر بود و می گفت احمد توکلی «قاضی شرع» نیست و به‌من قول تعقیب او را به‌اتهام جعل عنوان داد.

نمی‌دانم او چه کرد. پرونده در دادسـرای بهشـهر چه سرنوشتی یافت اما می‌دانم که من به‌علت تهدید دائم ناچار از کار و خانه و خانواده چشـم پوشیدم و جلای وطن کردم. من اگر زنده ماندم و «فورس‌ماژور» برطرف شد و احمد توکلی هم هنوز روی خاک بود به‌انجام تعهد خود برای تعقیب قاتل ادامه خواهم داد.

گر بمانـدیـم باز بردوزیم   جامه‌ای کز فراق چاک شده
ور بمـردیـم عذر ما بپذیر   ای بسا آرزو که خاک شده

محمدرضا روحانی

چنان‌چـه ملاحظه می‌کنید قاتل زنـی روان‌پریش و حامله که با شـقاوت و بی‌رحمی به‌دستور او تهیگاه قربانی نشانه گرفته شد، امروز مدعی قانون‌مداری و قانون‌گذاری است و مرکز پژوهش‌های مجلس نظام را اداره می‌کند. نرگس جباری را نکشتند بلکه پاره‌پاره کردند.

توکلی در سایه‌ی چنین جنایاتی بود که در سال ۵۹ به‌مجلس شورای اسلامی راه یافت و در دولت رجایی به‌عنوان وزیرکار معرفی شـد ولی بنی‌صدر زیر بار او نرفت. پس از برکناری بنی‌صدر در دولت میرحسـین موسوی در سال سیاه ۶۰، به‌وزارت کار و امور اجتماعی رسید و مسئولیت سخنگویی دولت را نیز به‌عهده گرفت.

برخوردهای ارتجاعی او با مقوله‌ی کار و کارگری باعث رشد تضادهای درونی رژیم شد؛ چرا که وی حتی در ظاهر نیز حاضر نبود در قانون کار از کلمه‌ی کارگر استفاده کند و عنوان خودساخته‌ی «کارپذیر» را به‌کار می‌برد. او معتقد بود کارگر در ازای دستمزدی که می‌گیرد نیروی کار خود را می‌فروشد و از حقی برخوردار نیست. بحران به‌وجود آمده در دولت و محیط‌های کارگری باعث شد ستاره‌ی اقبال او به‌سرعت فروکش کند و در سال ۶۲ وی به‌همراه عسگراولادی مجبور به کناره‌گری از دولت شد.
توکلی در سال ۶۴ روزنامه‌ی رسالت را انتشار داد که «رسالتش» مخالفت با برنامه‌های دولت موسوی بود. پس از مدتی خمینی پخش آن‌را در جبهه‌های جنگ ممنوع کرد. وی دو بار در دوران رفسنجانی و خاتمی خود را کاندیدای انتخابات ریاست‌جمهوری کرد و در انتخابات دور قبل نیز در آخرین روزها خود را از صحنه‌ی انتخابات کنار کشید.

وی پس از شکست از رفسنجانی در انتخابات ریاست‌جمهوری برای ادامه‌ی تحصیل به«ام‌القرای» حضرات یعنی لندن رفت و پس از بازگشت، در دوران خاتمی با استفاده از رانت صدها میلیونی که خاتمی به‌طور غیرقانونی و به‌بهانه‌ی چاپ روزنامه در اختیار او قرار داد صاحب چاپخانه‌ی بزرگی در تهران شد. پس از مدت کوتاهی، روزنامه از فعالیت باز ایستاد و چاپخانه به‌پسر توکلی رسید. در این رابطه می‌توانید به‌مصاحبه‌ی سعید حجاریان و مصطفی تاج‌زاده با نشریه‌ی «شهروند امروز» رجوع کنید.[1]
توکلی در مجالس هفتم و هشتم با امدادهای غیبی شورای نگهبان به‌مجلس شورای اسلامی راه یافت و به‌سمت ریاست مرکز پژوهش‌های مجلس منصوب شد.

احمد توکلی بایستی بداند اعمال جنایت‌کارانه‌ی آن‌ها از ضمیر و یاد مردم پاک نخواهد شد؛ حتی اگر همه‌ی اسناد را نیز از بین ببرند، حتی اگر همه‌ی شاهدان را خاموش کنند، بدون‌شک روزی همه‌ی این آقایان در مقابل دادگاه عدالت

1-http://shahrvandemroz.blogfa.com/post-594.aspx

بایستی پاسخ‌گوی اعمال‌شــان باشند. خون نرگس جباری‌ها دیر یا زود دامان آن‌ها را خواهدگرفت.

۱۲ شهریور ۱۳۸۸

در رثای کسی
که بهجای حکومت بر سرهای بالای دار،
بر قلبهای مردم حکومت کرد

با اینکه سن و سالی از اوگذشته بود اما مرگش را باور نمیکنم. من مرگ هیچ عزیزی را باور نمیکنم. با آنکه هیچ قرابت سیاسی و ایدئولوژیکی با آیتالله منتظری نداشتم اما از سال ۶۷ بهبعد نمیتوانستم او را دوست نداشته باشم. او با سادگی و صداقتش خود را بهمن تحمیل میکرد. او با پایمردیاش بر اصولی که محترم میشمرد مرا وا داشت که به او احترام بگذارم.

سالهاست که هر اتفاقی مرا به گونهای به گذشته پیوند میدهد. بهسال ۶۳ و زندان قزلحصار باز میگردم.
ما را مجبور میکردند که بهبرنامههای آموزشی رژیم که از طریق ویدئوی مرکزی پخش میشـــدگوش فرا دهیم. گوش دادن به خزعبلات سخنرانان چیزی نبود جزکشیدن سوهان بر اعصاب و روانم. گاه فکر میکردم با ضربآهنگ هرکلمه، پتکی بر سرم فرود میآید.
تنهاکلاس تفسـیر نهجالبلاغه آیتالله منتظری و توضیحات تاریخی او بودکه

چنین تأثیری روی من نداشت. با آن که شنیدنش اجباری بود و ملال‌انگیز، اما برایم در حکم شکنجه نبود. نمی‌دانم چرا؟ اما می‌دانم اگر با خبر می‌شدکه با زور و اجبار پای صحبت‌اش نشسته‌ایم حتماً واکنش نشان می‌داد.

همان موقع هم به‌صداقت او باور داشتم. این را از کلامش و نگاهش احساس می‌کردم. برای همین بود که چند ماه بعد راضی شدم در ده‌ها صفحه، رنجی را که بر زندانیان سیاسی رفته بود، برایش بنویسم و از طریق نماینده‌اش به‌دستش برسانم.

آن‌روزها هیچ‌گاه به مخیله‌ام هم خطور نمی‌کرد با فاصله‌ی عظیم دیدگاهی که بین من و آیت‌الله منتظری بود، در مرگش این گونه غمگین شوم. باور نمی‌کردم مرگش، منی را که این همه داغ از نظام جمهوری اسلامی دیده‌ام تکان دهد. شاید غم از دست دادن عزیزانم در کشتار ۶۷ و یک‌تنه به‌میدان آمدن او، در زمانه‌ای که مرگ از در و دیوار می‌بارید، این گونه شأن و منزلت او را در ذهن من بزرگ کرده است.

نمی‌دانم؛ شاید این تعلق‌خاطر به‌خاطر حقی است که برگردن من و ما دارد. شاید خروش و فریاد او بر سر خمینی، وقتی بی‌محابا از زندان‌ها می‌گفت و حقوق زندانیان را بر می‌شمرد او را تا این حد در دل من جای داد. فراموش نمی‌کنم که او در نامه‌اش به خمینی که مراد و مرشدش بود نوشت:

آیا می‌دانید در زندان‌های جمهوری اسلامی، به‌نام اسلام، جنایاتی شده که هرگز نظیر آن در رژیم شاه نشده است؟

آیا می‌دانید عده‌ی زیادی زیر شکنجه بازجوها مُردند؟

آیا می‌دانید در زندان مشهد در اثر نبودن پزشک و نرسیدن به زندانی‌های دختر جوان، بعداً ناچار شدند حدود بیست و پنج نفر دختر را با اخراج تخمدان و یا رحم ناقص کنند؟

آیا می‌دانید در زندان شیراز دختری روزه‌دار را با جرمی مختصر بلافاصله پس از افطار اعدام کردند؟

آیا می‌دانید در زندان جمهوری اسلامی، دختران جوان را به‌زور تصرف کردند؟

آیا می دانید هنگام بازجویی دختران، استعمال الفاظ رکیک ناموسی رائج است؟
آیا می دانید چه بسیارند زندانیانی که در اثر شکنجه‌های بی‌رویه، کور یا کر یا فلج یا مبتلا به دردهای مزمن شده‌اند و کسی به داد آنان نمی‌رسد؟
آیا می دانید برخورد با زندانی حتی پس از محکومیت فقط با فحش وکتک بوده؟
آیا می دانید روحانی و روحانیت در نظر مردم مورد تنفر واقع شده است؟
آیا می دانید از بس دزدی و اختلاس و مخصوصاً با لباس پاسدار و کمیته زیاد شده، مردم احساس امنیت جانی و مالی نمی کنند؟
آیا می دانید در خارج کشور بیش از دو میلیون ایرانی آواره‌اند و بسیاری از دختران به فحشا و خودفروشی افتاده‌اند و ایران و ایرانی را در خارج بی اعتبار کرده‌اند؟
آیا می دانید مواد مخدر در کشور بی داد می کند و اعدام‌ها و زندان‌ها و جزیره بی اثر شده است و غالباً معلول فقر و بدبختی است؟
به‌مسئولین و رسانه‌های گروهی سفارش فرمائید حتی‌المقدور از دروغ گفتن در گزارش‌ها و خبرها و وعده‌ها بپرهیزندکه مردم نوعاً می فهمند و برای جمهوری اسلامی شکست است.
اوضاع جاری زندان اوین و بسیاری از زندان‌های شهرستان‌ها از قبیل اعدام‌های بی‌رویه و احیاناً بدون حکم قضات شرع یا بدون اطلاع آن‌ها وگاهی به‌رغم مخالفت با آن‌ها و ناهم‌آهنگی بین دادگاه‌ها و احکام صادره و حتی اعدام دختران سیزده چهارده ساله به‌صِرف تندزبانی بدون این که اسلحه در دست گرفته یا در تظاهرات شرکت کرده باشند، کاملاً ناراحت کننده و وحشتناک است، فشارها و تعزیرات و شکنجه‌های طاقت‌فرسا رو به‌افزایش است. آمار زندانیان به‌حدی است که بسا در یک سلول انفرادی پنج نفر باید با وضع غیرانسانی بمانند حتی به آن‌ها نوعاً امکانات نماز خواندن

هم داده نمی‌شود.[1]

او مُهر محکمی بر جنایت و شقاوت یک رژیم ضدبشری زد و مشروعیت آن را زیر سؤال برد. این چیزی بود که خمینی برنتابید.
ما دوره‌ای را به‌خاطر می‌آوریم که خمینی از ماه به‌چاه رفت؛ و آیت‌الله منتظری که سوژه‌ی جوک‌های مردم بود، در دل‌شان رخنه کرد و بزرگ شد و عزیز شد. راز این ماندگاری و آن سیرقهقرایی چیست؟
همه‌ی ما می‌دانیم آیت‌الله منتظری در جریان کشتار ۶۷ می‌توانست سکوت کند و بعد از مرگ خمینی ردای ولایت فقیهی را بپوشد و بر قدرت تکیه زند. مشاورانش او را به‌سکوت و چشم‌پوشی بر این جنایت می‌خواندند، اما او حق و عدالت را قربانی مصلحت‌گرایی سیاسی نکرد. به‌خاطر همین، امروزکشوری در سوگ او فرو می‌رود. کشوری که نمی‌خواهد در زیر سایه‌ی سنگین احکام دینی زندگی کند! کشوری و مردمی که «جمهوری‌ایرانی» را فریاد می‌کنند.
چه جنایت‌ها و توطئه‌ها که شیخ‌محمد یزدی، شیخ‌احمد جنتی، محمدی ری‌شهری، شیخ‌مرتضی مقتدایی که روزی جیره‌خوار آیت‌الله منتظری بود و دیگر رجالگان دربار خامنه‌ای در حق ایشان نکردند. به‌یاد داریم دُری نجف‌آبادی‌ها و احمد خاتمی‌ها به‌خاطر پشت‌کردن به‌آیت‌الله منتظری و پابوسی درگاه قدرت به آلاف و الوف رسیدند.

بزرگی آیت‌الله منتظری تنها در دفاع از حقوق مخالفانش که یکی از آن‌ها من بودم، نبود. او تنها سیاست‌مدار ایرانی است که مسئولیت هر خطایی را که مرتکب شده بود پذیرفت و از خود انتقادکرد. او توجیه نکرد، مسئولیت را به‌دوش دیگران نیانداخت، هر جا که لازم بود خود قدم به‌میدان گذاشت و پیش از همه طلب استغفار کرد و مردم به گوش جان، صدای او را شنیدند. او از این منظر بود که در ۲۲ بهمن ۱۳۶۷ به‌صراحت گفت:

> بعد از ده‌سال باید عمل کرد خود را حساب کنیم ... باید حساب کنیم در ظرف این ده‌سال که جنگ را به‌ما تحمیل کردند آیا جنگ

۱-خاطرات آیت‌الله منتظری، چاپ اتحاد ناشران ایرانی در اروپا، پیوست ۱۲۸ و ۱۴۳

را خوب طی کردیم یا نه. دشمنان ما که این جنگ را تحمیل کردند، آن‌ها پیروز ازکار درآمدند. چقدر نیرو از ایران و از دست ما رفت و چقدر جوان‌هائی از دست دادیم که هرکدام یک دنیا ارزش داشتند و چه شهرهایی از ما خراب شد. باید این‌ها بررسی شود و ببینیم اگر اشتباهی کرده‌ایم این‌ها توبه دارد و اقلاً متنبه شویم که بعداً تکرار نکنیم. چقدر در این مدت شعارهایی دادیم که غلط بود و خیلی از آن‌ها ما را در دنیا منزوی کرد و مردم دنیا را به‌ما بدبین کرد و هیچ لزومی هم برای این شعارها نداشتیم. این‌ها راه عاقلانه‌تری داشته و ما سرمان را پایین انداختیم وگفتیم همین است که ما می گوئیم؛ بعد هم فهمیدیم که اشتباه کرده‌ایم. باید بفهمیم که اشتباه کرده‌ایم و بعد بگوئیم خدایا و ای ملت ایران ما این جا اشتباه کرده‌ایم...

ما در جنگ خیلی اشتباه کردیم و خیلی جاها لج‌بازی کردیم و شعارهایی دادیم که می دانستیم نمی توانیم آن‌را انجام دهیم...

او تنها سیاست‌مدار ایرانی بود که ساده‌ترین پرسش‌ها را نیز بی پاسخ نمی گذاشت. هرکس از او پرسشی کرد پاسخی شنید. حتی اگر این پرسش‌ها از سوی مخالفانش مطرح شده بود. او پاسخ کتبی دوستان عزیزم همنشین بهار و مهدی اصلانی را هم داد. هر دوی آن‌ها در زمره‌ی مخالفان ایشان بودند. این در حالی‌ست که رهبران گروه‌های سیاسی ایرانی خود را ملزم به پاسخگویی حتی به‌سؤالات اعضا و دوستان و هواداران و متحدان‌شان هم نمی‌دانند.
او تنها سیاستمدار ایرانی بود که از مردم جدا نشد و با مردم زیست. با آنان به‌درشتی سخن نگفت و هیچ کس در محضرش احساس ترس و واهمه نکرد. هیچ کس ازگفتن واقعیت به‌او دچار تزلزل و تردید نشد. هیچ چیز زندگی او وقتی که قائم‌مقام رهبری بود و هنگامی که شهروندی ساده به‌شمار می‌رفت، تغییر نکرد. تلاش کرد هرچه را تبلیغ می کند وهرچه را که بر زبان می‌آورد، در عمل بدان وفادار بماند. این وجه ممیزه‌ی او با دیگران بود.
همین ویژگی‌ها بود که او را نزد مخالفانش نیز محبوب کرده بود. اوکه از

بنیان‌گذاران یک نظام ضدبشـــری بود، به‌مدد ســـادگی و صفا و صداقت مثال زدنی‌اش، در حالی که هیچ آبرویی برای نظام باقی نمانده بود، در دل مردم رسوخ کرد و آبرو یافت. او به‌ســـادگی راه ماندگاری را به‌همه‌ی ما و همه‌ی آن‌هایی که می‌خواهند از تاریخ درس بگیرند، نشان داد.

در این روزهای سرنوشت‌ساز، برکروبی و موسوی و خاتمی و دیگر همراهان‌شان واجب است به‌جای شـــرکت در مراسم تشییع جنازه آیت‌الله منتظری و صدور اطلاعیه‌های رنگارنگ و پیشی گرفتن از یک‌دیگر، به‌مسئولیت تاریخی خود در قبال برکناری ایشان از قدرت بیاندیشند و از پیشگاه مردم ایران عذرخواهی کرده، به‌جبران مافات بپردازند. چرا که آن‌ها بودندکه زمینه‌ی به‌قدرت رسیدن خامنه‌ای را فراهم کردند.
به‌خاطر داشته باشند آن‌ها در طول بیست سال گذشته حتا حاضر نشدند از باب «صله‌ی رحم» و عیادت هم از ایشان دیدارکنند. یادمان هست خاتمی هنگامی که به ریاست‌جمهوری رسید، حتی پاسخ پیام محبت‌آمیز ایشان را نیز نداد.

دو دهه تبلیغات لجام گسیخته‌ی دستگاه فاسد ولایت و حصر خانگی، نه تنها باعث انزوای آیت‌الله منتظری نشد بلکه وسیله‌ای شد برای محبوبیت روزافزون ایشان. تاریخ پس از این از آیت‌الله منتظری بسیار خواهدگفت.
آیت‌الله منتظری در راه احقاق حقوق مردم در مقابل خمینی و خامنه‌ای ایستاد و تعارفات معمول را کنارگذاشت. از آن‌جا که می‌دانست ولایت فقیه شتری است که او، خود به‌پشت‌بام برده، در سال‌های آخر عمر تلاش کرد مسئولیت این اشتباه بزرگ تاریخی را بپذیرد و در پایین آوردن شـــتر ولایـــت از بام قدرت، از هیچ کوششی دریغ نکرد. او از این که به‌عنوان رییس مجلس خبرگان قانون‌اساسی، شورای نگهبان و نظارت آن را برگرده‌ی مردم ایران سوارکرده پوزش خواست. او تا آن جا پیش رفت که دم زدن از ولایت مطلقه‌ی فقیه را از مصادیق شـــرک اعلام کرد.
او نه امروز، که در ســـال ۷۶ رو در روی خامنه‌ای ایســـتاد و بی‌پروا صلاحیت مرجعیت و فتوا دادن او را زیر سؤال برد و پنج سال حصر خانگی را به‌جان و دل

خرید. این گونه بود که آیت‌الله منتظری عزیز مردم شد. او در خطابه‌ای تاریخی که مشروعیت دستگاه ولایت را زیر سؤال می‌برد با جسارت گفت:

حالا صرف‌نظر از مسئله‌ی رهبری، مرجعیت را چرا دیگر؟ شما که در شــأن و حد مرجعیت نیستید. من قبلاً هم به‌ایشان تذکر دادم، در شــرف فوت مرحوم آیت‌الله اراکی بود من به وسیله‌ی آیت‌الله مؤمن راجع به چند چیز برای ایشان پیام دادم. این صورت متن پیام است، به‌دست ایشــان هم رسیده است، بند هفتم آن را می‌خوانم، به‌ایشان پیام دادم: «مرجعیت شیعه همواره قدرت معنوی مستقلی بوده، به‌جاست این استقلال به‌دست شما شکسته نشود و حوزه‌های علمیه جیره‌خوار حکومت نشــوند که برای آینده‌ی اســلام و تشیع مضر است، و هرچند ایادی شما تلاش کنند جنابعالی اثباتاً موقعیت علمی مرحوم امام (ره) را پیدا نمی کنید. نگذارید قداست و معنویت حوزه‌ها با کارهای دیپلماسی ارگان‌ها مخلوط شود. تیپ فلان چه حقی دارد بیاید در قم یک عــده بچه راه بیندازد و حوزه را به‌هم بزند؟ به‌مصلحت اســلام و حوزه‌ها و جنابعالی اســت که دفتر شما رسماً اعلام کند: چون ایشان کارشان زیاد است و وظیفه‌ی اداره‌ی کشور را به‌دوش دارند از جواب دادن مسائل شرعی معذورند و از حال به‌بعد جواب مســائل شرعی داده نمی شود و رسماً مراجعات علمی و دینی و حتی وجوه شرعیه جزئیه را کما فی‌السابق به حوزه‌ها ارجع دهید. این پیام تاریخش ۱۲ آبان ۷۳ است وقتی که تازه آقای اراکی را برده بودند بیمارستان و خود آیت‌الله مؤمن به‌من گفت یکی از این آقایان که می‌رود در دفتر ایشان در قم می‌نشیند و مسائل را مطابق نظر آقای خامنه‌ای جواب می‌دهد؛ به‌ایشان گفتم که ایشان که رســاله ندارد شــما چگونه فتاوا را بر طبق نظر ایشان جواب می‌دهید؟ گفت ما روی تحریر امام جواب می‌دهیم. گفتم مردم آخر مسئله‌ی ایشان را می‌خواهند گفت: می گویند ایشان فتوایش فتوای امام است، ما روی تحریر امام جواب می‌دهیم. خوب این معنایش مبتذل کردن مرجعیت شیعه نیست؟ این که آمدند در شب بعد از

> فوت آیت‌الله اراکی، عـــده‌ای بچه راه انداختند در خیابان جلوی جامعه مدرسین، مثل همین الان که راه می‌اندازند، بعد هم سه چهار نفر از تهران آمدند و اصلاً (کســانی که ایشان را می گفتند) هفت هشت نفر بیش‌تر نبودند و به‌زور هفت نفر را به عنوان مرجع گفتندکه ایشان را هم جزو کنند. در صورتی که ایشان در حد فتوا و مرجعیت نیست. بنابراین مرجعیت شیعه را مبتذل کردند.[1]

آیت‌الله منتظری وقتی خاتمی وکروبی و امثالهم خامنه‌ای را باروی اسلام و خط قرمز نظام معرفی می کردند و چشـــم بر اعمال جنایت‌کارانه‌ی خامنه‌ای و باند تبهکارش می‌بستند با صراحت عنوان‌کرد:

> این را هم به‌شما بگویم این که می گویند: «خط قرمز» این خط قرمز که مرتــب می گویند، خط قرمز خدا و پیغمر (ص) و امام معصوم (ع) است. غیر از این‌ها خط قرمز نیست.[2]

آیت‌الله منتظری با زیر ســؤال بردن چنین منطقی بودکه پرده از اســتدلال‌های سخیف جیره‌خواران بیت رهبری برداشت وگفت:

> در منطــق آقایان ولایت فقیه یعنی غارت اموال و شکســتن و پاره کردن کتاب‌ها و حتی قرآن کریم، ولایت فقیه یعنی تصرف غاصبانه در خانه و ملک دیگران، ولایت فقیه یعنی اهانت به‌حوزه‌های علمیه و علما و فقه و علم و بی‌احترامی به همه‌ی مقدســات. خوب شد نمردیم و ثمره‌ی ولایت فقیه آقایان را برای چندمین بار لمس کردیم. ... این ولایت فقیه چماقی و آمیخته با غارت و فحاشی برای آقایان مبارک باد. و بر حسب اخبار واصله‌ی موثقه آتش‌بیار معرکه رییس قوه قضاییه که باید مظهر قانون و عدالت باشد، بوده است.[3]

در شش ماه گذشــته آیت‌الله منتظری با وجودکسالت و ناخوشی، لحظه‌ای از

۱-صفحات ۶۲۸ و ۶۲۹ خاطرات آیت‌الله منتظری چاپ اتحاد ناشران ایرانی در اروپا
۲-صفحه‌ی ۶۲۸ خاطرات آیت الله منتظری چاپ اتحاد ناشران ایرانی در اروپا
۳-صفحه‌ی ۶۲۹ خاطرات آیت‌الله منتظری چاپ اتحاد ناشران ایرانی در اروپا

خروش نایستاد؛ خامنه ای و حکومت کودتا را نامشروع خواند؛ اطاعت از فرامین او و حکومت کودتا را معصیت دانست و ایستادگی در مقابل آن‌ها را از واجبات.
هنوز یادمان نرفته که او در غائله‌ای که خامنه‌ای بر سر پاره کردن عکس خمینی به پا کرده بود چگونه آگاهانه و مسئولانه به‌میدان آمد و ضمن زیر سؤال بردن معصومیت و قداست خمینی، اشتباهات او را متذکر شد و بساط شعبده‌بازی خامنه‌ای را جمع کرد.
آیت‌الله منتظری در حالی که در بستر بیماری و مرگ بود دچار تزلزل نشد، خواسته‌های مردم را تقلیل نداد و شجاعانه گفت که «سطح مطالبات مردم از ابطال انتخابات فراتر رفته است.»
در شش ماه گذشته هیچ گاه در مقابل شعارهای مردمی نایستاد؛ دم از وحدت جناح های قدرت نزد و سیاست‌مداران را به‌مماشات و عقب‌نشینی فرا نخواند
آیت‌الله منتظری و در همان سال ۷۶ در ابتدای به‌قدرت رسیدن خاتمی نیز نسبت به‌سازش او با خامنه‌ای هشدار داد:

> من یکی از اشکالاتم به آقای رییس جمهور آقای خاتمی واقعا این است. من پیغام هم دادم نمی دانم به‌ایشان گفته‌اند یا نه. البته ایشان با من ارتباط ندارند. اما من اول که انتخاب شدند برای‌شان پیام دادم، بعد هم به‌ایشان پیام (شفاهی) دادم که این‌طور که پیش می‌روید نمی‌توانید کار کنید، یک نفر رییس دولت اگر وزرایش، استاندارهایش، با او هم‌آهنگ نباشند یک قدم نمی‌تواند بردارد. من پیغام دادم که من اگر جای شما بودم می‌رفتم پیش رهبر می گفتم: شما مقامت محفوظ، احترامت محفوظ، ولی بیست ودو میلیون مردم به‌من رأی دادند. به‌من هم که رأی دادند این بیست ودو میلیون، همه می‌دانستندکه رهبر کشور به کسی دیگر نظر دارد. دفترشان و خودشان و همه شخص دیگری را تأیید می کردند، بیست ودو میلیون آمدند به‌ایشان رأی دادند. معنایش این است که ما آن تشکیلات را قبول نداریم. رأی بیست ودو میلیون معنایش این است که ما آن راکه شما می گویید قبول نداریم، ایشان قاعده‌اش این بود. می‌رفت پیش مقام رهبری می گفت شما احترامت محفوظ، بیست ودو میلیون

بەمن رأی دادند، از من انتظارات دارند و اگر بنا بشود که بخواهید در وزرای من، در استاندارهای من دخالت بکنید، افرادی را بەمن تحمیل کنید من نمی‌توانم کار بکنم. بنا براین من ضمن تشکر از مردم، استعفا می‌دهم. بەمردم هم می گویم: ایهاالناس می خواهند در کار من دخالت کنند. قاعده این بود که بەاین صورت عمل نماید.[1]

خامنه‌ای عامل دستگیری، شکنجه، زندان و حصر خانگی طولانی آیت‌الله منتظری و شاگردانش نیز امروز با دیدن محبوبیت آیت‌الله منتظری به میدان آمده است. او که پیش از این رجاله‌گان گوش بەفرمانش نقشه‌ی قتل آیت‌الله منتظری را کشیده بودند برای فریب افکار عمومی رذیلانه قلم بەدست گرفته و بەمناسبت وفات ایشان پیام می‌دهد. اما مردم ایران فراموش نخواهندکرد که آیت‌الله منتظری در مورد توطئه‌ی علیه جانش گفته بود:

بەبهانه‌ی حمایت از ولایت فقیه جمعی از افراد بی‌منطق را بەنام حزب‌الله بەراه انداختند و بەزور و تهدید و اغفال، بعضی از محصلین بی گناه دبیرستان‌ها را هم با آنان همراه کردند، و در این میان هم کاری بعضی از افراد اطلاعاتی با حمله کنندگان بسیار محسوس بود. در این میان اصرار داشتند بەبهانه‌ی محافظت از من، مرا از اتاق وکتابخانه و منزل شخصی خارج نمایند و ببرند و همه‌ی هستی مرا در اختیار رجاله‌ها و غارتگران قرار دهند، و معلوم نبود مرا به کجا می خواستند ببرند. همین بی سیم بەدست‌ها می خواستند برای این منظور درب خانه اندرونی را با دیلم از جا بکنند تا بەمن دسترسی پیدا کنند و بەزور ببرند.[2]

بگذار آخوندهای درباری چون مکارم‌شیرازی بر چهره‌ی او چنگ کشند. مردم تکلیف‌شان با آن‌ها که جز جیره‌خواری حکومت هنری ندارند مشخص است. مکارم‌شیرازی آن‌چه دارد، از چنگ کشیدن بر چهره‌ی آیت‌الله شریعتمداری دارد که در دوران شاه ولی نعمت‌اش بود. بی خود نیست که مرجع حکومتی شده

۱-خاطرات آیت‌الله منتظری، چاپ اتحاد ناشران ایرانی در اروپا، صفحه‌ی ۶۲۷
۲-خاطرات آیت‌الله منتظری، چاپ اتحاد ناشران ایرانی در اروپا، صفحه‌ی ۶۲۹

است. مردم به‌خوبی سره از ناسره را تشخیص می‌دهند. بی‌خود نیست مردم فریاد می‌زنند، «این ماه، ماه خون است سیدعلی سرنگون است».
مردم بزرگ ایران بدون شک اشتباهات تاریخی آیت‌الله منتظری را به‌صداقت ایشـــان و پایداری‌شان بر استیفای حقوق مردم بخشـــیده‌اند. چنان‌که زندانیان سیاسی دهه‌ی شصت، سکوت اولیه‌ی آیت‌الله منتظری بر جنایات و شقاوت و بی‌رحمی خمینی را به‌خاطر دفاع جانانه‌ی بعدی ایشان از حقوق‌شان فراموش کرده‌اند.
درســـت بیست و پنج سال پیش ابتدا به‌نماینده‌ی ایشان و سپس برای خودشان نوشتم اگر امروز و در این دنیا دستم به‌شما نرسد، فردای روزگار از شما نخواهم گذشت و امروز از صمیم قلب می‌گویم در غم از دست دادن او نشسته‌ام.

شما هم بیایید به‌احترام کسی که به‌قدرت نه گفت و در دفاع از حقوق مخالفانش دمی از پای ننشست؛ کسی که خمینی نتوانست او را به‌سکوت وادارد؛ کسی که تنهایی و تک‌صدایی او را از گفتن باز نداشـــت؛ کسی که حمله و هجوم اوباش خامنه‌ای و آخوندهای درباری نتوانست او را به‌سازش و مماشات بکشاند؛ و به احترام کســـی که یک آن، خانواده‌ی زندانیان سیاسی را تنها نگذاشت بایستیم، کلاه از سر برداریم و یک دقیقه سکوت کنیم.

۲۹ آذر ۱۳۸۸

فرخ نگهدار
و درد «فروپاشی» نظام

فرخ نگهدار یکی از عوامل اصلی به‌نابودی کشـــاندن بزرگ‌ترین جنبش چپ خاورمیانه و یکی از عوامل حاشیه‌ای تثبیت جمهوری‌اسلامی در مقاله‌ای تحت عنوان «پیرامون نقش و اهمیت بیانیه‌ی شماره‌ی هفده آقای موسوی» یک بار دیگر نشـــان دادکه برای حفظ و بقای نظام جمهوری‌اسلامی از هیچ کوششی فروگذارنمی کند.

فرخ نگهدار در توصیف بیانیه‌ی بالنســـبه هوشـــمندانه‌ی میرحســـین موسوی می‌نویسد:[1]

> «او به بی‌چارگانی که از سر بلاهت یا دنائت، نعره می‌زدند «این ماه ماه خون است»، گفت: ما را با مسعود رجوی عوضی نگیرید،

۱ ـ من بیانیه‌ی موسوی در شرایط کنونی را مثبت ارزیابی کرده و برخلاف تصور عده‌ای که آن‌را نه سازش با خامنه‌ای، بلکه انداختن آگاهانه‌ی توپ در زمین خامنه‌ای می‌دانم که تفرق را در جناح او دامن می‌زند. بیانیه‌ی موسوی یک‌بار دیگر نشان خواهدکه «قهر» از جانب خامنه‌ای و حکومت کودتا به‌مردم تحمیل شده است و مردم در مقابل یورش نیروهای سرکوب‌گر رژیم ناچار به‌دفاع از خود هستند. این پیام مشخص خواهدکرد که کوتاه آمدن و نرمش در مقابل حکومت کودتا و دست برداشتن از خواسته‌های اصلی مردم چنان‌که عده‌ای تبلیغ می کنند، جواب نخواهد داد. هیچ رفرم و اصلاحی در نظام ولایت فقیه امکان‌پذیر نیست. انهدام این دستگاه جهنمی بایستی در دستورکار قرارگیرد.

شما هم بر سیاق او نروید.»[1]

در ماه‌های اخیر فریاد «این ماه ماه خون است» اولین بار در مراسـم مختلف سوگواری و تشیع پیکر آیت‌الله منتظری در تهران، نجف‌آباد و قم همه‌گیر شد و سپس در عاشورا، تهران را به‌لرزه درآورد. برخلاف ادعای فرخ نگهدار این شعار از عمق جان مردم برخاسته بود، چیزی نبود که کسی به آن‌ها تحمیل کرده باشد.[2]

دعوای نگهدار با شخص مسعود رجوی نیست؛ این دعوا جدید هم نیست؛ ریشه در سـی سال حاکمیت جمهوری‌اسلامی دارد. نگهدار با مردم به‌جان آمده‌ای دشمن است که سی سال آزگار در آرزوی سرنگونی این نظام به‌سر برده‌اند. دشـمنی فرخ نگهدار با مردمی‌ست که هرگاه فرصتی به‌دست آوردند، خواست قلبی خود مبنی بر نابودی نظام ولایت‌فقیه را به روشن‌ترین شکل نشان دادند. دشمنی فرخ نگهدار با نسل برآمده از انقلاب ۵۷ بود که در سیاه‌ترین روزهای دهه‌ی ۶۰ وی را به کشـتارگاه اوین می‌کشـاند و با لاجوردی بر سر یک سفره می‌نشاند

«بلاهت یا دنائتی» که فرخ نگهدار از آن دم می‌زند چیزی نیست جز فریاد در گلو خفه شده‌ی نسـلی که در دهه‌ی ۶۰، میدان‌های تیر و چوبه‌های دار را آبرو بخشید و امروز این صدا ازگلوی فرزندان آنان در خیابان‌های تهران به‌رساترین شکل شنیده می‌شود.

«بلاهت یا دنائتی» که فرخ نگهدار از آن دم می‌زند خروش مردم دست از جان شسته‌ای است که دیر یا زود خواسته‌شان را به کرسی می‌نشانند.

«بیچارگان» مورد نظر نگهدار، جاودانگانی هستندکه در دهه‌ی خون‌بار ۶۰، مرگ را برکف گرفته بودند و امروز پیام‌شان بر لب‌های جوانان میهن‌مان تکرار می‌شود.

1-http://www.akhbar-rooz.com/article.jsp?essayId=26222
۲-برای آشنایی با چهره‌ی فرخ نگهدار و ادعاهای سخیف اوکافی‌ست نگاهی کوتاه به‌فیلم‌های موجود در یوتیوب و سایت‌های خبری در آدرس‌های زیر بیاندازید.
http://www.youtube.com/watch?v=t-BEfJC3i5M
http://7tir.info/index/viewtopic.php?f=27&t=26969
http://www.youtube.com/watch?v=wCqTj92zvNw&feature=playere
mbedded

نگهدار با انتخاب این واژگان، حقارت وکینه‌ی تاریخی خود را نسبت به‌آنان نشان می‌دهد.

گناه نابخشودنی مسعود رجوی از نگاه فرخ نگهدار، اتفاقاً نقطه‌ی مثبت اوست که در سه دهه‌ی گذشته هم‌چنان بر «سرنگونی» نظام جهل و جور و فساد ولایت فقیه پای فشرده است. در طول سی سال گذشته نسل ما مرتکب اشتباهات و انحرافات زیادی شد؛ اما در ایستادگی مقابل رژیم کودتا و ارتجاع اشتباه نکردیم و امروز بیش از هر روز دیگر به‌خاطر «نه»ای که به‌رژیم کودتا در سال ۶۰ گفتیم، به‌خود می‌بالیم.

امروز بعد ازگذشت بیست و هشت سال از آن سال سیاه، خوشحالم از این که در روزهای خون گرفته‌ی میهن‌مان در تابستان ۶۰، به‌سهم خود سکوت نکردم و نکردیم؛ به عنوان صدای نسل به‌جان آمده‌ی برخاسته از انقلاب ۵۷ در ۱۶ شهریور در خیابان تخت‌طاوس، نرسیده به‌خیابان مصدق؛ در ۱۸ شهریور، در خیابان تهران نو، چهارراه سی‌متری؛ در۲۰ شهریور، در خیابان گرگان، ایستگاه عظیم‌پور؛ در۲۴ شهریور در خیابان تهران نو، نبش خیابان وحیدیه؛ و در ۵ مهر ۶۰، در خیابان انقلاب؛ ویلا؛ حافظ؛ زیر رگبارگلوله و آتش با تمام وجودم فریاد زدم «این ماه ماه خون است، خمینی سرنگون است» و شاهد دستگیری و به‌خاک افتادن عزیزترین کسانم بودم؛ عزیزانی که چه شب‌ها در سه دهه‌ی گذشته با آرزوی در خواب دیدن‌شان چشم بر هم گذاشتم.

هنوز بعد از سه دهه، آغوش باز پیرزنی راکه با مهربانانه‌ترین و مادرانه‌ترین کلمات در ۵ مهر۶۰ سراسیمه به‌خیابان آمده بود و ما را به‌خانه‌اش دعوت می‌کرد به‌یاد دارم؛ هنوزگرمای بوسه‌ی موتورسواری را که نبش خیابان ویلا و انقلاب برگونه‌ام نهاد و دستپاچه گریخت احساس می‌کنم؛ هنوز استغاثه‌ی زنی که در تاکسی مرا به‌جوانی‌ام قسم می‌داد، پیش چشم و درگوش دارم؛ هنوز دهان‌های بازمانده از حیرت و چشمان بهت‌زده‌ای که ما را ناباورانه می‌نگریستند به‌خاطر دارم.

نسل ما برخاک افتاد، اما پیامش هیچ‌گاه از قلب مردم ما زدوده نشد. بی‌خود نیســـت که امروز نسل به‌پا خاسته‌ی میهن‌مان دوباره فریاد می‌زند «این ماه، ماه خون اســـت» و لرزه بر اندام دستگاه ولایت فقیه و حامیان رنگارنگ نظامش می‌اندازد.

واقعیت دارد که در روزهای شـــهریور و مهر ۶۰ ما هواداران مجاهدین بودیم که شعار «این ماه ماه خون است» را با جان و دل سر می‌دادیم. در حالی پا به‌خیابان می‌گذاشتیم و در تظاهرات شرکت می‌کردیم که ما را هیچ امیدی به‌بازگشت نبود. مـــا را مزورانه «منافق» و «یاغی» و «محارب» و... خطاب می‌کردند؛ چرا که به‌یک گروه سیاسی خاص وابسته بودیم.

آن‌روز به‌خاطر ترس موحشی که بر جامعه سایه افکنده بود، مردم جرأت به‌خیابان آمدن نداشتند. صدای ما شنیده می‌شد اما پاسخی دریافت نمی‌کردیم. ما تنها بودیم. تنهای تنها. ما ظاهراً شکست خوردیم، رمز پیروزی و موفقیت رژیم در آن روز، در تنهایی ما نهفته بود. اما امروز نه یک گروه سیاسی که مردم به‌پا خاسته و هم‌بسته به‌خیابان‌ها آمده‌اند و خیال ترک آن را ندارند. شعار این مردم، همان است که آن روز بود.

امـــروز «منافق» خواندن مردم به‌تنگ آمده از ســـه دهه جنایت، تنها حاکی از «بلاهت و دنائت» و «بیچارگی» گوینده‌ی آن است.

دعوا، دعوای امروز ما نیست، این دعوا، ریشه‌ای سی ساله دارد. نگهدار می‌داند چه می‌کند او در طول این سالیان به‌اندازه‌ی کافی تجربه اندوخته است.

در حالی که دستگاه قضایی و بلندگوهای نمایش‌های جمعه و جماعات وعده‌ی اعدام دســـتگیر شدگان روز عاشـــورا را می‌دهند؛ در حالی که دستگیر شدگان عاشـــورا را، «محارب و مفسد» معرفی می‌کنند؛ در حالی که دستگیر شدگان را «منافق» و مارکسیست معرفی می‌کنند و نقشه‌ی قتل‌عام‌شان را می‌کشند؛ فرخ نگهدار می‌داند چه می‌کند.

او بی‌خود واژه‌ی «بیچارگان» و «دنائت» و «بلاهت» را پشت سر هم ردیف نکرده است. او تیغ آدم‌کشان را برای گلوی جوانان در بند میهن‌مان تیز می‌کند. او

می‌خواهد مانند سال ۶۰، مسئولیت جنایت بزرگ رژیم را به گردن مسعود رجوی و «آمریکا» بیاندازد. به‌منظور چنین زمینه‌سازی‌ای در مقاله‌ی مزبور «رجوی و دیک چنی» را درکنار هم آورده است. او در سال ۶۰ هم چنین می کرد.
از نظر فرخ نگهدار «دنائت» جوانان میهن این است که مرگ و فروپاشی نظام جمهوری‌اسلامی را فریاد می کنند و رهبر آن را یزید دوران خطاب می کنند.

فرخ نگهدار در سی سال گذشته تلاش کرده تا به هر نحو ممکن به‌قدرت نزدیک شود. یک روز پابوسی خمینی و خامنه‌ای و رفسنجانی و رجایی و باهنر و موسوی و دستگاه سرکوب‌شان، وجه همت او بود، و روز دیگر مجیزگویی برژنف و آندروپوف و چرنینکو و گورباچف و... و این بار نزدیک شدن به بی‌بی‌سی و رادیو فردا و صدای آمریکا و دوباره اعلام وفاداری به موسوی و... در همه حال هم حواسش هست.

در سال ۶۷ برای این که به‌تریج قبای کمیته‌ی مرکزی حزب کمونیست شوروی برنخورد با برگزاری تظاهرات و مراسم یادبود برای قتل‌عام شدگان ۶۷ مخالف بود و امروز برای نگاه داشتن پل‌هایش با بی‌بی‌سی و رادیو فردا و صدای آمریکا به‌جای «امپریالیسم آمریکا» و دولت در قدرت آمریکا و... از دیک چنی نام می‌برد که یک سالی است آفتاب قدرتش افول کرده است.

نگهدار به‌هیچ پرنسیبی پای‌بند نیست. او در اوهام خود خواب مشارکت در حاکمیت را می‌بیند. به‌تصورش موسوی و جناح او حاکمان بعدی هستند؛ به‌همین دلیل روی آن‌ها سرمایه‌گذاری می کند. او دوباره به‌عده‌ای راه غلط را نشان می‌دهد. چنان‌چه شش ماه پیش از دوستانش خواسته بود که در خارج ازکشور به‌جای پرچم شیرخورشید نشان یا پرچم ایران بدون آرم و نوشته، حتماً پرچم ایران همراه با آرم جمهوری‌اسلامی را به‌دست گیرند.
نگهدار با داشتن این چشم‌انداز است که عنان ازکف داده و در وصف موسوی می‌نویسد:

«راز این قدرت در کلام موسوی در اعتماد ملت به اوست. او

«به‌حمایت ملت مستحضر» است. دکتر مصدق هم همین را داشت. آیت الله خمینی هم همین را داشت. این هر سه دیدند و دانستندکه «دل خلقی است در مشتم، امید مردمی خاموش هم پشتم».»

او با تزویر و ریا و سیاه‌دلی‌ی که با جان او عجین شده، مصدق و خمینی و موسوی را در کنـــار هم قرار می‌دهد و به‌رهبر مبارزات ملی و ترقی‌خواهانه‌ی مردم ایران اهانت می‌کند.
هنوز یادمان نرفته که فرخ نگهدار و همراهان او بودندکه در چند ســال گذشــته سیاست هسته‌ای خامنه‌ای و احمدی‌نژاد را همانند سیاست «ملی کردن نفت» دکترمحمد مصدق جا می‌زدند و از حق دولت احمدی‌نژاد دم می‌زدند.

فرخ نگهدار در حالی شعاردهندگان عاشورا را «بیچارگان» خطاب می‌کند که پس از خروج ازکشور تقاضای هم‌پیمانی با مجاهدین راکرد. البته این درخواست مورد پذیرش مجاهدین قرار نگرفت، وگرنه نگهدار و همراهانش آماده‌ی مجیز گویی از مجاهدین هم بودند.

نگهدار و همراهانش در ســال‌های ۵۹ تا ۶۲ که در خدمت مســتقیم خمینی و رژیم جمهوری‌اسلامی قرارگرفته بودند از هیچ کوششی برای تحکیم پایه‌های این نظام و تبلیغ و تشویق جنگ ضدمیهنی دریغ نمی‌کردند. آن‌ها چه اشک‌ها که در ارتباط با مجازات جنایت‌کاران رژیم نریختند و چه ناله‌ها که سر ندادند اما در اطلاعیه‌ای که به‌مناسبت مرگ خمینی صادرکردند چنین نوشتند:

«...امروزکســی ســر بر زمین نهاده اســت که با وعــده‌ی آزادی، اســتقلال و عدالت به‌شما مردم ایران حکومتی را مستقرکرد که با خون‌خوارترین و مردم‌کش‌ترین رژیم‌ها قابل مقایسه نیست. در تاریخ کشــور ما نبوده است رهبری که با آن وسعت، مردم را به‌سوی خود کشــد و سپس سیاه‌ترین حکومت اســتبدادی و مرتجع را بر مردم تحمیل کند. امروزکسی به‌خاک سپرده می‌شود که مسئولیت مرگ جانگداز صدها هزار جوان و نوجوان ما در تنور جنگ احمقانه و

خیانت‌بار ــ جنگی که کشور را به ویرانی کشید ــ بر عهده‌ی اوست. اکنون رژیم مستبد جمهوری‌اسلامی رهبر اصلی خود یعنی طراح و مجری سیاست سرکوب و قتل‌عام نیروهای مترقی و آزادی‌خواه کشور، هزاران زندانی سیاسی معصوم و بی‌دفاع، مسئول آوارگی میلیون‌ها ایرانی آزاده و روشنفکر در ده‌ها کشور جهان را از دست داده است. ده سال حکومت خمینی، وضع میلیون‌ها کارگر و کارمند و روستایی ایران را هر روز وخیم‌تر و سفره‌ی فرزندان آنان را هر روز خالی‌تر کرده است...

هم‌میهنان عزیز! فدائیان خلق ایران از همه‌ی نیروهای ترقی‌خواه کشور، از همه‌ی هم‌میهنانی که از حکومت ده سال‌ه‌ی خمینی رنج برده‌اند و داغ دیده‌اند دعوت می‌کنند که نگذاریم حکومت استبدادی آخوندی به‌حیات خود ادامه دهد. کمیته‌ی مرکزی سازمان فدائیان خلق ایران (اکثریت) در این وضع چرخشی حساسی که رژیم پشت سر می‌نهد اعلام می‌دارد که برای این رژیم سرانجامی جز مرگ و نابودی مقدر نیست. برای نزدیک‌ترکردن هر چه بیش‌تر روز پیروزی مردم فدائیان خلق، از آزادی‌خواهان و ایران‌دوستان دعوت می‌کنند در مبارزه به‌خاطر برچیدن استبداد آخوندی و استقرار یک حکومت دموکراتیک دست یک‌دیگر را بفشارند...»

۱۴ خرداد ۱۳۶۸

توجه کنید «نگهدار»ی که در سال‌های اولیه دهه‌ی ۶۰ صفت مثبتی نبود که برای خمینی به‌کار نبرد، چگونه در مرگ او، وی را عامل قتل‌عام هزاران زندانی سیاسی وکشتار صدها هزار جوان و نوجوان در جبهه‌های جنگ احمقانه و خیانت‌بار معرفی می‌کرد، و دوباره امروز او را فردی معرفی می‌کندکه «دل خلقی» را در «مشت» داشت و «امید» و «مردمی خاموش» را در پشت سرش داشت. تصور نگهدار و همراهانش به‌هنگام صدور اطلاعیه‌ی بالا این بودکه پس از مرگ خمینی، رژیم‌اش پایدار نخواهد ماند. برای همین برای آینده سرمایه‌گذاری می‌کردند.

نگهدارکه به‌هیچ اصل و پرنسیبی پای‌بند نیست، در بخش دیگری از مقاله‌اش می‌نویسد:

«احمـــد جنتی در نماز جمعه حســـرت روزهای انقلاب خورد که حیف که قانون نمی گذارد، وگرنه این‌ها را هم مثل آن‌ها همه به‌سیخ می‌کشیدیم.»

کسانی که با تاریخ کشورمان آشنا هستند، کسانی که «روزهای انقلاب» و پس از آن را به‌خاطر می‌آورند و هنوز سر بر خاک ننهاده‌اند، می‌دانندکه فرخ نگهدار چگونه جعل تاریخ می‌کند.

او دچار سهو قلم نشده است. او تاریخ را انکار می‌کند. او نقش خود در جنایت را پرده‌پوشـــی می‌کند. «روزهای انقلابی» کـــه او دم از آن می‌زند، مربوط به جنایات رژیم پس از ۳۰ خرداد ۶۰ اســـت که مورد تأیید و تکریم فرخ نگهدار و باند همراه او بود.

بزرگ‌ترین جنایت رژیم، ده‌ســـال پس از «روزهای انقلاب» و در جریان کشتار ۶۷ و هنگامی که از انقلاب چیزی باقی نمانده بود، به‌وقوع پیوست.

نگهدار زیرکانه می‌خواهد به‌همه بقبولاندکه «روزهای انقلاب»، لاجرم با کشتار و جنایت همراه اســـت و به«سیخ کشـــیدن» و «بی‌قانونی». او با این حرف‌ها به‌دنبال چاره‌اندیشی برای ماندگاری نظام است. والا او، نگهدار، کسی بود که به«سیخ کشیدن» نیروهای انقلابی را نه در روزهای انقلاب، که سه سال پس از آن نه تنها تأیید می‌کرد که واجب و ضروری می‌خواند.

جمشید طاهری‌پور یکی از همراهان دیرین فرخ نگهدار در مورد دشمنی وی با نسلی که خواهان سرنگونی رژیم بود می‌گوید:

«اما من به‌خاطر می‌آورم خود را در تابســـتان خونین ســـال ٦٠، که سردبیر نشریه‌ی کار ارگان کمیته‌ی مرکزی سازمان فدائیان خلق ایران «اکثریت» بودم. فرخ نگهدار مقاله‌ای را که نوشته بود، به‌دستم داد و موکداً خواستار درج آن در نشریه شد. مقاله را خواندم، عنوان مقاله «هم‌بسته‌ای از جنون و جنایت» بود و طی آن، هم رهبری مجاهدین

و هم حکومت خمینی مورد نکوهش قرارگرفته بودند؛ اما مقاله در کلیت خود سـرکوب خونین مجاهدین را از سوی رژیم دینی تأئید می کـرد! من با درج مقاله مخالفت کردم اما فرخ با تأکید بر مقام دبیر اولی خود اصرار در درج آن کرد. علی کشـتگر عضو شورای سردبیری کار بود، به‌اوگفتم مقاله را بخوان و نظرت را بگو! خواند وگفت مخالف درج مقاله هستم. نگهدار بیرون از نزاکت معمول باز هم اصرار در درج آن کرد، مجبور به‌تمکین شدم و مقاله را برای تایپ به الهه بقراط سپردم که درج شد.»[1]

فرخ نگهدار و همراهانش کسانی بودندکه از «اقدامات قاطع» دادگاه‌ها حمایت می کردند.

«سـازمان ما اقدامات قاطع دادگاه‌ها را در برخورد با ضدانقلاب و وابسـتگان رژیم سابق و همه‌ی متحدان امپریالیسم همواره مورد حمایت قاطع قرار داده و می‌دهد. این اقدامات قانون‌شـکنانه را محکوم می کند.»[2]

اطلاعیـه‌ی بالا پس از اعدام دهها جـوان و از جمله دوازده دختر نوجوان که هویت‌شان بر دادستانی نامشخص بود، توسط نگهدار و همراهانش صادر شد. جنایت‌کاران از خانواده‌ها خواسته بودند برای شناسایی اجساد عزیزان‌شان به اوین مراجعه‌کنند.

در بحبوحه‌ی اعدام‌های لجام‌گسیخته‌ی دادستانی انقلاب در ماه‌های شهریور و مهر ۱۳۶۰ در حالی که حتا صدای افراد زیادی در حاکمیت هم‌چون مهدوی کنی هم درآمده بود و در پی چاره‌جویی وکاستن از میزان اعدام‌ها بودند، حزب توده و اکثریت اطلاعیه‌ی مشترک زیر را صادرکرده و دستگاه‌کشتار رژیم را به‌بی‌رحمی هرچه بیش‌تر فراخواندند:

«خلق حق دارد و باید این دشمنان سوگند خورده‌ی انقلاب را بدون

1-http://www.iranglobal.dk

۲- نشریه‌ی کار، شماره‌ی ۱۱۵، سه تیرماه ۱۳۶۰

کوچک‌ترین مماشات سرکوب کند.»[1]

رد پــای رعایت «قانون» مورد ادعای فرخ نگهدار را در مطلب زیر می‌توانید مشــاهده کنید. این موضع گیری ســازمان اکثریت پس ازکشــته شدن موسی خیابانی، اشرف ربیعی و... است:

«ســرکوب قاطع تروریست‌هایی که با اعمال جنایت کارانه‌ی خود نابودی انقلاب را طلب می کردند، یک ضرورت مبرم بود. هر نوع تردید در این زمینه مسلماً به‌سود ضدانقلاب تمام می‌شد. نیروهای انقلابی می‌بایســتی ضمن خویشتن‌داری و پرهیز از سراسیمگی و شتاب‌زدگی شرکت کنندگان مستقیم در عملیات تخریب و ترور را با قاطعیت تمام سرکوب نمایند. آری این انقلاب است که در جریان بالندگــی، ناخالصی‌ها را به‌دور می‌ریزد و خائنین را در زیرگام‌های سنگین و استوار خود له می کند.»[2]

اگر جنتی و امثال او ملت را به‌سیخ کشیده بودند، فرخ نگهدار و باند همراهش در حالی که خــون از در و دیوار می‌بارید، خواهان «له کردن» نیروهای مترقی زیر «گام‌های سنگین و استوار» گله‌های وحشی پاسداران و جنایت‌کاران رژیم بودند.

در حالی که موسی خیابانی و اشرف ربیعی و همراهان‌شان در۱۹ بهمن ۶۰ کشته شده بودند؛ در حالی که بخشی از رهبران سازمان پیکار در بهمن ۱۳۶۰ دستگیر شــده بودند؛ در بحبوحه‌ی دستگیری وکشته شدن بخشی از رهبران وکادرهای ارزنده‌ی سازمان اقلیت، فرخ نگهدار و همراهانش چنین نوشتند:

«این سرنوشت دردناک تمام کسانی است که آگاهانه یا ناآگاهانه به‌نام مردم توطئه می کنند. در عین حال ممکن اســت که برخی از عناصر این گروهک‌ها بتوانند هم‌چنان به‌موجودیت فلاکت‌بار خود

۲-نشریه کار شماره ۱۳۴ به تاریخ ۱۳ آبان ۶۰

۱-نشریه‌ی کار، ارگان رسمی سازمان اکثریت، شماره‌ی ۱۴۹، ۲۸ بهمن ۶۰.

فرخ نگهدار و درد «فروپاشی» نظام

ادامه دهند. ولی چنین کسانی با مرگ فاصله چندانی ندارند... این سرنوشت تلخ و محتوم همه‌ی کسانی است که نه راه دریا که راه مرداب را در پیش دارند.»[۱]

آن‌ها از همه می‌خواستند که چشم‌شان را بر اعدام جوانان میهن‌مان ببندند و دچار احساسات نشوند. موضع گیری مهدی فتاپور و رقیه دانشگری کاندیدای سازمان فداییان خلق ایران اکثریت برای انتخابات میان‌دوره‌ای مجلس شورای‌اسلامی همین خط را دنبال می‌کرد:

«قبل از این که به‌مسئله‌ی اعدام تعدادی از دختران و پسران جوان توسط دادگاه انقلاب بپردازیم، لازم است اول به‌عوامل و شرایط به‌وجود آورنده‌ی این قبیل خشونت‌ها توجه کنیم و مسئله را نه صرفاً از جنبه‌ی عاطفی و اخلاقی ـ که به‌نوبه‌ی خود حائز اهمیت است ـ آن‌چنان که ضد انقلاب سعی در عمده کردن آن دارد، بلکه از زاویه‌ی مصالح و منافع انقلاب بررسی کنیم. هواداران سازمان در موقعیت خطیرکنونی باید وظایف خود را هوشیارانه‌تر و قاطعانه‌تر از پیش انجام دهند. افشای دسیسه‌های ضدانقلاب و شناساندن سیاست‌های ضدانقلابی گروهک‌ها در محیط کار و در میان خانواده‌ها و در هرکجا که توده حضور دارند جزو وظایف مبرم هواداران مبارزه است.»[۲]

نگهدار و همراهانش تنها برای به‌سیخ کشیدن ما نقشه نمی‌کشیدند. سازمانی که او رهبری‌اش را به‌عهده داشت در مورد حکم ظالمانه‌ی زندان ابد برای عباس امیرانتظام نوشت:

«ما رأی دادگاه را تأیید می کنیم وکیفر مربوطه را درخور خیانت‌های ارتکاب شده ارزیابی می‌نمائیم. ما قاطعیتی را که در این رأی به کار رفته ارج می‌نهیم و معتقدیم که جرائم برشمرده از سوی دادگاه،

۲- پیشین.
۲-نشریه‌ی کار، ارگان رسمی سازمان اکثریت، شماره‌ی ۱۲۰، هفت مرداد ۱۳۶۰.

> نه تنها دلالت بر محکوم بودن امیرانتظام به‌جرم جاسوسی به‌نفع اصلی‌ترین دشمن مردم ما یعنی آمریکا دارد، بلکه نشان‌دهنده‌ی جرائم جنایت‌باری است که دولت موقت (دولت بازرگان) در طی نُه ماه زمام‌داری‌اش علیه انقلاب و مردم مرتکب شده است. به‌همین دلیل هم است که ما می گوئیم: دادگاه انقلابی امیرانتظام و ارائه‌ی یک دادنامه‌ی انقلابی و سمت‌دار، کابینه‌ی لیبرال بازرگان را هم به‌شدت محکوم کرده است.»[1]

یکی از دلایل دشمنی فرخ نگهدار و همراهانش با امیرانتظام از آن‌جا ناشی می‌شدکه وی طرح انحلال مجلس خبرگان قانون‌اساسی را تهیه کرده بود.

فرخ نگهدار سه دهه است که با «فروپاشی» نظام مسئله دارد؛ چراکه نفع او در حفظ این نظام است. او نمی گوید امکان «فروپاشی» نظام نیست؛ او حفظ نظام را «چاره‌ی کار ملت» می‌داند:

> «بیانیه‌ی موسوی در واکنش به‌فضای سر درگم و آشفته‌ای صادر شدکه یک سوی آن داشت با خیال «فروپاشی» عشق می‌ورزید و سوی دیگرش از بیم «مردم کشی» بر خود می‌لرزید. بیانیه، این هر دو پرده را از پیش چشم ها بر می گیرد و استوار می گوید: نه فروپاشی و نه کشتار هیچ کدام نه چاره کار ملت است.»

فرخ نگهدارکسانی راکه خواهان فروپاشی نظام هستند «بیچاره» می‌خواند. اتفاقاً خامنه‌ای نیز وقتی آیت‌الله منتظری صلاحیت صدور فتوا و مرجعیت او را زیر سؤال برد و مُهر باطلی بر پیشانی‌اش زد وی را «آدم بیچاره و مفلوک» خواند. فرخ نگهدارکسانی راکه خواهان فروپاشی نظام هستند و سرنگونی دستگاه ولایت فقیه را آرزو می کنند، «ابله» و «دنی» خواند. پیش از او خامنه‌ای نیز آیت‌الله منتظری را «ساده‌لوح» و «نادان و نفهم» و «منفور، مطرود و خائن» خوانده بود.

صفات به‌کار برده شده از سوی خامنه‌ای، مورد قضاوت تاریخ و مردم ایران قرار

۱-نشریه‌ی کار، شماره‌ی ۱۱۴، ۲۷ خرداد ۱۳۶۰

گرفت، دیری نخواهید پایید که تاریخ و مردم ایران در مورد اظهارات فرخ نگهدار هم قضاوت خواهند کرد.

هر که ناموخت از گذشت روزگار   هیچ ناموزد زهیچ آموزگار

۱۴ دی ماه ۱۳۸۸

مسعود علی‌محمدی
آخرین قربانی دستگاه امنیتی ولایت فقیه

منابع خبری جمهوری‌اسلامی گزارش داده‌اندکه «انجمن پادشاهی ایران» مسئولیت ترور «مسعود محمدی» استاد فیزیک دانشگاه تهران راکه صبح امروز در مقابل خانه‌اش در قیطریه به‌وسیله‌ی بمب کنترل از راه دور به‌قتل رسید به‌عهده گرفته است.

در اطلاعیه‌ای که در سایت این سازمان درج شده آمده است:

«خبر فوری: یورش دلاورانه‌ی فرزندان ایران و ترور مسعود محمدی با ماده‌ی منفجره در تهران

بامداد سه‌شنبه ۲۲ دی ۶۳۷۳ شاهنشاهی

بامداد امروز طی یک عملیات هم‌آهنگ و برق‌آسا توسط فرزندان دلاور ایران، مسعود محمدی، از مزدوران رژیم‌اسلامی و استاد دانشگاه تهران در رشته‌ی انرژی هسته‌ای، با ماده‌ی منفجره وکنترل از راه دور ترور شد.

این مزدور از عناصر اصلی توسعه‌ی برنامه‌ی اتمی رژیم‌اسلامی در سال‌های اخیر بودکه در سرکوب مردم در حوادث اخیر به‌عنوان

لباس شخصی نیز نقش موثر و فعال داشت.
لازم به‌توضیح است قبل از این عملیات، بارها به‌این مزدور هشدار داده شـــده بود؛ ما بار دیگر به‌تمام عناصر و مزدوران رژیم‌اسلامی هشدار می‌دهیم دست از همکاری با جنایت‌کاران مسلمان بردارید، در غیر این‌صورت سرنوشت خوشی در انتظار شما نخواهد بود، و دیر یا زود در آتش خشم فرزندان ایران گرفتار می‌شوید.
پاینده ایران، کوبنده تندر فولادوند، برافراشته پرچم سه‌رنگ شیر و خورشیدنشان
تکاوران تندر ـ انجمن پادشاهی ایران».[1]

از نظر من تردیدی نیست که این ترور، کار جوخه‌های مرگ نظام جمهوری‌اسلامی اســت و «تکاوران تندر»، سربازان گمنام وزارت اطلاعات در دستگاه امنیتی و ســرکوب نظام هستند و «انجمن پادشــاهی ایران» مذکور چیزی نیست جز واحد «ســایبری سپاه پاسداران انقلاب‌اسلامی» و بخشی از پروژه‌ی مقابله با «براندازی نرم» که با ابزار «سخت» و ترور و حذف و شکنجه و زندان و اعدام صورت می‌گیرد.
در روزهای اخیر و پس از بحران «عاشــورا» دســتگاه ولایت فقیه و نیروهای سرکوب‌گر آن به‌شدت به‌این «ترور» نیاز داشتند.
بعد از حوادث عاشورا، ســایت «امروز» وابسته به‌جناح «اصلاح‌طلب‌ها» و حزب مشارکت که اطلاعات زیادی از باندهای رژیم دارد نوشت:

«... ســتادکودتا قصد دارد در ادامه‌ی پروژه‌های خود برای حذف رقیبان سیاســی دســت به‌اعمال جدید و هولنــاک دیگری بزند. طبق گزارش‌های رســیده به‌ســایت امروز، کودتاچیان قصد دارند در دفاتر احزاب و منازل فعالین سیاسی اسلحه‌های آمریکایی تازه خریداری‌شده کار بگذارند، تا بدین وسیله بتوانند آن‌ها را محارب و ضدنظام اعلام کرده و به‌حذف سریع آن‌ها اقدام نمایند. کودتاچیان پیش از این به‌انواع و اقســام روش‌های ماکیاولیستی برای رسیدن

1-http://takavaran-tondar.tk/

به‌اهداف خود استفاده کرده بودند؛ ولی به‌نظر می‌رسد با پیچیده شدن بیش‌تر اوضاع، ستادکودتا دست به‌اعمال کثیف‌تری خواهد زد.»[۱]

پیش‌دستی سایت امروز و انتشار اخبار توطئه‌ی دستگاه امنیتی، آن‌ها را در اجرایی کردن مقاصدشان با مشکل روبرو کرد. به‌همین دلیل به‌پروژه‌ی حذف و ترور روی آوردند تا فضا را هرچه نا آرام‌تر کنند. توطئه‌ی ترور و عملیات جنایت‌کارانه و انداختن مسئولیت آن به‌دوش نیروهای اپوزیسیون، یکی از اقدامات «هولناک» و سیاست‌های قدیمی وزارت اطلاعات و نیروهای سرکوب‌گر رژیم است.
ترورکشیش‌های مسیحی، هایک هوسپیان، ادوارد میکائیلیان و مهدی دیباج، انفجار حرم امام رضا در روز عاشورا، ترتیب دادن مصاحبه‌های جعلی با مزدوران رژیم، نمایش‌های تلویزیونی و نشانه رفتن انگشت اتهام به‌سوی سازمان مجاهدین خلق یکی از این نمونه‌ها در سال‌های گذشته بود و انفجار «کانون ره‌پویان وصال» در شیراز و اعدام چند جوان به اتهام این انفجار در سال جاری یکی از اقدامات اخیر دستگاه مخوف و جهنمی رژیم است.

سوژه‌ی انتخاب شده (مسعود علی‌محمدی) از سوی دستگاه امنیتی برای قربانی شدن، قابل تعمق است.

۱. مسعود علی‌محمدی استاد فیزیک هسته‌ای دانشگاه تهران جزو اساتید حامی موسوی بوده است و بنابراین از نظر دستگاه امنیتی و فتوا دهندگان قتل‌های این‌چنینی، خونش حلال است.
نام وی بین چهارصد و بیست استاد دانشگاه تهران که در انتخابات ریاست‌جمهوری از میرحسین موسوی حمایت کرده بودند، دیده می‌شود.[۲]

۲. مسعود علی‌محمدی استاد فیزیک هسته‌ای است. ارتباط دادن او به پروژه‌ی هسته‌ای دلیل دیگری‌ست که می‌توانست وی را هدف خوبی برای قربانی

1-http://www.emruznews.com/ShowItem.aspx?ID=27145&p=1
2-http://www.peykeiran.com/Content.aspx?ID=12075

شدن قرار دهد.

بلافاصله پس از قتل علی‌محمدی، منابع رژیم برخلاف شیوه‌ی معمول دستگاه‌های امنیتی و اطلاعاتی، از لحظه‌ی اول تلاش کردند او را به‌نوعی به‌پروژه‌ی هسته‌ای رژیم وصل کنند. آن‌ها به‌این ترتیب وانمود می‌کنند که وی هدف ترور جوخه‌های تروریستی وابسته به اسرائیل و آمریکا و ... قرار گرفته است.

رژیم کودتا به‌لحاظ داخلی و بین‌المللی در زمینه‌ی مسائل هسته‌ای تحت فشار است. پدرخوانده‌های تروریسم بین‌المللی به‌وسیله‌ی این ترور می‌خواهند با به‌میدان کشیدن پای آمریکا و اسرائیل و... خود را قربانی تروریسم معرفی، و اهمیت پروژه‌ی اتمی و دشمنی غرب با خود را برجسته کنند.

۳. این ترور و پیش کشیدن پای «انجمن پادشاهی ایران» در راستای سیاست تبلیغاتی چند ماه گذشته‌ی دستگاه اطلاعاتی و امنیتی کودتاچیان است که سعی می‌کرد این انجمن را یکی از عوامل راه‌اندازی تظاهرات و جنبش‌های مردمی معرفی کند.

هدف اصلی پروژه‌ی بدنام‌سازی، «انجمن پادشاهی ایران» نیست؛ هدف مردم و مبارزه‌ی عادلانه‌های آن‌ها برای به‌دست آوردن حق حاکمیت ملی و آزادی و دمکراسی است. کودتاچیان با این‌گونه اقدامات می‌خواهند مبارزات مردم را تحت‌الشعاع قرار دهند.

۴. استفاده از بمب کنترل از راه دور نشان‌دهنده‌ی حرفه‌ای بودن بمب‌گذاران است. در شرایط حال حاضر تنها وابستگان دستگاه‌های امنیتی کشور هستند که از چنین امکاناتی برخوردار هستند. در موارد گذشته هم‌چون انتخابات دوره‌ی هفتم مجلس شورای‌اسلامی هم چندین فقره بمب‌گذاری توسط دستگاه‌های امنیتی در تهران به‌وقوع پیوست که مسببین آن هیچ‌گاه مشخص نشدند

چرا «انجمن پادشاهی ایران»؟

«انجمن پادشاهی ایران» به‌ویژه گروه «تکاوران تندر» چیزی نیست جز بخش سایبری سپاه پاسداران و مافیای امنیتی کودتاچیان. این انجمن و این «تکاوران» وجود خارجی ندارند. در سال ۸۷ نام این به‌اصطلاح «انجمن» در واقعه‌ی بمب‌گذاری در «کانون ره‌پویان وصال» شیراز مطرح شد. همان موقع در دو مقاله در مورد سیاست دستگاه امنیتی و اطلاعاتی و دستگاه قضایی رژیم توضیح دادم.[۱]

در اردیبهشت ماه گذشته و پیش از انتخابات ریاست جمهوری دهم، دستگاه اطلاعاتی و امنیتی با سرو صدای زیادی از دستگیری تروریست‌های وابسته به اسرائیل خبر دادند. در واقع نیاز به‌مطرح شدن نام این سازمان از پیش از انتخابات ریاست‌جمهوری احساس شده بود. برای همین بود که سناریوهای گوناگون در این رابطه از سوی مقامات امنیتی تولید می‌شد:[۲]

اژه‌ای وزیر اطلاعات دولت احمدی‌نژاد «حلقه‌ی اصلی تروریست‌های دستگیر شده» در اردیبهشت را کم‌تر از ده نفر خواند و گفت:

> «با هوشیاری و اشراف بسیار خوبی که سربازان گمنام امام زمان (عج) دارند، قبل از این که هر اقدام آن‌ها عملیاتی شود، این افراد شناسایی و دستگیر شدند.»

اژه‌ای در مورد انگیزه‌ی اسرائیل از ضربه زدن به‌نظام جمهوری‌اسلامی گفت:

> «این رژیم بعد از شکست در جنگ سی و سه روزه‌ی لبنان و بیست و دو روزه‌ی غزه و رسوایی در عرصه‌های مختلف دست و پا می زند و می‌خواهد هر اقدامی که بتواند علیه جمهوری‌اسلامی انجام دهد، اما تاکنون نتوانسته است و در آینده نیز موفق نخواهد بود... این رژیم مدت‌هاست تلاش می کند به‌نحوی بعضی از جریانات ضدانقلابی و اشرار را تحریک کند تا به‌اقداماتی علیه کشور مبادرت کنند.»

1-http://www.pezhvakeiran.com/page1.php?id=2838
http://www.pezhvakeiran.com/page1.php?id=6382
2-http://www.asriran.com/fa/pages/?cid=70796

اژه‌ای در ادامه با بیان این که از چندی پیش متوجه گروهی شدیم که صهیونیست‌ها آن‌ها را بر ضد مردم ایران تجهیز می‌کردند، تصریح کرد:

«با توجــه به اهمیت موضوع، وزارت اطلاعات اهتمام بیش‌تری به خرج داد و بر روی آن بیش‌تر متمرکز شــد و بحمدالله قبل از هر اقدامی عوامل اصلی‌شان شناسایی و دستگیر شدند.»

وزیر اطلاعات به طراحی این گروه برای چند انفجار متوالی تا آستانه‌ی انتخابات ریاست‌جمهوری اشاره کرد و گفت:

«با هوشیاری و اشراف بســیار خوبی که سربازان گمنام امام‌زمان (عج) دارند قبل از این که هر اقدام آن‌ها عملیاتی شــود این افراد شناسایی و دستگیر شدند و تجهیزات و موادی از آن‌ها ضبط شد.»

وی از ادامه تحقیقات و بررسی‌ها در این خصوص خبر داد و افزود:

«امیدواریم بتوانیم به‌زودی همه‌ی جوانب این قضیه را جمع کنیم و ان‌شــاءالله اگر اطلاعات ریزتری مورد نیاز مردم باشد و از لحاظ قانونی قبل از قطعیت حکم، مجاز به انتشــار آن باشیم در اختیار رسانه‌ها و مردم قرار خواهیم داد.»

علاوه بر اژه‌ای، حداد معاونت امنیت دادستان تهران نیز به‌صحنه آمد و در مورد اهمیت کشف دستگاه‌های امنیتی گفت:

«اگر این همکاری و اشراف اطلاعاتی وجود نداشت، ممکن بود انفجارهای مهیبی در تهران رخ داده و باعث شــهادت بسیاری از هم‌وطنان‌مان می‌شد. ...»

سایت ایسنا در ادامه‌ی گزارش خود به‌نقل از حداد اضافه نمود:

«وی بــا بیان این که بیش از یک‌صدکیلو مواد منفجره از این افراد به‌دســت آمده و این مواد آماده‌ی انفجار بود، اظهار کرد: این افراد هفت نفر بوده که سه نفر از آنان متهمان اصلی و چهار نفر دیگر در

ارتباط با این مسئله بودند. آن‌ها قصد داشتند در مکان‌های شلوغ این مواد را منفجر کنند که بخش اصلی کار آن‌ها در مراسم بزرگداشت رحلت حضرت امام (ره) بود... وی یادآور شد: عنوان اتهامی این افراد همکاری با گروه‌های تروریستی، اقدام علیه امنیت و محاربه است و این افراد با انجمن پادشاهی که انفجار شیراز نیز توسط همین جریان انجام شده بود ارتباط داشتند.»[1]

با همه‌ی خط و نشانی که اژه‌ای و حداد کشیدند، ظاهراً سناریوی مزبور به‌دلخواه پیش نرفت و در نُه ماه گذشته، علیرغم نیاز مبرمی که به‌طرح «انجمن پادشاهی ایران» و عملیات تروریستی و... داشتند خبری در این مورد پخش نشد و کودتاچیان از خیر این پروژه که برایش سرمایه‌گذاری زیادی کرده بودند، گذشتند. نیاز به‌مطرح کردن نام «انجمن پادشاهی ایران» تا آن‌جا بود که پس ازکودتای خرداد ماه، در دومین نمایش بی‌دادگاه کودتاچیان، محمدرضا علی‌زمانی به‌اتهام ارتباط با این گروه و نقش داشتن در «اغتشاشات» بعد ازکودتا مورد محاکمه قرارگرفت!

محمدرضا علی‌زمانی به‌کردستان عراق رفته و از آن‌جا با این گروه برای گرفتن پناهندگی در اروپا تماس گرفته بود. وی پیش از انتخابات به ایران بازگشته و خود را به وزارت اطلاعات معرفی می کند. وی که در اسفند ماه ۸۷ دستگیر شده بود طبق کیفرخواست صادره از سوی دادستانی به‌دست داشتن در «اغتشاشات» خرداد ماه ۸۸، متهم و محکوم به‌اعدام می‌شود!

«مشارالیه با مشارکت در طرح سلمان که طی آن مشخصات نیروهای بسیجی شناسایی و به‌انجمن پادشاهی ایران تحویل داده می‌شود اقدام به‌مبادله‌ی اطلاعات با گروهک انجمن پادشاهی ایران می کند و با بازگشت به ایران با هدف اخلال و اغتشاش در انتخابات و ایام پس از انتخابات از طریق خط‌دهی نیروهای امریکایی و گروهک انجمن پادشاهی ایران اقدام به‌برقراری ارتباطات گسترده و فعالیت‌هایی نموده که قبل از هرگونه اقدامی توسط سربازان گمنام

1-http://isna.ir/ISNA/NewsView.aspx?ID=News-1326915&Lang=P

امام زمان (عج) دستگیر شده است.»[1]

موضوع دستگیری بمب گذاران در ایام انتخابات به‌قدری داغ بود که روزنامه‌ی رسمی دولت (ایران) از دستگیری زنی بمب گذار هم خبر داد که پس از مدتی تکذیب شد.

«زنی که طبق برنامه‌ریزی‌های صورت گرفته مأموریت بمب گذاری در نقاط شلوغ تهران را داشت در حالی که قصد رهاسازی یک خودروی حاوی چند بمب در میدان تجریش را داشت، دستگیر شد.»[2]

دستگاه امنیتی و اطلاعاتی رژیم از اردیبهشت‌ماه ۱۳۸۸ که مبادرت به‌انتشار اخبار دستگیری «تروریست»ها کرد، شروع به‌تبلیغات گوناگونی روی سایت «تکاوران تندر» که از پیش تدارک دیده بود کرد.

در اردیبهشت ۸۸ ابتدا به‌ساکن شروع به‌انتشار جزواتی با نام «مبارزه‌ی پارتیزانی و اصول آن» در دو بخش کرد.[3]

با نزدیک شدن انتخابات دستگاه امنیتی رژیم شروع به آموزش «بمب‌های دست‌ساز» در سی و پنج جلسه کرد، که هر یک به‌مورد خاصی اشاره داشت. مراجعه به‌هر یک از دروس مشخص می کند که این آموزش‌ها توسط افراد کاملاً حرفه‌ای تدارک دیده شده است.[4]

عنوان‌های آموزش‌های فوق به‌شرح زیر است:

درس اول، مبانی انفجار و بمب؛ درس دوم، تهیه مواد شیمیایی؛ درس سوم، نیترات آمونیوم؛ درس چهارم، باروت؛ درس پنجم، فولمینات جیوه؛ درس ششم، نیترو استارچ؛ درس هفتم، مدل یک بمب مبتدی؛ درس هشتم، ایگنیتور (چاشنی الکتریکی)؛ درس نهم، دیتوناتور ساعت عقربه‌ای؛ درس دهم، انتخاب مواد بمب و کاشت

1-http://www.mehrnews.com/fa/NewsDetail.aspx?NewsID=925758
2-http://www.parsine.com/pages/?cid=6984
3-http://92.48.206.89/~takavaran/21-cherik01.pdf
http://92.48.206.89/~takavaran/21-cherik02.pdf
4-http://92.48.206.89/~takavaran/amoozesh_bomb.html

آن؛ درس یازدهم، بسته‌بندی و اسمبلی بمب؛ درس دوازدهم، دیتوناتور موبایل؛ درس سیزدهم، دیتوناتور کنترل از راه دور؛ درس چهاردهم، دیتوناتور لیزری؛ درس پانزدهم، باروت سیاه؛ درس شانزدهم، سوخت جهنمی یا Termite؛ درس هفدهم، RDX و مشتقات آن C4 و C1؛ درس هجدهم، دیتوناتور ساعت آلارم دیجیتال؛ درس نوزدهم، TNT، دینامیت، پتن؛ درس بیستم، تاخیردهنده های فتیله‌ای و سیگاری؛ درس بیست و یکم، بمب‌های کپسولی، صوتی، چند ترکیب انفجاری؛ درس بیست و دوم، ناپالم؛ درس بیست و سوم، چاشنی‌های حساس؛ درس بیست و چهارم، ماده‌ی D ـ TNP درس بیست و پنجم، دیتوناتور تاکی واکی؛ درس بیست و ششم، تله‌ی انفجاری کششی؛ درس بیست و هفتم، ضامن حلقه‌ای؛ درس بیست و هشتم، نارنجک دودزا؛ درس بیست و نهم، کوکتل مولوتف؛ درس سی‌ام، تله‌ی انفجاری پدالی (مین الکتریکی)؛ درس سی و یکم، دیتوناتور دزدگیر ماشین؛ درس سی و دوم، دیتوناتور کنترل از راه دور پیشرفته؛ درس سی و سوم، مایرول؛ درس سی و چهارم، چه بمبی بسازیم؟؛ درس سی و پنجم، دیتوناتورهای زمانی ـ شیمیایی.

مدل بمب ناپام، آنفو، ترمیت؛ مدل بمب ناپالم، آنفو؛ مدل بمب حرارتی ترمیت.

مدل چاشنی الکتریکی، استفاده شده در انفجار شیراز، مورخ ۲۴ فروردین ۶۳۷۲ شاهنشاهی.

مدل بمب نیترات اوره،استفاده شده در انفجار شیراز،مورخ ۲۴ فروردین ۶۳۷۲ شاهنشاهی.

اسناد مربوط به ساخت بمب نیترات اوره.

پرسش و پاسخ ۱مربوط به‌درس ۳؛ پرسش و پاسخ ۲ مربوط به‌درس ۳؛ پرسش و پاسخ ۳ مربوط به‌درس ۳؛ پرسش و پاسخ ۴ مربوط به‌درس ۳؛ پرسش و پاسخ ۵ مربوط به‌درس ۱۷؛ پرسش و پاسخ ۶ مربوط به درس ۱۷ و ۱۹.

اصلاحات و پیشنهادات پیرامون ساخت مواد انفجاری.

سایت مزبور به‌همین هم اکتفا نکرد و مدعی شد از آن‌جایی که «آموزش ساخت سموم کشنده‌ی شیمیایی و توکسین‌های بیولوژیک» اسنادی محرمانه است آن‌ها را فقط در اختیار «تکاوران تندر و اعضای فعال انجمن‌ها در داخل میهن» می‌گذارد.[1]
دستگاه اطلاعاتی و امنیتی رژیم هم به‌این بسنده نکرد و برای به‌تور انداختن عناصر ساده‌دل و ماجراجو و تحریک آن‌ها به‌تماس با دستگاه اطلاعاتی، مدعی شد که «آموزش ساخت راکت‌های دست‌سازکوتاه برد» را از جهت این که «اسناد محرمانه»ی این سازمان است تنها در اختیار «تکاوران تندر و اعضای فعال انجمن‌ها در داخل میهن» قرار می‌دهد.[2]

دستگاه امنیتی کودتاچیان پس از مدتی برای جلب اعتماد بیش‌تر شروع به‌آموزش « فنون مبارزه، مقاومت خیابانی و سنگربندی شهری» کرد:

مقاومت خیابانی و سنگربندی شهری:
نکاتی برای مقاومت خیابانی و سنگربندی شهری:
تسخیر پایگاه‌های بسیج و پاسگاه ها و توزیع اسلحه بین مردم، مقابله با گاز اشک‌آور، مقابله با موتورسواران چماق‌دار، پنجرکردن تایر موتورسواران چماق‌دار با میخ و پیچ، ساخت چند وسیله ساده‌ی دفاع شخصی، در برخورد با اوباش ضدشورش، روش ساخت کوکتل مولوتف (بمب دستی آتش‌زا)
فیلم آموزشی روش ساخت کوکتل مولوتف

تکنیک‌های دفاع شخصی، مقابله با باتوم و چماق، قسمت اول، قسمت دوم، قسمت سوم.
تهیه‌ی سلاح‌های گرم (کلت، مسلسل) در ایران:

۱. خلع سلاح مزدوران رژیم و یا سرقت از پایگاه‌های آموزشی بسیج و مساجد.

1-http://92.48.206.89/~takavaran/amoozesh_somoom.html
2-http://92.48.206.89/~takavaran/amoozesh_rocket.html

۲.   خرید ســلاح از شهرها و روستاهای مرزی کشور (از دلالان اسلحه با حفظ اصول امنیتی).

۳.   استفاده از سلاح‌های ســـازمانی تندر (برای این منظور باید عضو فعال تندر باشید) آموزش‌های بیش‌تر در این زمینه.

نکات تکمیلی در مورد مقابله با گاز اشک‌آور:

• علاوه بر ایجاد آتـــش در معابر و خیابان‌ها برای خنثی کردن اثرگاز اشـــک‌آور، می‌توانید مشعل درست کنید و آن‌را جلوی بینی و صورت خود بگیرید تا اثرگاز را خنثی کند. این مشعل می‌تواند حاوی ناپالم باشـــد و یا حداقـــل تعدادی کاغذ یا روزنامه باطله یا پارچه‌ی آغشته به بنزین و .....

• اگر از لنز چشم استفاده می‌کنید، قبل از حضور در تجمعات خیابانی، حتماً آن‌را از چشـــم خود بیرون بیاورید چون اثرگاز اشک‌آور را تشدید می کند.

• قبـــل از حضور در تجمعـــات خیابانـــی، از کرم‌های چرب و لوسیون‌ها بر روی پوست صورت خود استفاده نکنید، چون اثر گاز اشک‌آور را تشدید می کند.

• اگر دچار سوزش چشم و ریزش اشک شدید، هرگز از سرکه یا محلول بیکربنات سدیم استفاده نکنید. استفاده از این محلول‌ها اثر گاز اشک‌آور را تشدید می کند و ممکن است به نابینایی دائم شـــما منجر شـــود. پس فقط با آب معمولی و خنک چشم را شستشو دهید و عمل شستشو را چندمرتبه تکرار کنید. (۱ – ۲ لیتر آب).

پیام گروه مقاومت آبرادات به تکاوران تندر:
نکاتی در مورد نحوه‌ی مقاومت خیابانی و مقابله با چماق‌داران
آموزش‌های پزشکی و امدادی
نکاتی برای کمک‌های اولیه و امداد عمومی. قسمت۱، قسمت ۲.[1]

1-http://92.48.206.89/~takavaran/fonoon_mobareze.html

از مـــاه نوامـــبر فعالیت این ســـایت رو به‌فزونی گرفـــت و بخش‌های جدیدی به‌آموزش‌های این سایت اضافه شد. از جمله: بانک اطلاعات اسلحه‌شناسی. اطلاعات این بخش به زبان انگلیسی است.[1] بخش بعدی نیز چهره‌نگاری است که عیناً از منابع خارجی برداشته شده است: چهره نگاری[2]
«اسلحه‌ی شوک الکتریکی» بخش بعدی آموزش‌های این سایت است که در ماه نوامبر ۲۰۰۹ اضافه شده است.[3]
«بازکردن قفل و دستبند» یکی دیگر از آموزش‌های این سایت است. بازکردن قفل معلوم نیست به‌چه‌کار می‌آید، دست‌بند را می‌شود توجیه کرد؛ ظاهراً هرچه دم‌دست‌شان می‌آید را انتشار می‌دهند تا خود را فعال نشان دهند.[4]

مرحله بعدی آموزش «استراق سمع» است که کارآیی چندانی ندارد و تنها برای جورکردن جنس و این‌که در فکر رفع نیازهای جنبش هستند، به‌این بخش اضافه شده است. دیدن آن برای آشنا شدن با فعالیت‌های دستگاه اطلاعاتی رژیم خالی از لطف نیست.[5]
آموزش «سلاح کلاشینکف و سلاح کمری ماکاروف» بخش دیگر آموزش‌های این سایت است.[6]
«ره‌گیری لحظه به‌لحظه» و «تولید اســپری اشک‌آور» برای مقابله با نیروهای سرکوب‌گر رژیم از دیگر آموزش‌های سایت دست سازکودتاچیان است.[7]
«شناســـایی هوایی» و «شنود مکالمات بی‌سیم» از مواردی است که می‌تواند افرادکنجکاو و ماجراجو را به سمت دستگاه اطلاعاتی رژیم سوق دهد.[8]
به خاطر جور بودن جنس این ســـایت اطلاعاتـــی چگونگی «مقابله با امواج

1-http://world.guns.ru/handguns/hg00-e.htm
2-http://flashface.ctapt.de/index.php
3-http://92.48.206.89/~takavaran/stunner_01.pdf
4-http://92.48.206.89/~takavaran/lockpicks_01.pdf
5-http://92.48.206.89/~takavaran/21-esteraghe-sam-01.pdf
6-http://92.48.206.89/~takavaran/klash_01.pdf
http://92.48.206.89/~takavaran/makarov_01.pdf
7-http://92.48.206.89/~takavaran/21-rahgiri-online-01.pdf
http://92.48.206.89/~takavaran/pepper_spray01.pdf
8-http://92.48.206.89/~takavaran/21-shonood-bisim-01.pdf

پارازیت» و «امنیت در اینترنت» را نیز آموزش می‌دهد.[۱]
در آخرین سری از آموزش‌ها در ژانویه ۲۰۱۰ این سایت اطلاعاتی چگونگی «اصول حفاظت اطلاعات» و تکنیک‌های به‌کارگرفته شده از سوی بازجویان را آموزش می‌دهد!
از نظر نگارنده موارد مطرح شده در این آموزش‌ها کمک چندانی به‌خواننده به ویژه در صورتی که دستگیر شود نمی‌کند.[۲]
این سایت اطلاعاتی، حتی جزوه‌ی «اصول مخفی‌کاری و فن مبارزه با پلیس» مربوط به‌دهه‌ی پنجاه مجاهدین را هم روی سایت گذاشته است تا اعتماد خوانندگان را بیش‌تر جلب کند.[۳]
کتاب «آموزش‌هایی برای جنگ چریکی در شهر» که در دهه‌ی پنجاه خورشیدی توسط سازمان چریک‌های فدایی خلق ایران انتشار یافته بود، یکی دیگر از مواردی‌ست که توسط این سایت انتشار پیدا کرده است.[۴]

تجربه‌ی سی سال گذشته به من آموخته است که این رژیم را رژیمی متعارف در نظر نگیرم. شاید برای اولین بار باشد که رژیمی، چنین آموزش‌هایی را برای به‌تور انداختن مبارزین، روی سایت‌های اینترنتی انتشار می‌دهد. البته برای من عجیب نیست؛ این رژیمی‌ست که در کمیسیون حقوق بشر و مجامع بین‌المللی در سال‌های گذشته، کشورهای نزدیک به‌خود را بسیج می‌کرد تا با آوردن قطع‌نامه‌های ضعیفِ نقض حقوق بشر در ایران، از تصویب قطع‌نامه‌های قوی جلوگیری کند. یعنی خودشان موارد نقض حقوق بشر درکشور را تهیه کرده و از زبان نزدیک‌شان مطرح می‌کردندکه ما را به‌این شکل محکوم کنید!
مأموریت این سایت تنها درآموزش موارد فوق نیست بلکه تلاش می‌کند مبارزه‌ی مردم را نیز به‌بی‌راهه ببرد تا امکان سرکوب آن را به‌دست آورد.

1-http://92.48.206.89/~takavaran/parasite01.pdf
http://92.48.206.89/~takavaran/21-antihack.pdf
2-http://92.48.206.89/~takavaran/21-osool-hefazat-etelaat-01.pdf
3-http://docs.google.com/fileview?id=0B1JLJ8npCC6QZTZiNTk2NWYtNTA3Ni00MGJmLWI4OTctOGM2YmNlNGZjYWU5&hl=en
4-http://docs.google.com/fileview?id=0B1JLJ8npCC6QNzlwM2YzMzMtMmYxNS00Mml0LWEyYjUtMmY5MDUzNjU1ZGVh&hl=en

این سایت اطلاعاتی، قسمتی از پرسش و پاسخ با یکی از «یاران مبارز» را به‌شرح زیر انتشار داده است:

«... منظور از فعالیت در تندر، یعنی همان تلاش جدی و عملی برای رهایی میهن. و شرط عضویت در آن هم یعنی همین. عملیات هم حتماً نباید یک عملیات در داخل شهر و داخل یک پایگاه بسیج یا مسجد با تلفات زیاد باشد، عملیات خارج از شهر برای قطع شاه‌رگ‌های اقتصادی رژیم از جمله:

انهدام قطار و ریل‌های باری، تاسیسات برق، خطوط انتقال نفت و گاز، پل‌ها و سدها و... که حفاظت امنیتی کم‌تری هم دارند، هر کدام یک عملیات با ضریب خطر پایین می‌تواند باشد و مهر تاییدی بر فعالیت جدی شما در راه رهایی میهن. هر عملیات و ضربه‌ای هم که به‌رژیم‌اسلامی، چه به‌مزدورانش و چه به‌منافع اقتصادی‌اش وارد شود، به‌هیچ عنوان «کور» نیست و بسیار هم مفید و با ارزش است. حالا چه تلفات داشته باشد چه نداشته باشد، چه سران اصلی را هدف قرار دهد چه رده‌های پایین را، همان رعب و وحشتی که در دل مزدوران ایجاد می کند و منافع اقتصادی‌شان را کور می کند، خودش یک دست‌آورد ارزشمند است و باعث روحیه گرفتن سایر نیروهای مبارز هم می‌شود و زمینه‌های سقوط خفت‌بار رژیم ملایان را فراهم می کند...{ادامه محرمانه}

خوش و پیروز باشید

کاوه

تکاوران تندر، انجمن پادشاهی ایران»[1]

چنان‌چه ملاحظه می‌شود دستگاه امنیتی کودتاچیان تلاش می کند جوانان میهن را به‌انجام عملیات «کور» تشویق کند. از آن‌جایی که افراد برای انجام چنین عملیاتی با «تندر» و «تکاوران» کذایی آن تماس می گیرند، از همان ابتدا در تور وزارت اطلاعات هستند. از این افراد حتی در مواردی می‌توان برای انجام انواع

1-http://92.48.206.89/~takavaran/index2.html

«عملیات کور» هدایت‌شده توسط کودتاچیان استفاده کرد.

این ســـایت اطلاعاتی در راستای تبلیغات رژیم و تلاش دستگاه‌های امنیتی آن برای مستندکردن ادعاهای کذب رژیم، مبنی بر هدایت تظاهرات و اعتراضات مردمی توسط این «انجمن» موهوم اطلاعیه زیر را در سایت خود انتشار می‌دهد:

«فراخوان تک‌آوران تندر به‌جوانان میهن

« می کشم، می کشم، آن که برادرم کشت ...»»

بنا به فراخوان ستاد فرماندهی تندر داخل میهن،

تـــک‌آوران تندر و یاران انجمن پادشـــاهی ایران کـــه در روزهای گذشته دوشـادوش هم‌میهنان دلیرخود نقش بهسزایی در هدایت اعتراضات مردمی و خلع‌سلاح مزدوران خامنه‌ای دجال و به‌آتش کشـــیدن خودروها و اماکن رژیم‌اسلامی در تهران از جمله پایگاه بسیج وزارت نفت و چند پاسگاه مزدوران نیروی انتظامی داشتند با فراخوانی تمام نیروها و یاران انجمن پادشاهی از سراسر میهن به تهران خود را برای عملیات‌های بعدی آماده می کنند و در این راستا از تمام هم‌میهنان و جوانان دلیر میهن با هر مرام و عقیده که خواستار نابودی جمهوری‌اسلامی و پاسخ دادن گلوله باگلوله هستند دعوت می کنند تا به‌تظاهرات خیابانی و سنگربندی شهری که در تهران در روزهای آینده روی خواهد داد پیوسته و تک‌آوران راه آزادی میهن را تنها نگذارند.

از هم‌میهنان تهرانی تقاضا می شود مواد و وسایل زیر را تا جای امکان تهیه و در اماکن امن ذخیره نموده تا در مواقع ضروری به‌مبارزین و هم‌سنگران خود در خیابان‌ها برسانند:

(توجــه: مواد به‌طور جدا از هم و به گونه‌ای که مشـــکوک نباشـــد نگهداری شوند).

ـ بنزین، گازوییل، بطری‌های خالی، پارچه و حوله‌های کهنه، صابون ، آکاسیف (برای ساخت کوکتل مولوتف).

ـ شن، ماسه گونی (برای سنگرسازی و انسداد خیابان‌ها).

ـ کمد، تخت، قفسه و وسایل کهنه‌ی چوبی منزل (برای انسداد

خیابان‌ها و ایجاد آتش برای مقابله با گاز اشک‌آور).

ـ روغن‌موتور نو یا سوخته، پیچ، میخ، اشیای بُرنده (برای لغزنده کردن خیابان‌ها).

ـ ماسک‌های تنفسی داروخانه‌ای و یا شال، چفیه، پارچه و ذغال چوب (برای تهیه‌ی ماسک ضدگاز).

ـ وسایل امداد و کمک‌های اولیه (باند پانسمان، محلول ضدعفونی،...).

ـ بطری‌های حاوی آب (برای مرطوب کردن ماسک ضدگاز و نیز دفع اثرگاز از چشم).

هم‌چنین از هم‌میهنان تهرانی تقاضا می‌شود مبارزین را در تعقیب و گریز و پناه‌گیری یاری نموده و در مواقع ضروری درب منازل خود را به‌روی ایشان باز نمایند و یا در صورت درخواست مبارزین برای ایجاد کمین و سنگرگیری هوایی، آنان را به‌پشت‌بام‌ها هدایت نمایند. بهتر است در کمین گاه‌ها از هرگونه بروز احساسات و سرو صدای اضافی که باعث جلب توجه مزدوران رژیم و لو رفتن کمین‌ها شود پرهیز شود.

در مناطق مرکزی و حساس شهر چنان‌چه هم‌میهنان در ساختمان‌های مشرف به خیابان‌های محل در گیری هستند تا حد امکان از پنجره‌ها فاصله بگیرند تا در تیررس مزدوران رژیم‌اسلامی نباشند.

بهتر است هم‌میهنانی که دوره‌ی خدمت سربازی را طی کرده‌اند و فنون رزمی را آموخته‌اند در یاری رساندن به‌مبارزین نقش فعال‌تری داشته باشند و سایر هم‌میهنان به‌پشتیبانی لجستیکی و تدارکاتی داخل منازل و اماکن امن مشغول باشند.

هم‌چنین از تمام امدادکاران و پرستاران و دانشجویان پزشکی درخواست می‌شود در یاری رساندن به‌مجروحین کوشا باشند و تحت هیچ شرایطی مجروحین را با آمبولانس به‌بیمارستان‌های دولتی نفرستند و فقط در منازل یا مطب‌های شخصی مورد درمان قرار دهند.

از هم میهنان تقاضا می‌شود تا جای ممکن این فراخوان را از طریق اینترنت، شب‌نامه، ... به‌سایر هم میهنان برسانند.
رزم نهایی بابک‌ها وکاوه‌های میهن با ضحاک زمان نزدیک است...
تک‌آوران تندر انجمن پادشاهی ایران
تهران، دوشنبه ۷ دی ۶۳۷۳ شاهنشاهی».[۱]

این سایت در روز ۴ دی ماه به‌دروغ و برای بازکردن دست کودتاچیان برای اعمال خشونت هرچه بیش‌تر مدعی شده بود که:

«یورش دلاورانه‌ی فرزندان ایران و انهدام حسینیه‌ی سیدالشهدای آمل با بمب آتش زا
آدینه ۴ دی ۶۳۷۳ شاهنشاهی
طی یک عملیات هم‌آهنگ و دلاورانه، فرزندان دلیرکوروش و داریوش حسینیه‌ی تازی‌پرستان در شهر آمل را با بمب آتش‌زای ناپالم به‌آتش کشیده و به سلامتی به پایگاه‌های خود بازگشتند، تا بار دیگر پوشالی بودن رژیم‌اسلامی را در معرض دید همگان به‌نمایش بگذارند.
در این عملیات به‌هیچ یک از هم میهنان به‌ویژه به‌آن‌دسته از فریب خوردگان اندیشه‌ی تازی، هیچ آسیب جانی وارد نگردید و تنها ساختمان حسینیه تخریب شد.»[۲]

این سایت در آخرین موضع گیری خود پس از ترور مسعود علی‌محمدی برای خراب‌کردن همه‌ی مخالفان نظام جمهوری‌اسلامی می‌نویسد:

«ما نه اصلاح‌طلب هستیم، نه دنباله‌روی جریان سبز و لجن‌مال شده‌ی اسلامی، و نه هوادار جناح غالب یا مغلوب رژیم تازی‌تباران. ما خواهان برقراری یک حکومت ناسیونالیست ایرانی و سکولار با رعایت موازین سوسیالیسم و عدالت برای همه و برقراری آیین

1-http://92.48.206.89/~takavaran/index2.html
2-http://92.48.206.89/~takavaran/index2.html

ریشـــه‌ای و احیای قدرت ایران در حد عهد هخامنشـــیان و حتی فراتر از آن، و تضمین ســـربلندی ایران و ایرانی و زدودن آیین هزار و چهارصد ساله‌ی تازی از ایران هستیم و برای این هدف خود تا پای جان می جنگیم.»[۱]

به‌همه‌ی کسانی که ناآگاهانه، به‌هر نحو با این سازمان در ارتباط هستند، توصیه می کنم هرچه زودتر ارتباط خود را قطع کرده و از همکاری با آن خودداری کنند.
۲۲ دی ۱۳۸۸

1-http://92.48.206.89/~takavaran/index2.html

از محرم و عاشورای ۶۷ تا محرم و عاشورای ۸۸

محرم ۶۷ را در حالی آغاز کردیم که در سیاه‌ترین روزهای کشتار ۶۷ به‌سر می‌بردیم، خون از در و دیوار می‌بارید. به‌هر کجا که می‌نگریستی مرگ بود و مرگ.

هر صبح همراه با خیل عزیزانم به راهروی مرگ می‌رفتم و شب، تنها، با پاهایی سنگین و پشتی خمیده از بار اندوه یارانم به‌سلول باز می‌گشتم. شبانگاه در تنهایی سلول با چشمانی اشک‌بار سرگرمی و دلخوشی‌ام شنیدن بوق ماشین عروس از دوردست‌ها بود. من متعلق به‌نسلی بودم که در غم‌انگیزترین روزهای زندگی‌اش، دلش غنج می‌زد برای شادی مردمش. در جلد سوم خاطراتم «تمشک‌های ناآرام» در توصیف احساسات متناقض آن روزها نوشتم:

> به‌ماه محرم نزدیک می‌شدیم، هر شب صدای بوق ممتد ماشین‌های حامل عروس که در گوهردشت تردد می‌کردند، به‌گوش می‌رسید. مردم برای ساعتی هم که شده فارغ از همه‌ی ناراحتی‌ها و بدبختی‌های‌شان، خوشحال بودند. از صمیم قلب خود را در شادکامی آن‌ها سهیم می‌دیدیم. مگر نه این که برای آوردن لبخند به‌لب‌های‌شان، این همه مصیبت را در طول سالیان تحمل

کرده بودیم؟ حالا چه باک! بگذار شـــادی کنند. ما نیز همراه‌شان می‌خندیم و برای‌شان آرزوی خوشبختی می کنیم. کاشکی امشب نفهمند که در این جا چه می گــذرد. در بیرون، زندگی هم‌چنان در پشت درها و دیوارهای زندان و قتل گاه جاری بود. از صمیم قلب راضی بودم و در دلم قهقهه می‌زدم: احمق‌ها را ببین! فکر می کنند راه زندگی را سد می کنند. امروز چند نفر را از ما گرفتید؟ گوش کنید صدای بوق‌های شـــان را که نوید زندگی می دهد! پیوندهای جدید شکل می گیرند. امشب نطفه‌های جدیدی بسته خواهند شد، با آنان چه خواهیدکرد؟»

شنیدن بوق ماشین عروس اعتماد عجیبی به‌من می‌داد. احساس می کردم زندگی امتداد خواهد داشت و به‌این ترتیب بچه‌ها ادامه خواهند یافت.

شاید خیلی‌ها که نوشته‌ی مرا خواندند ما را نسلی رمانتیک و غرق در رویاهای دســـت‌نیافتنی خود ارزیابی کردند. اما حوادث تابســـتان ۸۸ و به‌ویژه محرم و عاشورای ۸۸ نشان داد که پیش‌بینی ما صرفاً برخاسته از رمانتیسم انقلابی و یا رویاهای شیرین کسی که در سخت‌ترین و غم‌انگیزترین روزهای زندگی‌اش تلاش می کند روحیه خود را حفظ کند، نبود.

امروز بهتر از هر روز دیگر مشـــخص شده اســـت که «بچه‌ها ادامه» یافته‌اند و «زندگی» برخلاف اراده‌ی دشمنانش «ادامه خواهد یافت».

آن روزها، وقتی که بغض راه گلوی‌مان را گرفته بود، عزیزی با اندوهی برخاسته از دل، هجرانی‌مان را در «دشت جواهر» سرود:

«دیروز ما باغ این دشت را
با خون خویش
ازگل گوهر، پرکردیم
بادی که چون عجوزه‌ای عاصی
عصا زنان می گذشت
باغ را پرپر کرد»[1]

۱- برساقه تابیده کنف (سروده‌های زندان) به‌کوشش ایرج مصداقی

«دشـــت جواهر» در ادامه از تلاش نســـلی که ازکشتار ۶۷ جان به در برده بود می‌گفت:

«امروز، باز
ما که از همان جوهریم
قلب خویش را باغ می کنیم
خون را با یاد یاران، به‌هوهویی داغ می کنیم
و قطره‌های هوش و حوصله و ستیز را
دانه‌دانه‌می کاریم»[۱]

خامنه‌ای به‌عنوان وارث خمینی، نسل برخاسته از انقلاب ۵۷ را می‌شناخت و خطر آن‌را هم‌چون شبحی برای خود و حاکمیت‌اش احساس می‌کرد. نسل ما، نسل جان به‌در برده ازکشتار ۶۷ هم آماده بود تا سنگین‌ترین بها را بپردازد. بی‌خود نبود که خامنه‌ای داس خود برگرفت و دوباره گل‌های‌مان را پرپر کرد.
سیامک طوبایی، جواد تقوی، حسن افتخارجو، بهنام مجدآبادی، محمد سلامی، یدالله پاک‌نهاد، هوشنگ محمدرحیمی، احمدرضا محمدی‌مطهری، سیاوش ورزش‌نما، اصغر بیدی، مهرداد کمالی، مهرزاد حاجیان، امیر غفوری، سیدمحمود میدانی و ...[۲] نمونه‌های روشن نسلی بودندکه دوباره «قلب» خود را «باغ» کرد و «قطره‌های هوش و حوصله و ستیز را دانه‌دانه» کاشت.
آن‌ها می‌دانستند چه می کنند بی‌خود نبود که فریاد می‌زدند:

«فردا، بر باغ این دشت
که قلب ماست
ستیزه خواهید روئید
و از آب
آتش خواهد جوشید».[۳]

۱- پیشین.
۲- این افراد پس از آزادی از زندان، توسط جوخه‌های مرگ رژیم ربوده شده و به‌قتل رسیدند.
۳- برساقه تابیده کنف (سروده‌های زندان) به کوشش ایرج مصداقی

خمینی کوشید تا اثری از نسل ما باقی نگذارد. او به‌نمایندگی از رژیمی جنایت کار تصور می کرد که حساب همه جا را کرده‌است. در پاسخ نامه‌ی موسوی اردبیلی که در مورد کیفیت اجرای حکم کشتار زندانیان بی‌دفاع سؤال کرده بود:

۱. «آیا این حکم مربوط به آن‌هاست که در زندان‌ها بوده‌اند و محاکمه شـده‌اند و محکوم به‌اعدام گشته‌اند ولی تغییر موضع نداده‌اند و هنوز هم حکم در مورد آن‌ها اجرا نشده است، یا آن‌هایی که حتی محاکمه هم نشده‌اند محکوم به اعدامند؟

۲. آیا منافقین که محکوم به‌زندانِ محدود شده‌اند و مقداری از زندان‌شان را هم کشیده‌اند ولی بر سر موضعِ نفاق می‌باشند، محکوم به اعدام می‌باشند؟»

نوشت:

> «در تمام موارد فوق هرکس در هر مرحله اگر بر سـر نفاق باشـد حکمشَ اعدام است. سریعاً دشمنان اسلام را نابود کُنید. در مورد رسیدگی به‌وضع پرونده‌ها در هر صورت که حکم سریع‌تر انجام گردد همان مورد نظر است.»

خمینی به‌خیال خام خود، با کشتار محرم ۶۷ و خامنه‌ای به‌تصور باطل خود، با کشتارهای بعد از آن می‌خواستند تکلیف جنبش را یک‌سره کنند. برای همین در بحبوحه‌ی کشتار ۶۷ به‌صراحت عنوان می‌شد که نظام تصمیم گرفته است دیگر زندانی سیاســی نداشته باشد. تلاش آن‌ها بر این پایه قرارگرفته بود که صورت مسئله را برای همیشه پاک کنند.

خمینی مانند همه‌ی جباران تاریخ نمی‌توانست درک کند نسلی که در تابستان ۶۷ چشم بر جهان می گشاید خواب را بر او و جانشینانش حرام خواهدکرد. او نمی‌دانســت خون قتل‌عام شدگان یک دهه، روزی به‌جوشش خواهد آمد و در فریادهای مردم دوباره جریان خواهد یافت.

*****

در محرم و عاشـورای ۶۷ ما تنها بودیم، کسی از سرنوشت ما خبردار نمی‌شد. برای جلوگیری از خبر انتشار کشتار ۶۷ همه‌ی تمهیدات لازم را فراهم کرده بودند.

جنایت در خاموشی و سکوت انجام می‌گرفت.
در نمازها و نمایش‌های جمعه و جماعات مرگ ما را فریاد می‌زدند. ما را فریادرسی نبود. جوخه‌های اعدام، یک دم ازکشتار باز نمی‌ایستادند. در ماه‌های بعد دستگاه دروغ و عوام‌فریبی با مهارت به توجیه کشتار مشغول بود.
در محرم و عاشورای ۶۷ در حالی که داغ عزیزانم را به‌دل داشتم زیر لب زمزمه می‌کردم:

«ما، شکسته، ما خسته
ای شما به‌جای ما پیروز،
این شکست و پیروزی به‌کام‌تان خوش باد
هر چه فاتحانه می‌خندید!
هر چه می‌زنید، می‌بندید،
هر چه می‌برید، می‌بارید،
خوش بکام‌تان اما،
نعش این عزیز ما را هم به‌خاک بسپارید».[۱]

در محرم ۶۷ دغدغه‌ی نعش عزیزانم را داشتم. می‌دانستم از هیچ بی‌حرمتی به‌اجساد آن‌ها کوتاهی نمی‌کنند.
در بهمن ۱۳۶۰ به‌چشم دیده بودم که چگونه پاسداران از روی پیکرهای غرق در خون موسی خیابانی و اشرف ربیعی و دیگر شهدا می‌دویدند و شادمانی و هلهله می‌کردند.
و امروز... در عاشورای ۸۸... در مقابل دوربین‌های تلویزیونی میلیون‌ها نفر شاهد هستندکه لشکریان یزید با ماشین از روی بدن‌های لهیده‌ی تظاهرکنندگان بی‌دفاع عبور می‌کنند.

در محرم ۶۷، تنها آیت‌الله منتظری صدای ما را شنید و به‌جانیان، حرمت محرم و خون بی‌گناهان را گوشزد کرد:
«من دیدم آن‌ها دارند کارشان را ادامه می‌دهند، اول محرم شد.

۱- برگرفته از شعر «نوحه»، سروده‌ی مهدی اخوان‌ثالث.

من آقای نیری که قاضی شرع اوین و آقای اشراقی که دادستان بود
و آقای رییسی معاون دادستان و آقای پورمحمدی که نماینده‌ی
اطلاعات بود را خواستم وگفتم الان محرم است حداقل در محرم
از اعدام‌ها دست نگه دارید. آقای نیری گفت: «ما تا الان هفتصد
و پنجاه نفر را در تهران اعدام کرده‌ایم، دویست نفر را هم به‌عنوان
سرموضع از بقیه جدا کرده‌ایم، کلک این‌ها را هم بکنیم بعد هر چه
بفرمایید...».

اما جانیان به‌اذن امام خودکه بر جایگاه یزید تکیه زده بود حرمت محرم را
نگاه نداشته و هم‌چنان به‌جنایت مشغول بودند. در روز دوم محرم، عادل نوری،
غلامرضا کیاکجوری، قنبر نعمتی، محمدرفیع نقدی، سعید غفاریان را که تازه
از نماز ظهر فارغ شده بودند به‌قتل‌گاه بردند. قتلگاه جایی نبود جز «حسینیه‌ی
گوهردشت».

اگر حسین‌بن‌علی در محرم ۶۱ قمری درگودال قتل‌گاه کربلا، سر از تن‌ش جدا
شد، در محرم ۱۳۶۷ هجری خورشیدی در حسینیه‌ی گوهردشت، سر صدها نفر
بربالای دار رفت. جنایت‌کارانی که حرمت محرم را زیرپاگذاشته بودند، عمد
داشتند این جنایت بزرگ و فراموش ناشدنی را در «حسینیه» انجام دهند و بر
بالای پیکر شهیدان، جشن شادی بر پاکرده و نان خامه‌ای تقسیم کنند.

اگر در محرم ۶۱ قمری، فرزند پیشوای عاشورا به‌خاطر بیماری از مرگ جست،
در محرم و عاشورای ۶۷ یزید زمان خمینی، به‌بیماران نیز رحم نکرد، بیمار
قطع نخاعی، ناصر منصوری را بر برانکارد به‌قتل‌گاه برده و به‌دار آویختند؛ کاوه
نصاری که امکان راه رفتن نداشت، قلم‌دوش ظفر جعفری‌افشار به قربان‌گاه
رفت و محسن محمدباقر با پاهایی آهنی و عصازنان راهروی مرگ را طی کرد و
جاودانه شد.

اگر در عاشورای سال ۶۱ قمری و دوران بربریت، زنان و اهل بیت حسین‌بن‌علی
ازکشتار وحشیانه جان به‌در بردند در جنایت محرم ۱۳۶۷ هجری خورشیدی

خمینی و لشکریانش به زنان بچه‌دار هم رحم نکردند و کودکانی را که در زندان بالغ شـده بودند نیز به‌دار آویختند. از میان زنان مجاهدِ بند ۳ آموزشگاه اوین هیچ‌یک زنده نماندند.

در روزهای سـیاه محرم ۱۳۶۷ شـب که از راه می‌رسید، جانیان فارغ ازکشتار روزانه، لباس‌های سـیاه برتن کرده و با به‌دسـت گرفتن علم وکتل در محوطه‌ی زندان دسته‌های سینه‌زنی به‌راه می‌انداختند. درست مثل این روزهاکه دجالانه در خیابان‌ها و تکایا و حوزه‌های علمیه و... پس از فارغ شدن از جنایت، روضه‌ی حسین می‌خوانند.

پیش‌تر در محرم ۶۲ نیز پاسداران در راهروهای گوهردشت دسته‌ی سینه‌زنی راه می‌انداختند و در مقابل سلول زندانیانی که نشان کرده بودند توقف کرده و آن‌ها را مورد ضرب و شـتم شدید قرار می‌دادند. من در آن سال یکی از مشتری‌های ضیافت‌های محرم جانیان بودم و در روز عاشورا بیش از بقیه روزها مورد ضرب و شتم قرارگرفتم.
در محرم ۶۲ بود که قبرهای زندان قزل‌حصار را راه‌اندازی کردند و بعدها صدها دختر جوان را در آن‌ها به‌بند کشیدند.
نسـل ما را زنـده به‌گور می‌کردند، در راهروهای مـرگ در زیرکابل و زنجیر و شکنجه بدن‌های‌مان را خرد می‌کردند و شبانه نمایش «شام غریبان» می‌دادند و وقیحانه بر مظلومیت حسین می‌گریستند.

*****

امروز در محرم و عاشورای ۸۸ در بر همان پاشنه می‌چرخد. اما ما تنها نیستیم، فریادمان درگلو خفه نمی‌شود، بغض راه گلوی‌مان را نمی‌گیرد. خلقی که آزادی را اراده کرده، به‌میدان آمده و رو در روی یزید و لشـکریانش ایسـتاده اسـت. بزرگ‌ترین کانال‌های خبری دنیا مجبور می‌شوند دلاوری زنان و مردان قهرمان میهن‌مان را نشان دهند.
این بار، فتح و پیروزی مردم در چشم‌انداز است.
دوباره در محرم ۸۸ تاریخ تکرار می‌شود. این بار مردم به‌جان آمده و نسلی که در

سال خون گرفته‌ی ۶۷ به‌دنیا آمد به‌میدان آمده‌اند. این بار جنایت نه در خفا و در دهلیزهای مرگ، که در پیش چشمان نگران مردم دنیا اتفاق می‌افتد.

در عاشـــورا و محرم ۶۷ دنیا به‌مدد یزید آمده بود. آمریکا وکشـــورهای اروپایی چشمان‌شـــان را بر جنایت بزرگ خمینی بسته بودند. اما در عاشورای ۸۸ دنیا نمی‌تواند ســـکوت اختیـــار کند. آمریکا و اروپا مجبور به‌موضع گیری شـــده و می‌شوند.
در محرم ۸۸ جانیان ابتدا در اطلاعیه‌ی رســـمی منکر کشته شدن مردم شدند. درســـت مثل سال ۶۷ که رفســـنجانی مدعی شـــد «منافقین» به دروغ هیاهو کرده‌اند که هزاران تن از هواداران‌شان اعدام شده‌اند.

در حالی که مأموران یزید برای هشـــدار به موســـوی ســـینه‌ی خواهرزاده او را نشـــانه گرفتند مدعی هستند یأجوج و مأجوج او را ترور کرده‌اند. درست مثل آن روزها که به پیرمردهای توده‌ای هفتاد ساله هم رحم نکرده بودند و محتشمی و خامنه‌ای و مجید انصـــاری و جواد لاریجانی و ولایتی و ... مدعی بودند تنها تعدادی را که از مرزهای غربی به‌کشور حمله کرده بودند اعدام کردیم.
دسیسه‌های دیروز و امروز جانیان یک‌سان است. آن روز جنایت کاران توجیه‌شان برای کشتار بی‌رحمانه‌ی زندانیان این بود که چنان‌چه مجاهدین قادر به‌فتح تهران و دیگر شهرها می‌شدند، زندانیانِ قتل‌عام شده با آن‌ها همکاری می کردند!

موســـوی‌اردبیلی و کروبی داستان را به‌گونه‌ای دیگر گفتند. اولی مدعی بود که زندانیان از امکان عفو در ســـال‌های گذشته استفاده نکرده و لاجرم بهایش را پرداختند و دومی ده‌سال بعد نیز در اعتراض نسبت به‌خیرخواهی آیت‌الله منتظری مدعی بود که قتل‌عام شدگان زندانیان تواب را کتک زده بودند و به‌همین دلیل به‌عقوبت دچار شدند!
امروز لشـــکریان یزید در حـــوزه‌ی علمیه‌ی قم و شـــورای نگهبان و جامعه‌ی روحانیت مبارز و سپاه پاسداران و نیروی انتظامی و مجلس شورای اسلامی و...

به‌صف شده و ادعا می‌کنندکه کشته شدگان، عناصر وابسته‌ای بوده‌اندکه برای رقص و پایکوبی و جشن و شادمانی در روز عاشورا به‌خیابان آمده بودند. این‌بار جرم کشته شدگان این است که حرمت عاشورا را نگاه نداشته‌اند. عدم حفظ حرمت عاشورا در تفسیر لشکریان یزید و مراجع تقلید دربار یزید، شعار «مرگ بر خامنه‌ای» و «ما اهل کوفه نیستیم پشت یزید بایستیم» و «ابوالفضل علم‌دار خامنه‌ای را بردار» است.

در محرم ۶۷ برای بیمه کردن حکومت یزید همگی دست به‌یکی کرده بودند. در آن روزگار تنها احمد خمینی، خامنه‌ای، رفسنجانی، محمدی‌ری‌شهری، فلاحیان، لاجوردی، ناطق‌نوری، لاریجانی، عسگراولادی، بادامچیان، یزدی، جنتی و اوباشان‌شان نبودندکه «سور عزای ما را به‌سفره نشسته بودند» در آن روزها عبدالکریم موسوی‌اردبیلی، میرحسین موسوی، محمد موسوی‌خوئینی‌ها، موسوی‌بجنوردی، عبدالله نوری، علی‌اکبر محتشمی، مهدی کروبی و محمد خاتمی، مجید انصاری، یوسف صانعی و سعید حجاریان و بهزاد نبوی، مصطفی تاج‌زاده و دیگر سینه‌چاکان خمینی نیز بر جنازه‌هایی که در خاوران و بهشت‌زهراهای میهن درگورهای دسته‌جمعی و ناشناس به‌خاک سپرده می‌شدند، هلهله و شادی می‌کردند و بر زخم‌های خانواده‌ها و جان به‌در بردگان محرم ۶۷ نمک می‌پاشیدند.

از محرم و عاشورای ۶۷، بیست و یک‌سال می‌گذرد و در این مدت «گندم ری» به‌مذاق بسیاری نساخته است. احمد خمینی به‌دست مأموران خامنه‌ای کشته شد و نبوی و حجاریان و نوری و تاج‌زاده وکرباسچی و عطریانفر و اکبرگنجی و خیلی‌های دیگر پای‌شان به‌زندان یزید باز شد وگوشه‌ی ناچیزی از آن‌چه راکه بر نسل ما روا داشته بودند، لمس کردند.
کروبی و خاتمی و موسوی و موسوی‌خوئینی‌ها و محتشمی و... در صفی قرار دارند که چه بسا کارشان به‌زندان یزید کشد.
آن‌هایی که امروز در صف یزید قرارگرفته‌اند، نگاهی به‌گذشته کنند و ببینند چه بر سر سینه‌چاکان دیروز یزید آمد؛ اگر به آن‌چه می‌گویند باور دارند پس: «فاعتبرو

یا اولی‌الابصار»

در فـردای مرگ خمینی، احمد خمینی و رفسـنجانی و آیت‌الله‌هایی هم‌چون طاهری و احمد آذری‌قمی و یوسـف صانعی و... هریک به‌طریقی، روایتی از یزید زمان خمینی جعل کردند تا خلعت ولایت فقیهی را به‌تن خامنه‌ای بپوشانند. یزید که بر تخت نشست، اول احمد خمینی را از میان برداشت؛ سپس آذری‌قمی را جان به‌لب آورد؛ و آن‌گاه نوبت به آیت‌الله طاهری رسیدکه خانه‌نشین شود؛ و سپس رجاله‌گانش مرجعیت صانعی را نفی کردند و شیخ منافق نامیدندش. او به‌چشم، نتیجه‌ی دروغی را می‌بیندکه در سال ۶۸ ساخته و پرداخته بوده. او خامنه‌ای را « نه تنها مجتهد مسلّم، بلکه فقیه جامع‌الشرایط واجب‌الاتباع» نیز معرفی کرده بود.

همگان به‌یاد داریم که آیت‌الله منتظری به‌عنوان شـیخ‌الفقها چگونه فتوا دادن خامنه‌ای را زیر سـؤال برد و مُهر بطلان بر فقاهت او زد. خامنه‌ای بلایی نبود که بر سر آیت‌الله منتظری در نیاورد. در سنین پیری وکهولت پنج سال وی را در بازداشت خانگی نگه داشت. در این کار زشت، خاتمی و رفسنجانی وکروبی و شورای امنیت‌ملی و... یزید را همراهی کردند. اما خامنه‌ای به‌جای قدردانی از آن‌ها امروز برای سر رفسنجانی و بقیه ولی‌نعمت‌هایش نقشه می‌کشد.

سکوت در مقابل حکم ضداسلامی خمینی مبنی بر مرتد اعلام کردن مجاهدین در فتوای کشتار ۶۷ که نمازشان ترک نمی‌شد، راه را بازکرد تا امروز رجاله‌هایی هم‌چون حسین شریعتمداری وکوچک‌زاده به‌نیابت از خامنه‌ای، امثال کروبی و موسوی و فرزندان رفسنجانی را مرتد اعلام کنند.

در دو دهه‌ی گذشته، خاتمی و رفسنجانی وکروبی نیز به‌مانند خامنه‌ای و یزدی و هاشمی‌شاهرودی و احمدی‌نژاد و لاریجانی و... شمر و خولی و حرمله و ابن‌زیاد و عمرسـعد و شریح‌های قاضی دوران را خلعت بخشیده و به‌پسـت‌های مهم‌تر گماردند و یا درخواستش را از خامنه‌ای کردند. این گونه بودکه حسینعلی نیری و ابراهیم رییسی و مصطفی پورمحمدی و اسماعیل شوشتری و علی مبشری و محسنی اژه‌ای و علی رازینی و محمد مقیسه و ده‌ها جنایت کار دیگر ارتقای مقام

یافتند و امروز همراه با یزید زمان برای سرشان نقشه می کشند.

گذشته را فراموش نکرده‌ایم؛ اما در عاشورای ۸۸ مهم نیست که پیش‌تر در کدام صف بوده‌ای، مهم آن‌ست که صف خود را امروز مشخص کنی. بی‌پرده و بی‌آلایش. صف مردم در مقابل صف خمینی و خامنه‌ای قرار دارد؛ با هیچ بهانه‌ای نمی‌شود در پشت یزید دیروز سنگرگرفت و بر یزید امروز تاخت؛ با هیچ بهانه‌ای نمی‌شود سنگ آیت‌الله منتظری راکه در مقابل جنایت محرم ۶۷ ایستاد به‌سینه زد و خود را پیرو راه امام رذالت‌پیشه‌ای معرفی کرد که دستش به‌خونِ بی‌گناهانِ کشته‌شده در محرم ۶۷ آلوده بود.
جان کلام آن که خامنه‌ای گریزی از سرنوشت محتوم خویش نخواهد داشت. بارگاه او نیز هم‌چون بارگاه یزید بن معاویه آبریزگاه مردم خواهد شد.

دی ۱۳۸۸

محرم

عبرت‌های روزگار

در هشت ماه گذشته روزی نبوده است که به دهه‌ی سیاه ۶۰ و به‌ویژه به روزهای خون‌بار ســـال ۶۰ پرتاب نشوم و به‌تعمق و اندیشه حول رویدادهای این دو سال نپردازم.

شاید بخشی از رجعت به گذشته به خاطر مشابهت اتفاقات این دو سال باشد. این مشـابهت تنها در ایستادگی مردم در مقابل کودتا وکودتاچیان و در سردادن شعار «این ماه، ماه خون است» و ... نیست بلکه در یک‌سانی روزهای تقویم هم هست؛ و این بیش‌تر گذشته را در ذهن من تداعی می‌کند. اگر روز شنبه ۳۰ خرداد ۶۰ مردم به‌دستور خمینی به‌خاک و خون غلتیدند، تظاهرات آرام مردم در روز شنبه ۳۰ خرداد ۸۸ نیز به‌دستور ولایت مطلقه فقیه خامنه‌ای به خون کشیده شد.

اما آن‌چه که مرا بیش‌تر از هرچیز به گذشته و تعمق در آن فرا می‌خواند عبرت‌های روزگار است. ای کاش همه‌ی ما از تاریخ و گذشته درس می‌گرفتیم و به‌زحمت خود و مردم نمی‌افزودیم.

مطلبـــی راکه در پی می‌آید به‌این دلیل نمی‌نویســـم که به دربند شـــدگان امروز گوشه‌ای بزنم و دردی به‌دردهای‌شان بیافزایم بلکه می‌خواهم به‌دیگرانی که امروز در جنایت دست دارند هشداری داده باشم که فرصت اندک است. می‌خواهم

بگویم سرنوشت کسانی را که روزی در خدمت ولایت مطلقه فقیه بودند ببینید و به‌خود آیید و به‌تعمق بنشینید. این نظام و این ولایت بی‌چشم و رو و بی‌وفاست؛ بیش‌تر از آن‌که فکرش را بکنید. قدر زحمات و جان‌شفانی‌های‌تان را نمی‌داند. می‌خواهم به آن‌ها هشـــدار دهم که هنوز نظام ولایت مطلقه فقیه پابرجاست و بنیان‌گـــذاران و حافظان نظام «ولایت»، در بند و زندانند! وای به‌روزی که این نظام سرنگون و پتانسیل انفجاری مردم آزاد شود. می‌خواهم به‌آن‌ها نهیب بزنم که برای روز موعود توشه‌ای فراهم کنند.

*****

در اخبار آمده بود که علی‌رضا فرزند آیت‌الله بهشتی بنیان‌گذار دستگاه قضایی رژیم با حالی نزار در حالی که به‌تازگی حمله‌ی قلبی را پشـــت ســـرگذاشته بود به‌شعبه امنیت دادگاه انقلاب تهران منتقل شد:

> «دکتر علی‌رضا بهشتی در حالی که پیژامه‌ی زندان و دم‌پایی پلاستیکی برپا داشت و محاسن‌اش بلند و آشفته بود، دقایقی طولانی در انتظار بازپرسی به‌سر برد. ... یکی از اعضای بیت شهید بهشتی نیزگفت: اتهام دکتر علی‌رضا بهشتی پس از سه هفته بازداشت هم‌چنان برای ما نامشخص است و هیچ کدام از اعضای خانواده و وکلای مدافع او به‌پرونده و دلایل بازداشتش دسترسی ندارند و هرگونه تلاش‌شان در این‌باره با درهای بسته مواجه شده است.»[1]

کســـانی که امروز در خدمت نظام ولایت فقیه هستید لحظه‌ای درنگ کنید؛ آیا شما عزیزتر از فرزند بهشتی هستید که جانش را به‌خاطر حفظ و بقای این نظام داد؟

لحظه‌ای درنگ کنید. عبرت روزگار را ببینید!

آیا بهشتی، هنگامی که دادگستری و سیستم قضایی مدرن را که دست‌آورد بزرگ انقلاب مشـــروطیت بود از بین می‌برد، به این فکر کرده بود که سیستم ارتجاعی جایگزین، روزی فرزندش را با حالتی نزار به‌استنطاق کشد؟

1-http://www.aftabnews.ir/vdcjvheh.uqetozsffu.html

آیا هنگامی که بهشتی به‌عنوان سر سلسله جنبان ارتجاع، محسنی اژه‌ای، روح‌الله حسینیان، علی فلاحیان، علی رازینی، ابراهیم رییسی، مصطفی پورمحمدی و ... حلقه‌ی جنایت‌کار مدرسه حقانی را در دستگاه قضایی حاکم می‌کرد، فکر این‌جای کار را می‌کرد که روزی دست‌پرورد‌گانش خان و مانش را بر باد دهند؟ آیا در مخیله‌ی بهشتی می‌گنجید که زیر عکس او که بر دیوار دادسرای انقلاب خودنمایی می‌کند، فرزندش را بازجویی کنند؟

از این که علی‌رضا بهشتی با حالی نزار در حالی که از حمله‌ی قلبی جان سالم به‌در برده، به بی‌دادگاه و بازجویی برده می‌شود خوشحال نیستم، هرچند می‌دانم که او شکنجه نمی‌شود و مورد ضرب و شتم قرار نمی‌گیرد؛ اما این نقل و انتقال مرا به گذشته می‌برد. به‌خاطر می‌آورم محمدعلی ابرندی را که هنگام دستگیری پنجاه و هفت ساله بود چنان شکنجه کرده بودند که پایش، دو بار مورد عمل پیوند پوست قرارگرفت و هنوز به‌عمل سومی نیاز داشت که به‌خاطر حمله‌ی قلبی و عدم رسیدگی پزشکی در آبان ۶۶ جان باخت.

هنگامی که خمینی برای حفظ نظام نکبت و شقاوت و برای یک‌پارچه کردن دستگاه اطلاعاتی و امنیتی کشور، وزارت اطلاعات را تشکیل داد، حتی اگر علم غیب هم داشت باور نمی‌کرد که این دستگاه روزی فرزندش احمد را قربانی کند. او حتماً به علم غیب‌اش شک می‌کرد و اگر جبرئیل درگوش او چنین ندایی می‌داد، ابلیس‌اش می‌خواند.

احمد خمینی که با هزار حیله و نیرنگ و فریب، زمینه‌ساز برکناری آیت‌الله منتظری و برگماری آخوند دون‌پایه‌ای چون خامنه‌ای به‌مقام ولایت مطلقه فقیه و مرجعیت شیعیان شد هیچ گاه به‌مخیله‌اش خطور نمی‌کرد جانش به اشاره‌ی «آقا» و وزارت امنیت‌اش ستانده شود.

سعید امامی که مجری این دستور جنایتکارانه بود هرگز تصور نمی‌کرد که به‌خاطر پرده‌پوشی این جنایت، جانش را بدهد و خود و همسرش کثیف‌ترین اتهامات جنسی را متحمل شوند.

او فکر می‌کرد تا ابد «سعید جان» «آقا» است و همسرش، هم‌راه و هم‌سفر

خانواده‌ی «امیرالمومنین امام خامنه‌ای». او نمی‌دانست «آقا»، ناصرالدین‌شاه نیست که به «حاج علی خان» که جان امیرکبیر را گرفت، تیمچه و بازارچه ببخشد و «حاجب‌الدوله»اش سازد.[1] سعید امامی با همه‌ی زرنگی‌اش باور نمی‌کرد وقت وقتش که برسد «آقا» وگماشتگانش به حساب او و همسرش خواهند رسید.

ای کسانی که امروز در خدمت ولی فقیه نظام هستید، لحظه‌ای درنگ کنید. نظام عهد شکن و بی‌وفای جمهوری‌اسلامی هیچ حرمتی را رعایت نکرد و نخواهد کرد. باور کنید به شما هم رحم نخواهندکرد.

وقتی که منافع‌شان اقتضا کرد در بارگاه امام رضا و «حریم امن» رضوی در روز عاشورا بمب کارگذاشتند و ده‌ها نمازگزار را به‌خاک و خون کشیدند. آن‌روز کفن‌پوشان دستگاه «ولایت» و روضه‌خوانان بیت رهبری نگفتند که به عاشورا و امام حسین و «حرم امن امام» توهین و اهانت شده است.

خامنه‌ای در مقابل حمله به حسینیه‌ی جماران سکوت کرد تا با بانگ بلند فریاد کند در نظام نکبت‌بار «ولایت» هیچ حرمتی را پاس نخواهند داشت حتی اگر مربوط به «بنیان گذار» جمهوری‌اسلامی و ولی‌نعمت‌شان باشد.

نمی‌دانم آن بخش از عناصر حاکمیت که در روزهای خونین سال ۶۰، «خدایی» می‌کردند، این‌روزها در سلول انفرادی و در تنهایی زندان و نزد وجدان خود به‌چه می‌اندیشند؟

به‌یاد بهزاد نبوی می‌افتم که یکی از چهره‌های اصلی و برنامه‌ریزان کودتای خرداد ۶۰ بود. بدون شک امروز درگوشه‌ی زندان ولایت، با قلبی بیمار و جسمی دردناک به گذشته‌ی خویش می‌اندیشد. وضعیت جسمی بهزاد نبوی مرا به‌گذشته می‌برد؛ به‌یاد سرهنگ زجاجی می‌افتم که به‌خاطر شکنجه‌های وارده دچار حمله‌ی قلبی شد و در زندان اوین جان باخت.

۱-دکتر فریدون آدمیت در ارتباط با فرمان ناصرالدین‌شاه برای کشتن امیرکبیر می‌نویسد:
«چاکر آستان ملائک پاسبان، فدوی خاص دولت ابدمدت حاج علی‌خان پیشخدمت خاصه، فراش‌باشی دربار سپهر اقتدار مأمور است که به فین کاشان رفته میرزاتقی‌خان فراهانی را راحت نماید. و در انجام این مأموریت بین‌الاقران مفتخر و به مراحم خسروانی مستظهر بوده باشد.»
www.khandaniha.eu/items.php?id=389

سرهنگ علی ارد را به‌خاطر می‌آورم که از زیر چادر اکسیژنِ بیمارستان قلب در حالی که آماده‌ی عمل جراحی بود بیرون کشیده و به‌تخت شکنجه‌ی اوین بسته شد و عاقبت شمع وجودش در تابستان ۶۶ خاموش شد.
درد فتق بهزاد نبوی مرا به‌یاد شهباز (عباسعلی) شهبازی می‌اندازد که «آقا»یش می‌خواندیم و به‌راستی که «آقا»ی‌مان بود. از درد فتق، دولا دولا و به‌سختی راه می‌رفت. هرگاه که می‌خندید دستش را روی فتقش می‌گذاشت و دردی شدید لبخندش را می‌پوشاند. «آقا»ی‌مان را به‌همراه فرزندش علی در جریان کشتار ۶۷ در رشت به‌دار آویختند. یک بار نیمه‌های شب که «آقا» خوابش نمی‌برد و من علتش را جویا شدم گفت: آقا جان! در ساواک وقتی فهمیدندکه پایم ناراحت است به‌پای سالمم کابل زدند، اما این‌ها وقتی از ناراحتی پایم مطلع شدندکابل را به‌همان پایم زدند، چگونه بخوابم؟
درگوشم می‌گفت: آقا جان آفتاب من لب بام است و تو می‌مانی؛ آن‌چه را می‌بینی به‌خاطر بسپار. یادت باشد وظیفه داری مردم را آگاه کنی.
غالباً وقتی به این‌جا می‌رسید اشک در چشمانش حلقه می‌زد.

گذشته را مرور می‌کنم، هجوم تصاویر مرا رها نمی‌کنند. به‌خاطر می‌آورم چگونه بهزاد نبوی فاتحانه در حسینه‌ی اوین حاضر می‌شد و برای زندانیان در بند رجز می‌خواند و شکست‌شان را به‌رخ‌شان می‌کشید. همان‌جا بود که علی «شهرام»، پسر همکارش هادی منافی وزیر بهداری کابینه‌های رجایی و مهدوی کنی و موسوی را شناخت.
در خبرها خواندم که خانواده‌ی سحرخیز، پنجاه و شش سالگی او را که در بند است، جشن گرفته‌اند. ای کاش به‌چنین مصیبتی گرفتار نمی‌شد، اما در سال ۶۰ کسی پانزده سالگی شهرام منافی را که پدرش وزیر بهداری بود و خودش به‌جای نشستن پشت میز مدرسه در سلول‌های اوین جا خوش کرده بود جشن نگرفت. جشن راگذاشتند موقعی گرفتند که شهرام را از زندان به جبهه بردند و جنازه‌اش را به‌گورستان تحویل دادند. آن موقع بود که سیل تبریک به پدرش آغاز شد.
این جشن‌های تولد مرا به‌یاد کودکانی می‌اندازد که جشن بالغ‌شدن‌شان را در

اوین گرفتیم.

از این که کسی به استغاثه‌های خانواده‌ی نبوی گوش فرا نمی‌دهد خوشحال که نمی‌شـوم هیچ غمگین هم می‌شوم، چراکه انسـانم و رنج و تعب هیچ‌کس را خواستار نیستم؛ اما این همه باعث نمی‌شود که به یاد محمدرضا نبوی یکی از بستگان بهزاد نبوی نیافتم که در پانزده سالگی پایش به اوین باز شد!

هنوز صورتش مو در نیاورده بود. گاهی اوقات به‌شـوخی در حالی که گوشه‌ی پیراهنم را آب دهان می‌زدم می‌گفتم: ای وای صورتت سـیاه شده. و آن‌را پاک می‌کردم. پدرش از بهزاد نبوی خواسـته بود کاری برای فرزندش بکند؛ اما او پدر دردمند را با درشـتی از خود رانده بود. پدرش در دوران شاه در حق نبوی خدمت‌ها کرده بود؛ حالا نبوی «انقلابی» شـده بود و آن کودک پانزده ساله «منافق».

مرتضی الویری را به‌خاطر می‌آورم، یکی از اولین پایه‌گذاران دستگاه امنیتی رژیم اسـت. نقش مهمی در سرکوب گروه فرقان داشت؛ در سال ۵۸ تیم‌های تعقیب و مراقبت را تشکیل داد؛ در مجلس اول عضو هیأت رییسه بود و پی‌گیر تشکیل وزارت اطلاعات. الویری توسـط همان‌هایی به بندکشیده شد که خودش بالا آورده بود.

معصومه خوش‌صولتان همسر مرتضی الویری که از این همه بی‌چشم‌و رویی دلش به‌درد آمده بود، گفت:

«آقای خامنه‌ای از قبل از انقلاب دوستی عمیقی با پدر من داشت و هروقت که از مشهد می‌آمد در منزل ما اقامت می‌کرد. ما خودمان از مریدان ایشان بودیم. خود خانم آقا، من و پدر و مادر مرا می‌شناسد. زمانی که آقای خامنه‌ای رییس جمهور بود ما همسـایه‌ی ایشـان بودیم. خانم همیشـه به‌یاد لطف‌هایی که پدر من در حق بچه‌های ایشان داشت؛ بوده. چون پدرم کارگاه و کارخانه‌ی بافندگی داشت؛ هدایایی برای بچه‌ها به‌مشهد می‌فرستاد. هم آقا و هم خانم، همیشه خود را مدیون خانواده‌ی ما می‌دانسـتند و رفت و آمد داشتیم. در فروردیـن ۱۳۵۶، پدرم برای قرائـت خطبه‌ی عقد ما از آقا دعوت

> کرد. نوارکاستی هم دارم که آقای خامنه‌ای در توصیف دو فرد تحصیل کرده صحبت می کند. چون من خودم همان سال از دانشگاه فارغ‌التحصیل شده‌بودم. آقای الویری هم که مهندس دانشگاه شریف بود. آقای خامنه‌ای کلی در تمجید دو جوان انقلابی مسلمان صحبت کرده است.
>
> هنوز هم و حتا بعد از انتخابات نیزکه آقای الویری با دوستان خدمت ایشان رسیده بوده، باز یادی از آن روزها کرده بود و احوالی از عموجان و پدر من پرسیده بود.»[1]

معصومه خوش‌صولتان هم‌چنین خبرداد که همسرش در تماس تلفنی یک‌دقیقه‌ای از اوین، خواسته بود «دستگاهی راکه دکتر به‌خاطر نرسیدن اکسیژن برای او تجویزکرده بود؛ برایش ببریم. چون‌گاهی شب‌ها اکسیژن خوب به‌ایشان نمی‌رسد و هفته‌ای چند شب از این دستگاه استفاده می کند.»

خانم خوش‌صولتان هم به‌جرم شرکت در مراسم دعا دستگیر و سپس آزاد شد. منظورم این است که صابون «آقا» به‌تنش مالیده شد.

آن‌هایی که امروز در خدمت ولایت‌فقیه هستید، کدام‌یک به‌اندازه‌ی خانواده‌ی الویری به «آقا» و خانواده‌شان خدمت کرده‌اید. لحظه‌ای درنگ کنید ببینید چه بر سر آن‌ها که لباس گرم به‌تن فرزندان آقا می کردند آمد! فرزند «آقا» امروز از رهبران کودتا است و «آقا» هم ادعا می کند «امیرالمومنین» است.

با مرور این‌همه بی‌وفایی و بی‌سیرتی از سوی خامنه‌ای در حق الویری که در زندان برای تنفس شبانه به‌دستگاه اکسیژن نیاز داشت، به‌یاد پرویز زندشیرازی می‌افتم که دو دریچه‌ی قلبش در دورانی که الویری برو بیایی داشت در زندان از کار افتاد و ماه‌ها در بیمارستان قلب بستری بود. با آن‌که قول داده بودند آزادش کنند اما هفت سال پس از عمل جراحی، هنوز در زندان بود. عاقبت سال گذشته در اثر حمله‌ی قلبی جان داد.

به‌یاد محمدرضا (بیژن) تاجیک می‌افتم. از بنیان‌گذاران وزارت اطلاعات و

1-http://balatarin.com/permlink/2009/9/10/1749105

دانشکده امام محمد باقر وابسته به این وزارتخانه بود. او بعد از سال‌ها خدمت به «ولایت»، امروز در بند زندان و سیستمی‌ست که خود بنا کرد.

سعید حجاریان با تنی رنجور از تیر گماشتگان «ولایت»، روزهای گرم سلول ۲۰۹ اوین را که پس از انقلاب خود راه‌اندازی کرده بود تجربه کرد. به‌جرأت می‌توان گفت ردپای او در تأسیس غالب نهادهای امنیتی و اطلاعاتی رژیم دیده می‌شود.

محسن امین‌زاده که خود از معاونان وزارت اطلاعات بود، هم‌چنان سلول انفرادی اوین را تجربه می‌کنند. ای کاش صادقانه روزی احساسات‌شان را بنویسند و برای عبرت روزگار انتشار دهند.

محسن میردامادی از مسئولان اطلاعات و امنیت سپاه پاسداران بود و در سرکوب نقش مستقیم داشت اما حالا در بند برادران دیروز است.

فیض‌الله عرب‌سرخی، امروز «اوین»، همان زندانی را تجربه می‌کند که خود در اواخر سال ۵۷، به‌اتفاق همراهانش راه‌اندازی‌اش کرد. نمی‌دانم امروز چه احساسی از محبوس بودن در اوین دارد؟

یادم می‌آید تا مدت‌ها بعد از دستگیری‌ام دائم به‌یاد دورانی بودم که پیش از انقلاب در باغ مجاور پاسگاه اوین زندگی می‌کردم و هر روز مادران و پدرانی را می‌دیدم که کنار دیوار اوین به‌امید ملاقات با فرزندان‌شان نشسته و انتظار می‌کشیدند. حالا من ساکن زندان اوین شده بودم و صحنه‌هایی که از گذشته به‌خاطر داشتم لحظه‌ای رهایم نمی‌کرد. وای به‌حال عرب‌سرخی؛ چه می‌کشد وقتی گذشته را به‌یاد می‌آورد.

محمد عطریان‌فر را به‌خاطر می‌آورم، سال‌ها معاونت امنیتی و سیاسی وزارت کشور را به عهده داشت. او بود که بازداشتگاه مخفی «وصال» را راه‌اندازی کرد اما دیری نگذشت که دوستان خودش و کرباسچی در همان‌جا شکنجه شدند.

«عطریانفـر»ی که از مریدان آیت‌الله منتظری بود، در بحبوحه‌ی سـال ۶۷ به ری‌شهری که دشمن آیت‌الله منتظری بود، نزدیک شد. همان ری‌شهری که کشتار ۶۷ را سازمان‌دهی کرد و زمینه‌های برکناری آیت‌الله منتظری را فراهم کرد. «عطریانفـر»ی که در سـرکوب و بازجویی گروه فرقان شرکت داشت، امروز در چنگ بازجویان و یاران قدیم اسیر است. او را واداشتندکه در تلویزیون و جلوی دوربین توبه‌نامه بخواند. هیچ‌می‌دانید اوکسـی بودکه اعضای فرقان را مجبور بـه توبه‌نامه خواندن و اظهار ندامت می‌کرد؟ باور کنید بازتاب و سـروصدای توبه‌نامه‌خوانی او در مطبوعات و رادیو تلویزیون، بیش از دستگیرشـدگان‌گروه فرقان بود. اماکیست‌که ازگذشته و سرنوشت این‌ها عبرت بگیرد؟

محمدرضا مقیسـه پس از عمری خدمت به دسـتگاه ولایت، امروز در چنگ دادگاه و دادسرای انقلابی اسیر است که ریاست شعبه‌ی ۲۸ آن با پسر عمویش شیخ‌محمد مقیسه (ناصریان) یکی از عوامل اصلی‌کشتار ۶۷ است. محمدرضا مقیسه چقدر سنگ پسرعموهایش راکه جانیانی بیش نبودند به سینه زد. برادر دیگر ناصریان دادستان و از عوامل اصلی کشتار ۶۷ در مشهد بود.

به‌یاد علی‌اصغر خدایاری یکی از صاحب‌منصبان سابق وزارت اطلاعات می‌افتم که توسط نیروی تحت فرمان خودش بازجویی می‌شد:
«در اتاق بازجویی با چشم بسته بر روی یک صندلی و رو به‌دیوار نشسـتم و دو نفر بازجو پشت سـر من قرارگرفته و بازجوی اصلی شروع به صحبت کرد. مؤدبانه و محترمانه سخن می گفت ولی لحن تحکم‌آمیزی داشت، و احتمالاً قصد داشت استیلای روانی خود را بر من تحمیل کند و البته در این کار موفق نیز بود. با نشانه‌هایی که از سوابق من ارایه می کرد معلوم بود که مرا به‌خوبی می‌شناسد. من هم با توجه به این نشـانه‌ها و لحن صدای او حدس زده بودم که اوکیسـت. ... پس از صرف شـام و اقامه‌ی نماز برای ملاقات با قاضی مجدداً به‌پایین راهنمایی شدم. با چشم بسته در کنار میزی ایستاده بودم که فردی چشم‌بند مرا کنار زد و ضمن نشان دادن خود

به من و معرفی خود، گفت که قاضی من می‌باشد. او برگه‌ی تفهیم اتهام را به‌دست من داد که بر روی آن اتهام بنده «تبانی علیه نظام مقدس جمهوری‌اسلامی از طریق شرکت در تحصن و تظاهرات» اعلام شده بود. ... عصر امروز برای بار دوم بازجویی شدم. در طول بازجویی مطمئن شدم که بازجو همان فردی است که در جلسه‌ی اول حدس زده بودم. زمانی که من در وزارت اطلاعات شاغل بودم او از همکاران اداره‌ی کلی بود که من مدیرکل آن بودم. او فردی بسیار منضبط، مؤدب و متواضع بود و من بسیار به‌او علاقه داشتم، در اواخر بازجویی طاقت نیاوردم و موضوع را به‌اوگفتم، موضوع را تأییدکرد و من هم چشم‌بند خود را برداشته و او را در بغل گرفتم.»[1]

من، کم مصیبت و رنج نکشیده‌ام، اما با خودم می‌گویم چه آدم خوش‌شانسی هستم که دنیایی به‌تلخی دنیای این دسته افراد را تجربه نکردم.

کسانی که در خدمت حکومت نکبت ولایت هستید، نامه‌ی پرسوز وگداز اصغر هاشمی پدرسورنا هاشمی را بخوانید، سال‌ها اسیر عراق بود و مفقودالاثر محسوب می‌شد و حالا در نظامی که برای بقایش جنگید، ارثیه‌ی مفقودالاثری‌اش به فرزندش رسیده است. به درد دلش گوش کنید:

«سورنا، پسرم، روزگاری بود که عکس کوچکت در پس زمینه‌ی خاکِ خاکریز دم به‌دم زمزمه‌ی التماس آلود چشمانم بود، خاکِ تن به تیغ می‌تکاندیم و در راه حفظ وطن می‌رفتیم. وطن‌ترینم تو بودی و جان، سپر جانت کردم، تنها نبودم، هزاران بودیم، تنها نبودم... روزی به‌تلخی این روزها باران گلوله و خمپاره زمین را گهواره‌ی صدها شیر مرد کرد... به‌خواب می‌رفتند آرام و لبخند از خاطره‌ی خنده‌ی مادر، همسر، فرزند می‌زدند و خرسند از باروت وگلوله‌ای که دیگر نمی‌توانست تنی را خونین کند... من نیز سهم‌ام را گرفتم، چکمه‌ای به‌خون آغشته از زخم صورتم، کابل برق با تکه‌های تنم... اسارت را

1-http://khodayarionline.blogfa.com

به‌جان خریدم خرسند از این که تو آزادی، تو می‌خندی، تنها نبودم... نشان‌مان بی‌نشانی؛ مفقودالاثر بودیم و ماه و سال یکی از بیماری، یکی زیر شکنجه، یکی به‌رگبار گلوله چشم می‌بست... هیچ نشانی از اسارت ما نبود. دل گره زدم به‌ضریح میله‌های زندان که تو را آزاد ببینم، لباسم دخیل زخم‌های دوستان و همرزمانم شد تا تو گزندی نبینی... امروز اما تلخ‌تر از آن روزهاست... تو در بندی، تو اسیری، تو نمی‌خندی... بیش از یک ماه می‌گذرد و نشانی جز اسارت تو ندارم... وای بر من! نکند اسارت را از من به‌ارث بردی؟! چرا تنها ماندم؟ همرزمانم کجایند؟ نکند سیلی به‌گوش تو می‌زنند؟! نکند نمی‌دانند؟! نمی‌دانندکه تو از دو سالگی با عراقی‌ها می‌جنگیدی؟! که ترکش از تنم در می‌آوردی؟!

تنهایم... روزگاری از همه چیز گذشتم تا تو آزاد باشی؛ حال که آزاد نیستی همه چیزم را می‌دهم برای سلامتی‌ات! و برای دوباره دیدنت.»[1]

سورنا هاشمی و علی‌رضا فیروزی، بیش از یک ماه است که در پی خروج از منزل و احتمالاً در شهر ارومیه ناپدید شده‌اند. نهادهای امنیتی هیچ‌گونه مسئولیتی در قبال آن‌ها بر عهده نمی‌گیرند. این در حالی‌ست که نیروی انتظامی به‌خانواده‌ی علی‌رضا فیروزی اعلام کرده موبایل این فعال دانش‌جویی خاموش و در شهر تهران است.

داستان مفقود شدن سورنا هاشمی و علی‌رضا فیروزی و رنج خانواده‌شان مرا به مفقود شدن ده‌ها نفر از بهترین دوستانم پیوند می‌دهد. کسانی که با بی‌رحمی توسط دستگاه امنیتی رژیم ربوده شده و به‌قتل رسیدند اما خانواده‌های‌شان هنوز به‌درستی از سرنوشت عزیزان‌شان مطلع نیستند. گوری هم ندارند که بر سر آن گریه کنند

یادم می‌آید خانواده‌ی لیلا مدائن از ارومیه تا زاهدان را زیر پا گذاشتند تا بتوانند خبری از سرنوشت جگرگوشه‌شان به دست آورند. داوود شیروان (مبشر) و لقمان

1-http://www.peykeiran.com/Content.aspx?ID=12941

سه فرزند دیگر این خانواده پیش‌تر در مقابل جوخه‌ی اعدام قرارگرفته بودند. مادر سیامک طوبایی هم‌چنان پیش همسرش بردباری نشان می‌دهد و به‌روی خودش نمی‌آورد که سیامک دیگر باز نمی‌گردد.

مادر احمدرضا محمدی‌مطهری با آن که از طریق برادر عروسش که از صاحب‌منصبان وزارت اطلاعات بود شنیده بود که فرزندش را اعدام کرده‌اند اما هنوز این غم بزرگ را باور نمی‌کرد و جویای خبری از احمدرضا بود.

مادر امیر غفوری که هم فرزندش و هم دامادش سیدمحمود میدانی مفقود شده‌اند، هنوز مرگ عزیزانش را باور نمی‌کند و جویای عزیزانش است.

مادر صونا که در جریان کشتار ۶۷ دو دخترش مهری و سهیلا را به جوخه‌ی اعدام سپردند، پس از آزادی شاهد مفقود شدن جگرگوشه‌اش هوشنگ شد. یک پسر و نوه‌ی مادر نیز پیش‌تر در سال سیاه ۶۰ اعدام شده بودند.

ای کاش می‌توانستم بگویم که چه بر سر خانواده‌هایی که عزیزان‌شان مفقود شده‌اند آمده است. ای کاش می‌شد داستان رنج‌شان را به‌تصویر کشید. همسران‌شان با آن که می‌دانند عزیزان‌شان کشته شده‌اند اما جرأت ازدواج مجدد ندارند. دردناک‌تر از همه این که بایستی به‌نزد جانیان رفته و مدعی شوند که همسران‌شان بی‌خبر آن‌ها را ترک کرده و رفته‌اند و تقاضای طلاق کنند. دیروز صدای این مادران و همسران مفقود شدگان شنیده نشد، تا امروز این رنج بزرگ دامن‌گیر خودشان شود. دیروز صدای نسل برآمده از انقلاب ۵۷ که پرپر شد شنیده نشد، تا امروز شترِ سرکوب در خانه‌ی سرکوب گران دیروز بخوابد.

آخرین خبر را مرور می‌کنم. در روزنامه‌های کیهان و جوان آمده است که هادی غفاری به‌جرم اختفای سلاح دستگیر شد. البته خبر دستگیری‌اش به‌فاصله‌ی کوتاهی تکذیب شد. معلوم نیست چه پیش خواهد آمد.

به گذشته می‌روم. به خاطر می‌آورم هادی غفاری یکی از شقی‌ترین، بی‌رحم‌ترین و جانی‌ترین بازجویان و شکنجه‌گران اوین بود. خدا می‌داند در چند جوخه‌ی اعدام شرکت کرده است.

قیافه‌ی آن‌روز هادی غفاری پیش نظرم است. در راهروهای بازجویی و اتاق

شکنجه، لباده‌اش را در شلوارش می‌کرد و به شکنجه مشغول می‌شد. نماینده‌ی مجلس هم بود. در همان سال ۶۰ در مکه و حج نیز از گردانندگان بعثه‌ی «امام» بود و تظاهرات موسوم به «برائت از مشرکین» را هدایت می‌کرد.

فراموش نکرده‌ام که او بیرون اتاق دادگاه، تیر به گلوی هویدا زد و جان وی را گرفت؛ به‌خاطر می‌آورم که حاکم شرع شمال کشور بود و از انجام هیچ جنایتی کوتاهی نکرد؛ به‌خاطر می‌آورم در روز ۳۰ خرداد و ۵ مهر ۶۰ خود در خیابان انقلاب مسلحانه حضور داشت علناً دست به جنایت می‌زد؛ به‌خاطر می‌آورم روز ۵ مهر ۶۰، روبروی بیمارستان فیروزگر، بر پشت خانم سیمین سهندی که آن موقع هنوز چهارده سال هم نداشت، نشسته و او را واداشته بود که چهاردست و پا راه برود و صدای حیوان در آورد.

کسانی که هنوز در خدمت ولایت فقیه هستید به سرنوشت هادی غفاری بیاندیشید و عبرت بگیرید! سناریوی «کشف سلاح» را روی هادی غفاری سوار کرده‌اند که چندی پیش از خامنه‌ای انتقاد کرده بود. یادمان نرفته است که دستگاه قضایی خامنه‌ای، دکتر ناصر زرافشان را به‌جرم کشف سلاح و مشروب الکلی در دفتر وکالتش به پنج سال زندان محکوم کرد. یادمان هست که وی عمل جراحی سرطان را نیز پشت سر گذاشته بود.

سایت جوان وابسته به‌سپاه پاسداران و ستاد کودتاچیان در باره‌ی سلاح‌های مکشوفه در مسجدالهادی نوشت:

«این که این اسلحه‌ها به‌چه منظور جمع شده چه اهدافی دست‌اندرکاران این اقدام در سر می‌پرورانند؟ چرا در این برهه حساس و شرایط التهاب جامعه این اسلحه‌ها جمع می‌شوند؟ رابطه‌ی این سلاح‌ها با ترورهای کور چند ماه گذشته چیست؟ مسائلی است که باید به‌آن پاسخ داد. ...

کشف جدید انبار اسلحه در یک مؤسسه که متولی آن یکی از اعضای باسابقه جناح دوم خرداد و مجمع روحانیون و حامیان موسوی و کروبی است، تئوری‌های مختلفی را در این برهه حساس مطرح

کرده است. بی شک سرنخ ترورهای کور چند ماه گذشته همانند ندا آقاسلطان، خواهرزاده موسوی در روز عاشورا، استاد علی محمدی و... از یک اتاق فکر مشترک سرچشمه می گیرد و این پروژه را بایستی پیاده کردن تئوری ترورهای خاکستری برای زیر سؤال بردن نظام ارزیابی کرد!»[1]

کودتاچیان به این ترتیب تلاش می کنند ترور ندا آقاسلطان و خواهرزاده موسوی را به هادی غفاری و... نسبت دهند. هنوز فراموش نکرده‌ایم که احمدی‌نژاد و حامیان دولت او مدعی بودند که اسناد و مدارکی در دست دارند که نشان می‌دهد قاتل ندا به ترتیب «منافقین»، بی‌بی‌سی، آرش حجازی، دولت انگلیس و سرآخر خود ندا آقاسلطان هستند.

هنوز مرکب ادعاهای‌شان خشک نشده است که «انجمن پادشاهی» و سپس دولت اسرائیل و آمریکا را مسئول ترور دکتر علی محمدی معرفی می کردند.

کدام یک از شما که امروز در خدمت ولایت فقیه هستید بیش از هادی غفاری سنگ «ولایت» را به سینه زده و مرتکب جنایت شده‌اید؟ امیدوارم سرنوشت او آینه‌ی عبرت شما شود. باورکنید ارتکاب جنایت در نظام ولایت فقیه آینده‌ی شما را در این نظام بیمه نمی کند. به سرنوشت سعید مرتضوی نگاه کنید. برای خوش‌آمد رهبر از انجام هیچ‌جنایتی فروگذار نکرد. اما موقعش که رسید همه‌ی کاسه کوزه‌ها را بر سر او شکستند. درست است که هنوز اتفاقی برای او نیفتاده است. اما توجه داشته باشید که او هر آن ممکن است بز بلاگردان رهبر شود و به سرنوشت یکی از «سعید»های نظام دچار شود.

به ضجه‌های دردمندانه‌ی خانواده‌های زندانیان در بند که روزی دستی در حاکمیت داشتند و امروز فریادشان شنیده نمی‌شود گوش کنید. شمایی که امروز در خدمت ولایت فقیه هستید از آن‌ها عزیزتر نیستید. این سرنوشت می‌تواند برای خانواده‌های شما رقم بخورد. تا دیر نشده اقدام کنید.

از خانواده‌های وابسته به‌نظام که امروز فریاد استغاثه‌شان بلند است، خانواده‌هایی

1-http://www.javanonline.ir/Nsite/FullStory/?Id=109207

که حتی به‌مجلس نظام هم راهی نمی‌یابند بپرسید در دهه‌ی ۶۰، با خانواده‌های مخالفان‌شان چه کردند؟
از آن‌ها بپرسید وقتی مادران داغ‌دار، آه‌شان را حواله‌شان می‌کردند، چگونه پوزخند می‌زدند؟ آه مادرانی را می‌گویم که دادستانی انقلاب پول تیر عزیزان‌شان را نیز مطالبه می‌کرد. مادرانی که نتوانستند بر قبر عزیزان‌شان حاضر شوند و مراسم سوگواری برای‌شان برگزار کنند.
امیدوارم خانواده‌های مزبور در این روزهای زمستانی که چندان سرد هم نیست به‌خاطر بیاورند مادران روستایی را که هرماه از اطراف و اکناف کشور با سختی غیرقابل تصور خودشان را به پشت درها زندان‌ها می‌رساندند؛ خیلی‌های‌شان تا آن موقع پای‌شان را از شهر و روستای‌شان بیرون نگذاشته بودند؛ بعضی‌های‌شان فارسی هم بلد نبودند.
خیلی‌های‌شان بعد از سال‌ها آمد و رفت و تحمل سرما وگرما عاقبت ساکی را تحویل گرفتند؛ بدون آن‌که بدانند عزیزشان درکدامین گور دسته‌جمعی خفته است؟
مادر حمزه شلالوند را به‌خاطر می‌آورم، بیش از نود سال سن دارد. آلزایمر شدید همه‌ی خاطرات او را ربوده است، یک شب وقتی چند لحظه‌ای با او به‌درد دل پرداختم، اشک در چشمانش حلقه زد و بی‌اختیار، بریده‌بریده از رنجی که پشت در زندان‌ها برای دیدار «روله جانش»[1] کشیده بود گفت. در ضمیر ناخودآگاهش بود که من دوست حمزه‌ام. بی‌آن‌که معنای کلماتش را درک کند از مصیبت‌هایش گفت و در فراق «روله»اش گریست.

دلم نمی‌خواهد هیچ مادری و هیچ همسری به‌سرنوشت آن‌ها دچار شود. اما در این روزهای سخت خوب است خانواده‌های در بند شدگان نظام، به‌گذشته نیز بیاندیشند و نگاهی به‌کردار خود داشته باشند. یادشان بیاید چه زخم‌زبان‌ها که به مادران و پدران و همسران و فرزندان دربندشدگان آن روز نزدند. یادشان بیاید چگونه آن‌ها را می‌راندند.

و باز تکرار می‌کنم کسانی که امروز سر بر آستان ولایت مطلقه فقیه دارید، وضعیت

۱-روله به لری، عزیزکم معنا می‌دهد.

خانواده‌های دربندشدگان نظام را به سخره نگیرید؛ به‌آن‌ها زخم زبان نزنید؛ آن‌ها را از خود نرانید؛ این سرنوشــت ممکن است فردا برای خانواده‌های خود شما پیش بیاید.

۱۲ بهمن ۱۳۸۸

نمایه

به قلم این نویسنده:

٭ نه زیستن نه مرگ
تلفیقی از خاطرات و گزارش از زندان‌های جمهوری‌اسلامی، در چهار جلد:
غروب سپیده
اندوه ققنوس‌ها
تمشک‌های ناآرام
تا طلوع انگور
در سال ۲۰۰۴ میلادی در سوئد منتشر شد و در سال ۲۰۰۶ همراه با نقشه‌های
زندان به‌چاپ دوم رسید.

٭ بر ساقه‌ی تابیده‌ی کنف
مجموعه‌ی سروده‌های زندان، حاوی اشعاری‌که توسط زندانیان اوین و
گوهردشت در ارتباط با کشتار ۶۷ سروده شد و نویسنده آن‌ها را به کمک
حافظه، به بیرون از زندان آورد و در سال ۲۰۰۶ منتشر کرد.

٭ دوزخ روی زمین
کاری تحقیقی در مورد شکنجه‌گاه‌های «قیامت»، «قبر» و «واحد مسکونی» در
زندان قزل‌حصار. در این کتاب که در سال ۲۰۰۸ انتشار یافت، نویسنده ضمن
تشریح ویژگی‌های شکنجه‌گاه‌های دهشتناک زندان‌ها، به‌ریشه‌های ایدئولوژیک
شکنجه در نظام جمهوری‌اسلامی و پشتوانه‌ی تئوریک آن پرداخته است.

٭ نگاهی به سازمان بین‌المللی کار
و نقض حقوق بنیادین کار درجمهوری اسلامی
در آغاز سال ۲۰۱۰ میلادی در سوئد انتشار یافت.